SOBRE O FASCISMO, A DITADURA PORTUGUESA E SALAZAR

FERNANDO PESSOA

EDIÇÃO DE
JOSÉ BARRETO

COORDENADOR DA COLEÇÃO
JERÓNIMO PIZARRO

RIO-DE-JANEIRO
TINTA-DA-CHINA BRASIL
MMXVIII

© José Barreto, 2018

1.ª edição: setembro de 2018

Edição: Tinta-da-china Brasil
Revisão: Tinta-da-china Brasil
Capa: Tinta-da-china (V. Tavares)
Projeto gráfico: Tinta-da-china (P. Serpa)

Todos os direitos
desta edição reservados à
Tinta-da-china Brasil

Rua Ataulfo de Paiva, 245, 4.º andar
Leblon, 22440-033 RJ
Tel. (00351) 21 726 90 28
info@tintadachina.pt
www.tintadachina.pt/brasil

P475s   Pessoa, Fernando, 1888-1935
         Sobre o fascismo, a ditadura portuguesa e Salazar / Fernando Pessoa;
         edição de José Barreto.
         — 1.ed. — Rio de Janeiro: Tinta-da-china Brasil, 2017.
         432 pp.; 21 cm

         ISBN 978-85-65500-40-1

         1. Literatura portuguesa I. Título

         CDD: 869.3
         CDU: 821.134.3-3

EDIÇÃO APOIADA POR
DIREÇÃO-GERAL DO LIVRO E DAS BIBLIOTECAS /
MINISTÉRIO DA CULTURA — PORTUGAL

SUMÁRIO

Apresentação · 7

Escritos sobre o fascismo,
a Ditadura Militar portuguesa (1926-1933)
e o Estado Novo de Salazar · 49

Notas · 381
Ordem topográfica das cotas · 417
Índice sequencial · 419
Índice onomástico · 423
Bibliografia · 427
Notas biográficas · 431

APRESENTAÇÃO

Reúnem-se neste volume todos os escritos de Fernando Pessoa que foi possível recensear, entre os ainda numerosos inéditos do espólio do escritor e a obra publicada em vida ou postumamente, versando três temas principais: o fascismo e a figura de Mussolini, a Ditadura Militar portuguesa (1926-1933) e, por fim, Salazar, enquanto ministro das Finanças (1928-1932) e, depois, líder do governo e do Estado Novo, a partir de 1933. Pouco numerosas e mais lacónicas são as notas deixadas por Pessoa com referências ao nacional-socialismo ou a Hitler[a], bem como à ditadura espanhola do general Primo de Rivera (1923-1930), mas também essas foram incluídas, surgindo em geral associadas ao tema do fascismo italiano. Aos textos em que o autor se ocupa exclusiva ou maioritariamente de qualquer desses temas, juntaram-se os restantes escritos em que se lhes refere de passagem, aqui reproduzidos integralmente ou apenas em excertos. Apesar da preocupação de exaustão, não se pode garantir que não existam ainda, no vasto espólio pessoano da Biblioteca Nacional ou fora dele, outros textos ou trechos referentes aos mesmos assuntos. Sendo estes os critérios da compilação, afastou-se a hipótese de incluir outros escritos que fornecessem um enquadramento complementar do pensamento político do autor, incluindo os do período anterior a 1923, pelos problemas de selecção e extensão que tal opção levantaria.

O nexo existente entre os referidos temas parece óbvio, tratando-se de governos e governantes autoritários que surgiram na

---

[a] Pessoa falou de Hitler, *hitlerismo* e *nacional-socialismo* (textos n.ᵒˢ 49, 54, 60, 65, 68, 70, 74, 75, 80, 110b, 116d) e, mais raramente, de *nazismo* e *nazis* (63, 74, 80, 111b), termos estes que só se tornaram correntes no léxico político inglês e português a partir de 1933.

Europa e em Portugal nas décadas pós-Grande Guerra, a partir do advento do fascismo italiano (Outubro de 1922). No confronto com essas diversas realidades, abordadas no seu percurso evolutivo, o pensamento de Fernando Pessoa sobre o autoritarismo político foi ganhando corpo, numa sucessão de escritos que, não sendo muito numerosos nem muito extensos, denotam inegável constância de interesse do escritor pelo tema das ditaduras do seu tempo, sobre o qual chegou a projectar um ensaio. Através de visíveis hesitações e, por vezes, notórias contradições, o pensamento político pessoano foi gradualmente tomando uma direcção mais clara e coerente, até atingir, durante o seu último ano de vida, uma certa estruturação ideológica, numa produção de escritos mais contínua e empenhada (atente-se a torrente de textos produzidos no ano de 1935).

Os textos seleccionados são apresentados por ordem cronológica, real ou estimada, desde os mais antigos, que não foi possível datar com exactidão, mas que terão sido escritos por volta de 1923--1925, até aos últimos, datáveis de Outubro-Novembro de 1935. Todos foram, por conseguinte, produzidos num período de 10-12 anos, desde os alvores do fascismo italiano até à morte do escritor, em Novembro de 1935, passando pela ditadura portuguesa saída do golpe militar de 28 de Maio de 1926, pela ascensão nela de Salazar e pela instauração do Estado Novo em 1933. Optou-se por não compartimentar a apresentação dos textos segundo os seus três eixos temáticos, mas sim, como se disse, por ordenar a totalidade dos escritos segundo o critério cronológico. Procedeu-se deste modo não só para contornar o problema das eventuais sobreposições temáticas de vários textos, como para potenciar a visão diacrónica e sincrónica do pensamento pessoano sobre os diferentes tópicos. Poderá, assim, seguir-se um percurso evolutivo e, ao mesmo tempo, comparar opiniões coevas sobre diversas matérias. A edição de escritos pessoanos pecou por vezes no passado por dar à estampa textos sem um esforço consistente de datação e contextualização, o que prejudicou em menor ou maior medida a sua interpretação. A dificuldade de datação precisa de vários escritos revelou-se, apesar do empenho posto em a conseguir, um óbice do procedimento aqui adoptado, pelo que a ordenação cronológica proposta se deve considerar aproximativa e, aqui ou ali, meramente conjectural. A datação estimativa a que frequentemente teve de se recorrer vai sempre assinalada. A questão da sequência de vários textos coevos, mas não precisamente datados, foi por vezes resolvida pelo critério (falível) da afinidade temática ou da proximidade das opiniões expendidas.

*

Nos escritos de Pessoa, o tema do fascismo italiano surge, em geral, isolado da temática da ditadura portuguesa, o que não significa que o autor negasse ou desvalorizasse as eventuais semelhanças e afinidades das duas ditaduras, nem tão-pouco as suas diferenças. São instrutivos certos cruzamentos de perspectiva, implícitos ou explícitos, nas análises que faz do fascismo e da ditadura portuguesa. Na taxonomia política da época, o termo *fascismo* ainda não tinha sofrido a dilatação semântica que posteriormente se verificou e que até hoje é tema de controvérsias, tanto em Portugal como internacionalmente. Quando o assunto versado é o fascismo (ou, obviamente, Mussolini), Pessoa refere-se, não à ditadura portuguesa ou a Salazar, mas ao fascismo de matriz italiana, neste incluindo eventualmente o dos êmulos declarados que foram surgindo em vários pontos da Europa e até, marginalmente, em Portugal. Nos escritos aqui compilados só uma ou duas vezes é claramente rompida essa compartimentação semântica, quando, ao rematar um paralelo que traça entre os regimes italiano e português, Pessoa chama ao segundo *o fascismo sonolento de Salazar*, "the drowsy fascism of Salazar" (69), ou quando apelida o ditador português de "pequeno Duce" (110c). Note-se que a imprensa clandestina portuguesa, em especial a comunista, já então classificava de *fascista* o governo da ditadura, usando também, entre outras, a expressão "governo do clericalista Salazar", mesmo antes de este assumir a presidência do governo.[a] A oposição republicana democrática preferia, no final dos anos 20, qualificar a ditadura como "clerical-militarista" (expressão usada pelo ex-presidente da República exilado Bernardino Machado) ou como "militarista-clerical" (Marques, 1990, pp. 133, 142, 144).

A razão de ser desta colectânea de escritos pessoanos sobre o fascismo, a Ditadura Militar portuguesa e Salazar, para além do seu valor intrínseco e da novidade (muitos destes textos são inéditos[b]), prende-se, em boa medida, com a circunstância de o autor ter sido demasiadas vezes rotulado, inclusive em trabalhos académicos, não só de "reaccionário" e "adepto convicto" de Salazar, como também de "pré-fascista", "admirador de Mussolini", apoiante da "forma totalitária", "elitista autoritário", detentor de opiniões "fortemente autoritárias", etc. Foi o professor, escritor e ensaísta Alfredo Margarido (ver a Bibliografia final) quem mais denodadamente se empenhou numa tentativa de fascistização póstuma do pensamento de Fernando Pessoa. Para isso recorreu a uma argumentação tendente a aproximar as ideias do escritor não só do regime salazarista ou do nacional-sindicalismo de Rolão Preto, mas também do fascismo propriamente dito, de Mussolini e até de Hitler. Nessa intrigante campanha, que se estendeu do início dos anos 70 até meados da década de 80, não se pode dizer que Alfredo Margarido tentasse, como outros, puxar Pessoa para o seu quadrante político, pelo contrário, tratando-se de um autor antifascista e de tendência marxista. Num dos numerosos artigos que publicou sobre o tema,

---

a   "O governo fascista de Portugal contra as massas trabalhadoras", *Avante!*, n.º 1, 15 de Fevereiro de 1931, p. 2.
b   Os textos assinalados como inéditos ou parcialmente inéditos (ver a secção Notas), foram-no na presunção, que o organizador não pode garantir absolutamente, de que continuavam por publicar.

declarando embora não ousar classificar Pessoa como fascista, mas taxando o livro *Mensagem* de "obra de exaltação nacional-fascista", Margarido sustentou que as teses políticas do escritor não o colocavam "muito longe dessa esfera política" (1985, p. 17). Lançando-se confessadamente numa "extrapolação não documentada", *démarche* que neste autor se tornou recorrente, Margarido chegou a sustentar, sem qualquer elemento sério de prova, que o facto de Pessoa ter em 1935 criticado duramente Salazar se deveria à maior proximidade ou simpatia que o poeta sentia pela figura de Mussolini, "cujo verbo e cuja veemência física se aproximam de Hitler, mas se afastam de Salazar" (1984, p. 11). As teses não documentadas, por vezes delirantes, da campanha de Margarido lograram alguma aceitação entre vários autores, tanto em Portugal como no estrangeiro.[a] A tentação era grande, para alguns autores particularmente interessados nas *raízes culturais* ou na *estética política* do fascismo, em figurar Pessoa como um *pré-fascista* ou *protofascista* — termos que foram aplicados, com critérios variáveis, a escritores europeus seus contemporâneos, como Barrès, Sorel, D'Annunzio, Marinetti, Yeats, Eliot, Kipling, Pound e vários outros, alguns dos quais mais tarde realmente apoiaram ou aderiram ao fascismo.

Quando, a partir de 1974, começaram a ser divulgados os poemas satíricos anti-salazaristas de Pessoa, seguidos, a partir de 1979, da revelação de diversos textos inéditos críticos de Salazar e do seu regime[b], cuja publicação tem prosseguido desde então, os defensores da arrumação ideológica de Pessoa como fascizante, simpatizante do Estado Novo ou adepto de doutrinas autoritárias não se deixaram impressionar, antes contra-atacaram, como exemplifica o facto de os principais artigos e estudos de Margarido

---

[a] Ver, por exemplo, Cabral (2000, p. 183), Pinto (1996, pp. 344-345) e De Cusatis (2005, pp. 53-54).
[b] Com destaque para os inéditos contidos em Pessoa (1979b), Cunha e Sousa (1985), Cunha (1987) e Lopes (1993).

sobre essa matéria datarem de 1975-1986.[a] Contudo, esses inéditos que iam saindo vagarosamente da arca pessoana revelavam uma imagem cada vez mais clara do posicionamento crítico de Pessoa em relação tanto ao Estado Novo (Margarido pretendeu ter havido uma "adesão ao salazarismo" por parte do poeta[b]), como ao próprio fascismo, italiano ou genérico. Perante tal facto, os diversos autores que, com subtileza variável, sustentaram o carácter autoritário ou fascizante das ideias políticas de Pessoa abrigaram-se principalmente em dois tipos de argumentação.

O primeiro argumento consistiu na afirmação de que uma reviravolta, parcial e muito tardia, se teria operado no posicionamento político do escritor, o qual, sem renunciar ao essencial das suas ideias autoritárias, teria contudo entrado em conflito com o salazarismo, facto diversamente interpretado por esses autores. António Costa Pinto (1996, pp. 354-355) opinou que no final da vida de Pessoa se teria verificado um "regresso" parcial, cujas causas não indicou, às suas antigas posições liberais (embora não democráticas), para de seguida defender que a ruptura de Pessoa com o Estado Novo se explicaria, basicamente, pela recusa do tradicionalismo e do catolicismo de Salazar. Como é sabido, o tradicionalismo e o catolicismo do ditador português são traços geralmente apontados pelos historiadores para distinguir o salazarismo do fascismo e do nazismo. Deste modo, a explicação de Costa Pinto revela-se insuficiente, pois nada diz sobre a posição de Pessoa acerca desses totalitarismos, que era caracteristicamente *liberal*. Sustentar que a ruptura de Pessoa com o Estado Novo resultaria apenas ou principalmente de uma recusa do tradicionalismo e do catolicismo de Salazar deixaria em aberto a

---

a   No seu primeiro trabalho sobre Pessoa, de fundamentação teórica marxista, Margarido classificava o escritor de ideólogo da burguesia, não o apresentando ainda como um defensor de doutrinas autoritárias, mas sim, correctamente, como um "pensador liberal". Ver Margarido (1971, pp. 141-184).
b   Margarido (1986), pp. 11-19. A afirmação categórica e repetida de Margarido de "adesão" de Pessoa ao salazarismo fundou-se essencialmente em processos de intenção.

possibilidade de o escritor se situar ideologicamente na proximidade dos fascismos europeus, também eles antitradicionalistas e anticatólicos. Manuel Villaverde Cabral (2000, pp. 207-211), sustentando o alegado papel de Pessoa (a par de Almada Negreiros e até de António Ferro) na "legitimação cultural do regime autoritário" ainda durante a Primeira República, confessou todavia não compreender a razão por que não se rendeu finalmente o poeta, como seria esperável, ao "apelo salazarista", arriscando como hipóteses explicativas a "individualidade sabidamente caprichosa" de Pessoa ou a influência do esoterismo. Alfredo Margarido (1986, p. 23), por seu turno, situando em Fevereiro de 1935 uma súbita mudança política de Pessoa, argumentou que esta não teria, contudo, significado uma renúncia às suas ideias de sempre, segundo ele "já elaboradas na África do Sul" e inspiradas nas leituras de Thomas Carlyle, apresentado este como um precursor das ideologias autoritárias do século xx.[a] Em visível dificuldade para explicar a alegada reviravolta de Pessoa, Margarido (1986, pp. 17-23) sustentou que se teria meramente tratado de um conflito localizado e delimitado com o regime de Salazar, devido a um desacordo súbito para o qual nunca forneceu qualquer explicação coerente.[b]

O segundo argumento de alguns destes autores consistia na afirmação de que o valor e autenticidade dos escritos políticos encontrados na arca de Pessoa não podiam ombrear com o carácter supostamente mais revelador, senão definitivo, dos textos realmente publicados em vida, porque só estes seriam "intervenções

---

[a] O autor sustentou repetidamente que teria sido Thomas Carlyle (1795-1881) o inspirador das ideias políticas de Pessoa, que o lera ainda adolescente na África do Sul. Coonestando as controversas teses de autores que pretenderam anacronicamente transformar o grande biógrafo inglês de Frederico *o Grande*, num precursor do fascismo e do nazismo, Margarido projectou assim essa suposta influência fascizante na formação de Pessoa.

[b] Margarido refere, é certo, a repulsa de Pessoa pela "Política do Espírito" do regime de Salazar e pelo discurso de 21 de Fevereiro de 1935, em que o ditador defendeu a imposição de limitações e directrizes à criação literária e artística. Logo de seguida, contudo, Margarido declara ser difícil "aceitar sem análise as declarações peremptórias de Fernando Pessoa" (1986, p. 18).

políticas objectivas" tomadas na "praça pública" (De Cusatis, 2005, p. 54).ª Tais argumentos, infundados ou falaciosos — como se a publicação ou não-publicação dependesse apenas do autor —, parecem assentar num *parti pris* irrevogável, numa certa incapacidade de ultrapassar juízos dicotómicos simplistas e, principalmente, no amplo desconhecimento da grande massa de escritos do pensador político Pessoa, produzidos desde a juventude até à morte e deixados inéditos. Com efeito, é insustentável presumir, no caso específico de um escritor vastamente impublicado como Fernando Pessoa, que o facto da não-publicação em vida desses ou de quaisquer outros escritos significaria forçosamente a sua menor autenticidade ou, por parte do autor, a sua subvalorização ou abandono. Os motivos da não-publicação em vida de grande parte da obra ensaística, tal como da obra literária poética ou em prosa (com destaque para o inacabado *Livro do Desassossego*, por muitos considerado hoje como a obra mestra do escritor), prendiam-se com uma multiplicidade de factores que os conhecedores da biografia pessoana e dos enormes constrangimentos do panorama editorial português da época não podem deixar de ter presentes e que seria fastidioso aqui repetir. Porém, no caso particular dos escritos políticos, acrescia a esses motivos a óbvia e pesada circunstância da existência, desde 1926, da censura — que Pessoa, por sinal, logo em 1927 atacou num poema satírico, obviamente não publicado, o "Fado da Censura" (19). Alguns dos textos aqui reunidos dificilmente teriam encontrado em Portugal, no período em que foram escritos, quem se prontificasse ou arriscasse a publicá-los. Boa parte deles — como quase tudo o que Pessoa escreveu sobre Salazar e o Estado Novo — jamais poderia ter passado a malha censória, enquanto outros, caso notório do pequeno artigo acabado "Profecia Italiana", de Outubro de 1935 (115), foram muito

---

[a] O autor defende nessa obra a prévia posição de Margarido (1975, pp. 67-68), que já fora repetida por Cabral (1983, pp. i, vi-vii e x).

provavelmente vítimas dela, originando as conhecidas queixas de Pessoa, nesse ano, sobre a censura (86, 117, 118) — apesar da excepção flagrante que constituiu a enigmática "distracção" dos Scrviços de Censura perante o seu artigo "Associações Secretas".[a] Muito antes disso, a entrevista com um suposto "antifascista italiano" tendo como tema Mussolini e o fascismo — na verdade, uma entrevista inteiramente forjada por Fernando Pessoa e publicada anonimamente a 20 de Novembro de 1926 no diário *Sol* (17) — esteve plausivelmente na origem do encerramento pela ditadura desse efémero jornal republicano e antifascista para o qual o escritor se tinha desdobrado em diversos tipos de colaboração.[b] Ignorar tais factos (alguns de revelação mais recente, é certo) e sustentar a menor valia ou inautenticidade, em bloco, dos textos políticos deixados inéditos, sob o argumento de que careceriam de "peso político" (Margarido, 1975), releva simplesmente de preconceito ou má-fé. E como não considerar o flagrante desmentido do suposto maior peso ou autenticidade dos textos publicados em vida que é proporcionado pelo caso de *O Interregno*, escrito político exposto na praça pública, mas que Pessoa em 1933 e 1935 privadamente repudiou e deu como "não escrito" (61) ou "não existente" (98)? Logo no ano da sua publicação, recorde-se, *O Interregno* fora incluído por Pessoa num grupo de obras "apenas aproximadamente existentes" (Pessoa, 1928b).

Pessoa nunca estudou nem analisou de forma aprofundada o fascismo — termo que na época em que viveu, volte a sublinhar-se, se referia predominantemente ao regime de Mussolini, ao fascismo italiano e, acessoriamente, a diversos movimentos políticos que ele internacionalmente inspirou e que dessa inspiração se reclamaram.

---

[a] Ver uma possível explicação para essa falha da censura no posfácio a Pessoa (2011).
[b] Sobre este caso, ver Barreto (2012a). Nessa entrevista inventada, Pessoa colocou, de facto, as suas próprias ideias sobre Mussolini e o fascismo na boca de um imaginário exilado político italiano. O diário *Sol* deixou de se publicar pouco depois, mais precisamente no dia seguinte à recepção pelo presidente Carmona do novo embaixador italiano (2 de Dezembro de 1926).

Aparentemente, Pessoa dispunha quase só de informação jornalística sobre o fascismo italiano — além da imprensa portuguesa, certamente também a inglesa e francesa a que tinha acesso, o que já não era pouco. Nenhuma obra sobre o fascismo ou de autor fascista se encontra no que chegou a nós da biblioteca particular do escritor. Diga-se, no entanto, que no Portugal seu contemporâneo também ninguém estudou propriamente o fascismo e poucos autores teriam melhores e mais completas fontes de informação do que Pessoa. De produção nacional, para além dos meros trabalhos jornalísticos, de alguns relatos de viagens, dos artigos de opinião de alguns tribunos políticos (como Raul Proença, na *Seara Nova*, e Francisco da Cunha Leal, nos seus cadernos do exílio[a]) e da apologia dos regimes autoritários feita por personagens como Homem Cristo Filho e Rolão Preto ou figuras ligadas à Cruzada Nun'Álvares, como Filomeno da Câmara e Martinho Nobre de Melo, quase nada se publicou então em Portugal sobre o fascismo que merecesse a designação rigorosa de análise séria e documentada. Após a instauração da Ditadura Militar a 28 de Maio de 1926, o filtro da censura institucionalizada, crescentemente apertado, também contribuiu para esse panorama desolador. A mordaça censória em torno do tema do fascismo reflectia as afinidades existentes entre os governos "nacionalistas" ou "de autoridade" português e italiano, bem como o reforço que se verificou, a partir de então, das relações diplomáticas de Portugal com a Itália fascista.[b] Escrever criticamente sobre o fascismo, nestas condições, seria não só criar atritos com a representação diplomática de um país amigo, como uma forma de pretender atacar, por via italiana, a própria ditadura portuguesa, algo a que a censura estava muito atenta.

---

a   Vejam-se, na Bibliografia final, Proença (1926) e Leal (1932).
b   Em Novembro de 1926 foi criado em Lisboa o primeiro *fascio* (órgão fascista) dos italianos residentes em Portugal. Pouco depois, a representação diplomática de Itália passaria a contar com um ministro plenipotenciário e, em 1929, seria criado em Lisboa o Real Instituto de Cultura Luso-Italiano (ver Barreto, 2012a).

Fernando Pessoa foi, antes de mais, um poeta e prosador, um assumido *artista* literário, mas também, ao mesmo tempo, um prolixo escritor de veia ensaísta, um pensador singular de interesses multifacetados. Se, em vida, poucos escritos deste Pessoa ensaísta ou pensador viram a luz do dia, sabemos hoje que deixou impublicadas muitas centenas de páginas sobre temas de política, sociologia, psicologia, religião, história e filosofia, áreas em que pretendia reflectir com a exigência crítica de um "raciocinador" meticuloso e o distanciamento de um homem de ciência, embora não poucas vezes imbricasse o discurso racionalizante com o discurso visionário, como acontece flagrantemente em *O Interregno*. As reflexões, análises e teses que legou à posteridade, muitas vezes apenas esboçadas, fragmentárias e fazendo ressaltar o autodidactismo de um intelectual que ganhava a vida com o trabalho diário de correspondente comercial e tradutor, revelam, porém, raras qualidades de independência, erudição e originalidade no panorama português da sua época. Naturalmente, também o aspecto puramente literário de vários dos escritos aqui reunidos é de salientar.

*

Pessoa tinha 34 anos quando, em Outubro de 1922, a Marcha sobre Roma levou Mussolini e os seus *camisas-negras* ao poder em Itália. Desde a adolescência que Pessoa se interessava vivamente pela política portuguesa e também pela europeia, em especial a britânica. Acompanhou, na fase de plena maturidade da sua vida, os acontecimentos nacionais e estrangeiros que conduziram ao advento das ideias autoritárias, das ditaduras e do fascismo na Europa do pós-guerra.

Atentando no percurso do pensamento político de Pessoa desde os finais da Monarquia até ao início dos anos 20 (uma década de que foram marcos importantes a instauração da República, a governação do Partido Democrático, o governo de Pimenta de Castro, a

Grande Guerra e o consulado de Sidónio Pais), pode porventura estimar-se que não teria surpreendido se o escritor houvesse revelado, nos primórdios do fascismo italiano, uma disposição genericamente favorável para com ele — algo de que não há, porém, o mínimo indício, deixe-se isto bem claro. De facto, tendo apenas em conta a publicação do "Ultimatum" (1917) e dos artigos "Como organizar Portugal" e "A opinião pública" (1919), pode parecer ao observador de hoje que Pessoa não teria sentido grande obstáculo — como sucedeu com numerosos outros desiludidos da Primeira República e adeptos do sidonismo — em adoptar as ideias autoritárias, ou seja, em repudiar não só a democracia parlamentar como o próprio liberalismo e em abraçar o culto messiânico de um chefe autocrático que encarnasse a "ideia nacional". Os factores ideológicos que teoricamente a isso predisporiam Pessoa, alguns dos quais gerados já na sua juventude, eram de diversa ordem. O seu nacionalismo místico, eivado, desde a adolescência, de sebastianismo; o feroz elitismo (factor bastante ambíguo, diga-se, pois o fascismo era essencialmente populista); o anti-humanitarismo filosófico; o constante radicalismo, tanto no plano político (considere-se o percurso pessoano desde o republicanismo radical de 1909-10 até à apologia da monarquia absoluta, por volta de 1919-20), como no plano religioso (anticatolicismo, anticristianismo, sedução do neopaganismo "de origem cultural alemã"; cf. Pinto, 1996, p. 355); a visão pessoana da pátria afundada numa decadência multissecular e, paralelamente, o credo numa regeneração nacional imbuída de messianismo e de fé no renascer da antiga grandeza imperial de Portugal;[a] o enorme desencanto que Pessoa sentiu pela governação republicana e, muito por via desta, pela "democracia moderna", da qual fora adepto na juventude; a admiração que manifestou pela figura cesarista e salví-

---

a   Nas obras de Gentile (2001) e Griffin (2003), é dado especial destaque ao papel destes mitos e crenças de regeneração e renascimento, por eles designados "palingenéticos", na formação e na propaganda das ideologias fascistas e autoritárias.

fica do "presidente-rei" Sidónio; o seu categórico e nunca desmentido anti-socialismo e anticomunismo; enfim, a sua relativização, por vezes extrema, dos conceitos de ditadura, democracia, tirania e liberdade, bem como a singular concepção teórica que desenvolveu sobre um alegado antagonismo existente entre a "opinião pública" e a maioria numérica do país — é longa a lista de factores, trilhos e sinais que, hipoteticamente, predisporiam Fernando Pessoa para presa plausível da "tentação fascista" que rondou a porta dos intelectuais, artistas e homens políticos do seu tempo.

A este propósito, porém, há muito constatou o historiador Joel Serrão que, se tal tentação existiu em Pessoa, "nem o fascismo italiano nem o português (a cujos furores maniqueístas iniciais pôde ainda assistir) lhe mereceram jamais, que saibamos, senão comentários ou irónicos ou de franca e aberta crítica" (1979, p. 78).[a] Os textos reunidos no presente volume, muitos deles ainda ignorados por Serrão, provam de forma cabal que, pelo menos no respeitante ao fascismo italiano, a Mussolini, ao nacional-socialismo e a Hitler, de facto assim foi. Mesmo quando reconhece o particular carisma do *Duce* (*prestígio* ou *magnetismo pessoal* são os termos pessoanos) ou quando admite considerar Mussolini um génio, Pessoa não deixa de o considerar, algo contraditoriamente, como um "primitivo cerebral" e um louco, ou ainda um "génio paranóico", a quem acusa de trair a missão civilizadora e universalista de Itália, em benefício do "ideal morto da grandeza nacional" (17). O mesmo diagnóstico de loucura é sugerido no caso de Hitler (68). O nacionalista Pessoa sempre se demarcou nitidamente dos nacionalismos mussoliniano e hitleriano, taxando o primeiro, em 1923-1925, de "nacionalismo mórbido" (4) e ambos, nos anos 30, de exemplos de um "nacionalismo animal" que qualificou rotundamente de

---

[a] Joel Serrão, com Isabel Rocheta e Paula Morão, foram responsáveis pela edição, em 1979--1980, de três volumes de escritos políticos e sociológicos de Fernando Pessoa, contendo numerosos inéditos recolhidos no espólio do escritor.

"imbecil como fenómeno nacional, mas perigoso como fenómeno internacional, pois traz consigo os instintos de conservação e de agressão" (116). Para o elitista Pessoa, era a "absoluta banalidade" que caracterizava as doutrinas de Mussolini e Hitler, que precisamente só conseguiriam ser populares pela banalidade, a qual por sua vez repugnaria às elites pensantes (110b). O fascismo é rotulado em vários dos textos aqui reunidos como uma *tirania* (48, 60, 69, 73).

Nem no seu texto hipercrítico das democracias vigentes no sul da Europa — países em que Pessoa considerava que o regime natural era a monarquia absoluta ou a ditadura — deixa o escritor de chamar a Mussolini "um demagogo e um ditador" (42). Decerto que ao sustentar, nesse mesmo escrito, que Mussolini seria o único homem de Estado que se *adequaria* ao "espírito ditatorial" dos sul-europeus, Pessoa parece aproximar-se de uma justificação do regime mussoliniano. Mas da tese do sociólogo anticatólico Fernando Pessoa não se infere que os países católicos sul-europeus, "intocados pelo protestantismo", "de fraca opinião religiosa" e "espírito ditatorial", constituíssem para ele um modelo positivo, mas apenas uma realidade objectiva, marcada por uma certa fatalidade geográfica e biológica. Essa tese pode também ser lida como uma lamentação sobre a fatal incapacidade — Pessoa diz "impossibilidade" — de os "cérebros" sul-europeus assimilarem o verdadeiro significado não só da democracia como da própria liberdade, dons que para ele só estariam ao alcance dos povos protestantes do Norte da Europa. No manuscrito do poema anti-salazarista "Coitadinho do tiraninho" (1935), Pessoa escreveu, à margem, um pensamento que aponta para essa fatalidade: "Quem quer ser pastor de gado | Tem que ter gado de que ser pastor." Ora *gado* era também o termo de que Pessoa se servia para designar um povo inerte ou um país onde não existe o contrapoder da opinião pública (*O Interregno*, capítulo IV).

Visivelmente, a uma hipotética predisposição pessoana teoricamente favorável à aceitação dos regimes autoritários, outra se sobrepôs, de sentido contrário e mais forte, certamente resultante, em boa parte, da formação política, filosófica e cultural inglesa de Fernando Pessoa. Algumas das principais marcas nele deixadas por essa formação britânica podem apontar-se na profunda admiração que nutria pela cultura inglesa, na preferência que lhe merecia o protestantismo sobre o catolicismo ou no seu liberalismo de cunho conservador. Em particular, aponte-se o individualismo extremado de Pessoa, bebido em Herbert Spencer e outros liberais ingleses (ver Barreto, 2007), e a sua sistemática defesa de um Estado limitado ("Estado mínimo", dir-se-ia hoje), com a consequente apologia do capitalismo livre e uma notória aversão, desde o início dos anos 20, às ideias corporativistas ou sindicalistas (4, 12, 48). Tudo isto era largamente incompatível com o fascismo e, acrescente-se, com o salazarismo. Relidas hoje, muitas das teses de Pessoa sobre o relacionamento desejável do indivíduo e do Estado ou sobre o fascismo, o socialismo e o comunismo aproximam-no flagrantemente das ideias expressas nos anos 40 por Friedrich Hayek e, posteriormente, pelos seus seguidores ultraliberais, politicamente conservadores, do chamado *libertarian movement*.[a] Estas traves do pensamento político, económico e social de Pessoa levavam-no, de resto, a equiparar o bolchevismo, o fascismo e o hitlerismo, juntando-os sob um rótulo comum de sabor apocalíptico: eram "a tripla prole do Anti-Cristo" (74). Ou, numa abordagem diferente, num outro escrito dos anos 30: "Soviets, comunismo, fascismo, nacional-socialismo — tudo isso é o mesmo facto, o predomínio da espécie, isto é, dos baixos instintos, que são de todos, contra a inteligência, que é do indivíduo só" (70). Ou, ainda, num escrito de 1925, quando ainda não se falava de Hitler: "Seguimos o princípio contrário ao do tio Mussolini e ao do abade Lenine. Desoprimir! Tornar

---

[a] O ensaísta pessoano Raúl Morodo concluiu algo que vai em sentido idêntico: "No fundo, Pessoa era um anarquista utópico de direita" (Morodo, 1997, p. 102).

os outros diferentes do que nós queremos! Ensinar cada homem a pensar pela sua cabeça e a existir com a sua existência — só com a sua existência" (11). Refira-se, enfim, uma curiosa ideia de Pessoa, exposta numa carta a Gaspar Simões de 1931, segundo a qual tanto o fascismo como o comunismo eram "seitas religiosas" de "misticismo político" (47). Essa ideia faria mais tarde escola e recolhe hoje o favor de historiadores dos regimes totalitários que adoptam o conceito de "religiões políticas".[a]

A estas claras características ideológicas, outros valores pessoais se poderiam acrescentar, que serviram a Pessoa de antídoto ao fascismo e, desnecessário seria dizê-lo, ao comunismo: o respeito pela dignidade da pessoa humana (que nele coexistiu com certas concepções filosóficas anti-humanitaristas), a constante apologia da liberdade individual de expressão e criação artística, bem como a sua posição favorável à autonomia e independência da elite intelectual na sociedade e perante o Estado.

*

As opiniões que Pessoa exprimiu, pública ou privadamente, sobre a democracia, perfazem um percurso bastante sinuoso desde o radicalismo republicano da juventude até ao "nacionalismo liberal" dos últimos anos. De permeio, essas opiniões foram dominantemente antidemocráticas, e as mais violentas encontram-se não no "Ultimatum" nem nos dois artigos escritos para o jornal *Acção*, em 1919 ("Como organizar Portugal" e "A opinião pública"), mas sim em numerosos textos que não publicou, escritos na década de 10 e início da de 20, em boa parte ainda hoje inéditos. Entre os textos pessoanos sobre democracia que são conhecidos do público, vários foram apontados como reveladores da atracção de Pessoa por concepções

---

[a] Por exemplo, Gentile (2006) e Griffin (2005).

autoritárias. Não é este o lugar para abordar em profundidade o tema da retórica antidemocrática pessoana, mas não se pode deixar de alertar contra o simplismo de certos juízos dicotómicos, como o de presumir que da descrença de Pessoa na democracia se pode inferir que ele era apologista de regimes autoritários ou fascistas.

A crítica da "democracia moderna" em Pessoa (o seu declarado tipo ideal de democracia era, anacronicamente, o da Grécia Antiga) estava maioritariamente relacionada com o profundo desencanto que manifestou pela Primeira República, governada quase sempre por um partido chamado Democrático que, na sua opinião, dominava oligarquicamente a mecânica eleitoral e impunha ao país um regime tirânico ou mesmo "totalitário" (6). Ou seja, a retórica antidemocrática pessoana fundava-se em boa parte, algo paradoxalmente, na alegação de um *défice democrático* — como hoje se diria — da dita República. Idêntico paradoxo se pode observar na crítica que em *O Interregno* (1928) faz à democracia inglesa, que descreve como fatalmente dominada por oligarquias partidárias. Ou seja, a democracia não era um mau sistema em si mesmo; era, sim, *impossível*, como ali declara expressamente. A *democracia real* da República em que Pessoa viveu seria certamente imperfeita, oligárquica e tumultuária, mas que alternativa lhe concebia ele? De modo sempre vago, contrapunha-lhe umas vezes o modelo conceptual de uma "república aristocrática", governada por elites meritocráticas da burguesia e da intelectualidade (conjunto a que também chamava "classes médias"), outras vezes o modelo completamente anacrónico de uma monarquia absoluta liderada por um soberano esclarecido, tolerante no plano religioso e protector da liberdade de expressão e criação, cujo paradigma para Pessoa era Frederico II da Prússia (54, 58, 80). Tais modelos ideais, teoricamente vocacionados para suprir as crónicas deficiências não só da República como do constitucionalismo monárquico, não correspondiam na realidade portuguesa, para Pessoa, a nenhuma das alternativas políticas que surgiram contra o domínio do Partido Democrático, com a possível excepção parcial do consulado sidonista. Quando, no segundo ano da Ditadura Militar, redige *O Interregno* (28), é novamente um modelo ideal, extremamente vago, apenas esboçado, que Pessoa elabora e oferece à consideração dos seus compatriotas civis e militares, colocando-se a si próprio na posição de quem vai, pela primeira vez em quatro séculos, falar "nacional e superiormente" ao país, porque "nenhuns Portugueses, políticos ou não-políticos" o teriam feito até então (Pessoa, 1928a, p. 6) — incluindo nestes, logicamente, os responsáveis da Ditadura Militar então vigente. Mas em *O Interregno*, tantas vezes citado como uma das provas decisivas da defesa pessoana de um regime ditatorial ou autoritário, o autor assumia, de facto, a defesa de um "Estado de Transição" para um sistema de governo que, expressamente o diz, não poderia basear-se na força, nem duradouramente na autoridade, antes teria de se basear na opinião (1928a, pp. 18 e 19-20). Para além da retórica antidemocrática que indubitavelmente *O Interregno* também contém, resta o facto insofismável desta *defesa* expressa do governo baseado na opinião (a que modernamente se chamaria democracia, como Pessoa frequentemente também chamou), *contra* os governos de força ou de autoridade (Barreto, 2012b). Sublinhe-se que, no momento em que *O Interregno* foi publicado, existia em Portugal há dois anos uma ditadura imposta pela força militar, em cujos círculos dirigentes se defrontavam duas concepções, sustentando, uma, o carácter transitório do estado de excepção e a necessidade do regresso a uma normalidade constitucional com eleições livres, reclamando, outra, a criação de um regime de autoridade em ruptura aberta com o constitucionalismo republicano. É extraordinário que os (raros) estudiosos que até hoje se debruçaram sobre *O Interregno* nunca tenham atentado nem nestas circunstâncias nem, sobretudo, no próprio texto, como já José Augusto Seabra (1977) se queixava.

Muitas vezes foi já observado que é possível encontrar textos de Pessoa que aparentemente sustentam opiniões diversas e até opostas. Nos seus escritos sobre a democracia também isso pode ocorrer. Diferenças cronológicas, particularidades de contexto político, variações do estado de espírito do escritor podem explicar tais oscilações, por vezes mais aparentes do que reais. Em fins de 1932, quando o fascismo italiano contava dez anos e o comunismo soviético quinze, Pessoa escreveu o trecho seguinte, que não deixará de surpreender ou intrigar quem tenha do escritor a imagem de um irredutível antidemocrata: "Quem hoje prega a sindicação, o estado corporativo, a tirania social, seja fascismo ou comunismo, está dissolvendo a civilização europeia; quem defende a democracia e o liberalismo a está defendendo" (48).

*

Os últimos textos sobre o fascismo que Pessoa escreveu, pouco antes de morrer, mostram como reagiu contra a invasão da Etiópia pela Itália, iniciada a 3 de Outubro de 1935, condenando o militarismo e imperialismo italianos, bem como o regime fascista. O artigo "Profecia Italiana" (115), que o autor deixou acabado e assinado, não pôde ser publicado, certamente por a censura o ter rejeitado, embora não haja prova directa disso. Antes, em Setembro, quando a invasão anunciada da Etiópia era justificada pelo regime de Mussolini com o argumento da existência de escravatura naquele país, Pessoa escreveu um poema (112) em que, satirizando essa justificação italiana, termina: "É argumento que não dura | O tempo que uma criatura | Leva a desfolhar a dália: | Na Itália fasce a escravatura | Na Itália tudo é escravatura." E no mês seguinte escreveria, glosando o mesmo tema: "É a fatalidade de todos os povos imperialistas que, ao fazer os outros escravos, a si mesmo se fazem escravos." Num artigo inacabado sobre a invasão da Etiópia, plausivelmente intitulado "O Caso é muito simples"

(114), que projectava publicar na imprensa portuguesa (no *República* ou no *Diário de Lisboa*), Pessoa defende posições e princípios de sentido claramente oposto às ideologias dos regimes autoritários então triunfantes, a saber: o primado do direito e da moral sobre os interesses nacionais nas relações internacionais; a condenação da força como fundamento do direito; a condenação do expansionismo territorial e das suas clássicas justificações; o questionamento do direito de civilizar "povos bárbaros" e do próprio conceito vigente de *civilização*; a ideia de uma conexão essencial entre fascismo, imperialismo agressivo e opressão política na própria Itália; a defesa dos mecanismos de prevenção e solução dos conflitos internacionais no quadro da Sociedade das Nações (cf. Barreto, 2009a, p. 707). Quão longe estava já Pessoa do tempo da Grande Guerra, em que, pela pena do neopagão António Mora, incensava o "direito das nações cultas a governar as nações bárbaras".[a] Agora a visão de Pessoa é oposta: "O mundo está já um pouco cansado dos que, porque têm as mãos frias, as metem nas algibeiras... dos outros. [...] Há horas para tudo, e a hora da opressão, moralmente, passou." Não se tratava aqui apenas da condenação da tentativa de colonização da Etiópia, uma das duas únicas nações africanas então independentes. Essa condenação estendia-se a um regime que considerava por sua própria natureza agressor: o fascismo. A resposta do escritor, em 1935, aos que pretendiam que "não há relação entre o imperialismo agressivo dos italianos e o fascismo", era de que "isso é falso, e, o que é mais, estupidamente falso" (114d). Semanas depois de escrever estes textos, a 30 de Novembro, Pessoa morria subitamente, não sem antes se ter queixado da censura, que o fizera decidir-se a deixar de publicar em Portugal (117).

*

---

[a]   Num texto de *c.* 1916 (cota BNP/E3, 12B-29ʳ).

A "insurreição vitoriosa" de 28 de Maio de 1926 suscitara expectativas positivas a Fernando Pessoa, crítico radical da Primeira República. Essa vitória viera pôr "mais um elo de esperança no nosso desalento" — assim se lhe referia o escritor no primeiro texto que escreveu sob a Ditadura Militar, um rascunho de carta que não acabou nem enviou ao aparente destinatário, o general Gomes da Costa, a quem pretendia oferecer os seus conselhos (13). Desde os alvores da Ditadura, Pessoa tinha as suas ideias próprias, pouco menos que intransmissíveis, sobre o programa que, na sua opinião, os militares deveriam cumprir. Em 1928, em *O Interregno*, dirá, como vimos atrás, que nenhum português, político ou não político, tinha ainda falado superiormente à nação, envolvendo nessa afirmação uma crítica velada aos próprios chefes militares. Mas já pouco depois do 28 de Maio, ressuscitando o obscuro Núcleo de Acção Nacional que em 1919-1920 tinha publicado o jornal sidonista *Acção*, Pessoa pretendera lançar um manifesto, em nome dessa fantasmática organização, tecendo críticas contundentes à orientação inicial da Ditadura. O manifesto (14) — que não chegou a ser publicado porque, nesse mesmo dia, eclodiu o golpe militar que colocou o general Carmona na liderança — lança uma nova luz sobre as ideias de Pessoa durante a Ditadura Militar (ver Barreto, 2013a). Nele critica asperamente o discurso antipartidos e antipolítica dos governantes militares (que foi sempre, note-se, uma característica dos regimes autoritários) e enumera as forças "antinacionais" em presença no Portugal de então, dos políticos corruptos aos comunistas e dos católicos organizados aos políticos "pseudo-nacionais", identificando estes últimos como os seguidores portugueses de Mussolini e dos ultranacionalistas franceses Charles Maurras e Georges Valois. Defensor de um nacionalismo de inspiração *nacional*, não macaqueador de modelos estrangeiros, Pessoa desenvolveu depois essa posição nuclear do seu pensamento político em *O Interregno* e diversos escritos posteriores, em que também defendeu, como se disse já, a necessidade de o governo de autoridade da Ditadura, provisório por essência, ceder o passo a um sistema baseado na opinião. Se este último sistema se deveria chamar democracia ou outro nome, foi ponto que Pessoa, apesar da sua verve antidemocrática, deixou em suspenso (31). Sobre o pretenso apoliticismo dos ditadores militares, Pessoa deixou outros trechos de grande lucidez e ironia (15).

Por volta de 1930, sem que aparentemente tivesse abrandado a sua defesa de uma ditadura militar, que entendia como um necessário "Estado de Transição", Pessoa escreveu uma curiosa nota na qual questionava frontalmente o advento, em Maio de 1926, da Ditadura Militar. Esta teria surgido — segundo diz — "na paisagem política da nação de um modo inesperado, como um comboio onde não há linha". A única razão desse "absurdo" aparecimento teria sido a de Portugal imitar a ditadura espanhola de Primo de Rivera, o que não era "razão alguma". E acrescentava mesmo que o governo de António Maria da Silva, o último da Primeira República, "não havia desmerecido flagrantemente da confiança do país" (36). Não faltará quem veja neste texto inédito de Pessoa mais uma prova da sua constante oscilação de posições políticas ou do seu pensamento "paradoxal" ou "contraditório" — para não dizer ausência de pensamento político. Ora Pessoa apenas se limitava aqui a constatar algo de óbvio: na Primavera de 1926, pela primeira vez em muitos anos, estava a viver-se um período de relativa acalmia política e a profunda crise económica e financeira do pós-guerra ficara também já para trás. Em todo o caso, segundo este texto de Pessoa, a Ditadura, apesar da aparente falta de causas pertinentes e imediatas para o seu surgimento, era um facto e, como tal, deveria ser encarada sem preconceitos. Deveriam ser pesquisadas as suas "causas finais" (conceito prenhe de significado para o espiritualista e visionário que coexistia com o ensaísta racionalizante) e exploradas, como uma oportunidade histórica providencial, as potencialidades da sua existência factual, ainda que de origem "absurda".

Numa breve nota de 1928, posterior à publicação de *O Interregno*, Pessoa referira-se pela primeira vez a Salazar, deixando significativamente em branco, no texto dactilografado, o nome do novo ministro das Finanças, talvez por naquele momento não se lembrar dele, apesar do sentido elogioso da referência (32). Sobretudo a partir de 1930, quando, no governo do general Domingos Oliveira, o "ditador das Finanças" assumiu realmente as rédeas políticas da governação, Pessoa irá debruçar-se em vários escritos, alguns só esboçados, sobre a pessoa de Salazar e o seu *prestígio* pessoal (termo próximo do neologismo *carisma*, então ainda não usado em Portugal em contexto político), sobre a sua doutrina (que fora exposta de forma circunstanciada a 30 de Julho de 1930, no discurso da Sala do Conselho de Estado), e sobre aquilo que distinguia o recatado professor coimbrão, na sua sobriedade, frieza, "inteligência clara" e "vontade firme", da palavrosa e estéril classe política republicana, toda aquela "eloquência parlamentar sem ontem nem amanhã". Nestas suas análises, que pretendia sempre isentas e independentes, nota-se um inegável reconhecimento por Pessoa da "clareza de inteligência" e "firmeza de vontade" do ministro da Finanças e futuro ditador (53, 71, 81). Essas qualidades que escasseariam no povo e na nação — sustenta ele — é que explicariam, por um fenómeno de compensação, o imediato "prestígio" de Salazar, e não propriamente a sua obra de saneamento financeiro, que teria aspectos técnicos refractários ao entendimento da gente comum — e do próprio Pessoa, como ele confessa. O prestígio financeiro e administrativo de Salazar seria subsidiário daquele primeiro prestígio, puramente "psicológico". Em suma: "Salazar é considerado um grande financeiro por ser um homem de inteligência clara e de vontade firme. Não é lógico, mas é humano, e entre os homens é o humano que vinga" (71). Num outro texto, discreteando aparentemente, de forma abstracta, sobre o fenómeno do carisma político ou sobre as "qualidades do chefe", Pessoa repõe tudo em questão: "A clareza da inteligência é necessária a um estadista? É-o também a um burlão. A firmeza de vontade é a condição de uma grande obra política? É-o também de um crime longamente premeditado. A aptidão para o trabalho e o esforço é essencial a um homem de acção? Um traidor à pátria, se assídua e persistentemente a trai, é um bom homem de acção. A precisão no que se pensa e executa é apanágio de um grande artista, de política ou das artes ou das letras? Não o é menos de um grande artista de gravura e impressão de notas falsas, de um eminente falsificador de assinaturas" (72). Isto para acentuar que o que importa, moral e socialmente, é aquilo em que se empregam essas qualidades, quais as forças morais a cujo serviço são postas. E as reconhecidas qualidades de Salazar, que faziam com que Pessoa declaradamente *confiasse* nele (81), são também relativizadas noutro escrito: "O chefe do Governo tem uma inteligência lúcida e precisa; não tem uma inteligência criadora ou dominadora. Tem uma vontade firme e concentrada; não a tem irradiante e segura. [...] Quando muito, na escala da governação pública, poderia ser o mordomo do país" (51).

Estes comentários críticos sobre as qualidades pessoais de Salazar (ou a falta delas), bem como sobre o seu prestígio, surgiram nos escritos de Pessoa a partir de 1932, quando o ministro das Finanças tomou formalmente as rédeas de todo o governo: "O mal, aqui, não é que o Sr. Oliveira Salazar seja ministro das Finanças, para o que concedo que esteja certo, mas ministro de tudo, o que é mais duvidoso" (50). O especialista em contas públicas, cujo valor técnico não punha em dúvida, tornara-se agora todo-poderoso, fazendo Pessoa falar da "cesarização de um contabilista" (51). A falta de qualidades específicas para chefe político aparece, em vários desses escritos, como a grande pecha de Salazar, com a agravante de ser católico, além de mero especialista em finanças. Ora, "de todas as coisas estranhas a uma especialidade, uma religião fechada, dogmática e intolerante é a pior para corrigir os defeitos da especialização, pela simples razão que os não corrige. Antes os reforça e alarga, dando-lhes uma base espiritual que os radica" (50). Faltar-lhe-iam também os contactos com a vida intelectual e artística, com a alma portuguesa, "irredutível a um sistema de deve e haver" (51).

Estes e outros argumentos serão ainda repetidos em 1935, numa carta inacabada, dirigida ao Presidente da República (94) e, sobretudo, nos escritos em francês sobre Salazar (110), que Pessoa tencionaria publicar num semanário literário em França. Também o catolicismo do ditador continuará em 1935 a ser visado nos escritos de Pessoa, sobretudo depois da aprovação da lei que baniu a Maçonaria. Porém, críticas de outro tipo, mais propriamente políticas, e que iam além do catolicismo de Salazar e da depreciação das suas qualidades de chefe, já tinham sido anteriormente formuladas por Pessoa. Alguma dessa argumentação de natureza mais política, caracteristicamente *liberal*, prolongava críticas já feitas por Pessoa nos começos da Ditadura, em 1926, a respeito das declarações dos chefes militares vitoriosos contra os políticos, a política e os partidos. Em 1928, como vimos, Pessoa tomara posição pública pelo fim do governo de autoridade e por um governo assente na opinião pública. Em 1930, Pessoa esboçara também uma crítica à doutrina política exposta na apresentação solene do programa da União Nacional pelo ministro Salazar e pelo chefe do governo, general Domingos de Oliveira, identificando essa doutrina com o Integralismo Lusitano. Nesse esboço, Pessoa acusava os governantes de quererem cavar a ruína da Ditadura com a imposição ao país do integralismo, doutrina política que, na sua opinião, era defendida apenas por uma minoria dos que apoiavam o governo militar (41).

Quando, em 1934, Salazar polemizou publicamente, através de uma "nota oficiosa" mandada publicar na imprensa, com o exilado Afonso Costa, respondendo às críticas por este feitas numa entrevista a um jornalista brasileiro em Paris (Salazar, 1934; Jobim, 1934), Fernando Pessoa escreveu uma série de comentários visando as posições do ditador contrárias ao "espírito partidário" e ao livre debate político (76). Essas notas de Pessoa revelam, uma vez mais, o fundo liberal do seu pensamento político e são tanto mais significativas quanto certamente as não motivaria a defesa de Afonso Costa, figura por ele continuamente detestada desde os alvores da Primeira República. Pessoa defendia, sim, o princípio liberal: "Todos aceitamos, com melhor ou pior vontade, que o Prof. Salazar julgue a sua personalidade acima de toda discussão, intangivelmente divinizada [...] Nenhum de nós porém aceita que, quando o Prof. Salazar expõe uma ideia, não seja lícito contestá-la ou discuti-la com aquilo com que as ideias se discutem e se contestam — a argumentação" (76c). Ora aí residia um ponto nuclear do regime autoritário de Salazar — a supressão do livre debate político ou, mais simplesmente, da *política*, tal como ela era conhecida desde o início do liberalismo em Portugal.

*

No final de 1934, Pessoa foi premiado, na primeira edição dos concursos literários organizados pelo Secretariado da Propaganda Nacional, pelo seu livro de poesia *Mensagem*, então enaltecido pelo director do SPN, António Ferro, como "obra de alto sentido nacionalista".[a] Ferro, João Ameal e outros homens do regime tinham-se mobilizado, antes e depois da atribuição do prémio, para promover o "nacionalista" Fernando Pessoa como poeta profético do advento de uma nova era política em Portugal, sob o signo do Estado Novo (ver Blanco, 2007; e Barreto, 2008, pp. 181-183). Esta transparente tentativa de recrutamento político foi boamente descrita por Ferro como uma tentativa de arrancar o poeta ao seu "isolamento". Contrariamente, porém, à tese defendida por Alfredo Margarido (1986), nem a obra *Mensagem*, poema de um nacionalismo sebas-

---

[a] Notícia do *Diário de Lisboa*, 31 de Dezembro de 1934, p. 16.

tianista e herético (do ponto de vista católico), nem o facto de ter sido premiada pelo SPN provam, de maneira alguma, a adesão do poeta ao regime ou aos cânones estéticos do salazarismo. O episódio provaria, quando muito, que Pessoa foi cortejado pelo poder, isto é, convidado, com promessa de prémio e até adiantamento do custo de impressão do livro, a pôr a sua veia poética, profética e messiânica ao serviço dos fins políticos do regime. Como entretanto o júri dos prémios de poesia, sem interferência directa de António Ferro, acabou por preferir, na categoria "livro de poesia", a obra medíocre (*A Romaria*) de um jovem franciscano apadrinhado por Alfredo Pimenta, o director do SPN, num esforço de remediar a patente injustiça, foi ao ponto de elevar para o quíntuplo o valor do prémio da "segunda categoria" concedido ao livro de Fernando Pessoa, classificado como "poema ou poesia solta". Três semanas depois do anúncio dos prémios, a 21 de Janeiro de 1935, uma recensão laudatória de João Ameal no *Diário da Manhã* (órgão da União Nacional) procurava claramente apresentar a *Mensagem* e o seu grito final "É a hora!" como uma profecia da "Hora" do Estado Novo. João Ameal, um católico, monárquico e salazarista, era amigo de Ferro e seu colaborador no SPN.

Como reagiu Pessoa a estas cortesias e avanços? Não se pode dizer que fosse uma reacção clara e directa a essa manobra de aliciamento, mas a muito breve trecho o poeta mostraria, de facto, uma decidida falta de gratidão ao regime que o premiou. Dias depois do elogio de Ameal, mas ainda duas semanas antes da cerimónia de entrega dos prémios literários, Pessoa escreveu e teve artes de fazer publicar no *Diário de Lisboa*, iludindo a vigilância das chefias da censura prévia[a], um artigo em defesa da Maçonaria, intitulado "Associações Secretas" (80) — uma "bomba", como ele próprio lhe chamou. Como era de todo em todo previsível, já que a Maçonaria era então o inimigo número

---

[a] Ver a este respeito o posfácio a Pessoa (2011).

um do regime, o artigo causou vivo escândalo nos arraiais do Estado Novo, mas também perplexidade pelo facto de ter passado as malhas da censura, conseguindo um enorme êxito nas bancas dos jornais. Fernando Pessoa foi atacado e grosseiramente increpado em vários jornais, incluindo no órgão oficial do regime que dias antes o louvara (Barreto, 2008, pp. 183-187). Foi também colocado no índex pelas autoridades censórias e políticas, que lhe negaram o direito de responder aos numerosos ataques de que foi alvo. Comentando a ordem do regime para o silenciar, Pessoa escreveu, a pensar em Salazar: "Pelo dedo se conhece o Anão" (86) (ver idêntico apodo em 94g).

A queda em desgraça ultra-rápida do poeta laureado e a pena de silêncio que sobre ele se abateu inviabilizariam naturalmente, dali a duas semanas, a sua presença na entrega dos prémios do SPN, cerimónia a que iam acorrer figuras de topo do regime, incluindo o próprio ditador. Pessoa não compareceu, de facto, à "festa do Espírito", como lhe chamou António Ferro. Diversas razões foram aventadas para essa ausência, mas Pessoa, aliás totalmente avesso a eventos sociais, sabia bem que a sua presença, depois do escândalo do artigo em defesa da Maçonaria, no mínimo, não seria estimada. Para Ferro, cuja aposta no poeta de *Mensagem* redundara num fiasco político pessoal, a ausência do poeta premiado foi decerto um alívio. Era simplesmente inimaginável que Pessoa pudesse figurar na fotografia oficial ou confraternizar com gente que, por motivos políticos ponderosos, passara a detestá-lo e cuja companhia ele também não apreciava.

Como que a reforçar as razões desta incompatibilidade, Salazar encerrou a sessão festiva de entrega dos prémios do SPN com a leitura de um discurso em defesa da censura e da imposição de directrizes políticas às produções intelectuais e artísticas, porque, segundo disse, não era possível "valer socialmente tanto o que edifica como o que destrói, o que educa como o que desmoraliza, os criadores de energias cívicas ou morais como os sonhadores nostálgicos do abatimento e da decadência". Pessoa anotou passos do discurso (89) e teceu comentários arrasadores sobre ele. Em especial, a defesa por Salazar da imposição de directrizes políticas aos intelectuais e artistas enfureceu Pessoa, que considerou esse passo do discurso do ditador como um enxovalho a "todos os escritores portugueses, muitos deles seus superiores intelectuais" (94). Mas o escritor também se sentiu atingido pela referência insultuosa aos "sonhadores nostálgicos do abatimento e da decadência". O desdém que a frase parecia votar ao acto de sonhar revoltara-o: "É a linguagem do baixo materialismo, tal como a usaria o merceeiro ou o vendedor de panos para com o seu filho romancista ou inventor" (110c). Alguma da poesia satírica sobre Salazar produzida por Pessoa nesse ano viria a ser orgulhosamente assinada por "Um sonhador nostálgico do abatimento e da decadência" (97). Além disso, a frase em questão de Salazar não era clara: "As suas frases, sempre límpidas, raramente são claras" (110c), comentou Pessoa. O ditador revelava-se perante o poeta sob cores bem diferentes: já nem a clareza do pensamento de Salazar lhe merecia os elogios de anos antes. E até a oratória de um antigo chefe republicano, António José de Almeida, lhe merecia agora um louvor (94e), quando antes fustigara a "eloquência sem ontem nem amanhã" dos tempos da Primeira República (53).

*

O artigo de Pessoa que significou a sua ruptura pública com o regime tivera como antecedente directo a apresentação, a 19 de Janeiro de 1935, na recém-inaugurada Assembleia Nacional, de um projecto de lei que visava extinguir a Maçonaria, confiscar os seus bens e perseguir os seus aderentes. O projecto fora apresentado em nome individual por José Cabral, um deputado de convicções monárquicas, fervoroso católico e simpatizante do fascismo, motivado tanto pelo ódio à Maçonaria, como pela sua sede de protagonismo pessoal e vontade de mostrar serviço.[a] Por essa circunstância, a crítica veemente de Pessoa ao projecto de lei de Cabral não podia considerar-se, à partida, um ataque directo ao regime, mas sim, antes de mais, ao proponente e ao que ele representava — em que Pessoa via sobretudo os interesses da Igreja Católica. Se podia haver reticências entre os legisladores quanto à forma e oportunidade daquele projecto de lei — que se antecipara a legislação prevista sobre o direito de associação em geral —, parece ter deixado de as haver após a grande repercussão pública do artigo de Fernando Pessoa. O poder não desejava que passasse para o público a ideia de que tinha recuado ou que desautorizava o deputado. O projecto de lei de Cabral, que podia ter sido rejeitado pela Assembleia Nacional a pretexto de a sua matéria se englobar em legislação de âmbito mais amplo, não o foi: recebeu luz verde de Salazar e baixou à Câmara Corporativa para elaboração do respectivo parecer. Com algumas alterações introduzidas por este órgão, o projecto acabou por ser aprovado pela totalidade dos deputados, a 5 de Abril de 1935. A iniciativa pessoal de Cabral fora, pois, amplamente coonestada pelo regime, e Pessoa, o escritor obscuro e isolado que ousara desafiar a Assembleia Nacional, via-se agora no papel de adversário público do Estado Novo. Não denotando qualquer arrependimento, Pessoa escreveu então, para a gaveta, o violento poema "Solenemente, carneirissimamente..." (100).

Se o escritor ainda tinha algumas vagas ilusões acerca do Estado Novo e do seu líder, parece tê-las perdido ali. Podemos, contudo, interrogar-nos sobre os verdadeiros motivos de Pessoa na sua

---

[a] José Cabral tinha sido premiado por Salazar com um lugar de deputado na Assembleia Nacional, onde se manteve durante cinco legislaturas, pelo seu papel, em 1934, na cisão do Nacional-Sindicalismo e na adesão em massa à União Nacional dos dissidentes que comandava (Pinto, 1992). Cabral viria também a assumir funções políticas na Legião Portuguesa (ver o posfácio a Pessoa, 2011).

defesa da Maçonaria, dado que não só não era maçon, como era um crítico, por vezes acerbo, da Maçonaria portuguesa e sul-europeia (ver Pessoa, 2011). Em vários escritos invocou então como motivo da sua defesa da Maçonaria o sentimento de fraternidade, de inspiração templária ou Rosa-Cruz, que teria pela ordem maçónica, alegando também a sua qualidade de liberal e de "inimigo radical" da Igreja de Roma (85). Mas num outro texto, inacabado, que pretendia publicar no *Diário de Lisboa*, Pessoa fornecia uma explicação algo diferente: "De há bastante tempo que se tornou preciso atacar certas influências, infiltradas em muita parte e partidos ou pseudo-não-partidos, que ameaçam, em todo o mundo, a dignidade do Homem e a liberdade do Espírito. Decidido, desde sempre, a fazer o que pudesse — dentro dos limites da minha inteligência e da minha acção — para contrariar essas forças, servi-me da primeira oportunidade que se me ofereceu. Foi o projecto de lei do Sr. José Cabral; podia ter sido outra coisa qualquer" (83).

De facto, havia realmente "bastante tempo" que Pessoa defendia privadamente certas posições que justificariam uma intervenção pública em defesa dos princípios citados. Todavia, também é verdade que noutros escritos, por volta de 1933, Pessoa demonstrava uma maior aceitação das teses doutrinárias do regime autoritário português. Vários desses textos ficaram inéditos até hoje. Em "Democracy and Parliament" (59), que, pelo seu conteúdo, parece um texto destinado a um público estrangeiro, Pessoa cita o regime de Salazar, de par com o do austríaco Dollfuss, como exemplos de sistemas em que haveria um tipo de fiscalização (ainda que "contingente") do poder político, ao mesmo tempo que afirma que o regime parlamentar francês era, na realidade, uma ditadura, porque não existiria ali fiscalização sobre o parlamento, não cumprindo o senado essa função. E qual seria a fiscalização do poder político que, na sua opinião, existia no regime de Salazar? Segundo este texto, seria Salazar, o homem, com os seus princípios morais, quem fiscalizaria Salazar, o ditador. Sublinhe-se que não se trata aqui de uma mera descrição da doutrina do Estado Novo, mas de um texto de opinião de Pessoa. Num outro escrito inglês coevo deste, sob a epígrafe *Interregno*[a], em que Pessoa tenta demonstrar que não há antagonismo entre ditadura e democracia, é feita uma comparação entre a atitude benigna de Salazar e os comportamentos tirânicos de Mussolini e Hitler, que tinham expulsado dos seus cargos públicos todas as pessoas que tinham ocupado lugares de responsabilidade nos regimes anteriores (60). Salazar não teria feito nada de semelhante, assegura Pessoa, afirmando que o ditador português teria mesmo nomeado para lugares importantes pessoas conotadas com o regime anterior — o que, antes das perseguições de 1935 a funcionários públicos, não deixava de conter uma parcela de verdade. Num terceiro texto em inglês, "Political Conditions in Present-Day Portugal", coevo dos precedentes e aparentemente também destinado a um público estrangeiro, Pessoa considera o regime chefiado por Salazar, pasme-se, como uma ditadura "perfeitamente legítima do ponto de vista democrático" e até, contrariamente ao regime de Hitler, "francamente liberal", porque, à parte a censura, que não seria em Portugal muito severa, não haveria opressão em Portugal (58). Não sabemos em que circunstâncias e com que intenção Pessoa produziu estes textos algo surpreendentes, que não são traduções de escritos alheios. É de crer que, sendo mentalmente destinados a uma publicação inglesa, o autor desejasse principalmente dar uma imagem positiva do país e, por tabela, do seu novo regime político, salientando os aspectos positivos do regime de Salazar — que, como ditadura, suscitava reservas em certos meios políticos das democracias europeias. Não é possível encontrar nos escritos pessoanos em português nada que se compare a estes textos ingleses pelo grau

---

[a] Pessoa encarava a possibilidade de publicar, sob o pseudónimo Thomas Crosse, um artigo em inglês sobre a Ditadura Militar, baseado em *O Interregno* (ver Pessoa, 2013, pp. 485-487).

de adesão aparente às teses doutrinárias ao Estado Novo ou pela ausência de críticas ao regime ou ao ditador. No texto em português mais elogioso para Salazar, por quem Pessoa dizia então ter *admiração*, não deixava porém de referir que discordava da Constituição do Estado Novo e do sistema corporativo (71). Quando comparados esses três escritos em inglês com os posteriores escritos políticos de Pessoa, sobretudo textos de 1935, a diferença é abismal. Foram já salientados alguns aspectos contraditórios destes escritos em inglês com o próprio pensamento político de Pessoa no mesmo período (Barreto, 2008, pp. 179-180).

*

Após a ruptura pública com o regime, iniciada com o artigo "Associações Secretas" (4 de Fevereiro de 1935), as posições políticas expressas nos escritos de Pessoa em prosa e em verso não mostrarão mais ambiguidades nem condescendências para com o regime. Num dos seus escritos em francês datáveis de 1935, Pessoa revê mesmo certas suas posições anteriores, ao declarar que, a partir de Julho de 1932, com Salazar ao leme do governo, a ditadura portuguesa *mudara de curso*, passando de "uma simples ditadura militar à Primo de Rivera" para "a actual ditadura à Mussolini" (110a), o que equivalia a dizer que a ditadura portuguesa se fascistizara. Em Agosto de 1935, Pessoa volta a irritar-se com um discurso, desta vez sobre "A Ética Política do Estado Novo", da autoria do ministro da Justiça, Manuel Rodrigues, outra figura destacada do governo e do regime, em cuja argumentação o escritor detecta as mesmas ideias de Salazar sobre a "missão" e o "dever" do escritor sob o Estado Novo (ver Barreto, 2008, pp. 198-199). Num texto irónico e cortante, Pessoa responde a Rodrigues: "Serve melhor a pátria, pois lhe enriquece as letras, um grande poeta comunista ou imoral do que um pobre diabo que verseja relesmente em louvor de Aljubarrota ou das Florinhas da Rua" (108). Neste ataque às figuras do Estado Novo, notável excepção era feita, porém, para o presidente da República, general Carmona, que Pessoa continuava a elogiar e a quem começou a redigir uma longa carta, manifestando todo o seu descontentamento em relação a Salazar e ao seu governo. Carmona parecia simbolizar para Pessoa a "simples ditadura militar à Primo de Rivera", que o escritor continuava aparentemente a apoiar em Portugal, mesmo depois da queda, em Espanha, do governo ditatorial (1930) e da subsequente instauração da Segunda República (14 de Abril de 1931).[a]

A hostilidade política, quando não a fúria, de Pessoa brota então principalmente na poesia satírica contra Salazar e o seu regime, cuja primeira peça, cronologicamente, é o poema "Liberdade" (92), aparentemente não político, mas que é, de facto, uma reacção irónica ao discurso do ditador na sessão de entrega dos prémio literários a 21 de Fevereiro de 1935. O poema tem uma curiosa epígrafe com a menção, entre parênteses, "falta uma citação de Séneca", circunstância que permitiu associá-lo ao referido discurso de Salazar, que citava precisamente, em abono do seu elogio da censura, uma frase de Séneca troçando dos eruditos preguiçosos que tinham estantes de livros até ao tecto.[b] Discute-se se a citação em falta deveria ser preenchida em últimas provas, mas a epígrafe parece ter sido premeditada por Pessoa naquela forma exacta, para tornar o seu poema mais enigmático e o resguardar da censura. Assim, só alguns eleitos o entenderiam à primeira, o que para o autor seria perfeito. Note-se que "Liberdade" foi cortada pela censura na revista *Seara Nova* ainda em 1935, por causa da última estrofe, que o censor julgou uma alusão velada a Salazar (e, na verdade, era-o): "O mais do que isto |

---

[a] Testemunho do interesse com que Pessoa seguira esses acontecimentos espanhóis é a carta astrológica que traçou, reportada à data de 14 de Abril de 1931, às 14h25, *hora local* de Barcelona (ver Pessoa, 2012, p. 147), ou seja, o momento exacto em que a chamada "República Catalã" foi proclamada naquela cidade, antecipando-se à proclamação, no mesmo dia, da República em Madrid.
[b] Luís Prista (2003) desvendou o enigma da citação de Séneca, localizando-a correctamente no referido discurso de Salazar.

É Jesus Cristo, | Que não sabia nada de finanças | Nem consta que tivesse biblioteca..." (ver Silveira, 1974). Seguir-se-á, até ao mês da sua morte, uma dúzia de outros poemas, crescentemente acutilantes, alguns mesmo violentos. Do trio de poemas sobre Salazar (97), sabe-se terem circulado cópias dactilografadas que foram lidas ou declamadas pelos cafés de Lisboa. A Assembleia Nacional (107) e até a Emissora Nacional (106), recém-inaugurada oficialmente, também foram visadas por Pessoa em sátiras contundentes. As odiadas directrizes de Salazar foram por ele comparadas a piolhos, para os quais se tornava necessário encontrar um veneno apropriado (99). A última composição da série satírica foi o "Poema de Amor em Estado Novo" (123), escrito a 8-9 de Novembro de 1935. Trata-se de uma extraordinária troça das directrizes salazarianas aos escritores, a que o poeta finge submeter-se dedicando um longo e ridículo discurso amoroso a todos os temas e *slogans* da propaganda política do regime. Para cúmulo da provocação, o poema é assinado por "o demo-liberalismo maçónico-comunista" — outro chavão do discurso do regime, pretendendo meter os seus adversários todos no mesmo saco.

No decorrer do ano de 1935, que foi para Pessoa, após a intervenção pública em defesa da Maçonaria, um tempo de demarcação política e clarificação ideológica, o escritor-pensador vai proceder a uma tentativa de estruturação doutrinária do seu nacionalismo e do assumido carácter liberal das suas ideias de "sempre". Surgiu, assim, o projecto de escrever um artigo intitulado "O Nacionalismo Liberal", com que pretendia demarcar-se do nacionalismo antiliberal proclamado pelo poder autoritário (ver Barreto, 2013c). Não se tratava de algo inteiramente novo em Pessoa, se pensarmos nas suas posições da década anterior, reagindo aos "ideólogos pseudo-nacionais" que em Portugal seguiam as pisadas de Maurras, Valois e Mussolini (14). Mas agora a sua posição vai aparecer mais bem explicitada e estruturada, especialmente no conjunto de onze textos datáveis de 1935, relacionados com o tema do nacionalismo liberal, aqui apresentados (116). Essas notas, volte a sublinhar-se, destinavam-se a um artigo — que o autor esperava poder publicar no *Diário de Lisboa* ou no semanário *Fradique* —, pelo que não constituem meras reflexões confiadas ao papel. Um dos motivos do projectado artigo residiria, certamente, na intenção de responder a certos comentários à sua intervenção em prol da Maçonaria, que se interrogavam sobre o conhecido nacionalismo de Pessoa. Como tinha podido um escritor considerado nacionalista e premiado por um livro de exaltação nacionalista vir a público defender uma organização internacionalista ou "antinacional" como a Maçonaria? O tema era, ao mesmo tempo, uma oportunidade para Pessoa esclarecer o seu pensamento político — não só perante o público, mas talvez principalmente perante si mesmo, dados certos aspectos contraditórios das posições por ele defendidas no passado e ainda parcialmente detectáveis em 1935. A morte surpreendeu o escritor antes que o artigo pudesse ser acabado, mas, em vista das principais ideias expressas nos apontamentos, o texto final certamente não passaria pela censura, então já colocada em alerta contra Fernando Pessoa.

A principal contradição do pensamento político de Pessoa nesta fase final da sua vida reside claramente no conflito entre, por um lado, o seu sentir liberal e as suas ideias individualistas e antiestatistas e, por outro lado, o seu continuado apoio a uma forma de governo ditatorial, ainda que se tratasse de um governo desejavelmente transitório e de feições programáticas bem particulares — que só existia, provavelmente, na imaginação do escritor. Em Fevereiro de 1935, já depois de publicado o artigo "Associações Secretas", mas ainda antes do discurso de Salazar de 21 que iria desencadear o seu vivo e definitivo repúdio do ditador, Pessoa ainda se declarava "situacionista", isto é, apoiante da situação política, dizendo confiar "instintiva mas não irracionalmente" no general Carmona, em Salazar e no então ministro das Colónias Armindo Monteiro

(81). Carmona, que não intervinha na governação, era aí descrito como paradigma da "maleabilidade dentro da dignidade", como um "aristocrata da adaptação" e, em sentido algo contraditório, como "a mais segura mão de timoneiro que há muitos anos temos tido". A confiança de Pessoa em Salazar assentava primeiramente, segundo aí escreveu, nas qualidades pessoais de clareza de inteligência e firmeza de vontade do ditador e, num segundo plano, na obra por ele realizada (estradas, esquadra naval), no acréscimo do prestígio de Portugal no estrangeiro e ainda na tentativa de dar um "ideal nacional" a Portugal, um país que notoriamente dele carecia. Logo de seguida, porém, Pessoa declara — sem detectar qualquer espécie de contradição — pretender continuar a ser "um individualista absoluto, um homem livre e um liberal", o que o levava a ter "uma perfeita tolerância pelas ideias dos outros" e ser "incapaz de considerar um crime o pensar outro do modo que não penso" — ou seja, a descrição exacta da postura intolerante do regime perante a oposição. E, a rematar esta exposição de aparentes incongruências, Pessoa ainda afirmava a sua "absoluta consideração" pelo político Democrático exilado Afonso Costa e declarava que continuaria "sempre que Deus quiser, a defender a Maçonaria" — cuja extinção e perseguição estava anunciada para breve.

Todavia, após o discurso de Salazar na sessão dos prémios literários (21 de Fevereiro) e a aprovação da lei contra a Maçonaria (5 de Abril), aquelas contradições começaram claramente a desaparecer do discurso de Pessoa, para dar lugar a um pensamento coerente de oposição a Salazar e ao seu regime. Autores como Alfredo Margarido não compreenderam esta mudança por eles descrita como "súbita" e pouco convincente. Na verdade, a posição de Pessoa, como se tenta demonstrar neste livro, nunca foi, longe disso, de inequívoco acordo com o regime ditatorial — nem com a Ditadura Militar, nem com o Estado Novo. Tudo era posto por ele nos dois pratos da balança e quase tudo ia desaguar numa palavra-chave: *confiança*, que para ele não implicava adesão política nem conformidade doutrinária, mas apenas *aceitação*, como sublinhou (81). Ora esta confiança crítica, que Pessoa também descrevia como "instintiva, mas não irracional", era algo de essencialmente volátil, isto é, susceptível de se dissipar rapidamente sob o impacto de acontecimentos que ele julgasse e sentisse de significado decisivo. Foi isso o que aconteceu na Primavera de 1935, quando Pessoa, em carta ao presidente Carmona, acusa Salazar de ter afastado de si "o resto da inteligência portuguesa que ainda o olhava com uma benevolência já um pouco impaciente e uma tolerância já vagamente desdenhosa" (94b).

A continuada defesa por Pessoa de uma *ditadura* que pusesse em prática um programa de sentido *nacionalista e liberal* constituía um quadro mental fechado e contraditório de que Pessoa não deu, até ao fim, muitos sinais de se poder libertar. Na realidade, ele não via alternativas praticáveis ao *statu quo* político de 1935. Não acreditava na longevidade governativa de Salazar (enganou-se completamente!), nem a desejava, mas pensava que a sua hipotética substituição se defrontaria com uma série de dilemas de dificílima resolução. A ditadura, escreveu, só se mantinha pela acção de dois factores que rotulava de negativos: o medo do comunismo e a prática insubstituibilidade de Salazar. Em tais condições, só se podia contar com o factor do inesperado, novamente entrevisto numa personalidade salvadora (uma constante em Pessoa): "O aparecimento súbito dum desconhecido pode reduzir todas estas considerações a nada. O próprio Salazar era um desconhecido e foi como desconhecido que chegou ao poder" (110c).

Os anos seguintes, que Pessoa já não viveu, não iriam talvez contribuir para que estes dilemas ou aspectos contraditórios do seu pensamento se diluíssem ou desaparecessem. Em particular, a guerra civil espanhola, iniciada no ano imediato, e o previsível receio de que ela se comunicasse a Portugal, estimulá-lo-iam muito provavelmente a manter a sua confiança ou esperança numa "ditadura liberal" eminentemente contraditória. Ou seja, uma ditadura que lhe desse o direito de ter opiniões contrárias ao governo, respeitasse a elite intelectual dando-lhe voz e peso político, reduzisse ao mínimo a intervenção do Estado na economia e na sociedade, se abstivesse de intrometer-se em matérias reservadas ao espírito, mobilizasse a nação para um ideal nacional, contivesse a ameaça comunista e anarquista, neutralizasse as forças reaccionárias e tradicionalistas, se opusesse ao ascendente espiritual e sociopolítico que a Igreja Católica estava empenhada em reconquistar, etc. Mas onde existiria uma ditadura assim?

*

A ortografia portuguesa adoptada neste livro é a anterior ao acordo ortográfico de 1990, que, na presente fase de transição, continua válida em Portugal. Com esta decisão, que reflecte as convicções do organizador, pretendeu-se também homenagear a tenaz resistência de Fernando Pessoa à reforma ortográfica de 1911, bem como ao acordo ortográfico luso-brasileiro de 1931, que não chegou a ser posto em prática. Abdicou-se todavia, com algum pesar, de dar os escritos de Pessoa na ortografia original (pré-reforma de 1911), com que figuram no espólio do escritor ou na grande maioria das obras que publicou em vida. O único propósito desta decisão foi o de não alienar aquela parte do público leitor que lhe é refractária.

Também em matéria ortográfica, diga-se num parêntese, a posição do escritor não foi isenta de contradições. Em *O Interregno*, discorrendo sobre a divisão de Portugal em duas "metades", Pessoa parecia lamentar-se: "Somos o país das duas ortografias" (1928a, p. 8). Essa desunião ortográfica espelharia, segundo ele, a desunião política "orgânica" da nação, à qual, por sua vez, só as Forças Armadas (a Ditadura Militar) poderiam dar solução. Alguns anos depois, todavia, criticando o acordo ortográfico luso-brasileiro de 1931, que fora negociado segundo ele entre *duas ditaduras*, Pessoa já reivindicava o direito a usar a ortografia da sua preferência — o direito, afinal, de Portugal ser o país das duas ortografias: "O Estado não tem direito a compelir-me, em matéria estranha ao Estado, a escrever numa ortografia que repugno, como não tem direito a impor-me uma religião que não aceito" (Pessoa, 1997b). A analogia ortográfico--política podia ter levado Pessoa ainda mais longe...

A actualização ortográfica dos escritos de Fernando Pessoa suscitou alguns raros problemas, como em *pseudhomens*, que se "actualizou" para *pseudo-homens*, em *deshellenizar*, que se grafou *deselenizar*, ou nos vocábulos *entre-relação* e *entrepenetram*, que se optou por manter, de preferência a actualizá-los para *inter-relação* e *interpenetram*, formas que os dicionários do primeiro quartel do século xx não registam. Por um critério algo similar, mantiveram--se as formas antiquadas *são-as*, *super-nacional*, *supernormais* e *titans*, em detrimento das hoje canónicas *são-nas*, *supranacional*, *supranormais* e *titãs*. Na pontuação original não se tocou (ainda que também ela fosse amplamente actualizável), excepto para corrigir ambiguidades de sentido ou lapsos evidentes. Corrigiram-se alguns erros ortográficos ou gramaticais de francês, mas mantiveram-se certas palavras que os dicionários franceses consultados não registam, como os advérbios *enthousiastiquement* (entusiasticamente) e *déréglément* (desreguladamente). As expressões estrangeiras utilizadas por Pessoa, latinas ou outras, mesmo quando não sublinhadas no original, vão em itálico.

Este livro culmina quase uma década de intensa actividade de pesquisa e edição dos escritos políticos e sociológicos de Fernando Pessoa. Tal labor foi possibilitado, em primeiro lugar, pela vinculação do organizador ao Instituto de Ciências Sociais da Universidade de Lisboa, comunidade de investigadores de diversas áreas científicas fundada em 1962 por Adérito Sedas Nunes, a cuja memória se dedica este trabalho. Um destacado agradecimento cabe ao coordenador desta colecção, Jerónimo Pizarro, pela confiança depositada neste projeto desde o seu início, assim como pela sua valiosa, constante e multifacetada colaboração. É justo mencionar também os nomes daqueles investigadores e editores pessoanos que contribuíram generosamente para algum aspecto do trabalho que agora se apresenta: Teresa Sobral Cunha, Pedro Teixeira da Mota, Luís Prista, Steffen Dix, Pauly Ellen Bothe e Patrício Ferrari. Refiram-se ainda o apoio e encorajamento de Manuel de Lucena e Manuel Villaverde Cabral, do Instituto de Ciências Sociais, e o incentivo da Casa Fernando Pessoa, sob a direcção de Inês Pedrosa, pelo convite para participar em três edições do Congresso Internacional Fernando Pessoa. Uma gratidão muito especial é devida, naturalmente, a Sílvia Barreto.

José Barreto

ESCRITOS
SOBRE O FASCISMO,
A DITADURA MILITAR
PORTUGUESA (1926-1933)
E O ESTADO NOVO
DE SALAZAR

Sinais convencionais usados:

◊ espaço deixado em branco pelo autor
* leitura conjecturada
† palavra ilegível
[…] trecho não transcrito ou ilegível
[ ] letras, palavras ou sinais de pontuação omissos no original

As chamadas alfabéticas remetem para notas de rodapé de carácter informativo; as chamadas numéricas, para notas finais de natureza filológica.

Matthew Arnold, que foi (embora aqui se não saiba, o que quer dizer apenas que aqui se não sabe) um[1] dos grandes poetas do século dezanove, definiu, numa frase que ficou célebre, a nulidade íntima da civilização puramente material: "De que te serve um comboio que te leva[2] num quarto de hora de Camberwell para Islington, se te leva[3] de uma vida reles e estúpida em Camberwell para uma vida reles e estúpida em Islington?"

[1923 ou post.]

Com efeito, valendo apenas como facilidades para uma vida que deve ter mais altos fins, as conquistas materiais nada significam em si mesmas senão quando efectivamente resulta da sua aplicação qualquer coisa relativa a esses altos fins. Sobre a natureza desses altos fins podemos divergir: para uns serão simplesmente a grandeza nacional (é um conceito estreito, mas é, para a maioria dos homens, a única coisa que verdadeiramente os arrasta para fora do seu egoísmo natural, e assim torna possível que façam mais alguma coisa que vegetar activamente); para outros consistirão na felicidade humana (o que é um conceito igualmente restrito, pois os cães e os gatos, se fossem capazes de conceitos sociológicos, não teriam outro); para alguns consistirão em determinados fins religiosos; para outros (entre os quais me incluo) na criação de valores civilizacionais — valores artísticos, científicos[4], filosóficos — que sirvam de estímulo e de consolo aos homens futuros.

Em si mesma, a civilização material nem sequer é civilização, mas simplesmente aperfeiçoamento. Melhoram as condições em que os homens vivem; os homens podem melhorar ou não. É sabido por todos os sociólogos que as condições climáticas extremamente benévolas[5] tendem a estorvar o progresso e a civilização do povo sujeito a elas, por isso mesmo que não suscitam oposição, fazendo viver a vontade, não dificultam a vida, despertando a emoção, não criam problemas de vida, acordando a inteligência.

Quando, pois, em resposta a argumentos, como aqueles[6] que de todas as partes — excluindo as democráticas e radicais, que atacam por uma questão de fanatismo político — se levantam contra o fascismo, se responde com a regularização do horário dos comboios, a melhoria do valor da lira, e, até, o estabelecimento da ordem pública (supondo que a paz varsoviana[a] seja a ordem), não se responde a nada: alega-se simplesmente uma coisa diferente, e que não vem para o caso.

Matar, torturar e enxovalhar não são fenómenos necessariamente envolvidos na produção do bom funcionamento dos comboios. Não é inconcebível que se possa melhorar a lira sem queimar bibliotecas particulares, e exercer sobre a imprensa uma censura de carácter físico. A própria manutenção da ordem não ◊[b]

Há, é certo, na vida moderna um elemento de excitação. Sem ele, a humanidade teria recaído na estupidez. Os deuses[7] nos livrem, de alguma vez nos afastarmos da razão emocional. Ficaríamos talvez felizes; ficaríamos com certeza parvos. Mas os dois elementos — o de felicidade e [o] de excitação — não se contrapõem, sobrepõem-se. São dois elementos disjuntos que somam, e a soma deles, ao contrário do que seria a sua multiplicação, é aumento também.

O exemplo típico está na esterilidade americana. Nenhum país trabalha tanto; de nenhum país fica, no futuro verdadeiro, tão pouco sinal. Há inventores de parafusos, mas não há inventores de ideias. Não criam: arranjam. Tal "civilização", se esse nome merece, é a sublimação não da arte, mas do existir[8]. O artista *morre pelo artifício. É o máximo do *mínimo.

---

a   *Paz varsoviana*: paz imposta de forma violenta.
b   A parte dactilografada do texto termina aqui. Os dois parágrafos seguintes, manuscritos na margem esquerda do rosto e no verso da folha, não dão continuidade à parte final do dactiloscrito, antes se relacionam com o tema do segundo e terceiro parágrafos dactilografados.

À civilização material, quer encarando-a pelo lado das realizações, quer pelo da simples prosperidade, não se deve aplicar diferente critério daquele que empregamos nos indivíduos que trabalham ou enriquecem. De qualquer homem rico perguntamos todos instintivamente: como enriqueceu? o que faz da riqueza? De um homem, de quem se diz que trabalha, perguntamos instintivamente, mas trabalha em quê? Porque um homem pode ter enriquecido pelo roubo, e aplicar a riqueza no simples e estúpido esbanjamento. E um homem pode trabalhar muito, empregando porém sua actividade no fabrico intensivo de notas falsas, que é dos melhores exemplos da produção em séries que o Sr. Henry Ford julga que inventou. Do mesmo modo, o dizer-se que um homem é um chefe, deve levar-nos a perguntar: chefe para quê? chefe para onde? A organização do fascismo é uma obra de talento, mas também não foi um estúpido quem organizou a Mafia[1] ou a Camorra. Há chefes de bandos de assassinos, com grandes qualidades de organização e de coragem; mas a organização e a coragem não convertem os bandos de assassinos em salvadores da civilização, nem o chefe deles em benfeitor da humanidade[2]. *Hay que distinguir*[3], como disse o outro, quando lhe disseram que um preto era gente.

2
[1923 ou post.]

O maior chefe industrial da Alemanha, Walther Rathenau[a], disse a um jornalista inglês, no decurso da mais notável entrevista que tenho lido: Ah, ainda bem que vamos ter uma Alemanha infeliz e pobre! A Alemanha antiga, infeliz e pobre, produziu um Kant, um Goethe, um Beethoven. A Alemanha rica não produziu nada.

a   Walther Rathenau (1867-1922): grande industrial, escritor e político alemão de origem judaica e maçon. Nomeado ministro dos Negócios Estrangeiros em 1922, foi assassinado meses depois por membros de uma organização ultranacionalista e anti-semita que lutava pelo derrube da República de Weimar e pela instauração de uma ditadura. Em 1909, Rathenau tinha dito num artigo que "Trezentos homens, que se conhecem todos uns aos outros, comandam os destinos económicos da Europa e escolhem os seus sucessores entre si". A frase alimentou teorias da conspiração em torno de um suposto "comité dos 300". Fernando Pessoa, que possuía o livro de Rathenau *The New Society* (1921), partilhava essas teorias e escreveu uma série de notas sobre os "300" (ver adiante trechos das mesmas).

3

ALTO DE SANTA CATARINA

É preciso destruir a Igreja Católica por ela mesma. Em outras palavras, é preciso fundar o catolicismo; e fazer assentar o cristianismo em bases religiosas.

———

As doutrinas sociais recentes não têm consistência cultural, com que vivam. Não a tem a democracia, que é a tentativa de aplicar um regímen municipal a uma nação inteira, e vale e tem valido na proporção, e só na proporção em que promove ou promoveu[1] o individualismo.

Não a tem o fascismo, simulacro estridente das doutrinas chamadas da contra-revolução, que, elas, são a voz alta de coisa nenhuma.

———

... não que o Cristismo seja "verdadeiro", pois provavelmente o não é; mas é[2] a fórmula religiosa que, por ser o contorno emotivo de uma civilização, sou forçado a adoptar e a nele crer.

Fundindo todas as religiões num paganismo supremo chamado catolicismo sendo o Cristismo o elemento sincretizante.[a]

4

[TRECHOS SOBRE OS TREZENTOS][b]

4a

[...]

Nesta conjuntura, só uma coisa nos é possível fazer: reconstruir o paganismo.

---

a   Ver o texto "Conspiração dos 300" (Pessoa, 1988, p. 30), em que é referida uma hipotética "Terceira Ordem" existente em Portugal que se proporia trabalhar pela reconstrução do paganismo greco-romano, pela reconstrução do catolicismo numa base diferente e pela reconstrução sincrética da religião em geral, sob a égide do cristianismo.

b   A designação "300" ou "Trezentos" refere-se a uma teoria da conspiração segundo a qual um grupo internacional de 300 indivíduos poderosos comandaria ocultamente os destinos económicos da Europa, crença baseada numa frase do aqui já citado Walther Rathenau, que seria um deles.

[...]
Os nacionalismos vários, embora muitas vezes mórbidos, como no caso do fascismo, criam todavia o espírito cívico que é um dos elementos constituintes do paganismo.
[...]

4b
[c. 1923-1925]

[...]
O difícil, em nossa vida moderna, é não jogar para as mãos dos Trezentos.

De todos os lados, arrastados pela mesma força de decadência que formou o subjudaísmo como organização, inconscientes e espontâneos colaboram com essa organização. Um Spencer, sincero e limpo, que ataca a educação clássica; um Mussolini, pretenso reactor contra a democracia, que repudia o que nela é europeu, que é o individualismo, e aceita o que é degradado, que é o corporativismo; um Maurras[a], que, coitado, repudiando Kant, repudia o maior opositor do baixo racionalismo — estes, e tantos outros, alheios ao jogo dos Trezentos, ou, até, pretendendo opor-se-lhes, o favorecem e o animam.
[...]

4c
[c. 1923-1925]

[...]
O fascismo não apresenta aos Trezentos uma preocupação senão artificial. O fascismo não tem raízes espirituais. Cai com facilidade,

---

a Charles Maurras (1868-1952) foi um escritor, jornalista e pensador político francês, figura de proa do movimento contra-revolucionário, antiparlamentarista e monárquico integral Action Française e do jornal do mesmo nome. Maurras exerceu notável influência em Portugal sobre os doutrinadores do Integralismo Lusitano. Salazar, que considerava Maurras um dos espíritos mais esclarecidos do seu tempo, confessou ter perfilhado, entre outras, as suas ideias sobre a necessidade de autoridade e de um Estado forte e a sua crítica da democracia.

deixando de si, apenas, um fermento revolucionário e de desordem que antes aproveita, do que desconvém, aos Trezentos. Outros, e piores, inimigos são o Império Britânico e a França, pois o legalismo individualista do primeiro, e o espírito clássico do segundo, são fenómenos orgânicos e antigos, que se não podem desenraizar com facilidade, nem para os desenraizar há processos determinados. Só a decadência da Inglaterra e da França poderiam produzir a ruína desses dois espíritos; e os Trezentos, mau grado toda a sua força, não têm poder para gerar decadências, senão somente para se aproveitar delas.

O fascismo, além disso, é a tal ponto semelhante, por um lado, ao bolchevismo, e, por outro lado, ao espírito sindicalista (corporativo lhe chamam os fascistas) que tende para desorganizar e deselenizar Europa, que se ajusta, nesse sentido, muito mais às próprias ideias exteriores dos Trezentos do que à substância da civilização europeia.

O fascismo é uma reacção excessiva e falsa —*faite à souhait* para os Trezentos. Como todas as reacções falsas, tem os característicos íntimos daquilo contra que reage.

4d
[c. 1923-1925]

Uns minam o nacionalismo pelo internacionalismo, outros o minam pelo regionalismo. Uns opõem ao racionalismo individualista o irracionalismo individualista, ou anarquismo, outros o racionalismo anti-individualista, ou corporativismo (ateu). ◊ Perdido todo sentimento de harmonia, o europeu não sabe como há-de agir sobre dois bandos de loucos, opondo-se furiosamente, mas falsamente, e parecendo obscuramente combinados para a ruína da civilização.

5
[c. 1923-1925]

A obra principal do fascismo é o aperfeiçoamento e organização[1] do sistema ferroviário. Os comboios agora andam bem e chegam[2] sempre à tabela. Por exemplo, você vive em Milão; seu pai vive em Roma. Os fascistas matam seu pai mas[3] você tem a certeza que, metendo-se no comboio, chega a tempo para o enterro.

6
[c. Jan.-Fev. 1925]

Não, nós os liberais, não aceitamos.

Não aceitamos um governo chamado "do povo" que se pressupõe usar da força que deriva da aritmética, em geral fraudulenta, de eleições para suprimir todas as liberdades e oprimir todos os espíritos. Mais vale, então, um governo autoritário, que, ao menos, mantém a ordem nas ruas.

Poderão dar todos os vivas, menos um. Nunca poderão gritar: Viva a liberdade!

Raios os partam, são todos totalitários![a]

---

a   A alusão a um governo "do povo" sugere que se trata de um escrito coevo do governo dito *canhoto* do republicano José Domingues dos Santos (Novembro de 1924 a Fevereiro de 1925). O governo tinha o apoio dos republicanos de esquerda, dos socialistas, dos comunistas, da Confederação Geral do Trabalho e da Federação Nacional das Cooperativas, bem como a oposição da União dos Interesses Económicos, uma associação política dos meios patronais da indústria, comércio e agricultura com círculos e individualidades de direita e ultradireita.

"A OBRA PRINCIPAL DO FASCISMO..." (TEXTO N.º 5)

SIGNOR MUSSOLINI AND "THE TIMES."

TO THE EDITOR OF THE TIMES.

Sir,—I am very sensible of the fact that your most important paper attentively follows my political and polemical manifestations. Allow me, however, to rectify some statements contained in your last editorial.

It does not correspond with facts that the last Bills voted by the Italian Chamber are against the most elementary liberties, whereof you will be convinced by carefully considering the articles of the aforesaid laws. It is not true that patriots are discontented. On the contrary, the truth is that the opposition is carried on by a small dispossessed group, while the enormous majority of the Italian people works and lives quietly, as foreigners sojourning in my country may daily ascertain. Please note also that Fascism counts 3,000,000 adherents, whereof 2,000,000 are Syndicalist workmen and peasants, thus representing the politically organized majority of the nation. Even the Italian Opposition now recognizes the great historical importance of the Fascist experiment, which has to be firmly continued in order not to fail in its task of morally and materially elevating the Italian people, and also in the interest of European civilization. Please accept my thanks and regards.

I am, &c.,
Rome, June 24. MUSSOLINI.

CARTA DE MUSSOLINI AO TIMES,
PUBLICADA NA EDIÇÃO DE 26 DE JUNHO DE 1925.

[TRAD.]ᵃ *Senhor,*
Sensibiliza-me muito o facto de o vosso importantíssimo jornal seguir atentamente as minhas manifestações políticas e polémicas. Permita-me, contudo, rectificar algumas afirmações contidas no seu último editorial.

Não corresponde aos factos que as últimas leis votadas pelo parlamento italiano sejam contra as mais elementares liberdades, do que poderá persuadir-se se considerar atentamente os artigos das ditas leis. Não é verdade que os patriotas estejam descontentes. Pelo contrário, a verdade é que a oposição é conduzida por um pequeno grupo debilitado, ao passo que a enorme maioria do povo italiano trabalha e vive tranquilamente, como os estrangeiros residentes no meu país podem diariamente constatar. Note, por favor, também que o Fascismo conta 3 000 000 aderentes, dos quais 2 000 000 são trabalhadores sindicalistas e camponeses, representando, assim, a maioria politicamente organizada da nação. Até a oposição italiana agora reconhece a grande importância histórica da experiência fascista, que tem que ser firmemente prosseguida de modo a não falhar na sua tarefa de elevação moral e material do povo italiano e, também, no interesse da civilização europeia. Aceite os meus agradecimentos e cumprimentos.

Sou, etc.

Roma, 24 de Junho   MUSSOLINI

7
[Post. 26-6-1925]

O tio Mussolini, como qualquer inglês com razão de queixa, escreveu uma carta ao *Times*.ᵇ O duce não sabe inglês, nem, ao que parece, encontrou alguém que o soubesse responsavelmente entre os quarenta milhões de pessoas que compõem a sua pátria virtual e os três milhões que, pelo cômputo próprio, formam a sua pátria real.

a   Todas as traduções são da responsabilidade do organizador deste livro.
b   A carta de Mussolini em questão foi publicada no *Times* de 26 de Junho de 1925, sob o título "Signor Mussolini and *The Times*" (ver imagem).

A carta é notável, não pelas afirmações — que são do género das que poderia fazer o Sr. Lloyd George[a], ou o Sr. Briand[b], ou qualquer outro Afonso Costa —, mas pelo emprego saliente da palavra *whereof*, que quer dizer "de que". De relembrável nada mais diz o *lictor*[c]. O problema representado pelo fascismo é muito simples, e, na sua essência, não nos é, a nós portugueses, desconhecido. O povo italiano — que é de supor que o seja, e não fascista nem comunista — recebeu há anos, do lado direito da cara, a bofetada do comunismo. O fascismo, para o endireitar, deu-lhe uma bofetada, um pouco mais forte, do lado esquerdo. Não sabemos, nem temos meio de saber, se o povo italiano aprecia mais o ter ficado direito, ou neo--torto, ou as desvantagens faciais do processo empregado. E resta sempre saber, nesta matéria — como cada nova bofetada é sempre mais forte do que a anterior, para poder endireitar —, em que altura é que pára a terapêutica equilibradora, e em que estado fica o equilibrado quando o Destino, por fim, se cansa do tratamento.
Whereof...

Mussolini — Nota 1.
[Mussolini — Nota] 2.
[Mussolini — Nota] 3. (regimes de repressão)
Plutocracias ———

8
[c. 1925]

a   David Lloyd George (1863-1945), político liberal britânico, ministro das Finanças (1908--1915) e primeiro-ministro (1916-1922). Foi o fundador do sistema de segurança social britânico e liderou o país durante e depois da Grande Guerra. Fernando Pessoa sempre se lhe referiu muito criticamente.
b   Aristide Briand (1862-1932), político francês que foi onze vezes primeiro-ministro entre 1909 e 1929. Foi o autor da lei de separação das Igrejas e do Estado. Era odiado pelos socialistas, pelos sindicalistas e pela extrema-direita da Action Française.
c   Pessoa chama a Mussolini *lictor*, nome do funcionário que na Roma Antiga carregava o *fascio* e que era apenas um responsável da segurança pessoal de ditadores, imperadores, cônsules e outros magistrados.

Lixo: Ant[ónio] Sérgio.ᵃ
          *Consumatum Est*ᵇ
          Ant[ónio] Ferroᶜ
          (Nemo)ᵈ
Anatole France
Maneiras de Dizer: (O Português)
                       Parábola
Deportações.ᵉ
Tudo é defensável, logo[1] que exista. Só é indefensável o que se propõe existir e para isso não tenha condições.

9
[c. 1925]

Quaisquer que sejam os defeitos, que se possam apontar, com razão ou sem ela, ao fascismo, não pode ele ser acusado de plágio ou de subserviência a um mestre ou a um modelo. Bom ou mau, é gente. E isto o afirma um fenómeno da civilização, que não um espectáculo dos arredores e das províncias.

A hipnose do estrangeiro é um dos característicos distintivos das nações que não são senão províncias. A hipnose das cidades é outro sintoma de provincianismo. Tudo que se faça em Paris,

---

a   António Sérgio (1883-1969) foi figura destacada do Grupo da Biblioteca e da *Seara Nova*, e ministro da Instrução Pública, em 1923. Nos anos 20, publicou, entre outros, *Bosquejo de História de Portugal* (1923), *O Desejado: Depoimentos de Contemporâneos de D. Sebastião* (1924), *Camões e D. Sebastião* (1925).

b   *Consumatum Est* é o título de um livro do poeta Silva Tavares publicado em 1925.

c   António Ferro publicara nomeadamente: *Teoria da Indiferença* (1920), *Leviana* (1921), *Colette, Colette Willy, Colette* (1922), *Gabriele d'Annunzio e Eu* (1922), *A Idade do Jazz-Band* (1923), *Mar Alto* (1924) e *A Amadora dos Fenómenos* (1925). Sobre o último, Pessoa escreveu numa nota de 1925 tratar-se de uma obra intelectualmente abjecta (Bothe, 2014).

d   Nemo era o pseudónimo de Fernando de Sousa, director do diário católico e monárquico *A Época* entre 1919 e 1927.

e   Provável referência às deportações para a Guiné de sindicalistas, comunistas e bombistas da Legião Vermelha, ordenadas pelo governo da Primeira República em 1925 e que deram azo a uma greve geral de protesto em Junho e a uma manifestação organizada pela CGT em Dezembro desse ano.

por estúpido[1] que seja, é motivo de gesto igual para os macacos da Europa.

Quando foi da guerra, como em França se constituísse uma coisa a que se chamou Union Sacrée, logo que os idiotas de cá simularam a mesma atitude não puderam deixar de simular também o mesmo nome — chamaram-lhe União Sagrada. Não tiveram invenção para mais. E, como houvesse uma [Croisade des Femmes Françaises], a idiotice correspondente passou a chamar-se Cruzada das Mulheres Portuguesas[a], como se não houvesse dicionário. Do mesmo modo, os parvos[2] que arreatam[3] o nosso proletariado, como encontraram uma Confédération Générale du Travail já baptizada em França, não levaram a imaginação além de traduzir esse nome. Não queríamos que esses pseudo-homens[4] buscassem conscientemente um nome português — que para eles[5] isto é a "região portuguesa" daquilo a que eles — com a ingenuidade natural de quem não sabe ler, mesmo não sendo analfabeto — chamam a "humanidade". Mas gostávamos de ver o cérebro — até o cérebro deles —[6] usado para mais que para equilibrar pelo peso o cabide natural do chapéu.

Com razão repugna[7] à ciência a descrição teológica do homem como "animal racional". Para a maioria dos homens o cérebro é uma nova espécie de intestino cego, inútil salvo para custarem caras as operações de apendicite.

10
[c. 1925]

Está o fascismo seguindo uma evolução porventura fatal, que o envolve no maior risco em que pode incorrer um regímen ou um sistema com inimigos. O Sr. M[ussolini] está, e tem estado, a concentrar cada vez mais[1] em si mesmo todo o fascismo; ele o está consubstanciando

---

a   A Cruzada das Mulheres Portuguesas foi criada em 1916 por Elzira Dantas Machado, mulher do presidente da República Bernardino Machado, com o fim de prestar diversas formas de assistência aos soldados mobilizados e às suas famílias durante a Grande Guerra.

cada vez mais consigo mesmo. A unidade do fascismo e da política fascista é cada vez mais a unidade de o Sr. Mussolini ser um.² Vem isto a dar em que está facilitando uma revolução³, simplificando a queda do fascismo tornando acessível a desocupação desse regímen.⁴ Quando um sistema ou um regímen social se concentra e incarna em um só homem, a revolução contra esse regímen pode fazer-se com grande simplicidade. Basta um homem, uma pistola, uma bala.ᵃ Assim bastou para Sidónio.⁵ Basta um micróbio até, sem revolução, ou uma pedra na bexiga. Assim bastou para Cromwell.⁶

Não há homens insubstituíveis, diz o que é já um ditado. Infelizmente o ditado é falso. Há homens insubstituíveis, porque tais se tornaram.⁷ E como um homem é só um homem, quando cai, pelo processo de queda chamada morte, que não é a Ilha de Elba, não pode ser substituído pela simples razão que não pode ser ressuscitado.

Disse em tempos o Sr. Mussolini que o que [o] distinguia de outros ditadores era⁸ a leitura proveitosa, que tinha feito, da história. Infelizmente não há história, mas só interpretações dela. Em qual delas aprenderia⁹ o Sr. Mussolini?

Provavelmente são todas falsas.

De resto dá-nos tão pouco prazer¹⁰ a contemplação da queda possível do fascismo — pelas tremendas consequências dessa desagregação de vitórias adquiridas, de um extravasar de entre-ódios culturais — que não temos prazer intelectual em supor que vemos claro.

11
[c. 1925]

Seguimos o princípio contrário ao do tio Mussolini e ao do abade Lenine. Desoprimir! Tornar os outros diferentes do que nós queremos! Ensinar cada homem a pensar pela sua cabeça e a existir com a sua existência — só com a sua existência.

---

a   Mussolini foi alvo de quatro tentativas de assassinato em 1925 e 1926.

"SEGUIMOS O PRINCÍPIO CONTRÁRIO..." (TEXTO N.º 11)

12
[c. 1925]

Uma nação inclui três elementos: é uma sociedade, é um estado, e é, propriamente, uma nação. De aqui se deriva que tem uma tripla vida, ou, talvez, três vidas simultâneas num só corpo; poder-se-ia dizer, se a frase não parecesse blasfema, que é trez[1] entidades distintas, e uma só nação verdadeira.

Como sociedade, a nação compõe-se de famílias e de grupos económicos, a que vulgarmente chamamos "classes". Como estado, a nação compõe-se de dirigentes e dirigidos. Como nação, compõe-se de indivíduos ◊[2]

Como Sociedade, a nação[3] compõe-se de (1) indivíduos, (2) famílias. Como Estado, a nação compõe-se (1) de dirigentes e dirigidos, (2) de grupos económicos, a que vulgarmente chamamos "classes". Como Nação, a nação compõe-se (1) de regiões, (2) de tradições, que foram a sua história.

Os teoristas abstractos da sociedade, sejam liberais, sejam antiliberais, têm até aqui pecado todos por olharem apenas a um ou outro destes grupos de factos, e erigirem esse grupo em equivalente à Nação inteira. Os liberais consideram a nação como essencialmente sociedade, quando ela é tão essencialmente Estado e Nação também. Os antiliberais consideram a Nação como essencialmente Nação, não vendo que ela é sociedade também. É este o lapso grave de Mussolini, que, se prosseguir nele, verá — ou verão por ele os italianos — a consequência de supor que as nossas teorias podem prevalecer contra as leis naturais, que não são liberais nem antiliberais. Os sindicalistas de todas as espécies consideram a Nação como apenas Estado, não vendo que ela é Sociedade também, e Nação.

Como a Nação se compõe de estes três elementos, porém todos estes elementos existem no mesmo tempo na Nação, segue que se entrepenetram, se confundem, e cada um deles se reflecte nos outros dois. A realidade não tem compartimentos estanques, sendo essencialmente flutuante e incerta. É divisível pela inteligência porque se rege por leis, que estabelecem correntes; mas essas leis operam simultaneamente, e assim as suas consequências se misturam, dando um resultado último em que parece não se revelar lei definida alguma.[4]

13
[Jun. 1926]

Dirijo-me, em V. Exa., ao chefe da insurreição vitoriosa que acaba de pôr mais um elo de esperança na cadeia do nosso desalento. A qualquer outro me não dirijo, porque não é outro o chefe dessa insurreição. Falo sem desrespeito, e com aquela justeza que é o princípio da justiça.

Como homem de guerra[1], que é, chegou V. Exa. à vitória sem pensar no que vencia consigo. Como homem de acção, V. Exa. não pensou. Pensar é hesitar, e V. Exa. não nasceu para hesitador. Mas agora, que a vitória floriu na haste do esforço feito, há que pensar no fruto, que deve seguir-se-lhe. Está V. Exa. agora parado, e à espera da ideia; como, porém, V. Exa. é um homem de factos[2], a ideia assusta-se e não vem. Estas páginas são consagradas a dar-lhe o programa que V. Exa. não podia ter, as ideias que nunca lhe ocorreriam, o esquema do futuro e do possível que nenhum milagre lhe poderia delinear.

Serei conciso, porém não breve: em matéria complexa a brevidade é confusão.

Dividirei em três partes a matéria que terei que tratar. Falarei, primeiro, das condições imediatas da nação que V. Exa. hoje representa.[a] Falarei, depois, de qual é a essência e a alma dessa nação.

a   Esta carta não datada e inacabada é endereçada ao chefe de uma "insurreição vitoriosa", a quem chama "homem de guerra" e de quem diz que "hoje representa" a nação. Esse perfil do destinatário coincide apenas com o do general Gomes da Costa, que foi "homem de guerra" em África e no Corpo Expedicionário Português, um dos chefes da revolução de 28 de Maio de 1926 e presidente de um dos governos que se lhe seguiram, com poderes presidenciais. Gomes da Costa entrou em Lisboa a 6 de Junho de 1926 à frente de 15 000 soldados e liderou a 17 de Junho seguinte um golpe vitorioso contra o governo do comandante Mendes Cabeçadas, que fora o chefe do 28 de Maio em Lisboa. Gomes da Costa seria por sua vez derrubado, a 9 de Julho, cedendo

Falarei, por fim, do que é preciso fazer a essa nação para a converter em ela mesma.

Entro, sem mais preâmbulo que este, na meditação do assunto. Encontra V. Exa. ◊

14
8-7-1926

O NÚCLEO DE ACÇÃO NACIONAL DIRIGE-SE TERMINANTEMENTE À NAÇÃO[a]

O Núcleo de Acção Nacional, que em determinadas horas tem intervindo — suavemente, como é seu modo; obscuramente, como é seu mister — na vida da Nação, julga de seu dever dizer, aos que saibam ouvir, aquelas breves palavras que nem políticos, nem fingidos antipolíticos, poderiam proferir, porque não conhecem a linguagem em que devem ser ditas.

Fez-se um movimento militar com um carácter nacional. É preciso que se lhe mantenha esse carácter nacional, tendente a afundar-se, em novas areias movediças de política, logo desde a primeira hora. O que importa, acima de tudo, é que sejam nacionais as forças que mantenham e dirijam o movimento na sua sequência governativa. E para isso importa distinguir quais são as forças antinacionais. São de três ordens.

1.ª — Os elementos corruptos da política, quer estejam ou não filiados em partidos políticos. A campanha contra os partidos

---

o lugar ao general Óscar Carmona. Excluíram-se como possíveis destinatários, pelos critérios acima indicados, o general Pimenta de Castro, o major Sidónio Pais, o comandante Mendes Cabeçadas e o general Óscar Carmona. A carta é, pois, dirigida a Gomes da Costa e datável das últimas semanas de Junho de 1926.

[a] O Núcleo de Acção Nacional, criado em 1919 e ligado ao jornal *Acção* (1919-1920), será em 1928 o editor do folheto de Fernando Pessoa *O Interregno. Defesa e Justificação da Ditadura Militar em Portugal*, aqui incluído (texto n.º 28). O presente manifesto, datado de 8 de Julho de 1926, não chegou a ser publicado, pois na madrugada de 9 de Julho um golpe depôs o governo do general Gomes da Costa. O título deste manifesto coincide com o da versão original (panfleto) de *O Interregno*, como adiante se verá. Ver também Barreto (2012b e 2013a).

Dirijo-me, em V.Exa:, ao chefe da insurreição victoriosa que acaba de por mais um élo de esperança na cadeia do nosso desalento. A qualquer outro me não dirijo, porque não é outro o chefe d'essa insurreição. Fallo sem desrespeito, e com aquella justeza que é o principio da justiça.

Como homem de xxxxx, que é, chegou V.Exa. á victoria sem pensar no que vencia comsigo. Como homem de acção, V.Exa. não pensou. Pensar é hesitar, e V.Exa: não nasceu para hesitador. Mas agora, que a victoria floriu na haste do exforço feito, ha que pensar no fructo, que deve seguir-se-lhe. Está V.Exa. agora parado, e á espera da ideia; como, porém, V.Exa. é um homem de xxxxx, a ideia assusta-se e não vem. Estas paginas são consagradas a dar-lhe o programma que V.Exa. não podia ter, as ideias que nunca lhe occorreriam, o schema do futuro e do possivel que nenhum milagre lhe poderia delinear.

Serei conciso, porém não breve: em materia complexa a brevidade é confusão.

Dividirei em trez partes a materia que terei que tratar. Fallarei, primeiro, das condições immediatas da nação que V.Exa. hoje representa. Fallarei, depois, de qual é a essencia e a alma d'essa nação. Fallarei, por fimx, do que é preciso fazer a essa nação para a converter em ella mesma.

Entro, sem mais preambulo que este, na meditação do assumpto.

Encontra V.Exa.

políticos, como tais, tal qual a têm feito alguns elementos pseudo-
-afectos à situação presente, é digna só de idiotas ou de dementes
senis. Político é todo indivíduo que se ocupa de política, superior
ou inferior. Partidos políticos formam-se naturalmente em toda a
parte onde há política. O que há é que distinguir, nessa política e
nesses partidos políticos, os elementos que estão neles para servir
uma ideia, errada ou certa, por servir a Nação através de um ou de
outro critério, e os elementos que constituem clientelas, parasitas,
meros funcionários da política. Todos os partidos políticos têm elementos sãos e aproveitáveis. Não o deve esquecer o político verdadeiro e o verdadeiro cidadão.

2.ª — Os ideólogos antinacionais. Temo-los de vária ordem. Os
mais evidentes dos antinacionais são os bolchevistas, usando deste
termo, por conveniência, para designar os anarco-sindicalistas e
os comunistas. Estes indivíduos — e alguns tipos de socialista também — são inimigos orgânicos da Nação, pois obedecem primariamente a correntes e doutrinas não só inimigas dela, mas inimigas
do próprio espírito do nacionalismo. Há, porém, outros ideólogos
antinacionais mais velados e mais hipócritas: são todos os católicos organizados, ou católicos políticos. Isto para não dizer todos
os católicos, se é que o são sinceramente. Um católico tem, por um
motivo religioso, que obedecer, primeiro e antes de mais nada,
ao Papa; só depois poderá obedecer aos fins da Nação a que pertence. Todo o católico é portanto um traidor virtual. É esta a razão
por que Locke, fundador doutrinal do liberalismo e da tolerância,
excluía os católicos das funções do Estado inglês; não podia, ale-
gava, admitir-se como funcionário um homem que servia outro
soberano além do Rei de Inglaterra. A nossa história antiga está
cheia de exemplos desta acção antinacional. Mas eles são ainda
mais evidentes — se tivermos olhos para os ver — na nossa história menos antiga. Grande parte da nossa decadência se deve à
nossa intoxicação católica. Lembram todos o Domínio Espanhol;

O NÚCLEO DE ACÇÃO NACIONAL
DIRIGE-SE TERMINANTEMENTE Á NAÇÃO

O Nucleo de Acção Nacional, que em determinadas horas tem intervindo suavemente, como é seu modo; obscuramente, como é seu mister - na vida da Nação, julga de seu dever dizer, aos que saibam ouvir, aquellas breves palavras que nem politicos, nem fingidos anti-politicos, poderiam proferir, porque não conhecem a linguagem em que devem ser dictas.

Fez-se um movimento militar com um character nacional. É preciso que se lhe mantenha esse character nacional, tendente a afundar-se, em novas areias movediças de politica, logo desde a primeira hora. O que importa, acima de tudo, é que sejam nacionaes as forças que mantenham e dirijam o movimento na sua sequencia governativa. Para isso importa distinguir quaes são as forças anti-nacionaes. São de trez ordens.

1ª - Os elementos corruptos da politica, quer estejam ou não filiados em partidos politicos. A campanha contra os partidos politicos, como taes, tal qual a teem feito alguns elementos pseudo-affectos á situação presente, é digna só de idiotas ou de dementes senis. O politico é todo individuo que se occupa de politica, superior ou inferior. Partidos politicos formam-se naturalmente em toda a parte onde ha politica. O que ha é que distinguir, nessa politica e nesses partidos politicos, os elementos que estão nelles por servir uma idéa, errada ou certa, por servir a Nação através de um ou de outro criterio, e os elementos que constituem clientellas, parasitas, meros funccionarios da politica. Todos os partidos politicos teem elementos sãos e aproveitaveis. Não o deve esquecer o politico verdadeiro e o verdadeiro cidadão.

2ª - Os ideologos anti-nacionaes. Temol-os de varia ordem. Os mais evidentes dos anti-nacionaes são os bolchevistas, usando d'este termo, por conveniencia, para designar os anarcho-syndicalistas e os communistas. Estes individuos - e alguns typos de socialista tambem - são inimigos organicos da Nação, pois obedecem primariamente a correntes e a doutrinas não só inimigas d'ella, mas inimigas do proprio espirito de nacionalismo. Ha, porém, outros ideologos anti-nacionaes, mais velados e mais hypocritas: são todos os catholicos organizados, ou catholicos politicos. Isto para não dizer todos os catholicos, se é que o são sinceramente. Um catholico tem, por um motivo religioso, que obedecer, primeiro e antes de mais nada, ao Papa; só depois poderá obedecer aos fins da Nação a que pertence. Todo o catholico é portanto um traidor virtual. É esta a razão porque Locke, fundador doutrinal do liberalismo e da tolerancia, excluia os catholicos das funcções do Estado inglez; não podia, allegava, admittir-se como funccionario um homem que servia outro soberano alem do Rei de Inglaterra. A nossa historia antiga está cheia de exemplos d'esta acção anti-nacional. Mas elles são ainda mais evidentes - se tivermos olhos para os ver - na nossa historia menos antiga. Grande parte da nossa decadencia se deve à nossa intoxicação catholica. Lembram todos o Dominio Hespanhol; quantos lembram o Dominio Papal? O Dominio Hespanhol tirou-nos durante sessenta annos a independencia; durante mais de trezentos nos tirou o Dominio Papal a intelligencia, a cultura e a individualidade.

"O NÚCLEO DE ACÇÃO NACIONAL..." (TEXTO N.º 14)

quantos lembram o Domínio Papal? O Domínio Espanhol tirou-nos durante sessenta anos a independência; durante mais de trezentos nos tirou o Domínio Papal a inteligência, a cultura e a individualidade.

3.ª — Os ideólogos pseudonacionais. Estes são quase todos os que em Portugal se preocupam com política do ponto de vista doutrinal. E são quase todos porque quase todos só o fazem plagiando e macaqueando doutrinas estrangeiras. Nasce lá fora uma corrente radical; aparecem entre nós "pensadores" políticos com a mesma teoria. Um charlatão como Maurras consegue erigir em pseudo-sistema francês a doutrina política do inglês Thomas Hobbes? Cá os temos a copiá-lo, e são os integralistas monárquicos. Separa-se de Maurras um outro imbecil, não menos charlatão que ele, Georges Valois? Cá temos integralistas sem regímen — imbecilidade dupla, pois a doutrina é incompreensível se lhe for retirado o fundamento monárquico. Surge em Itália um Mussolini? Funda-se entre nós uma corrente mussolínica. E assim com tudo e com todas as nações. O plágio tornou-se a essência da nossa vida mental. Somos incapazes de pensamento original, somos incapazes de pensamento nacional. Ninguém ainda se lembrou de ser português com a cabeça.

Haveria talvez que citar, também, como força desnacionalizante, a finança internacional. Esta, porém, não tem em Portugal um dos grandes campos de operação; nem há governo português suficientemente elucidado para poder competentemente arcar com ela, se entre nós se instalasse *directamente*. Indirectamente já cá a temos há muito tempo; porém opera através de outros elementos. Se jugularmos a estes, teremos jugulado com isso mesmo (tanto quanto pode ser) a influência dela.

São estas as breves palavras que levamos aos ouvidos da Nação e do novo Governo, se eles puderem, ou quiserem, ouvir-nos. Se não formos ouvidos já, não nos desconsolaremos, nem cairemos em

-2-

3ª - Os ideologos pseudo-nacionaes. Estes são quasi todos os que em Portugal se preoccupam com politica do ponto de vista doutrinal. E são quasi todos porque quasi todos só o fazem plagiando e macaqueando doutrinas estrangeiras. Nasce lá fóra uma corrente radical; apparecem entre nós "pensadores" politicos com a mesma theoria. Um charlatão como rancez Maurras consegue erigir em pseudo-systema/a doutrina politica do inglez Thomas Hobbes? Cá os temos a copial-o, e são os integralistas monarchicos. Separa-se de Maurras um outro imbecil, não menos charlatão que elle, Georges Valois? Cá temos integralistas sem regimen - imbecillidade dupla, pois a doutrina é incomprehensivel se lhe fôr retirado o fundamento monarchico. Surge em Italia um Mussolini? Funda-se entre nós uma corrente mussolinica. explexiexiaxxas E assim com tudo e com todas as nações. O plagio tornou-se a essencia da nossa vida mental. Somos incapazes de pensamento original, somos incapazes de pensamento nacional. Ninguem ainda se lembrou de ser portuguez com a cabeça.

Haveria talvez que citar, tambem, como força desnacionalizante, a finança internacional. Esta, porém, não tem em Portugal um dos grandes campos de operação; nem ha governo portuguez sufficientemente elucidado para poder competentemente arcar com ella, se entre nós se installasse directamente. Indirectamente já cá a temos, ha muito tempo; porém opera atravez de outros elementos. Se jugularmos a estes, teremos jugulado com isso mesmo (tanto quanto pode ser) a influencia d'ella.

São estas as breves pal... a que levamos aos ouvidos da Nação e do novo Governo, se elles puderem ou quizerem, ouvir-nos. Se não formos ouvidos já, não nos desconsolaremos, nem cahiremos em desesperança. Tempo virá em que nos oigam os que tiverem verdadeiramente que nos ouvir.

Não temos, por ora, mais nada a dizer.

Lisboa, 8 de Julho de 1926.

NUCLEO DE ACÇÃO NACIONAL.

"O NÚCLEO DE ACÇÃO NACIONAL..." (TEXTO N.º 14)

desesperança. Tempo virá em que nos oiçam os que tiverem verdadeiramente que nos ouvir.

Não temos, por ora, mais nada a dizer.

Lisboa, 8 de Julho de 1926.

NÚCLEO DE ACÇÃO NACIONAL

15
[1926]

Podem os elementos militares, que promoveram o pronunciamento recente[a], alegar que não fazem política porque procuram simplesmente manter a ordem, moralizar os serviços públicos e administrar. Seja, mas o facto é que se não pode deixar de fazer política ao fazer política. Limitar a actividade política à manutenção da ordem e à administração é uma doutrina política: é o conservantismo simples, que defende a simples estabilização da vida nacional, em oposição ao conservantismo reformista, que procura impor-lhe um quadro de instituições em qualquer modo semelhantes a instituições do passado.

Está certo, e achamos que está bem, que o Exército se declare partidário do conservantismo simples: é uma das doutrinas políticas mais sãs e mais úteis, pois quem não buscar reformar, mas só administrar, dificilmente causará perturbações sociais. Não as poderá, mesmo, causar, a não ser que administre estrondosamente mal. Mas a administração estrondosamente má deriva, quase sempre da preocupação de fins não administrativos. Digamos o paradoxo (porque dizer paradoxos faz bem à alma): o Exército reformará se não quiser reformar. Mais adiante daremos os pormenores desta

---

[a] Refere-se ao golpe militar de 28 de Maio de 1926. Este texto inacabado, a que o autor chama "manifesto" e que sugere ser de autoria colectiva (plausível alusão ao Núcleo de Acção Nacional), é composto por notas soltas sobre diversos tópicos políticos, abordando nomeadamente alguns temas que em fins de 1927 serão retomados na redacção de *O Interregno*.

orientação. O que está bem, repetimos, é que o Exército se declare partidário do conservantismo simples; o que não está bem é que se declare partidário de cousa nenhuma, como se fosse composto de poetas decadentes.

(2) A parte da população que domina politicamente é aquela que se ocupa de política; e a que se ocupa de política divide-se naturalmente em partidos. "Ir contra os partidos" é portanto uma expressão absolutamente destituída de sentido. Só verdadeiramente "vai contra os partidos" quem é indiferente em matéria política. Desde que tenha uma opinião política, activamente entra necessariamente para um partido qualquer, esteja ou não "filiado" nele, com cartão de identidade e pagamento de quota. Partidos políticos são todos os que são partidos e fazem política, desde os reaccionários da direita (integralistas) até os reaccionários da esquerda (comunistas e sindicalistas revolucionários). Quando o Exército declara que se moveu contra os políticos, constituiu-se, ao assim se mover, em partido político, e, na realidade, foi, não contra os partidos políticos, mas contra *os outros* partidos políticos — o que é diferente e já faz sentido.

Pode alegar-se que por "partidos políticos" se entende os partidos políticos corruptos. Esta frase também não tem sentido. Políticos corruptos chamamos todos nós aos que são de partidos diferentes do nosso; é uma das amabilidades naturais do espírito humano. Depois, os partidos políticos que vivem em determinado meio são necessariamente reflexos do estado geral desse meio, pela simples razão que é nesse meio que nasceram e existem, e não em outro meio qualquer. Os partidos políticos, em determinado país e determinada época, têm todos a mesma mentalidade, têm todos virtualmente o mesmo grau, pouco ou muito, de corrupção. Há uma ressalva, que propriamente o não é, a fazer. Os partidos de governo — isto é, os partidos que frequentemente governam, e por isso, em geral, os maiores — agregam mais videirinhos e mais interesseiros, pela simples razão de que os videirinhos e os interesseiros buscam naturalmente os partidos que os podem empregar e recompensar, e esses são, naturalmente, os partidos que governam, ou frequentemente governam, e não os que nunca vão ao poder. O Partido Democrático deve a este facto, de ser um partido frequentemente no governo, a enorme quantidade de interesseiros de que se compõe; não o deve a qualquer particularidade da sua constituição íntima, ou das doutrinas que professa e em torno das quais se formou e mantém. Por outro lado, os partidos tipicamente de oposição — isto é, os que não vão ao poder, ou não podem ir, ou dificilmente podem ir — agregam, mais que os outros, os elementos perturbadores e anti-sociais, e fazem-no na proporção em que são extremistas (da direita ou da esquerda) adentro do seu oposicionismo. É fácil de compreender a razão: partidos de combate, são tanto mais de combate quanto menos provável têm o poder próximo, e são tanto mais agressivamente de combate quanto mais longe se sentem, pelas próprias doutrinas que professam, da posse, ou da posse fácil, desse poder. Os indivíduos de instintos criminosos convergem naturalmente para esses partidos, e para as doutrinas que defendem, porque esses partidos e essas doutrinas lhes servem instintivamente de apoio e de alimento aos maus instintos. De aí, os bombo-sindicalistas; de aí os chamados "trauliteiros"[a].

Metade do país é monárquico; metade do país é republicano. O problema do regímen não tem pois solução nenhuma. É claro que os partidários de cada tipo de regímen dizem que a maioria está com eles: o que haveriam eles de dizer? Mas este é o facto — os partidários dos dois regímenes equilibram-se numericamente. Perante o argu-

---

[a] "Trauliteiros" foi o nome dado pelos republicanos aos caceteiros monárquicos durante a Monarquia do Norte (dita depreciativamente Reino da Traulitânia), em 1919.

mento do número, nenhum dos regímenes é portanto mais legítimo que o outro. Por qualquer razão, que não nos compete investigar, os republicanos estão mais organizados que os monárquicos; em outras palavras, a minoria[1] republicana activa é mais activa que a minoria monárquica activa. É por isso que há República; é por isso que a República se mantém; é por isso que legitimamente a República deve manter-se. Por isso — tenhamo-lo bem presente! — e não porque a República seja geralmente[2] superior à monarquia, ou particularmente superior no nosso caso. Defendamos pois a República sem ser por qualquer espécie de Republicanismo. Defendamo-la como correspondendo ao "facto", por oposição tanto ao "direito" como à "teoria". Mas tenhamos consciência — e tenham-na os governantes — de que é por isto que a devemos defender e manter. Abstenhamo-nos de lhe dar vivas, para que nos abstenhamos de ofender aquela metade[3] da população a quem esse regímen não agrada, mas que o aceitaria, do mesmo modo que os autores deste Manifesto, logo que constantemente lhe não estejam lembrando a existência dela.

Toda a revolução é essencialmente inútil. O indivíduo é um produto de dois factores — a hereditariedade e o meio. Dois indivíduos nascidos no *mesmo* meio são diferentes pela hereditariedade (pois, mesmo que sejam irmãos, há na hereditariedade o factor chamado "variação") e são semelhantes pelo meio. Todo o agrupamento formado em determinado meio — como é formado pela aproximação dos indivíduos seus componentes, e esses indivíduos se aproximam e se entendem por o que há neles de comum, que é o que neles é produto do meio — é pois um reflexo desse meio. O agrupamento que faz uma revolução tem pois a mesma mentalidade e o mesmo carácter que o agrupamento que essa revolução derruba e substitui. Uma revolução pode pois definir-se "um modo violento de deixar tudo na mesma".

Como, pois, se reforma uma sociedade? É simples: por um movimento não colectivo, isto é, por um impulso puramente individual. Há dois tipos de indivíduos em que a influência do meio é subordinada à da hereditariedade: são as duas variações extremas chamadas o louco e o génio — variações, aliás, aparentadas, pois o génio, seja o que for socialmente, é biologicamente loucura. Não há reforma social que não parta de um homem de génio. Desse homem de génio passa para uma pequena minoria, dessa pequena minoria para uma minoria maior, até que alastra para a sociedade inteira. Não é, pois, inteiramente absurdo o conceito "providencialista" da vida das sociedades: a civilização é obra de homens de génio, e o ◊

O fenómeno religioso é um elemento dissolvente das sociedades. Ou a religião é tradicional, e é um elemento de estagnação, de resistência[4] ao desenvolvimento social; ou é uma religião nova, e é uma perturbação social, como o foi o Cristismo no Império Romano. O pior é que a plebe é estruturalmente religiosa, nem pode[5] ser senão religiosa. Por isso a predominância do espírito religioso numa sociedade representa a predominância do espírito popular, a degradação do espírito de aristocracia e escol, pelo qual as sociedades se governam e progridem.

Vemos hoje em conflito, por quase todo o mundo, e por isso entre nós também[6], duas religiões: o Cristianismo, progressivamente regressante ao tipo católico, e o bolchevismo. O bolchevismo (entendendo por bolchevismo o sindicalismo revolucionário e o comunismo, e não só este último) é um fenómeno reaccionário e religioso. Nada tem de propriamente social, nem podia ter, porque, se o tivesse, não o poderiam adoptar as plebes, incapazes de outra coisa que não de religião.

É fácil provar o carácter reaccionário do bolchevismo, como é fácil provar o seu carácter religioso — mais fácil ainda.

O ódio religioso é sobretudo grande de religião filha para religião mãe. O Cristianismo, que nasceu do paganismo, odiou e combateu este supremamente. O protestantismo, que nasceu do catolicismo, supremamente o odiou e o combateu. Assim se explica o ódio mortal que o bolchevismo vota ao cristianismo.

O bolchevismo mantém a velha mania cristã de se fazer mártir, e de inventar perseguições quando lhas não façam. Sabe-se hoje que grande parte das perseguições feitas aos cristãos — muito embora, perseguindo os cristãos, o Império Romano exercesse o que hoje se chamaria "defesa social" — são puramente míticas, sendo das variadíssimas invenções dos propagandistas primitivos do Cristianismo.

A nossa civilização é organicamente individualista. É-o porque assenta em dois elementos: a cultura grega, que se pode definir como sendo o individualismo racionalista, e o capitalismo moderno, em que o fenómeno concorrência é distintivo. Sempre que a civilização tentou fugir ao tipo individualista, estagnou ou perturbou-se.

Ora o regímen concorrencial, desde que[7] chegue a um desenvolvimento intenso, torna difícil a adaptação dos fracos a ele. Torna, com o acréscimo da instrução, igualmente difícil a adaptação dos ignorantes. Por isso os débeis e os incultos espontaneamente se revoltam contra ele. Revoltam-se exactamente porque são fracos, pois se fossem fortes adaptavam-se e lutavam. Revoltam-se exactamente porque são ignorantes. Revoltam-se porque têm o rancor do débil ao forte, do indolente ao activo. E como se revoltam? Revertendo espontaneamente a tipos anteriores de sociedade — ao tipo corporativo da Idade Média, rebaptizado sindicalismo. E é de notar que esta reversão, este ódio ao individualismo económico, se revela nas duas correntes extremas — no integralismo e no bolchevismo. É um fenómeno patentemente reaccionário.

Baseia-se o bolchevismo em dois dogmas — o livre arbítrio (que supõe que o homem é quem dirige os seus destinos, e que a palavra "liberdade" tem qualquer sentido absoluto), e no milagre (pois, pretendendo construir uma sociedade fora do egoísmo, da vaidade, da cobiça humanas — fontes de todo o progresso e de toda a vida social — pretende por isso mesmo suspender as leis naturais, e à suspensão das leis naturais é que se chama milagre). Nestes dois dogmas — patentemente derivados do cristianismo — assentam os dois misticismos bolchevistas.

O ódio feroz do bolchevismo ao cristianismo é bem o ódio de fanáticos a fanáticos, de uma religião a outra. Não nos iludamos, supondo que assistimos a uma luta de classes: continuamos na fatalidade europeia das guerras religiosas, das lutas de ◊ desde que o paganismo caiu, com Juliano, e a paz religiosa abandonou o mundo.

16
[anos 1920]

Transmudaram-se as certezas. Aqui há anos, as certezas eram científicas, e transbordavam. O universo era uma coisa definida e descoberta, e, por causa disso, todos os deuses haviam morrido. Haeckel era autoridade, não só em filogenia, mas em filosofia, em que não tinha sequer o grau de neófito. Deus morrera, porque Büchner[a] ainda estava vivo. E por qualquer motivo obscuro, o coeficiente de dilatação do ferro negava a imortalidade da alma. As realidades políticas eram, porém, duvidosas.[1]

---

a   Ludwig Büchner (1824-1899) foi um médico e filósofo materialista, fundador do movimento de livre-pensamento na Alemanha. Quatro obras suas foram traduzidas para português, a primeira das quais em 1889 (*Luz e Vida: três lições de história natural*). Fernando Pessoa possuía duas obras de Büchner em francês: *Force et matière ou principes de l'ordre naturel mis à la portée de tous* (Paris, Schleicher, 1906) e *L'homme selon la science: son passé, son présent, son avenir ou D'où venons-nous? Qui sommes-nous? Où allons-nous?* (Paris, Schleicher, 1869). Desta última houve edição portuguesa, *O Homem segundo a Siência: o seu passado, o seu presente e o seu futuro ou D'onde vimos? Quem somos? Para onde vamos?*, em tradução de Alfredo Pimenta (Porto: Liv. Chardron, 1912).

Agora, que a ciência duvida, como é, aliás, seu mister; que os físicos e os astrónomos abstrusos têm lentamente aluído o edifício da certeza areal, agora a certeza passou para a sociologia. Para Haeckel, a ciência matara Deus; para os de agora, a ciência mata a democracia. Dir-se-ia uma besta errante que simplesmente passou de um campo para outro. Nos corporativos de hoje revejo, atónito, os ateus de ontem. São os mesmos, benza-os a falta de Deus!

O ter-se alguém abonado de um Büchner que nada era, o abonar--se alguém de um Maurras, que nada é, tudo é o mesmo, e a certeza, que ninguém tem nem pode ter, continua a passear no mundo o seu disfarce antigo. *Je te connais vil masque!*

Esta, que está hoje por trás de todos os corporativismos, incluindo o comunista — que é um corporativismo em que o Estado é a única corporação —, é a mesma que alimentou todos os dogmas postiços e todas as certezas falsas, que, sentindo saudades de quando imolara a Cristo, levou ao suplício Jacques de Molay. É esta, a Velha, a Bruxa dos Abismos todos, que traz consigo a certeza que a inteligência nega, a disciplina que a imaginação repudia, a estagnação em que se afoga a vontade.

É ela, a Bruxa, a que vem através de todos os tempos e de todas as religiões, trazendo sempre o erro como maneira de ver a verdade, ungindo de mentira a aspiração[2] que somos. É ela, a Bruxa, que faz os sistemas e os dogmas, que lê a sina aos crentes e aos afáveis, e que traz, em seu seio, os regímenes e a oposição a eles.

É ela que segreda aos eleitos o segredo com que hão-de trair-se, que encaminha os cegos para a vala e ◊[3]

Foi ela que disse ◊

Já ninguém sabe quantos sistemas políticos ela criou. Nem ela se lembra de quantos foram. Sabe só que morreram todos.

UM "CAMISA BRANCA"
O "DUCE" MUSSOLINI É UM LOUCO...
afirma-o ao "SOL" um italiano culto
que ama sinceramente a Itália

A vinda do coronel Gray[a], delegado fascista, a Portugal, e os reparos, de vária ordem, que essa vinda levantou, levaram-nos a investigar se haveria em Lisboa, entre a parte extra-oficial (chamemos-lhe assim) da colónia italiana, algum representante dos princípios contrários com autoridade moral, e, sobretudo, relevo intelectual, para nos dizer sobre o fascismo duas palavras dignas de imprimir.

Aquele caso propício que está sempre, devemos crê-lo, à espreita das pessoas bem intencionadas, trouxe inesperadamente ao nosso conhecimento a existência insuspeita, nesta capital atlântica, de uma das maiores figuras da Itália, e um dos inimigos de mais estatura das teorias e da prática (as teorias são várias e a prática uma) do regime do Fascio, o Sr. Giovanni B. Angioletti, o bem conhecido colaborador do *Mercure de France*[b] e que há anos habita entre nós.

Conseguimos que nos levassem à sua presença, e pudemos trocar com ele as palavras precisas para reconhecer, primeiro, que estávamos diante de uma das inteligências mais lúcidas e mais precisas que nos tem sido dado encontrar; segundo, que era esse, em verdade, o homem que procurávamos.

---

a   O coronel dos camisas-negras Ezio Maria Gray, deputado fascista italiano, ex-membro do Grande Conselho do Fascismo, deslocou-se a Portugal em Novembro de 1926 para proceder à criação do *fascio* dos italianos residentes em Lisboa. Esta entrevista, inteiramente forjada por Fernando Pessoa (que também inventou a figura do entrevistado, usando o nome de um literato italiano que nunca visitou Portugal) e publicada anonimamente no diário republicano e antifascista *Sol*, é uma reacção aos fins políticos da estadia de Gray em Lisboa, sobre o pano de fundo do estreitar de relações que então se verificava entre a Ditadura Militar e as autoridades fascistas italianas (ver Barreto, 2012a). Os intertítulos desta peça jornalística (ver imagens) foram aqui suprimidos, pois não são da autoria de Fernando Pessoa e contêm erros lógicos.
b   A revista literária *Mercure de France* não teve colaborador algum com esse nome.

SOL

Director: CELESTINO SOARES

SABADO, 20 DE NOVEMBRO DE 1926

UM "CAMISA BRANCA"

O "Duce" Mussolini é um louco...

afirma-o ao "SOL" um italiano culto que ama sinceramente a Italia

A vinda do coronel Gray, delegado fascista, a Portugal, e os reparos, de varia ordem, que essa vinda levantou, levaram-nos a investigar se haveria em Lisboa, entre a parte extra-oficial (chamamo-lhe assim) da colonia italiana, alguns representantes dos principios contrarios com autoridade moral, e, sobretudo, relevo intelectual, para nos dizer sobre o fascismo duas palavras dignas de imprimir.

Aquele caso propicio que está sempre, derenos crê-lo, á espreita das pessoas bem intencionadas, trouxe inesperadamente ao nosso conhecimento a existencia inesperada, nesta capital atlantica, de uma das maiores figuras da Italia, e um dos inimigos de mais estatura das teorias e da pratica (as teorias são varias e a pratica uma) do regime do Facio, o sr. Giovanni B. Angioletti, o bem conhecido colaborador do «Mercure de France» e que há anos habita entre nós.

Conseguimos que nos levassem á sua presença, e pudemos trocar com ele as palavras precisas para reconhecer, primeiro, que estavamos diante de uma das inteligencias mais lucidas e mais precisas que nos tem sido dado encontrar; segundo, que via esse, em verdade, o homem que procuravamos.

Mal fizemos a pergunta. Não poderemos dizer ao certo se chegámos a pronunciar o nome do coronel Gray. A resposta surgiu, mais em relação com o muito que pensavamos que com o pouco que chegámos a dizer.

Os italianos não são ridiculos...

Nós, os italianos, temos—permita-me que o diga—grandes qualidades, mas o sentimento do ridiculo não se inclue entre elas, nem nenhum dos numerosos amigos, que a Italia tem sempre tido no estrangeiro, alguma vez me atribuiu um humorismo de ingles ou uma graça de francez. Isto lhe explica, por mais nada, missões como esta, que o paranoico genial que hoje impera, atraves de escravos audaciosos, na minha pobre Patria, arremessa, para uso de caricaturistas sem assunto, sobre um mundo que, devo dizê-lo, o admira por o que conhece dele, e porque não o conhece a ele, nem á Italia.

— V. Ex.ª disse «o paranoico genial»?
— Sim: genial como paranoico.

Isso não exclue que se lhe possa chamar um grande homem. A toda a gente que se destaca do rebanho humano se pode chamar grande, porisso mesmo que se destacou. Mussolini é um louco—desafio qualquer psiquiatra a negá-lo—mas a loucura, como muita gente não sabe, é contagiosa em muitas das suas formas, e é-o precisamente naquelas formas que mais perigo pode haver em se contagiar. O fascismo é um caso como o da loucura dansante da Idade Media, que atacou colectividades. No meu livro...

— aqui o meu entrevistado equilibrou, rapida, uma hesitação, ocultando o titulo da sua obra, reatou:—no meu proximo livro, eu explicarei...

E aqui pairou outra vez um pequeno silencio...

O peior mal do fascismo...

O anti-fascista continuou, respondendo, com uma intuição quasi de bruxedo, a qualquer coisa que não haviamos perguntado:

—Tem-se dito muito contra o fascismo. Mas o que se tem dito contra o fascismo é o que de menos importante se pode dizer contra ele. Violencias? E o que há de menos importancia real no fascismo. Todos os partidos reforçadamente politicos as exercem desde que as circumstancias sociais lhes garantam a facilidade de as exercer e a impunidade depois de as ter exercido. Não; as violencias do fascismo não tem importancia verdadeira. Iguais violencias, ou quasi iguais, praticaram os seus adversarios; iguais violencias, se não maiores, praticam amanhã, se o Destino os bafejasse com a ilusão chamada poder. O que há de verdadeiramente grave no fascismo não está nas suas violencias...

—Compreendo. Está nas suas doutrinas?...

—Não, não está nas suas doutrinas. Está, essencialmente, na sua exaltação da Italia.

—?

—Não me compreendeu? Eu não esperava que me compreendesse. Eu lhe explico, sem lhe tomar muito tempo; e, se quere saber o pior contra o regime fascista, vai agora ouvir o pior.

Da Renascença para cá o conceito das funções externas do Estado evoluiu, e essa evolução é o fenomeno mais caracteristicamente determinante da evolução geral da humanidade. A Renascença, ao mesmo tempo que fechou a Idade Media, sintetisou a sua experiencia; e o nosso sublime Dante é o exemplo disso em carne, osso e alma. Ora na Renascença, como na Idade Media, o conceito do Estado, bárbaro e primitivo, era de que o Estado, ou a Nação, existia simplesmente para criar e manter a sua propria grandeza. O progresso humano—devemos é que as culpas dele—desurtiu este preconceito provinciano. Chegámos hoje a um novo conceito de Estado. Nenhuma nação tem direito a existir se não contribui qualquer coisa para o progresso geral da humanidade, se não é um Imperio no sentido mais alto do termo—um foco de expansão de ideias e de melhorias que beneficiem todo o mundo. E' este o destino que a Renascença tabuou á Italia—á Italia martir, dividida, mas grande. A Italia unificada devia pensar que a unificação foi um erro... Que tem a Italia unificada dado ao mundo? Nada. O que deu ao mundo a Italia dividida? Tudo. Ora o mal do fascismo, é que é a ultima consequencia da Italia unificada. Mussolini é, como todos os loucos, um primitivo-cerebral. Reverte, por instinto nervoso, aos conceitos já extinctos na humanidade civilisada. Não consegue elevar-se acima do ideal morto da agrandeza nacional. A Italia para ele é tudo, mas como Italia só, e não como mestra e aperfeiçoadora do mundo. Mussolini trai a civilisação, e com isso trai á civilisação da Italia, porque a Italia é a civilisação do_eténónimo...

...O Mundo é dirigido por forças especiaes...

Qualquer coisa no tom do nosso entrevistado—uma hesitação subtil, uma vaga indecisão—prende-nos de repente. E de repente perguntamos:

(Continua na 2.ª pagina)

ASTROLOGIA E GRAFOLOGIA

Por falta de espaço não publicamos hoje as respostas ás consultas referentes a esta secção.

"O DUCE MUSSOLINI É UM LOUCO..." (TEXTO N.º 17)

Mal fizemos a pergunta. Não poderemos dizer ao certo se chegámos a pronunciar o nome do coronel Gray. A resposta surgiu, mais em relação com o muito que pensávamos que com o pouco que chegámos a dizer.

Nós, os italianos, temos — permita-me que o diga — grandes qualidades, mas o sentimento do ridículo não se inclui entre elas, nem nenhum dos numerosos amigos, que a Itália tem sempre tido no estrangeiro, alguma vez nos atribuiu um humorismo de inglês ou uma graça de francês. Isto lhe explica, sem mais nada, missões como esta, que o paranóico genial que hoje impera através de escravos audaciosos, na minha pobre Pátria, arremessa, para uso de caricaturistas sem assunto, sobre um mundo que, devo dizer-lhe, o admira por o que conhece dele, e porque não o conhece a ele, nem à Itália.

— V. Ex.ª disse "o paranóico genial"?

— Sim — genial como paranóico. Isso não exclui que se lhe possa chamar um grande homem. A toda a gente que se destaca do rebanho humano se pode chamar grande, por isso mesmo que se destacou... Mussolini é um louco — desafio qualquer psiquiatra a negá-lo — mas a loucura, como muita gente não sabe, é contagiosa em muitas das suas formas, e é-o precisamente naquelas formas que mais perigo pode haver em se contagiar. O fascismo é um caso como o da loucura dançante da Idade Média, que atacou colectividades. No meu livro...
— aqui o nosso entrevistado equilibrou, rápida, uma hesitação, e, ocultando o título da sua obra, reatou: — no meu próximo livro, eu explicarei...

E aqui pairou outra vez um pequeno silêncio...

O antifascista continuou, respondendo, com uma intuição quase de bruxedo, a qualquer coisa que não havíamos perguntado:

— Tem-se dito muito contra o fascismo. Mas o que se tem dito contra o fascismo é o que de menos importante se pode dizer contra ele. Violências? É o que há de menos importância real no fascismo.

Todos os partidos esforçadamente políticos as exercem desde que as circunstâncias sociais lhes garantam a facilidade de as exercer e a impunidade depois de as ter exercido. Não: as violências do fascismo não têm importância verdadeira. Iguais violências, ou quase iguais, praticaram os seus adversários; iguais violências, se não maiores, praticariam amanhã, se o Destino os bafejasse com a ilusão chamada poder. O que há de verdadeiramente grave no fascismo não está nas suas violências...
— Compreendo. Está nas suas doutrinas?...
— Não, não está nas suas doutrinas. Está, essencialmente, na sua exaltação da Itália.
— ?
— Não me compreendeu? Eu não esperava que me compreendesse... Eu lhe explico, sem lhe tomar muito tempo; e, se quer saber o pior contra o regime fascista, vai agora ouvir o pior.

Da Renascença para cá o conceito das funções externas do Estado evoluiu, e essa evolução é o fenómeno mais caracteristicamente determinante da evolução geral da humanidade. A Renascença, ao mesmo tempo que fechou a Idade Média, sintetizou a sua experiência; e o nosso sublime Dante é o exemplo disso em carne, osso e alma... Ora na Renascença, como na Idade Média, o conceito do Estado, bárbaro e primitivo, era de que o Estado, ou a Nação, existia simplesmente para criar e manter a sua própria grandeza. O progresso humano — pense-se[1] o que se quiser dele — destruiu este preconceito provinciano. Chegámos hoje a um novo conceito de Estado. Nenhuma nação tem direito a existir se não contribui qualquer coisa para o progresso geral da humanidade, se não é um Império no sentido mais alto do termo — um foco de expansão de ideias e de melhorias que beneficiem todo o mundo. É este o destino que a Renascença talhou para a Itália — a Itália mártir, dividida, mas grande. A Itália unificada tem falhado a esta missão. Podemos até pensar que a unificação foi um erro... Que tem a Itália unificada dado ao mundo? Nada. O que deu ao mundo a Itália dividida? Tudo. Ora o mal do fascismo é que é a última consequência da Itália unificada. Mussolini é, como todos os loucos, um primitivo cerebral. Reverte, por instinto nervoso, aos conceitos já extintos na humanidade civilizada. Não consegue elevar-se acima do ideal morto da "grandeza nacional". A Itália para ele é tudo, mas como Itália só, e não como mestra e aperfeiçoadora do mundo. Mussolini traiu a Itália, e com isso traiu a civilização, porque a Itália e a civilização são sinónimos...

Qualquer coisa no tom do nosso entrevistado — uma hesitação subtil, uma vaga indecisão — prende-nos de repente. E de repente perguntámos:

— Mas Mussolini será tão louco como isso? Mussolini fará isso tudo por engano, inconscientemente?

Pela face do antifascista passa qualquer coisa que foi quase um sorriso. Passa... e fica uma expressão que é mais de preocupação que de tristeza. Ergue um pouco a cabeça, que descaíra, e diz:

— *O mundo é dirigido por forças especiais — muito especiais mesmo* — de que o fascismo é apenas uma manifestação particular.[a] Entre o que se passa hoje na China e o que se passa hoje na Itália há uma relação íntima, que, no fundo, e nos elementos verdadeiramente dirigentes — não me refiro agora ao pobre Duce — é perfeitamente consciente. Peço a sua atenção para o que lhe estou dizendo, e a sua recordação, de aqui a dez anos, de que hoje lho disse... V. é novo; não poderá deixar de ser vivo nessa altura.

— Não percebo...

O antifascista abriu uma gaveta, tirou de lá uma pasta, e, de entre os papéis que nela estavam, escolheu um recorte de jornal. Logo à primeira vista nos pareceu que era dum jornal português. À segunda vista vimos que efectivamente era. O recorte era de *A Informação*,

---

[a] Esta afirmação relaciona-se com os escritos de Pessoa sobre os "300".

A LOUCURA DE MUSSOLINI

—Mas Mussolini será tão louco como isso? Mussolini fará isso tudo por engano, inconscientemente?

Pela face do anti-fascista passa qualquer coisa que foi quasi um sorriso. Passa... e fica uma expressão que é mais de preocupação que de tristeza. Ergue um pouco a cabeça, que descaira, e diz:

—*O mundo é dirigido por forças especiais—muito especiais mesmo—de que o fascismo é apenas uma manifestação particular.* Entre o que se passa hoje na China e o que se passa hoje na Italia ha uma relação intima, que, no fundo, e nos elementos verdadeiramente dirigentes—não me refiro agora ao pobre Duce—é perfeitamente consciente. Peço a sua atenção para o que lhe estou dizendo, e a sua recordação, de aqui a dez anos, de que hoje lho disse... V. é novo; não poderá deixar de ser vivo nessa altura.

—Não percebo...

O anti-fascista abriu uma gaveta, tirou de lá uma pasta, e, de entre os papeis que nela estavam, escolheu um recorte de jornal. Logo á primeira vista nos parecéu que era de um jornal portugués. A' segunda vista vimos que efectivamente era. O recorte era de *A Informação*, jornal do sr. Homem Cristo Filho, da secção intitulada *Ecos*, e é, textualmente, assim:

O grande livro de Mussolini

A «Entente Internationale contre la 3.ème Internationale», prestimosa organização anti-bolchevista, expediu agora, do seu Secretariado Espanhol — Calle de Gaztambyde, 29, Madrid—a curiosissima nota de que damos em seguida uma tradução rigorosamente literal:

«Está despertando uma grande curiosidade, na intimidade dos circulos diplomaticos europeus o livro que, a par das suas memorias, se diz estar escrevendo o sr. Benito Mussolini, primeiro ministro da Italia, como uma nova especie de «Monita Secreta» para os sub-chefes do movimento fascista. Intitula-se esse livro, segundo as melhores informações, «O Futuro da Anarquia, e destina-se, ao que por elas consta, a provar que o Grande Ditador italiano não pretende, no fundo, senão criar uma

(Continuação da 1.ª pagina)

em dois pontos: 1.º, aquilo a que ele chama a «temporalidade do principio autoritario», que consiste em criar autoridade em qualquer coisa ficticia, para assim destacar a autoridade do organismo social; e 2.º, o que ele designa «a dissociação do elemento coercitivo», isto é, a criação duma «força publica» distinta do exercito e da armada, de modo a estabelecer, segundo as palavras textuais, «uma dualidade na essencia coerciva do Estado». Estes espantosos e novissimos principios, que, mesmo enunciados assim em resumo, mostram a altura e a originalidade do altissimo espirito do «Duce», são, ao que parece, os que têm norteado seguramente a notabilissima politica do maior chefe do nosso tempo. Pregunta-se apenas se não seria mais conveniente, e mais util para todos, que o sr. Mussolini, em vez de conservar quasi secretos estes principios, os publicasse francamente, abrindo assim uma nova era na politica europeia, já tão cansada de formulas e de falsas interpretações.»

Uma noticia que não foi desmentida...

—Mas, perguntámos nós, o que quere isto dizer? Esta noticia foi desmentida?

O anti-fascista encolheu os hombros.

—Não foi, nem poderia ser, desmentida. E não foi desmentida precisamente porque o não poderia ser...

—Mas V. Ex.ª diz que Mussolini...

—Faça de conta que eu não disse nada... Ou, melhor, faça de conta que lhe disse apenas aquilo que lhe vou repetir: o mundo é dirigido por forças especiais, de que o fascismo é apenas uma manifestação particular.

—E a Italia?

—A Italia é eterna. E' a mãe sublime das artes e a fecundadora das sciencias. O seu esforço arrancou a Europa da baixeza de si mesma e ungiu-a com o oleo sacro que dá o conhecimento da beleza e a livraria da compreensão. A Italia está acima dos Cesares que saem dos alfurjas, dos Gracos de pifaro e tambor... A Italia foi grande, e a

"O 'DUCE' MUSSOLINI É UM LOUCO..." (TEXTO N.º 17)

jornal do Sr. Homem Cristo Filho[a], da secção intitulada *Ecos*, e é, textualmente, assim:

A «Entente Internationale contre la 3.ème Internationale», prestimosa organização anti-bolchevista, expediu agora, do seu Secretariado Espanhol — Calle de Gaztambyde, 29, Madrid — a curiosíssima nota de que damos em seguida uma tradução rigorosamente literal:
«Está despertando uma grande curiosidade, na intimidade dos círculos diplomáticos europeus o livro que, a par das suas memórias, se diz estar escrevendo o Sr. Benito Mussolini, primeiro ministro da Itália, como uma nova "Monita Secreta" para os subchefes do movimento fascista. Intitula-se esse livro, segundo as melhores informações, "O Futuro da Anarquia", e destina-se, ao que por elas consta, a provar que o Grande Ditador italiano não pretende, no fundo, senão criar uma sociedade nova em moldes que diferem dos soviéticos apenas em dois pontos: 1.º, aquilo a que ele chama a "temporalidade do princípio autoritário", que consiste em criar autoridade em qualquer coisa fictícia, para assim destacar a autoridade do organismo social; e 2.º, o que ele designa "a dissociação do elemento coercitivo", isto é, a criação duma "força pública" distinta do exército e da armada, de modo a estabelecer, segundo as palavras textuais, "uma dualidade na essência coerciva do Estado". Estes espantosos e novíssimos princípios, que, mesmo enunciados assim em resumo, mostram a altura e a originalidade do altíssimo espírito do "Duce", são, ao que parece, os que têm norteado seguramente a notabilíssima política do maior chefe do nosso tempo. Pergunta-se apenas se não seria mais conveniente, e mais útil para todos, que o Sr. Mussolini, em vez de conservar quase secretos estes princípios, os publicasse francamente, abrindo assim uma

---

[a] Francisco Homem Cristo Filho (1892-1928), jornalista, escritor e editor, admirador do fascismo italiano e amigo pessoal de Mussolini.

nova era na política europeia, já tão cansada de fórmulas e de falsas interpretações.»[a]

— Mas, perguntámos nós, o que quer isto dizer? Esta notícia foi desmentida?

O antifascista encolheu os ombros.

— Não foi, nem poderia ser, desmentida. E não foi desmentida precisamente porque o não poderia ser...

— Mas V. Ex.ª diz que Mussolini...

— Faça de conta que eu não disse nada... Ou melhor, faça de conta que lhe disse apenas aquilo que lhe vou repetir: O mundo é dirigido por forças especiais, de que o fascismo é apenas uma manifestação particular.

— E a Itália?

— A Itália é eterna. É a mãe sublime das artes e a fecundadora das ciências. O seu esforço arrancou a Europa da baixeza de si mesma e ungiu-a com o óleo sacro que dá o conhecimento da beleza e a luxúria da compreensão. A Itália está acima dos Césares que saem das alfurjas, dos Gracos de pífaro e tambor... A Itália foi grande, e a Itália tornará a ser grande... Deixe acabar o intervalo...

---

[a] Esta notícia, recortada do jornal *A Informação*, dirigido pelo entusiasta do fascismo Francisco Homem Cristo Filho, é aqui citada como prova das teses do entrevistado (realmente, de Fernando Pessoa) acerca das semelhanças do fascismo com o bolchevismo e de como ambos serviam os tenebrosos interesses ocultos dos "300". O texto transcrito do jornal *A Informação* encontra-se num dactiloscrito do espólio de Fernando Pessoa sem título e sem indicação de proveniência (92I-70).

A LOUCURA DO "DUCE"
FASCISTAS ITALIANOS EM LISBOA
Um desmentido no ar — Os privilégios de certa Imprensa
— De noite todas as camisas... são negras...

Lemos no *Diário de Notícias* de ontem, em 4.ª página, a propósito da saída para Madrid do fascista italiano (sic) Ezio Maria Gray[a] (oh! o nacionalismo romano dos Grays!...), o seguinte:

> *Do consulado de Itália em Lisboa escrevem-nos dizendo não existir nos seus registos nenhum italiano com o nome daquele que concedeu uma entrevista a um nosso colega da manhã, sobre fascismo.*

O «nosso colega» — somos nós. A entrevista intitulava-se *O «Duce» Mussolini é um louco...* O entrevistado denominou-se Giovanni B. Angioletti; inculcou-se colaborador do *Mercure de France*.

Temos uma civilidade tradicional que nunca negou guarida ou réplica a quem a solicitar; temos uma Lei de Imprensa que dá o direito de resposta no próprio local onde o facto contestável se publicou. É isto ignorado no Consulado de Itália? Não teve o sr. cônsul ainda a oportunidade de conhecer os nossos costumes e as nossas leis?

No Consulado nunca se leu o *Mercure de France*.

Não nos compete a nós delatar aos agentes do «fascio» italiano a presença civil dos perseguidos do «Duce». Não será por via do nosso jornal que os «camisas brancas» se macularão de negro nem que o óleo de rícino se ministrará como ridícula arma a adversários que se acolheram à tradicional hospitalidade portuguesa.

Esteve em Lisboa o sr. Gray. Deu-se o estranho facto de vir a Portugal em propaganda da política interna do seu país e de escolher

---

[a] No jornal está erradamente: Edgio Maria Gray. A palavra (sic) refere-se, obviamente, à expressão "fascista italiano".

ANO I — N.º 24

A LOUCURA DO "DUCE"

Fascistas italianos em Lisboa

Um desmentido no ar — Os privilégios de certa Imprensa — De noite todas as camisas... são negras...

Lemos no *Diário de Notícias* de ontem, em 4.ª página, a propósito da saída para Madrid do fascista italiano (sic) Edgio Mario Gray (oh! o nacionalismo romano dos tiranyl...), o seguinte:

Do consulado de Itália em Lisboa esclarecem-nos dizendo não existir nos seus registos nenhum italiano com o nome daquele que concedeu uma entrevista a um nosso colega da manhã, sobre fascismo.

O «nosso colega» — somos nós. A entrevista intitulava-se O «Duce» Mussolini é um louco... O entrevistado denominava-se Giovanni B. Angioletti; inculcou-se colaborador do *Mercure de France*.

Temos a civilidade tradicional que nunca negou guarida ou réplica a quem a solicitar; temos uma tal de Imprensa que dá o direito de resposta no próprio local onde o facto contestável se publicou. E' isto ignorado no Consulado de Itália? Não leve o sr. cônsul ainda a oportunidade de conhecer os nossos costumes e as nossas leis?

No Consulado nunca se leu o *Mercure de France*.

Não nos compete a nós detalar aos agentes do «fascio» italiano a presença civil dos perseguidos do «Duce». Não será por via de nenhum jornal que os «camisas brancas», a que damos o direito de negro nem que o óleo de rícino se ministrará como ridícula arma a adversários que se acolhêrum à tradicional hospitalidade portuguesa.

Esteve em Lisboa o sr. Gray. Deu-se o estranho facto de vir a Portugal em propaganda da política italiana do seu país e de escolher para local dessa campanha o edifício onde se vai instalar a Legação de Itália.

Anunciou-se essa conferência só para italianos; mas a ela assistiram, reportanto-a facto, os representantes da Imprensa que merecia a confiança ou a consideração dos «camisas negras».

Na entrevista por nós publicada o que valia à contestação do representante italiano não era o nome nem sequer a personalidade do entrevistado. As afirmações subsistem incontestadas e sem discussão.

Mestamos nos prelos. Está concedido o direito de resposta.

Uma carta do dr. Angioletti

Já depois de composto o artigo acima, trouxemos do sr. dr. Giovanni B. Angioletti a seguinte carta, a que damos imediata publicidade, no original e na tradução literal que dela fizemos:

Monsieur; — Revenu d'un de ces petits voyages que j'ai l'habitude de faire au Nord de votre beau pays, ce n'est que ce moment même que je viens de lire l'interview qu'un de vos rédacteurs m'a fait l'honneur de me demander. Je vous remercie vivement, tant des éloges, vraiment excessifs, dont vous avez entouré mon nom encore obscur, que de l'exactitude absolue — verbale même — que a traco saillant de la reproduction de ce que je vous ai dit.

Je vous prie, toutefois, de rectifier une petite erreur, dont je ne m'explique pas l'origine. Je n'ai jamais collaboré au Mercure de France; *je le lis même très rarement.*

Je me hâte de vous signaler cette erreur et de vous en demander la correction, parce qu'il peut se faire qu'il y ait en effet un Angioletti, ou quelqu'un chose de semblable, qui soit collaborateur du Mercure. *C'est peut-être là l'origine de la fausse identification qui s'est établie dans l'esprit de votre rédacteur. Et ce serait faire un assez mauvais service à ce homonyme inconnu que de l'exposer — peut-être vis-à-vis en Italie — aux représailles criminelles, aux violences sinistres dont se compose la logique essentielle des serfs du César Borgia.*

Je viens de lire aussi, dans un journal qui n'est pas le vôtre, que le Consulat d'Italie a déclaré qu'il ne porte pas mon nom sur ces registres. Le Consul dit vrai, mais vou l'avies déjà dit dans les tous premiers mots de votre article...

Agréez, Monsieur, avec la réitération de mes remerciements, l'assurance de mes sentiments les plus distingués.

(a) G. B. ANGIOLETTI

Eis a tradução:

Sr. — De regresso de uma daquelas pequenas viagens que tenho por hábito fazer ao Norte do vosso belo país, é só neste momento que acabo de ler a entrevista que um dos vossos redactores me fez a honra de me pedir. Agradeço-lhe calorosamente não só os elogios, em verdade excessivos, com que cercou meu nome ainda obscuro, mas ainda a exactidão absoluta — verbal mesmo — que é o traço saliente da reprodução do que eu vos disse.

Peço-vos, contudo, que rectifiqueis um pequeno erro, cuja origem não sei qual fosse. Nunca colaborei no Mercure de France; *raras vezes, mesmo, o leio. Apresso-me, porém, em vos indicar este erro, e em vos pedir que o corrijais, porque pode dar-se o caso de haver, de facto, um Angioletti, ou qualquer coisa parecida, que seja colaborador do* Mercure. *Está nisso, talvez, a origem da falsa identificação que se estabeleceu no espírito do vosso redactor. E seria prestar um serviço bastante mau a esse homónimo desconhecido o expô-lo — talvez ele vive em Itália — às represálias criminais, às violências sinistras, de que se compõe a lógica essencial dos servos do César Borgia.*

Acabo de ler também, num jornal que não é o vosso, que o Consulado de Itália declarou que o meu nome não existe nos seus registos. O Consul diz a verdade, mas V. a havia dito logo nas primeiras palavras do vosso artigo.

Com a reiteração dos meus agradecimentos, aceite a afirmação da minha maior consideração.

(a) G. B. ANGIOLETTI

Assinaturas condicionais

Preço das assinaturas

3 meses	27$00
6 meses	54$00
1 ano	108$00

Pagamento adeantado

A cobrança faz-se no domicílio, caso o assinante não prefira remeter directamente à administração a importância da assinatura em vale do correio.

"FASCISTAS ITALIANOS EM LISBOA..." (TEXTO N.º 18)

para local dessa campanha o edifício onde se vai instalar a Legação de Itália.

Anunciou-se essa conferência só para italianos; mas a ela assistiram, reportando o facto, os representantes da imprensa que merecia a confiança ou a consideração dos «camisas negras».

Movam-se os prelos. Está concedido o direito de resposta.

Uma carta do dr. Angioletti

Já depois de composto o artigo acima, recebemos do Sr. Dr. Giovanni B. Angioletti a seguinte carta, a que damos imediata publicidade, no original e na tradução literal que dela fizemos:

Monsieur: — Revenu d'un de ces petits voyages que j'ai l'habitude de faire au Nord de votre beau pays, ce n'est que ce moment même que je viens de lire l'interview qu'un de vos rédacteurs m'a fait l'honneur de me demander. Je vous remercie vivement, tant des éloges, vraiment excessifs, dont vous avez entouré mon nom encore obscur, que de l'exactitude absolue — verbale même — qui est le trait saillant de la reproduction de ce que je vous ai dit.

Je vous prie, toutefois, de rectifier une petite erreur, dont je ne m'explique pas l'origine. Je n'ai jamais collaboré au Mercure de France; je le lis même très rarement. Je me hâte de vous signaler cette erreur et de vous en demander la correction, parce qu'il peut se faire qu'il y ait en effet un Angioletti, ou quelque chose de semblable, qui soit collaborateur du Mercure. C'est peut-être là l'origine de la fausse identification qui s'est établie dans l'esprit de votre rédacteur. Et ce serait faire un assez mauvais service à cet homonyme inconnu que de l'exposer — peut-être vit-il en Italie — aux représailles criminelles, aux violences sinistres dont se compose la logique essentielle des serfs du César Borgia.

Je viens de lire aussi, dans un journal qui n'est pas le vôtre, que le Consulat d'Italie a déclaré qu'il ne porte pas mon nom sur ces régistres.[a]

---

[a] Correctamente deveria escrever-se *"ses régistres"*, atendendo à tradução que se segue, mas o jornal reproduziu fielmente o original do autor, de que existe cópia no espólio de Pessoa (114¹-4ʳ a 5ʳ), contendo tanto o texto em francês como a sua tradução.

Le Consul dit vrai, mais vous l'aviez déjà dit dans les tous premiers mots de votre article...

Agréez, Monsieur, avec la réitération de mes remerciements, l'assurance de mes sentiments les plus distingués.

(a) G. B. ANGIOLETTI

Eis a tradução:

Sr. — De regresso de uma daquelas pequenas viagens que tenho por hábito fazer ao Norte do vosso belo país, é só neste momento que acabo de ler a entrevista que um dos vossos redactores me fez a honra de me pedir.

Agradeço-lhe calorosamente não só os elogios, em verdade excessivos, com que cercou meu nome ainda obscuro, mas ainda a exactidão absoluta — verbal mesmo — que é o traço saliente da reprodução do que eu vos disse.

Peço-vos, contudo, que rectifiqueis um pequeno erro, cuja origem não sei qual fosse. Nunca colaborei no Mercure de France; *raras vezes, mesmo, o leio. Apresso-me, porém, em vos indicar este erro, e em vos pedir que o corrijais, porque pode dar-se o caso de haver, de facto, um Angioletti, ou qualquer coisa parecida, que seja colaborador do* Mercure. *Está nisso, talvez, a origem da falsa identificação que se estabeleceu no espírito do vosso redactor. E seria prestar um serviço bastante mau a esse homónimo desconhecido o expô-lo — talvez ele viva em Itália — às represálias criminais, às violências sinistras, de que se compõe a lógica essencial dos servos do César Bórgia.*[a]

Acabo de ler também, num jornal que não é o vosso, que o Consulado de Itália declarou que o meu nome não existe nos seus registos. O Cônsul diz a verdade, mas já V. a havia dito logo nas primeiras palavras do vosso artigo.

Com a reiteração dos meus agradecimentos, aceite a afirmação da minha maior consideração.

(a) G. B. ANGIOLETTI[b]

---

a   Plausível alusão a Mussolini e não ao filho homónimo de Rodrigo Bórgia (papa Alexandre VI).
b   O original dactilografado desta carta e a sua tradução encontram-se no espólio de Fernando Pessoa, mas não o começo da notícia, cujas características, porém, tornam igualmente plausível a sua autoria.

19
[c. 1927]

CANTIGA DO "BRISTOL"

FADO DA CENSURA[a]

Neste campo da Política
Onde a Guarda nos mantém,
Falo, responde a Censura;
Olho, mas não vejo bem.

Há um campo lamacento
Onde se dá bem o gado;
Mas, no ar mais elevado,
Na altura do pensamento,
Paira certo pó cinzento,
Um pó que se chama Crítica.
A Ideia fica raquítica
Só de sempre o respirar.
Por isso é tão mau o ar
Neste campo da Política.

Às vezes, nesta planura,
Se o vento sopra do Norte,
O pó torna-se mais forte,
E chama-se então Censura.
É um pó de mais grossura,
Sente-se já muito bem,
E a Ideia, batida, tem
Uma impressão de pancada,

---

[a] O antetítulo "Cantiga do 'Bristol'" refere-se ao Hotel Bristol, em S. Pedro de Alcântara, que em 1927 serviu de quartel-general à malograda revolta de 7 de Fevereiro contra a Ditadura. Aparenta ser coevo do poema "Ai, Margarida", de Álvaro de Campos, datado de 1 de Outubro de 1927 (60-8ʳ; ver *Obra Completa*, 2014, p. 193).

Cantiga do "Bristol"

FADO DA CENSURA

Neste campo da Política
Onde a Guarda nos mantém,
Fallo, responde a Censura;
Olho, mas não vejo bem.

Ha um campo lamacento
Onde se dá bem o gado;
Mas, no ar mais elevado,
Na altura do pensamento,
Paira certo pó cinzento,
Um pó que se chama Critica.
A Idéa fica rachitica
Só de sempre o respirar.
Porisso é tão mau o ar
Neste campo da Política.

Ás vezes, nesta planura,
Se o vento sopra do Norte,
O pó torna-se mais forte,
E chama-se então Censura.
É um pó de mais grossura,
Sente-se já muito bem,
E a Idéa, batida, tem
Uma impressão de pancada,
Como a que dão numa esquadra
Onde a Guarda nos mantém.

O pó parece que chove,
Paira em todos os sentidos,
Enche boccas e ouvidos,
Já ninguem falla nem ouve.
Se a minha bocca se move,
Logo á primeira abertura
A enche esta areia escura.
Só trago e me oiço tragar.
É uma conversa a calar.
Fallo, responde a Censura.

Vem então qualquer visinho,
Dos que podem abrir boccas;
No braço, irado, me toca,
E diz, "Não vê o caminho?
O seu dever comesinho
De patriota ahi tem.
Vê o caminho e não vem?!"
Para isso, bolas aos molhos!
Se este pó me entrou prós olhos,
Olho, mas não vejo bem.

"FADO DA CENSURA" (TEXTO N.º 19)

Como a que dão numa esquadra
Onde a Guarda nos mantém.

O pó parece que chove,
Paira em todos os sentidos,
Enche bocas e ouvidos,
Já ninguém fala nem ouve.
Se a minha boca se move,
Logo à primeira abertura
A enche esta areia escura.
Só trago e me oiço tragar.
É uma conversa a calar.
Falo, responde a Censura.

Vem então qualquer vizinho,
Dos que podem abrir boca;
No braço, irado, me toca,
E diz, "Não vê o caminho?
O seu dever comezinho
De patriota aí tem.
Vê o caminho e não vem?!"
Para isso, bolas aos molhos!
Se este pó me entrou prós olhos,
Olho, mas não vejo bem.

---

1. Manutenção da forma republicana de governo:

No interesse do próprio princípio monárquico, isto é, da sua perfeita aplicação, não deve ser por enquanto implantada a monarquia. O país não está ainda preparado para a monarquia, porque a Monarquia a implantar, devendo ser uma modernização do antigo regímen português, é a tal ponto diferente de tudo quanto a mentalidade média, educada nas ideias liberais e democráticas, tem estado habituada a pensar, que a instituição de um sistema desses — supondo mesmo que ele existisse já composto e estudado — provocaria um sentimento de estranheza, breve dando em resultado a revolta, pelo aproveitamento dessa estranheza pelas forças liberais, apoiadas no estrangeiro moralmente, e aproveitando-se dos erros, poucos ou muitos, que fatalmente os contra-revolucionários, uma vez no poder, haveriam de praticar.

Depois a implantação da monarquia, quer fosse a monarquia constitucional, tão má quase como a república, quer a outra monarquia, dava como resultado imediato o reaparecimento na cena política das velhas clientelas corruptas e gastas, a cuja acção dissolvente a própria queda da monarquia se deve.

Finalmente, para um regímen novo, são precisos homens novos. Para a Monarquia Nova, começa por faltar o Rei; faltam os governantes, porque as clientelas antigas assaltariam de novo o poder, corruptas como sempre e mais ainda por o seu exílio do poder; e faltam fatalmente os próprios governados (como acima já se explicou).

Dá-se também[1] o caso de a implantação da monarquia, qualquer que fosse, servir de estímulo ao revolucionarismo republicano, e manter portanto sempre aceso o fogo de desordem. É preciso ver também que a implantação da monarquia não representaria um acto evolutivo, mas um acto revolucionário, pois quebrava a continuidade social — ◊

2. O que é preciso, pois, é estabelecer uma fórmula de transição que sirva de declive natural para a monarquia futura, mas esteja em certa continuidade com o regímen actual. Essa fórmula de transição, já tentada instintivamente por Sidónio Pais, é a república presidencialista, que, por ser república, não perde continuidade com o actual regímen, e por restabelecer o poder pessoal, começa já a

introduzir um dos princípios fundamentais do regímen futuro, e da tradição portuguesa. A tradição não se reata: reconstrui-se.

21
[c. 1927]

Quando uma nação está naturalmente unida, e concorde instintivamente na sua missão civilizacional, o regímen que tem, ou, antes, não perde, é a monarquia. Quando uma nação adoece, e se divide contra si mesma, cai desde logo em república. A república é o regímen que compete às nações que ou estão desagregadas; ou não são propriamente nações, como a Suíça.

A república é um regímen de administração municipal aplicado abusivamente à administração geral da nação. Só produziu resultados aproveitáveis precisamente onde o estado e o município eram a mesma coisa — nas cidades-estados da antiguidade, e nas cidades-estados da Idade-Média. Desde que qualquer dessas cidades-estados se converteu em império, e portanto em nação, como sucedeu com Roma, imediatamente a república morreu, pois deixara de ser expressão do estado do país.

Temos que aceitar as coisas como elas são, e as coisas[1] em Portugal são que o país está dividido contra si-mesmo, viciado nos seus altos destinos, afastado de tudo quanto foi ou poderia ser a sua missão histórica. Sendo assim, a monarquia é impossível em Portugal, pois exprimiria uma coisa que cá não está. De aí a invisibilidade de monarquia entre nós.

A República é a expressão da desunião nacional. Portugal está intimamente desunido, como está a França, como está a Espanha. Tratemos, pois, de não pensar em monarquia, aceitando o que há porque é o que há.

Nem se julgue que a vinda da Monarquia traria vantagens. O regímen é uma expressão do estado do país; não cria esse estado. Se amanhã Portugal voltasse a ser uno, voltaria automaticamente a

Monarquia, sem protesto de vulto. Como Portugal não é uno, não só a Monarquia (aliás inviável) o não poderia tornar uno, mas também é perdido todo o tempo que se queira empregar nessa empresa quimérica da restauração.

INTERREGNO 22
[c. 1927]

Ora, considerando que esta situação representa um facto, temos que considerar o que devemos fazer perante ele: se devemos empenhar-nos em transformá-la, se devemos preocupar-nos em aceitá-la.

Ora nela há elementos transformáveis e elementos não transformáveis, pelo menos imediatamente, e a boa orientação reside, sem dúvida, em fazer por transformar os primeiros, e pôr cuidado em como aceitar — pois não senão que aceitar — os segundos.

INTERREGNO 23
[c. 1927]

O problema que nos confronta é três problemas: como transformar o indivíduo português? como transformar o estado português? como transformar a nação portuguesa?

Estes três problemas têm que ser aceites na base da sua realidade. Quando se trata de transformar o indivíduo português, trata-se de transformar o indivíduo português actual, e não um indivíduo português abstracto, que se chama, em português, Ninguém. Quando se trata de transformar o estado português, trata-se de extrair um estado português da situação de ditadura militar, que é a que existe, e não de outra qualquer coisa que não existe, e de onde, portanto, se não pode extrair cousa alguma. Quando se trata de transformar a nação portuguesa, trata-se de construir a mentalidade nacional sobre os alicerces que há e não sobre os alicerces que já aqui não estão, ou sobre os que hão-de vir, que é a maneira estúpida de dizer os que naturalmente nunca vêm.

Temos pois que estudar a maneira de transformar o português presente em ente humano; de transformar o estado português, na sua presente forma transitória, em estado constituído e certo; de dar à nação portuguesa uma orientação definida, partindo de onde estamos, e não de outra parte qualquer.[1]

Este problema complexo torna-se simples se nos lembrarmos de olhar para ele, e não para outro lado do espaço social.[2]

É no interregno que nascem os Reis. Não se trata, infelizmente, de reis gente, mas de reis metáfora.

24
[c. 1927]

INTERREGNO

A população de Portugal encontra-se hoje dividida, psicologicamente, em cinco grupos distintos. O primeiro grupo, e o maior, que consiste na quase totalidade da nossa larga percentagem de analfabetos e em uma razoável parte do povo, e baixa burguesia, que o não é, apresenta os característicos distintivos do indivíduo português — a sua ausência de personalidade, a sua afectividade impulsiva e incoerente, a sua descontinuidade de vontade e de pensamento, e o seu amor pátrio animal e firme, pelo qual se congrega com facilidade em torno do que constitua, ou julgue que constitui, a Nação.

O segundo grupo, mais restrito, mas suficientemente largo para ser importante na vida nacional, é o que forma a massa dos partidos políticos; formam-no grande parte da baixa burguesia, grande parte da média burguesia, e uma parte incerta da grande burguesia. Este português, tendo a mesma descontinuidade que o do primeiro grupo, já não tem as boas qualidades fundamentais, que àquele distinguem. O seu patriotismo, às vezes real, é todavia desfigurado por partidarismos vários, que por vezes se sobrepõem a ele. Ignorante, e por isso admirador de um estrangeiro que desconhece, esta gente é a que crê nos sagrados princípios da Revolução, ou nos princípios igualmente sagrados da Monarquia Integral[a]. Indolente, vivendo de empenhos e de cargos públicos que não exerce, é esta camada o principal obstáculo à reformação da Nação Portuguesa. O português simples é um simples animal afectivo e perturbado; uma forte direcção superior orienta-o e leva-o para onde quer. Estes outros, supondo que têm opiniões, têm-nas todavia o bastante para constituir um estorvo. Duplo estorvo — porque contagiam os estúpidos ingénuos que lhes estão abaixo, e porque resistem aos cultos ou mais inteligentes, que lhes estão acima.

O terceiro grupo, psicologicamente parecido com o segundo, pois o caracterizam a mesma incapacidade de acção útil, é formado de grande parte da alta burguesia e de grande parte da burguesia média. São inertes, conservadores e desnacionalizados. São os do "lá fora é outra coisa", "isto é um país único", "isto é pior que Marrocos", frases que, em justiça se diga, ou não aparecem na boca dos outros grupos, ou só episodicamente e por intuição aparecem.

Um quarto grupo, formado de elementos casuais de todas as classes, grupo restrito e ◊

INTERREGNO

[c. 1927]

Todo o grande partido político de oposição, ou seja todo o partido de oposição que adquire vulto bastante para subverter um regime ou parte dele, se forma com a congregação de três elementos distintos, e não está completo, nem apto para efectuar o intuito, em torno do qual se gerou, senão quando efectivamente congrega todos esses elementos.

---

a Alusão ao Integralismo Lusitano.

Esses três elementos são: um pequeno grupo de idealistas cujas ideias se infiltram abstractamente por vária gente inactiva; um grupo maior de homens de acção, atraídos pelos elementos activos e combativos do partido, e já distante psiquicamente de todo o idealismo propriamente dito; um grupo máximo de indivíduos violentos e indisciplinados, uns sinceros, outros meio-sinceros, outros ainda pseudo-sinceros, que, por sua própria natureza de indisciplinados e violentos, ou desadaptados do meio, naturalmente se agregam a toda a fórmula política que está numa oposição extrema.

Quando o regímen ou fórmula, que assim formou partido, conquista o poder, desaparecem os idealistas, pelo menos na sua acção, que acabou historicamente com a realização; assumem o poder os homens práticos, os anónimos derivados dos idealistas e os maus elementos. Agregam-se, formando com estes últimos um pacto instintivo, os que querem comer do regime real. Tal é a história de todas as revoluções; por alto que seja o ideal de onde se despenharam, vêm sempre ter ao mesmo vale da sordidez humana.

Forma-se uma ditadura de inferiores. Um período revolucionário é sempre uma ditadura de inferiores.

A situação de Portugal, proclamada a República, é a de uma multidão amorfa de pobres-diabos, governada por uma minoria violenta de malandros e de comilões. O constitucionalismo republicano, para o descrever com brandura, foi uma orgia lenta de bandidos estúpidos.

Mas — e assim é a humanidade —, através de tudo, e até nas almas de muitos desses bandidos, subsistia qualquer coisa do impulso lírico do ideal originário. E assim se via bandidos da pior espécie — gatunos de alma, vadios orgânicos — baterem-se com bravura pelo ideal que julgavam que tinham.

INTERREGNO

O facto fundamental é que não há entre o sistema liberal de Inglaterra e os sistemas externamente iguais do Continente uma semelhança senão de cara. O liberalismo substancial inglês corresponde a uma vida de opiniões debatidas e de liberdades individuais autênticas. O liberalismo do continente, e sobretudo o peninsular, corresponde a uma inércia e a uma incapacidade de disciplina. Confundir os dois fenómenos equivaleria a confundir a ânsia de liberdade do homem de génio com a incapacidade de esforço do vadio e do mendigo.

O que atrai os povos peninsulares no regímen parlamentar e liberal é que esse regímen, pela sua insubsistência, a sua fraqueza e a sua prolixidade verbal, se conjuga com a alma impotente dos seus sequazes. O que atrai o povo inglês nesse regímen é que ele se ajusta à substância do seu individualismo.

Assim, e os ingleses o não compreendem, quando se estabelece uma ditadura nos países latinos, estabelece-se uma disciplina. Nos países do Norte uma ditadura seria uma indisciplina. E, ao invés do mesmo sentido, quando nos países latinos se abre um parlamento, a nação periga.........

A ânsia de liberdade é comum ao homem são superior e ao mendigo que não quer trabalhar. Assim as instituições liberais tanto podem significar a expressão de liberdade, como a expressão da incúria e do desleixo.

1. Os períodos de força, de autoridade e de opinião. Considerações sobre a sua natureza e sequência.[a]

---

a Esta tipologia dos sistemas de governo, usada por Pessoa já em escritos de 1908-1910, é também um tema de *O Interregno*. Outras ideias e alusões contidas no texto indiciam que foi redigido em 1927, como preparação daquela obra.

2. Os termos do problema presente: regímen de opinião. Para uns porque deve ser, para outros porque tem que ser. Assim, acordo na prática entre as teorias divergentes.

3. Confirmação histórica: o individualismo [é] a base da nossa civilização, porque é a base da cultura grega, porque é a base da moral cristã, e porque é a base da civilização moderna. Os elementos de reacção — ordem romana, sobrevivências medievais, e reacções brutais e instintivas (sindicalismo, humanitarismo).

4. O indivíduo e a nação — únicas realidades sociais: o resto sombra da esquerda ou sombra da direita. Classes e regiões nada no Estado.

5. O que é a opinião pública. Desenvolvimento do estudo no "Interregno".

6. Consequências do individualismo: (a) redução do Estado aos fins meramente políticos ◊

Não há especialistas em ciência social, porque não há ciência social.

A formação dos partidos políticos [é] inevitável na política de opinião. O que há a fazer é desartificializar esses partidos, descarná--los da sua força puramente económica.

(Extrair do estudo in "Acção" o conceito de nação).[a]

Nem um império fruste, composto de nações heterogéneas, como a Espanha, nem um xadrez de dialectos, como a França ou a Itália.

Há uma diferença entre os antigos liberais e os contra-revolucionários modernos. Ambos falavam vagamente das respectivas divindades — Liberdade num caso, Ordem ou Disciplina no outro. Mas como a liberdade é essencialmente agradável e a Disciplina

---

a   Em 1919-1920, Pessoa publicou no jornal *Acção*, órgão do Núcleo de Acção Nacional, dois estudos: "Como organizar Portugal" e "Opinião pública".

substancialmente incómoda, os primeiros tratavam de obter a liberdade também para si mesmos, os segundos repugnam a disciplina própria. Maurras é um caos. Não se trata do melhor, mas do melhor possível.[1]

O INTERREGNO
DEFESA E JUSTIFICAÇÃO DA DITADURA
MILITAR EM PORTUGAL

28[a]
1928

I
Primeiro Aviso

O NÚCLEO DE ACÇÃO NACIONAL, que em várias horas necessárias tem intervindo — suavemente, como é seu modo; obscuramente, como é seu mister — na vida da Nação, pediu-nos, que todavia a ele não pertencemos, que escrevêssemos, por ser a ocasião de o fazer, um esboço ou breve formulário do que, em nosso entender, poderia ou deveria ser o Portugal futuro em as várias manifestações da sua vida colectiva. A esta incumbência agregou o NÚCLEO a condição, a si mesmo imposta, de que aceitaria por bom o que escrevêssemos, e com tudo, o que isso fosse, se conformaria, tendo-o por próprio.

Nestas condições, gratas não só por tais, mas também por honrosas, escrevemos o presente opúsculo, e escreveremos, se a ordem e a hora forem dadas, o livro que será composto deste opúsculo,

---

[a] A transcrição que se segue foi feita com base no exemplar do folheto existente na biblioteca particular do autor. Escrito em 1927, *O Interregno* foi primeiramente impresso como panfleto não brochado e sem a indicação de Fernando Pessoa como seu autor. Tendo sido recusada a circulação desse panfleto pela censura prévia, o governo viria a autorizar a sua publicação em 1928 (primeira semana de Março) como livro, isto é, folheto ou opúsculo, com indicação do autor e um título diferente. No capítulo I do folheto, cujo título difere do original, há ainda significativas diferenças de texto relativamente ao panfleto (Barreto, 2012b).

como introdução ou primeira parte, e de quatro outras partes como complemento.

Serão, pois, cinco as partes desse livro, até se chegar ao fim do desenvolvimento da doutrina. A primeira parte, que está neste opúsculo, é introdutória. A segunda tratará da Nação Portuguesa; a terceira do Estado Português; a quarta da Sociedade chamada Portugal. Mais tarde se compreenderá em que consiste esta distinção. O mais importante, se não se ordenar que fique por dizer, formará a quinta parte desse livro.

Este opúsculo trata exclusivamente da defesa e justificação da Ditadura Militar em Portugal e do que, em conformidade com essa defesa, chamamos as Doutrinas do Interregno. As razões, que nele se presentam, nem se aplicam às ditaduras em geral, nem são transferíveis para qualquer outra ditadura, senão na proporção em que incidentalmente o sejam. Tampouco se inclui nele, explícita ou implicitamente, qualquer defesa dos actos particulares da Ditadura Militar presente. Nem, se amanhã essa Ditadura Militar cair, cairão com ela estes argumentos. Não haverá senão que reconstruí-la, que estabelecer de novo o Estado de Interregno: não há outro caminho para a salvação e renascimento do País senão a Ditadura Militar, seja esta ou seja outra. Cumpre que isto fique desde já entendido como intuito proposto; ficá-lo-á como caso provado quando se houver lido o opúsculo.

Escrevemos estas páginas num tom, num estilo e numa forma propositadamente antipopulares, para que o opúsculo, por si mesmo, eleja quem o entenda. Tudo quanto, em matéria social, é facilmente compreensível é falso e estúpido. Tão complexa é toda matéria social, que ser simples nela é estar fora dela. É essa a principal razão por que a democracia é impossível.

O que vão ler, não todos os Portugueses que nos lerem, senão todos que nos souberem ler, é escrito sem obediência a nenhuma tradição nossa, sem subserviência a teoria nenhuma estranha, sem

O NUCLEO DE ACÇÃO NACIONAL
dirige-se terminantemente á Nação

PRIMEIRO MANIFESTO
O INTERREGNO

I — Prefacio decisivo

O NUCLEO DE ACÇÃO NACIONAL, que em varias horas necessarias tem intervindo—suavemente, como é seu modo; obscuramente, como é seu mistér—na vida da Nação, julga ser chegado o momento de publicar as palavras que só a elle compete dizer, e que só elle tem condições para proferir.

Escravos da mentalidade estrangeira, uns; escravos da falta de mentalidade propria, todos—nenhuns Portuguezes, politicos ou não politicos, teem podido fallar nacionalmente ou superiormente a este paiz. Fal-o hoje, pela primeira vez desde 1578, o NUCLEO DE ACÇÃO NACIONAL.

O que vão ler, não todos os Portuguezes, mas todos os Portuguezes que souberem ler, é escripto sem obediencia a nenhuma tradição nossa, sem subserviencia a theoria nenhuma extranha, sem attenção a nenhuma corrente do chamado pensamento europeu: foi pensado por homens portuguezes, e não por macacos humanos que houvessem nascido em Portugal.

Serão cinco os manifestos, até se chegar ao fim do desinvolvimento da doctrina. O manifesto presente é introductorio. O segundo tractará da Nação Portugueza; o terceiro do Estado Portuguez; o quarto da Sociedade chamada Portugal. Mais tarde se comprehenderá em que consiste esta distincção. O que ficar ainda por dizer formará o quinto manifesto.

Partiremos da explicação do interregno politico presente, tornando-o a base práctica da estructura politica, e do plano nacional e social, propostos para o futuro. Faremos isto porque, se não fôsse o interregno politico presente, não teriam estes manifestos, taes quaes serão, razão de ser.

Para o que vamos affirmar e propor não queremos á attenção dos sub-Portuguezes que constituem a maioria activa da Nação. Mas a attenção dos outros, dos que teem um cerebro que pode ainda vir a pertencer-lhes, não a que remos nem a pedimos—exigimol-a.

CABEÇALHO E CAPÍTULO I DO PANFLETO O *INTERREGNO*
(EXEMPLAR EXISTENTE NA CASA FERNANDO PESSOA). ATENTE-SE NAS DIFERENÇAS
DO TÍTULO GERAL E DO TÍTULO E CONTEÚDO DO CAPÍTULO I RELATIVAMENTE AO FOLHETO.

atenção a nenhuma corrente do chamado pensamento europeu. Pensámo-lo nós por nós, e por nós o elaborámos e dispusemos. No livro, que porventura o inclua, será este texto revisto, e talvez desenvolvido.

Escravos da mentalidade estrangeira, uns; escravos da falta de mentalidade própria, todos — nenhuns Portugueses, políticos ou não-políticos, têm podido falar nacional ou superiormente a este País. Fá-lo hoje, pela primeira vez desde 1578, e por nosso intermédio, o NÚCLEO DE ACÇÃO NACIONAL.

Para o que vamos afirmar, e para o que depois teremos que propor, não queremos a atenção dos sub-Portugueses que constituem a maioria activa da Nação. Mas a atenção dos outros, dos que têm um cérebro que pode ainda vir a pertencer-lhes, nem a queremos nem a pedimos — exigimo-la.

II
Primeira justificação da Ditadura Militar

Metade do País é monárquica, metade do País é republicana. São estes os factos. Não falamos do País dividindo-o em Norte e Sul, ou em qualquer outra divisão de terras. Não falamos do País dividindo-o em classes cultas e incultas ou em qualquer outra divisão de homens. Falamos de Portugal na simples quantidade dos seus habitantes nacionais. Desses se pode dizer, com verdade pragmática, que metade é monárquica, metade republicana; que são sensivelmente iguais, que são iguais para todos os efeitos práticos, o número dos monárquicos e o número dos republicanos. São estes os factos: o resto é fala política: fica para os maiorais que dela usam e para as reses que crêem nela.

Da parte monárquica, uma pequena minoria é activa e forma os partidos monárquicos que se manifestam. Da parte republicana, uma minoria maior é activa e forma os partidos republicanos que se manifestam. O resto do País, seja, virtualmente, monárquico ou republicano, é apático e indiferente quanto à manifestação, ou até quanto à consciência, das suas tendências. Como a minoria republicana é maior, mais activa e mais coesiva que a minoria monárquica, existe República, e não Monarquia, em Portugal. Não existe República por nenhuma outra razão.

Esta condição política do País tem paralelo em um fenómeno que, como procede da mesma causa, que é o estado mental português, pode servir de símbolo dessa condição política. Somos o país das duas ortografias. Da gente que entre nós sabe escrever, parte escreve em ortografia latina, a outra parte na ortografia do Governo

FERNANDO PESSOA

O INTERREGNO

DEFEZA E JUSTIFICAÇÃO DA DICTADURA MILITAR EM PORTUGAL

1928
NUCLEO DE ACÇÃO NACIONAL
25, Calçada de Carriche
LISBOA

CINCOENTA CENTAVOS

Offic. da Sociedade Nacional de Typographia
59, Rua do Seculo
Lisboa

CAPA DO EXEMPLAR DO FOLHETO EXISTENTE NA BIBLIOTECA PARTICULAR DO AUTOR
(CASA FERNANDO PESSOA) (TEXTO N.º 28)

Provisório. A maioria, porém, não sabe ler nem escrever. Assim as letras são a sombra dos factos, e lemos mais na leitura do que esperávamos.

O facto essencial é este: Portugal é metade monárquico, metade republicano. Em Portugal presente, pois, o problema institucional é inteiramente irresolúvel. De direito, de qualquer espécie de direito, não pode haver República, não pode haver Monarquia, em Portugal. Há República pela razão já dita, e porque tem que haver qualquer coisa. Mas essa República não é, nem pode ser, República, como a Monarquia, que a precedeu, já não era, nem podia ser, Monarquia. Estando a Nação dividida contra si mesma, como pode ela ter um regímen que defina a união que ela não tem? Repita-se, pois, para que se oiça: o problema institucional é hoje irresolúvel em Portugal.

Por que razão, porém, está a Nação assim dividida contra si mesma? A razão é fácil de ver, porque o caso é daqueles para que pode haver uma só razão. Estamos divididos porque não temos uma ideia portuguesa, um ideal nacional, um conceito missional de nós mesmos. Tivemos — para bem ou para mal, porém com certeza não só para mal — um conceito de império, a que nos forçaram nossos Descobrimentos. Esse conceito caiu em Alcácer-Quibir. Nem, no longo e triste curso das três dinastias filipinas — a dos Filipes, a dos Braganças, e a República —, houve mais que a minguada e passiva estirpe dos Sebastianistas literais que em algum modo mantivesse viva e amada a memória da alma de Portugal.

Ora todo ideal nacional, claramente concebido ou claramente sentido, forçosamente tende para certa fórmula política, para certo regímen, que lhe seja adequado, e através do qual se exprima. Por exemplo: um imperialismo como o inglês, de domínio e expansão étnica, está necessariamente ligado, intrínseca e extrinsecamente, à ideia monárquica. Outros ideais nacionais, nem altos como aquele, nem sequer seus semelhantes, podem também exprimir-se na ideia monárquica. Ideais de tipo diverso, e entre si também diversos, projectam-se naturalmente, e por diversas razões, na fórmula republicana. Só a ausência de um ideal nacional, pela acção negativa da mesma causa, se exprime na divisão da nação, meada entre um regímen em que não crê e uma oposição a ele em que não confia. É esta a condição sem proveito em que emparceiramos com a França.

Mas quando um país está assim organicamente dividido, metade oposta a metade, está criado o estado de Guerra Civil — de guerra civil pelo menos latente. Ora num estado de guerra, civil ou outra, é a Força Armada que assume a expressão do Poder. Assume-a, ordinariamente, em subordinação a um poder político constituído, a um regímen. No nosso caso, porém, precisamente o que falta é um regímen. Tem pois a Força Armada que ser ela mesma o Regímen; tem que assumir por si só todo o Poder.

É esta a primeira Doutrina do Interregno, a primeira justificação da Ditadura Militar.

III
Segunda justificação da Ditadura Militar

Além de não ter vida institucional legítima, não pode Portugal, também, ter vida constitucional alguma. A palavra «constituição» pode receber dois sentidos: (1) simples forma constituída de governo, seja esse governo embora uma monarquia absoluta; (2) forma de governo em imitação do espírito da constituição inglesa. O primeiro é o sentido abstracto, o segundo o sentido histórico, da palavra. Portugal presente não pode ter constituição, no primeiro sentido da palavra, porque, como já se disse, não pode ter regímen político, e a constituição, neste sentido, é somente a definição do regímen. E Portugal presente não pode, nem deve, ter constituição, no segundo sentido da palavra, pela razão mais forte ainda, porém mais complexa, que se vai expor.

Como na Europa semibárbara — à parte certas repúblicas, mais ou menos do género, porém não da espécie, das cidades-estados dos antigos — não havia outro sistema geral de governo senão a monarquia absoluta, é claro que não podia haver despotismo ou tirania senão através desse sistema. Ora o espírito humano, como é essencialmente confuso e por isso simplista, não distingue habitualmente o particular do geral. Assim, mais ou menos claramente se formou a ideia de que despotismo e absolutismo eram a mesma coisa. Ainda hoje há quem confunda a significação dos dois termos. Os factos, porém, olham para outro lado. Todo homem, ou grupo de homens, que manda, tende, em virtude do egoísmo natural da alma humana, a abusar desse mando. Só não abusa se, ou quando, sente que não pode abusar, ou que perderá mais abusando do que não abusando. Mas há só uma coisa que faz sentir ao governante que não pode abusar: é a presença sensível, quase corpórea, de uma opinião pública directa, imediata, espontânea, coesiva, orgânica, que todos os povos sãos possuem em virtude do instinto social que os torna povos, e cuja pressão oculta os seus governantes sentem sem que essa opinião pública tenha sequer que falar, e muito menos que delegar ou eleger quem por ela obre ou fale. Por isso disse Hume, e disse bem, que não há verdadeiro governo, ainda o mais autocrático, que se não apoie na opinião pública.

Ora, pensando, por uma parte e por erro, que a monarquia absoluta era essencialmente má, e sentindo, por outra parte e com metade de razão, que a opinião pública é a essência de toda vida governativa, foi o espírito europeu levado inevitavelmente a buscar uma fórmula pela qual essa opinião pública se coordenasse estruturalmente, se constituísse em órgão limitador ou substituidor do poder régio. Confusamente, incoerentemente, se esboçaram, desde a mesma Idade Média, doutrinas norteadas por este fito: umas eram derivadas do exemplo, em geral treslido, das cidades-estados dos antigos, outras surgiram espontaneamente da especulação medieval, muito mais espaçosa do que se supõe nesta matéria; e a algumas delas encorajou a Igreja, a quem convinha disseminar doutrinas antimonárquicas nas universidades, para hostilizar o poder dos reis, frequentemente em conflito com o dela. Estes fantasmas de doutrina tomaram subitamente corpo, como seria de supor, no primeiro verdadeiro embate entre a monarquia absoluta e qualquer força que incarnasse definidamente esse impulso adverso. Deu-se o caso em Inglaterra, no conflito, em grande parte nacional e especial, entre a monarquia dos Stuarts, conscientemente «de direito divino», e a oposição a ela, que assumiu episodicamente, e em contrário do sentimento da maioria, a forma republicana. Nasceu por fim, depois de pesados anos de perturbações, o chamado constitucionalismo, fórmula de equilíbrio espontâneo, provinda de antigas tradições nacionais em que o fermento de todas as doutrinas antimonárquicas diversamente se infiltrava. O principal teorista do sistema, tal qual finalmente veio a parecer, foi Locke, em seu *Ensaio sobre o Governo Civil*.

Ora o mesmo simplismo do espírito humano, que o leva a confundir o particular e o geral na teoria, o conduz a os não distinguir na prática. Assim, sem considerar se a solução política inglesa não seria particularmente inglesa, e portanto inaplicável a outros povos, em outras circunstâncias de passado e de presente, os pensadores políticos europeus erigiram em dogma a constituição de Inglaterra. A fórmula constitucional inglesa passou a ser, para eles, uma espécie de descoberta científica, não só universalmente verdadeira, como o são os dados da ciência, mas também absolutamente perfeita, como o são as expressões das leis naturais. E, como o povo inglês rapidamente se distanciou, no gozo de verdadeira liberdade e de uma vida social superior, de todos os outros povos de Europa, viram, aparentemente, a prática a confirmar a teoria. De aí a intoxicação constitucional, que haveria de produzir, numa amplidão doutrinária exaltada, a Revolução Francesa, pela qual as doutrinas, já metafísicas, do constitucionalismo inglês se derramaram depois por todo o mundo. A ninguém ocorreu, parece, que a liberdade, em qualquer povo, é a simples expressão da sua força espontaneamente coesiva em resistir a qualquer tirania, nem que a liberdade e a superioridade social inglesas provinham, não de uma fórmula, que é uma abstracção, mas da saúde social, da forte opinião pública directa, que estavam por trás dessa fórmula e lhe davam a vida real, como a haveriam dado, no mesmo sentido, a qualquer outra.

Assim, de uma intuição central justa, embrulhada em erros e por eles sufocada, nasceu em Europa, e alastrou a todo o mundo civilizado, a superstição constitucional. Consiste ela em crer que a fórmula constitucional inglesa é *universal,* sendo pois aplicável a qualquer povo civilizado, em quaisquer circunstâncias; e que é *perfeita,* dando que seja a verdadeira fórmula de traduzir para uma norma política aquilo a que se chama opinião pública.

Ambas as teses são demonstravelmente erróneas. A primeira a todos o deve parecer, ainda que por simples intuição. É evidente, ou deveria sê-lo, que o regímen que particularmente convém a um povo representa uma adaptação às particularidades desse povo, e deve ser, portanto, inadaptável em princípio às particularidades, forçosamente diferentes, de outro povo qualquer. À parte esta razão, porém, há uma outra, de mais peso. Só pode ser universalmente aplicável o que é universalmente verdadeiro, isto é, um facto científico. Ora em matéria social não há factos científicos. A única coisa certa em «ciência social» é que não há ciência social. Desconhecemos por completo o que seja uma sociedade; não sabemos como as sociedades se formam, nem como se mantêm, nem como declinam. Não há uma única lei social até hoje descoberta; há só teorias e especulações, que, por definição, não são ciência. E onde não há ciência, não há universalidade. O constitucionalismo inglês, ou outra teoria social qualquer, é portanto inaplicável à generalidade dos povos, convindo só, porventura, ao povo onde apareceu e onde, portanto, é em certo modo natural. O que resta saber porém, é se, no próprio povo inglês, o constitucionalismo inglês dá bom resultado. Se não der, as duas teses ruem juntas, pois o que é mau onde é natural — embora viável por ser natural — será duas vezes mau onde for artificial, pois aí nem viável será. Leva-nos isto, pois, ao exame da segunda crença da superstição constitucional — a de que o constitucionalismo inglês realmente representa a projecção política da opinião pública.

Essa crença, vai desmenti-la por nós, e melhor que o faríamos nós, um inglês moderno, homem culto e experimentado, político por hereditariedade e por vocação. Diz assim Lord Hugh Cecil, filho do Marquês de Salisbury, a pág. 235 e seguintes do seu livro intitulado *Conservantismo*[a]:

> «Torna-se altamente interessante e importante inquirir onde está o centro do poder que domina, em última análise, a Casa dos Comuns e a autoridade ilimitada que, pela Constituição, essa Casa exerce. É interessante e importante, porém não é muito fácil. Pode dizer-se que o poder está no Gabinete, isto é, nos quinze ou vinte homens predominantes do partido em maioria. Mas isso nem sempre será verdade. Pode às vezes haver discordâncias no Gabinete. Qual é a força que então determina que a decisão seja dada num sentido ou noutro? Ou, ainda, aparecerá às vezes no Gabinete uma questão para decidir, e trará já uma solução tão fortemente apoiada pelo partido, que o Gabinete se veja constrangido a adoptar essa solução. Onde está o poder a que até o Gabinete tem que obedecer? A melhor resposta é que a autoridade suprema num partido é em geral exercitada pelos mais activos e enérgicos dos organizadores partidários sob o comando de um ou mais dos prin-

---

[a] Hugh Cecil, *Conservatism* (London: Williams and Norgate, [1912]). Na biblioteca particular de Fernando Pessoa existe um exemplar da primeira edição deste clássico do conservadorismo político britânico do século XX. Refira-se que Lord Hugh Cecil é o único autor citado em *O Interregno*.

cipais chefes do partido. Às vezes o chefe nominal do partido está entre estes homens; outras vezes não está. Mas eles derivam a sua força, não só da sua situação pessoal, mas de que, de um modo ou de outro, influem no que se pode chamar a Guarda Pretoriana do partido, isto é, os seus elementos mais activos e ardentes. Se isto é assim, temos graves razões de receio. A Casa dos Comuns nomeia o Executivo e tem domínio absoluto sobre a legislação. O partido em maioria na Casa dos Comuns domina absolutamente a Casa dos Comuns. Esse partido é, por sua vez, dominado pelos seus elementos mais ardentes e enérgicos, sob o comando dos políticos a quem esses são mais afectos. Quer isto dizer que a suprema autoridade do Estado está nas mãos de partidários extremos e nas mãos dos estadistas que mais admirados são por esses partidários extremos. É quase impossível conceber uma forma menos satisfatória de governo. Isto, contudo, é que é a realidade. A aparência é que a Casa dos Comuns representa o povo. Mas, de facto, o povo nem tem a voz dominante na escolha da Casa dos Comuns, nem domínio real sobre ela, uma vez escolhida. O povo tem, na prática, só a liberdade de escolher entre os candidatos partidários que são submetidos à sua escolha. São os partidários ardentes — a Guarda Pretoriana — quem escolhe os candidatos; os eleitores têm somente que determinar se querem ser representados pelo nomeado dos Pretorianos Conservadores, ou pelo nomeado dos Pretorianos Liberais, ou, em casos mais raros, podem escolher um candidato, não menos disciplinado, nomeado pelo Partido Laborista. Os independentes podem propor-se, e algumas vezes se propõem, à eleição. Mas as eleições, nas condições modernas, são a tal ponto matéria de organização e mecanismo, que é com grande desigualdade que um independente se pode bater contra os candidatos nomeados pelos partidos. O triunfo de uma candidatura independente é a coisa mais rara deste mundo. A única verdadeira influência que têm os independentes está no desejo dos chefes partidários de lhes obter os votos. Mas até isto tem na prática um alcance limitado. Há assuntos controversos sobre os quais os partidários ardentes, de um lado e de outro, sentem tão fortemente que quase nada se importam da opinião do público não-partidário. E, quando a Casa está eleita, a influência da opinião pública fica semelhantemente limitada. Alguma coisa se fará para obter apoio na próxima eleição geral; mas, sempre que os homens do partido do governo realmente se empenhem num assunto, correrão todos os riscos para fazer vingar a sua política. Sobretudo o farão quando o assunto, de que se trate, envolva o crédito pessoal de um dos chefes da sua confiança. O facto formidável é que a mais alta autoridade do nosso Império imenso e único se encontra alternadamente nas mãos de dois grupos de homens veementes, intolerantes e desequilibrados.»

Estas palavras têm já quinze anos, porém valem hoje como então; nada, salvo o aumento do Partido Laborista, existe de novo na situação que elas descrevem, e esse aumento não pesa senão em converter em «três» a palavra «dois» no fim do texto. E estas palavras são, não só do político experiente, por herança e vocação, que dissemos ser seu autor, mas de um homem que é ele mesmo político partidário. É um dos casos em que, contra a norma jurídica, a confissão do réu tem valia.

O réu, porém, não confessou tudo. Uma polémica recente e episódica, entre chefes liberais ingleses, trouxe à atenção pública um dos pontos da vida partidária em que ordinariamente se não reparava. É o de que os fundos partidários são secretos, secretos os nomes dos indivíduos que frequentemente entram com grandes somas para os cofres dos partidos. Isto complica o assunto e a Guarda Pretoriana. Quem entra com grandes somas para um cofre partidário raras vezes o fará por teorismo. Fá-lo, em geral, com outro fito. E, visto que deu, fará por que se faça aquilo para que deu. O partido, ou a sua Guarda Pretoriana, fará, visto que recebeu, por merecer o que recebeu. Assim, nesta noite moral, se podem subtilmente esboçar, e subtilmente se infiltrar na substância da vida política, orientações inteiramente antinacionais; pois, como a este propósito se observou, não sabendo ninguém quem são os magnos financiadores dos partidos, ninguém tem a certeza que não estejam ligados a elementos estrangeiros, cuja política secretamente imponham. Nem se alegue que este estado de coisas nada tem com o constitucionalismo, propriamente dito. O constitucionalismo envolve e motiva a existência de partidos; estes partidos fazem uns aos outros uma guerra política; e a guerra política, como toda guerra, assenta em duas bases — dinheiro e segredo.

É assim, pois, que opera o constitucionalismo inglês no país onde é natural, e, portanto, em certo modo orgânico; onde é antigo, e, portanto, ainda mais natural; onde mais tem sido aperfeiçoado, e, portanto, onde deve estar mais livre de erros. E, se assim é neste país, como o não será nos outros, onde não é natural, nem antigo, nem, por não ser antigo, poderia ter sofrido o que propriamente se chama um aperfeiçoamento?

Nos países onde, como em Inglaterra, existe um ideal nacional, e, em certo grau uma opinião pública espontânea — aquela opinião pública natural, orgânica, não eleitora, de que acima falámos —, os malefícios essenciais do constitucionalismo são diminuídos. São, porém, diminuídos por elementos externos, e não internos, a ele. A pressão de um ideal nacional, se é forte e constante, faz-se sentir no próprio Parlamento, nos próprios partidos, pois estes existem adentro da nação; a pressão de uma opinião pública espontânea, se é forte, do mesmo modo que a sentiam os reis absolutos, assim a sentem também o Parlamento e os partidos, que recuam, como faziam os reis, ante os seus impulsos mais evidentes. Parece, por isto, que, se o Parlamento e os partidos podem ser, como o eram os reis, sensíveis às manifestações directas da opinião pública, tanto faz que haja reis como Parlamento e partidos; parece que basta que haja ideal nacional, e que haja opinião pública verdadeira, pois estes se farão sentir ao Parlamento e aos partidos, e assim os compelirão ao recto caminho. Infelizmente a analogia é errónea. O rei absoluto podia (com grave risco próprio) contrariar o ideal da Nação. O rei absoluto podia (com certo risco próprio) contrariar a opinião do seu povo. Mas o rei absoluto não podia sofismar ou perverter esse ideal ou essa opinião, pois não tinha contacto interno com a opinião pública, que não representava e de quem não dependia; e o ideal nacional, enquanto activo, não se manifesta senão como uma parte da opinião pública. Os partidos, porém, como têm um ideal político distinto do ideal nacional (sem o que não seriam partidos), ora sobrepõem aquele a este, ora o infiltram neste, assim o pervertendo. Os partidos, ainda, como têm que ter a aparência de se basear na opinião pública, buscam «orientá-la» no sentido que desejam, e assim a pervertem; e, para sua própria segurança, buscam servir-se dela, em vez de a servir a ela, e assim a sofismam.

Em Portugal, porém, não há (como se disse) ideal nacional, nem há (como se dirá) opinião pública. Recebemos, assim, em sua plenitude os malefícios do constitucionalismo. Somos nós os perfeitos constitucionais. Os problemas nacionais suscitados pela presença do constitucionalismo, se são graves em qualquer outro país, são, pois, entre nós gravíssimos. Temos que dar-lhes uma solução qualquer, permanente ou provisória, mas certamente imediata.

Ora como, segundo se viu na transcrição acima feita, o mal do constitucionalismo está na sua essência, visto que é radicalmente nocivo até onde é natural, não há outro remédio para ele, onde nem seja natural, senão a sua simples eliminação. Mas, se o eliminamos, o que poremos em seu lugar? Por que norma governativa o substituiremos? Onde houvesse um regímen, ou a possibilidade imediata de um regímen, tentaríamos extrair da substância desse regímen uma norma governativa, própria e especial. Mas onde, como em Portugal presente, não há regímen, nem possibilidade imediata de o haver, a única solução é, eliminando o constitucionalismo, o não substituir por coisa nenhuma, parecida ou diferente dele. Em outras palavras, há que criar, que estabelecer como coisa definida, o Estado de Transição.

Sendo o Estado de Transição, em matéria nacional, a condição de um país em que estão suspensas, por uma necessidade ou compulsão temporária, todas as actividades superiores da Nação como conjunto e elemento histórico, o certo é que não está suspensa a própria Nação, que tem que continuar a viver e, dentro dos limites que esse estado lhe impõe, a orientar-se o melhor que pode. Os governantes de um país, em um período destes, têm pois que limitar a sua acção ao mínimo, ao indispensável. Ora o mínimo, o indispensável, social é a ordem pública, sem a qual as mais simples actividades sociais, individuais ou colectivas, nem sequer podem existir. Os governantes naturalmente indicados para um Estado de Transição são, pois, aqueles cuja função social seja particularmente a manutenção da ordem. Se uma nação fosse uma aldeia, bastaria a polícia; como é uma nação, tem que ser a Força Armada inteira.

É esta a segunda Doutrina do Interregno, a segunda justificação da Ditadura Militar.

IV
Terceira justificação da Ditadura Militar

Além de Portugal presente não poder ter vida institucional, nem também vida constitucional, não pode ele, ainda, ter vida de opinião pública. Assim lhe falta também o que é, não só o fundamento interno de todo governo, mas, por uma fatalidade histórica, o fundamento externo de todo governo de hoje.

Há só três bases de governo — a força, a autoridade, e a opinião. Qualquer forma de governo tem que participar, para ser governo, de todas elas: sem força não se pode governar, sem opinião não se pode durar, sem autoridade não se pode obter opinião. Embora, porém, qualquer governo de todas participe, uma delas haverá em que mais particularmente, em que distintivamente, se apoie.

O governo tipicamente de força existe só nas sociedades bárbaras ou semibárbaras; regressa atipicamente nos episódios ditatoriais das sociedades civilizadas. É o governo em que se exprimem aquelas civilizações em formação, em que ainda o estado de guerra é a condição normal e constante; por isso caracteriza também aqueles períodos das civilizações formadas, em que o estado de guerra, civil ou outra, ressurge. Ao governo de força sucede, na linha de passagem das coisas, o de autoridade: autoridade é a força consolidada, translata, a força tornada abstracta, por assim dizer. A estabilização dos governos de força os converte, passado tempo, em regímenes de autoridade. Mas a autoridade não dura sempre, porque nada dura sempre neste mundo. Sendo a autoridade um prestígio ilógico, tempo vem em que, degenerando ela como tudo, a inevitável crítica humana não vê nela mais do que o ilogismo, visto que o prestígio se perdeu. Assim, no decurso das civilizações, se chega a um ponto em que — à parte os recursos incaracterísticos à força — se tem que estabelecer, ou buscar estabelecer, um sistema de governo fundado na opinião, pois não resta outro fundamento para a existência de um governo.

Europa, e nós com ela, seguiu este curso fatal. A todos nos confronta um problema político: extrair da opinião um sistema de governo. Não temos outro recurso. Não podemos recorrer à força, porque a força, numa sociedade formada, não é mais que um travão, aplicável só nos perigos e nas descidas; se a quisermos sistematizar, pagaremos o preço por que são penhoradas as sociedades em que se pretende coordenar o ocasional, isto é, realizar uma contradição. Nem podemos recorrer à autoridade, porque a autoridade é incriável e indecretável, e a tradição, que é a sua essência, tem por substância a continuidade, que, uma vez quebrada, se não reata mais.

Temos pois que encarar, por necessidade histórica, o problema de extrair da opinião um sistema de governo. Se é este o problema, não cuidemos que é outro.

Para nos nortearmos neste fito, temos, primeiro, que ver em que consiste a opinião. É o que nunca fizeram nem os defensores nem os críticos dos sistemas que assentam nela.

Qualquer opinião é de uma de três espécies, conforme assente no instinto (ou na intuição), no hábito, ou na inteligência. Por instinto se entende aquele fenómeno psíquico, inegável porém difícil de explicar, pelo qual, nos animais chamados inferiores, a vida se conduz certa sem mostras de «inteligência», ou, até, condições anátomo-fisiológicas, para a existência dela. Nos animais chamados superiores os instintos subsistem, mas são neles perturbados pelo hábito e pela inteligência, que a eles, instintos, são diversamente antagónicos. Nestes animais superiores, e notavelmente em o homem, aparece, ainda, uma forma superior do instinto a que chamamos intuição: dela procedem os fenómenos estranhos, porém reais, a que por comodidade se chamou supernormais — os palpites, a inspiração, o espírito profético. A intuição, operando como o instinto, porque é instinto, usurpa, e muitas vezes supera, as operações da inteligência. Os fenómenos do instinto e da intuição têm preocupado, mais que quaisquer outros, a ciência psicológica moderna; assentou ela já na certeza de que o campo do que chamou subconsciente é vastamente maior que o da razão, e que o homem, verdadeiramente definido, é um animal irracional. Só por orgulho ou preconceito se pode não ver que a inteligência é — como Huxley abusivamente supunha que a simples consciência era — o que chamou um epifenómeno. Isto é, a inteligência não faz mais que espelhar, esclarecendo-os para nós e, pela palavra, para outrem, os instintos obscuros, as solicitações intuitivas, do nosso temperamento.

Por hábito entende-se aquela disposição da índole que é, em sua origem, e em contrário do instinto, estranha ao indivíduo, sendo derivada de um ambiente qualquer. Os preconceitos, as crenças, as tradições — tudo quanto, não procedendo da inteligência, também não procede do instinto — se derivam do hábito. É muitas vezes difícil distinguir uma opinião vinda do instinto de uma opinião vinda do hábito, por isso que o hábito é um instinto imposto, ou artificial — uma «segunda natureza», como com razão se lhe chamou.

As manifestações destas quatro ordens de opinião diferençam-se entre si da seguinte maneira. O instinto simples é instantâneo e sintético, é individual, e tem por objecto só coisas concretas; é centrípeto, ou egoísta, pois o será forçosamente o que for ao mesmo tempo individual e concretizante. O instinto superior, ou intuição, difere do instinto simples em que pode ter por objecto o abstracto e o indefinido, e em que, na proporção em que o tiver, deixará de ser centrípeto ou egoísta. O hábito é igual ao instinto simples, salvo em não ser individual; como esse, porém, tem por objecto o concreto e o definido. A inteligência é analítica, é individual e tem por objecto o abstracto. Em toda opinião entra uma parte de cada um destes elementos, pois na vida é tudo fluido, misturado, incerto, mau de analisar sumariamente e impossível de analisar até o fim.

Passando agora de considerar a simples opinião, para atender ao que nos interessa, que é a opinião colectiva ou «pública», desde logo vemos que ela tem que assentar ou no hábito ou na chamada intuição. No instinto simples não pode assentar, porque ele é só individual — da vida, que não da sociedade. Na inteligência não pode também fundar-se, porque a inteligência, por ser a expressão do temperamento, é, por isso mesmo, a expressão de instintos, de hábitos e de intuições, escusando nós pois de atender a ela, quando devemos atender àquilo de que é espelho. O conceito vulgar de democracia, o que pretende basear a opinião pública na soma das opiniões individuais fornecidas pelas inteligências; o que supõe que uma sociedade numericamente mais culta (que não só mais culta em seus representantes superiores) se orienta e governa melhor que uma sociedade quantitativamente menos culta — este conceito é forçosamente erróneo. Acresce que, como não há ciência social, não pode haver cultura sociológica. Se a houvesse, como haveria, sobre os pontos mais simples e essenciais da vida social, divergência de opiniões entre homens da maior cultura? Em que é que a cultura em geral, e a cultura sociológica em particular, orientam socialmente, se o prof. A., da Universidade de X, é conservador, o prof. B., da Universidade de Y, é liberal, e o prof. C., da Universidade de Z, é comunista? De que lhes serve a cultura se entre si divergem num congresso, do mesmo modo que três operários numa taberna? Longe de, como se disse, a «democracia sem luzes» ser um «flagelo», é a democracia com luzes que o é. Quanto maior é o grau de cultura geral de uma sociedade menos ela se sabe orientar, pois a cultura necessariamente se quer servir da inteligência para fundar opiniões, e não há opinião que se funde na inteligência. Assenta ou funda-se no instinto, no hábito, na intuição, e a intromissão abusiva da inteligência, não alterando isso, apenas o perturba. A democracia moderna é a sistematização da anarquia.

Sucede, ainda, quanto à inteligência, que ela, como é analítica, é desintegrante; como é abstracta, e por isso fria, é incomunicativa; e como é a expressão de um temperamento, e o temperamento é individual, separa os homens em vez de os aproximar. O hábito, ao contrário, «pega-se»; sobretudo se «pega» um hábito social. A intuição, também, transmite-se — transmite-se por uma emissão indefinível, um «fluido», como já se lhe chamou, havendo quem creia, talvez com razão, que esse fluido é não só real, mas material. É só no hábito, pois, ou na intuição, que a opinião pública se pode fundamentar. E é num e noutra que, de facto, se fundamenta.

No hábito se baseia aquela opinião pública a que, com razão no termo, chamamos conservadora. A razão de se ser conservador é a mesma de se não poder deixar de fumar. Há, porém, uma diferença, que em certo modo justifica o receio do novo que constitui a essência do conservantismo. Quem deixa de fumar, e se dá mal com fazê-lo, pode tornar a fumar. Mas um hábito social, isto é, uma tradição, uma vez quebrado, nunca mais se reata, porque é na continuidade que está a substância da tradição. Além de que, não sabendo ninguém o que é a sociedade, nem quais são as leis naturais por que se rege, ninguém sabe se qualquer mudança não irá infringir essas leis. Em igual receio se fundamentam as superstições, que só os tolos não têm — no receio de infringir leis que desconhecemos, e que, como as não conhecemos, não sabemos se não operarão por vias aparentemente absurdas. A tradição é uma superstição.

É a opinião de hábito que mantém e defende as sociedades; equivale à força que, no organismo físico, resiste à desintegração. A opinião de hábito obra sempre deste modo restritivo; umas vezes é útil porque entrava a decadência, outras é nociva, porque entrava o progresso. Sem a opinião de hábito não existiriam nações; uma nação, aliás, não é senão um hábito. Mas só com a opinião de hábito não existiriam nações progressivas; nem, até, existiriam nações, pois se não teria progredido até à fundação delas. A mais antiga tradição de qualquer país é ele não existir.

Na intuição — que, em contrário do simples instinto, vê, como a inteligência, o futuro, que não só o passado — se funda aquela opinião com que se promove o progresso das sociedades, mas, se a do hábito a não equilibrar, também a desintegração delas. Toda fórmula social nova é elaborada e imposta pela intuição, se bem que a sobreposição da inteligência lhe perturbe e corrompa a expressão. Por exclusão de partes se vê que é elaborada e imposta pela intuição. O instinto nada tem com ela. O hábito opõe-se-lhe. A inteligência, por si só, nem tem ciência social em que se funde para a supor boa ou viável, nem experiência social (visto que ela é nova) em que para tal se funde. Só a intuição — a fé, se se quiser — pode crer na virtude e na viabilidade do que ainda se não experimentou. Por isso, com razão se pode dizer que toda opinião anticonservadora é um fenómeno religioso; que todo partido anticonservador é uma agremiação mística.

Toda vida consiste no equilíbrio de duas forças, a de integração e a de desintegração — o anabolismo e o catabolismo dos fisiologistas. A só integração não é vida; a só desintegração é morte. As duas forças assim opostas vivem em perpétua luta, e é essa perpétua luta que produz o que chamamos vida. A guerra, disse Heraclito, é a mãe de todas as coisas. Mas, para que a vida subsista, é necessário que as duas forças opostas sejam de intensidade praticamente igual; que se oponham, que se combatam, porém que nenhuma delas sobreleve à outra. A vida é a única batalha em que a vitória consiste em não haver nenhuma. É isso o equilíbrio; e a vida é uma média entre a força que a não quer deixar viver e a força que a quer matar — a diagonal de um paralelogramo de forças, diferente das duas e por elas composta. Se assim é na vida individual, assim será na vida social, que é também vida. Consiste a vida social no equilíbrio de duas forças opostas, que já vimos quais eram. Têm as duas forças que existir, para que haja equilíbrio, e, embora haja equilíbrio, que ser opostas. Um país unânime numa opinião de hábito não seria país — seria gado. Um país concorde numa opinião de intuição não seria país — seria sombras. O progresso consiste numa média entre o que a opinião de hábito deseja e o que a opinião de intuição sonha. Figurou Camões, nos *Lusíadas*, em o Velho do Restelo a opinião de hábito, em o Gama a opinião de intuição. Mas o Império Português nem foi a ausência de império que o primeiro desejara, nem a plenitude de império que o segundo sonharia. Por isso, por mal ou por bem, o Império Português pôde ser.

O equilíbrio das forças vitais não procede, porém, só da sua igual intensidade, se não também da sua igual direcção, em que, em certo modo, essa igual intensidade se funda. As duas forças têm de comum o serem a mesma força, que é o organismo em que vivem, e que diversamente servem de manter. Todo lógico sabe que, para haver contraste entre duas ideias, tem que haver identidade no fundamento delas. Em melhores palavras — para que duas espécies entre si se oponham, têm que ser espécies do mesmo género. Pode opor-se o preto ao branco, porque ambos são cores. Não pode opor-se o preto a um triângulo, porque um é espécie do género cor e o outro é espécie do género forma. Assim, para que nas forças vitais se possa dar oposição com equilíbrio, é mister que, no fundo, pertençam ao mesmo género, o que, em matéria de forças, quer dizer que tendam para o mesmo fim. Esse fim, visto que existem no mesmo organismo, e têm, por assim dizer, uma identidade de localização, é a vida desse organismo. Se a força de integração, que é por natureza centrípeta, se localizar em certos pontos ou órgãos, sofrerá o organismo dissolução ou desvitalização, pois os pontos livres ficarão entregues a uma desintegração completa. Se a força de desintegração, que por natureza é centrífuga, exceder o seu limite orgânico, ficará o organismo ocupado pela força oposta, e do mesmo modo sofrerá a morte ou a desvitalização. Como no individual, assim no social. Se a opinião de hábito tiver, em vez de um fito nacional, um intuito menos que nacional — província, classe, família,... — envolverá em ruína a sociedade, porque a deixará livre à opinião de intuição, que estabelecerá o caos em todos os outros elementos sociais. Se a opinião de intuição tiver um intuito mais que nacional — humanidade, civilização, progresso,... — do mesmo modo arruinará a sociedade, pois a deixará livre à opinião de hábito, que se apoderará de todos os seus outros elementos.

No fundo, como se trata de um sistema de forças, a uma acção corresponde sempre uma igual reacção. A uma acção excessiva corresponderá pois uma reacção igualmente excessiva, e, como um pêndulo que oscile demasiadamente, o sistema acabará por parar. Temos exemplos dos dois casos nos estados, paralelos porém inversos, da vida portuguesa sob os Braganças, e da vida presente da Rússia. Nesse nosso período, vivemos concentrados na tradição em nossa vida familial, provincial e religiosa; sucedeu que nos desnacionalizámos completamente na nossa administração, na nossa política e na nossa cultura. No período presente da Rússia, tendo a opinião de intuição excedido por inteiro a nação em favor de uma entidade socialmente mítica chamada «humanidade», a opinião de hábito estabeleceu uma reacção igualmente forte, recuou para trás da família, da província, da religião tradicional, e fixou-se no último elemento social, o indivíduo, que, como tal, é um animal somente. Assim, em virtude da reacção excessiva que provoca, toda doutrina social extrema produz resultados diametralmente opostos aos que pretende produzir. O tradicionalismo orgânico produz estrangeiros; o progressivismo orgânico produz animais. É na comunidade do conceito de nação que está a base para a luta profícua, porque para o íntimo equilíbrio, entre as forças sociais opostas. No caso notável do início dos nossos Descobrimentos, a opinião de hábito se opunha à novidade deles, a de intuição a promovia; porém uma e outra não pensavam fora do ideal de grandeza pátria, ou seja, no fundo, do ideal de império. Assim pôde o Império Português, quando, por mal ou por bem, veio a ser, ser informado por toda a alma de Portugal.

Já acima esboçámos, em simples exemplo ocasional, qual seja a situação presente de Portugal quanto à sua opinião pública. Concentrados, dos Filipes ao liberalismo, numa estreita tradição familial, provincial e religiosa; animalizados, nas classes médias, pela educação fradesca, e, nas classes baixas, bestializados pelo analfabetismo que distingue as nações católicas, onde não é mister conhecer a Bíblia para se ser cristão; desenvolvemos, nas classes superiores, onde principalmente se forma a opinião de intuição, a violenta reacção correspondente a esta acção violenta. Desnacionalizámos a nossa política, desnacionalizámos a nossa administração, desnacionalizámos a nossa cultura. A desnacionalização explodiu no constitucionalismo, dádiva que, em reacção, recebemos da Igreja Católica. Com o constitucionalismo deu-se a desnacionalização quase total das esferas superiores da Nação. Produziu-se a reacção contrária, e, do mesmo modo que na Rússia de hoje, se bem que em menor grau, a opinião de hábito recuou para além da província, para além da religião, em muitos casos para além da família. Surgiu a contra-reacção: veio a República e, com ela, o estrangeiramento completo. Tornou a haver o movimento contrário; estamos hoje sem vida provincial definida, com a religião convertida em superstição e em moda, com a família em plena dissolução. Se dermos mais um passo neste jogo de acções e reacções, estaremos no comunismo e em comer raízes — aliás o terminus natural desse sistema humanitário. É este o estado presente dos dois elementos componentes da opinião pública portuguesa.

Ora num país em que isto se dá, e em que todos sentem que se dá, num país onde, sobre não poder haver regímen legítimo, nem constituição de qualquer espécie, não pode, ainda, haver opinião pública em que eles se fundem ou com que se regulem, nesse país todos os indivíduos, e todas as correntes de consenso, apelam instintivamente ou para a fraude ou para a força, pois, onde não pode haver lei, tem a fraude, que é a substituição da lei, ou a força, que é a abolição dela, necessariamente que imperar. Nenhum partido assume o poder com o que se lhe reconheça como direito. Toda situação governante em Portugal, depois da queda da monarquia absoluta, é substancialmente uma fraude. A fraude, pune-a a lei; porém quando a fraude se apodera da lei, tem que puni-la a simples força, que é o fundamento da lei, porque é o fundamento do seu cumprimento. Nisto se funda o instinto que promove as nossas constantes revoluções. Têm-nos elas tornado desprezíveis perante a civilização, porque a civilização é uma besta. Nossas revoluções são, contudo, e em certo modo, um bom sintoma. São o sintoma de que temos consciência da fraude como fraude; e o princípio da verdade está no conhecimento do erro. Se, porém, rejeitando a fraude como fundamento de qualquer coisa, temos que apelar para a força para governar o país, a solução está em apelar clara e definidamente para a força, em apelar para aquela força que possa ser consentânea com a tradição e a consecução da vida social. Temos que apelar para uma força que possua um carácter social, tradicional, e que por isso não seja ocasional e desintegrante. Há só uma força com esse carácter: é a Força Armada.

É esta a terceira Doutrina do Interregno, a terceira e última justificação da Ditadura Militar.

V
Segundo Aviso

Chegados a este ponto os que leram este opúsculo, parecer-lhes-á que, para justificar a Ditadura Militar, não havia mister que o fizéssemos com mais que um só dos fundamentos expostos, nem que, em todos eles, empregássemos razões com tal desenvolvimento. Há, porém, que explicar que o triplo carácter da justificação, assim como o pormenor de toda ela, têm um intuito mais largo que o de só justificar. Para o explicar e o definir, dividamos em três razões o relato do que nos propusemos.

Em primeiro lugar, vejamos claro quanto à natureza da coisa justificada. Repetiremos o que já dissemos. Este opúsculo contém uma justificação completa da Ditadura Militar em Portugal presente. Com isso justificámos a Ditadura de hoje, em seus fundamentos. Não falámos, porém, particularmente dela. Nenhuma consideração particular importava ao nosso argumento, que era geral. Provámos que é hoje legítima e necessária uma Ditadura Militar em Portugal; triplamente o provámos. Se esta, que o é, é composta como convém que seja, ou se se orienta como convém que se oriente, ou se subsistirá como convém que subsista — tudo isso é estranho à nossa demonstração. Se amanhã a Ditadura Militar cair, não cairá com ela a justificação dela. O ser necessária uma coisa não implica nem que exista, nem que, existindo, subsista; implica tão-somente que é necessária.

Em segundo lugar, o fim principal deste opúsculo está, não nele, que é só introdutório, mas nas três partes seguintes do livro de que ele é a primeira. Porém, como ele é introdutório, nele se deviam esboçar não só as matérias por cuja divisão elas são três, mas, mais particularmente, as bases dessas matérias. Da segunda secção deste emergirá a segunda parte do livro, da terceira a terceira, da quarta a quarta; a quinta, já o dissemos, não será mais que a peroração. Nessa secção segunda assentámos na importância do ideal nacional; dele, da sua natureza em Portugal, e da sua preparação aqui, tratará a segunda parte do livro. Nessa secção terceira assentámos na inviabilidade do constitucionalismo inglês; do constitucionalismo viável, que devemos criar para o substituir, tratará a terceira parte do livro. Nessa secção quarta assentámos na definição da opinião pública; de como a poderemos estabelecer e radicar em Portugal tratará a quarta parte do livro. Assim, de secção a parte de livro, tudo se liga, até numericamente.

Em terceiro lugar, tendo nós neste opúsculo esboçado as matérias dessas três partes, e definido as bases delas, em nenhuma secção, contudo, definimos as mesmas matérias, o que faremos só nas partes do livro que se lhes reportem. Não dissemos na secção segunda em que consistia um ideal nacional, nem em que deveria consistir o nosso; na segunda parte do livro, que trata da Nação Portuguesa, o faremos. Não dissemos na secção terceira em que consistia a essência do constitucionalismo inglês; na terceira parte do livro, que trata do Estado Português, o definiremos para depois assentarmos na constituição própria desse Estado. Na secção quarta, se, de facto, definimos em que consiste a opinião pública, é que na quarta parte do livro não teremos que defini-la a ela, senão às condições sociais necessárias à sua existência; da Sociedade Portuguesa tratará essa quarta parte. Nem dissemos na secção segunda como se extraía um regímen do ideal nacional, nem a que ideais convinha este ou aquele regímen; tampouco dissemos, na secção quarta, qual a maneira de fazer entrar numa constituição política, ou sistema de governo, a opinião pública de uma sociedade: tudo isto fará parte, não da segunda ou da quarta, mas da terceira parte do livro. Como é ela que trata do Estado, nela se projectam as conclusões políticas corolárias da segunda, que trata da Nação, e da quarta, que trata da sociedade; pois no Estado, que é a inteligência do país, se projectam os seus instintos, que formam a Sociedade, e os seus hábitos, que constituem a Nação.

São estes os fins, imediatos e mediatos, do presente opúsculo, que neste ponto concluímos. O que nele escrevemos (de menor monta, contudo, que o que escreveremos no próprio livro) o distingue, na amplitude e precisão dos conceitos, na lógica do desenvolvimento, e na concatenação dos propósitos, de qualquer escrito político até hoje conhecido. Nem há hoje quem, no nosso país ou em outro, tenha alma e mente, ainda que combinando-se, para compor um opúsculo como este. Disto nos orgulhamos.

É este o Primeiro Sinal, vindo, como foi prometido, na Hora que se prometera.

Lisboa, Janeiro de 1928.

INTERR[EGNO]: inserir pág. 8 depois do 1.º § aberto:[a]

Mas não é só em monárquicos e republicanos que a nação se divide em uma igualdade fatal. A mesma divisão, que torna impossível umas instituições representativas, se repercute adentro de cada grupo e torna igualmente impossível o acordo, adentro dele, sobre o tipo de instituição em cuja generalidade estão de acordo. Assim, os monárquicos se dividem, em partes sensivelmente iguais, entre os defensores da monarquia constitucional e os defensores da monarquia absoluta (a que em geral dão outro qualquer nome, como «representativa», «orgânica» ou outra cousa assim). Serão talvez em maior número, quanto à quantidade[1], os que defendem a monarquia de tipo constitucional; são em maior número, quanto ao peso, os que a defendem diversa.

Entre os republicanos, a mesma divisão de forma, mas a composição dos dois grupos não é a mesma. A maioria[2] dos republicanos, autenticamente e sentimentalmente tais, são constitucionalistas. Mas há republicanos conservadores que, sem terem teoria alguma definida, ou sentimento algum definido (além do sentimento conservador, em parte natural, em parte artificialmente eivado da contemplação dos resultados que deu entre nós a República «democrática», em parte, ainda, da influência das propagandas contra-revolucionárias hoje comuns em toda a Europa), aceitam contudo de bom grado qualquer governo que, sem ser monárquico, ofereça garantias de decência, de honestidade, e de estabilidade que não mostraram os governos constitucionais. Estes republicanos conservadores são em menor número que os republicanos constitucionalistas, que são os republicanos propriamente ditos. Mas como qualquer situação republicana conservadora, apoiada portanto

---

[a] Os três parágrafos aqui transcritos são uma adenda ao texto de *O Interregno*, escrita já depois da publicação deste, para ser inserida antes do parágrafo do capítulo II que começa: "Por que razão, porém, está a Nação assim dividida contra si mesma?"

pelos republicanos conservadores, não desagrada — à parte toda ideia de restauração — a grande número de monárquicos, sucede que, somados os republicanos conservadores, que, sendo mais do que se supõe, não são todavia muitos, aos monárquicos que aceitam de bom grado uma república desde que seja conservadora, temos já uma igualdade de números entre republicanos liberais e republicanos conservadores, visto que nestes, para todos os efeitos práticos, se compreendem[3] aqueles monárquicos.

30
[c. 1928]

INTERR[EGNO]

A ideia ditatorial não encontra na maioria do verdadeiro público, em parte nenhuma do mundo, simpatia verdadeira. É que não há, propriamente, ideia ditatorial. A constituição pode ser uma coisa absurda, porém é uma coisa; a ditadura não é nada.

31
[c. 1928]

Europa[1], e nós com ela, seguiu este curso inevitável. Confronta-nos a todos um problema: extrair da opinião um sistema de governo. Buscou-se fazer isto por o que se chamou democracia, isto é, o governo absoluto da nação pela opinião da maioria[2], sendo essa opinião obtida pela soma das opiniões individuais. O termo democracia decompõe-se pois em três elementos: (1) o governo absoluto da nação pela maioria (que é o que se chama o constitucionalismo); (2) o governo da nação pela opinião; (3) a determinação dessa opinião pela soma das opiniões individuais. Por várias razões, umas já expostas, outras que vão já expor-se, a democracia, neste sentido, é inviável; pela razão agora dita, uma democracia[3] é inevitável. É este o problema político moderno. Não podemos recorrer à força senão transitoriamente, e com a certeza, se quisermos fazê-lo permanentemente, que pagaremos o duro preço que pagam todas as sociedades em que se pretende realizar uma contradição.

> A Europa, e nós com ella, seguiu este curso inevitavel. Confronta-nos a todos um problema: extrahir da opinião um systema de governo. Buscou-se fazer isto por o que se chamou democracia, isto é, o governo da nação pela [ilegível], sendo essa opinião obtida pela somma de opiniões individuaes. O termo democracia decompõe-se pois em trez elementos: (1) o governo absoluto da nação pela maioria (que é o que se chama o constitucionalismo); (2) o governo da nação pela opinião; (3) a determinação d'essa opinião pela somma das opiniões individuaes. Por varias razões, umas já expostas, outras que vão já expôr-se, a democracia, neste sentido, é inviavel; pela razão agora dicta, a democracia é inevitavel. É este o problema politico moderno. Não podemos recorrer á força senão transitoriamente, e com a certeza, se quizermos fazel-o permanentemente, que pagaremos o duro preço que pagam todas as sociedades em que se pretende realizar uma contradicção.

"EUROPA, E NÓS COM ELA..." (TEXTO N.º 31)

> Europa, e nós com ella, seguiu este curso fatal. A todos nos confronta um problema politico: extrahir da opinião um systema de governo. Não temos outro recurso. Não podemos recorrer á força, porque a força, numa sociedade formada, não é mais que um travão, applicavel só nos perigos e nas descidas; se a quizermos systematizar, pagaremos o preço por que são penhoradas as sociedades em que se pretende coordenar o occasional, isto é, realizar uma contradicção. Nem podemos recorrer á auctoridade, porque a auctoridade é increavel e indecretavel, e a tradição, que é a sua essencia, tem por substancia a continuidade, que, uma vez quebrada, se não reata mais. Temos pois que encarar, por necessidade historica, o problema de extrahir da opinião um sistema de governo. Se é este o problema, não cuidemos que é outro.

PARÁGRAFO DE *O INTERREGNO. DEFESA E JUSTIFICAÇÃO DA DITADURA MILITAR EM PORTUGAL*, CAPÍTULO IV, P. 20ª

a   O trecho dactilografado pode ser um rascunho deste parágrafo de *O Interregno* — coincidente com o da primeira versão em panfleto — ou, bastante mais plausivelmente, uma alteração que Fer-

32
[1928]

The fundamental dilemma is the same as that of England when the Commonwealth was established. A Republic was foisted, by the bold and coherent action of an organized minority, on a vast majority which did not want it — either because it really did not want it, or because it was quite indifferent, which is another way of not wanting.

In the eighteen years of its life the Republic has been unable to gather the country into a unity, not of thought or feeling, but even of passive acceptance, coextensive with itself. There has been a parliamentary republic, there has been a presidential republic, there has been a nearly bolshevist republic, and there is now a military government. But not one of these systems has had more than the indifference of the greater part of the nation and the casual enthusiasm of differing minor bodies within it.

Yet the reestablishment of a Monarchy, which, even in abstract, would be received with a sigh of relief by the whole country, would not, as things now stand, solve the problem. The republican minorities are highly organized, in so far as the words high organization can be applied to unthinking bodies, some of which are purely criminal.

One common element has characterized Portuguese Republican policy, throughout these various systems — stupidity. With the solitary exceptions of President Sidónio Pais (assassinated in 1918) and the present Minister of Finance, ◊, it may be stated, without risk of disproof, that the governments of the Portuguese Republic have been no more than a mental (even when they were not a moral) slur upon the nation.

[TRAD.] *O dilema fundamental é o mesmo que o de Inglaterra quando a Commonwealth[a] foi instaurada. Uma República foi imposta, pela acção*

---

a Refere-se à república inglesa (Commonwealth of England) instaurada em 1649, após o regicídio de Charles I, e que durou até 1660, período posteriormente designado Interregno.

ousada e coerente de uma minoria organizada, a uma vasta maioria que a não queria — ou porque realmente não a queria ou porque lhe era indiferente, o que é outra maneira de não querer.

Nos dezoito anos da sua vida, a República[a] tem sido incapaz de congregar o país em torno de um pensamento ou sentimento comum, ou, sequer, de suscitar uma aceitação passiva, mesmo no seu próprio campo. Houve uma república parlamentar, houve uma república presidencial, houve uma república quase bolchevista e há agora um governo militar. Mas nenhum destes sistemas tem suscitado mais do que a indiferença da maioria da nação e o entusiasmo ocasional de diferentes sectores minoritários.

Porém, tal como as coisas estão, o restabelecimento da Monarquia — que, mesmo em abstracto, seria recebido com um suspiro de alívio pelo país inteiro — não poderia agora resolver o problema. As minorias republicanas estão altamente organizadas, tanto quanto estes termos podem ser aplicados a entidades não pensantes, algumas das quais puramente criminosas.

Um traço comum tem caracterizado a política republicana portuguesa através das suas diferentes modalidades — a estupidez. Com as solitárias excepções do presidente Sidónio Pais (assassinado em 1918) e do actual ministro das Finanças, ◊[b], pode afirmar-se sem risco de desmentido que os governos da República Portuguesa não têm sido mais do que um insulto intelectual (mesmo quando não moral) à nação.

---

a   Refere-se à República portuguesa e esta passagem data o texto de 1928.
b   O ministro das Finanças cujo nome é omitido pelo autor, talvez por não se lembrar dele no momento, é muito plausivelmente Salazar, que tomou posse a 26 de Abril de 1928, mantendo-se depois no cargo até 1940. Este texto é, aparentemente, o primeiro em que Fernando Pessoa se refere a Salazar.

APELO EM FAVOR DO VOTO
PARA TODOS OS VERTEBRADOS[a]

Sobrepor à antiga ironia, relativa ao voto feminino e a ser isso um princípio de compreensão do que deve ser o voto, a ulterior ironia de se provar (1) a inferioridade puramente mental da mulher, (2) a nenhuma importância disso para o voto, visto que este é a expressão, não de uma opinião intelectual, como vulgarmente se supunha quando se acreditava na democracia, mas de uma disposição de adesão a forças externas, (3) integrar aqui o estudo completo da opinião pública que está no fim do Interregno.

Uma descrição, demorada e séria, da maneira como poderiam votar os vertebrados sem fala. (Os vertebrados dividem-se em (1) homens, entes com fala e sexualidade intermitente, (2) mulheres, entes com fala e sexualidade permanente, (3) crianças, entes com princípio de fala e sem sexualidade, (4) vertebrados superiores, entes com gestos expressivos das mãos, isto é, dos órgãos verbais do tacto, (5) vertebrados inferiores, entes sem gestos excepto os instintivos.)

Os animais prevêem uma trovoada antes dos barómetros, um tremor de terra. Porque não educá-los a prever as revoluções e as mudanças de regímen, coisas tão naturais, e alheias à vontade humana, como esses outros fenómenos da mera crosta terrestre ou do simples baixo céu?

(Este estudo deve ser acompanhado de uma exposição científica sobre a pouca diferença entre os vertebrados ante-humanos e o homem; exposição que, depois de acentuar as semelhanças

---

[a] Este esboço de um texto irónico a favor da concessão do voto a todos os vertebrados retoma a ideia que o jovem Pessoa alimentou e consta de listas de projectos de 1913 de escrever um panfleto de tema análogo, exprimindo a sua oposição ao sufrágio feminino. O presente texto (de 1928 ou posterior, dada a referência a *O Interregno*) projecta desenvolver a "antiga ironia" num contexto e com um sentido algo diferentes: crítica da democracia e do comunismo, etc. Ver aqui também o texto n.º 35.

somáticas e, sobretudo, nervosas, acentuará as semelhanças psíquicas, o que, para este caso, é muito mais importante.)

Os vertebrados inferiores representam, na sociedade futura, o influxo legítimo do ideal natural. Eles são exactamente soviéticos no seu critério familial e sem preconceitos de incesto etc. Foi uma notável intuição dos ante-vertebrados dos Soviets esta disposição de abolir o respeito humano como coisa vã.

O recenseamento dos vertebrados inferiores apresenta certas dificuldades, que, como todas as dificuldades sociais, não são, como sabemos pelos estadistas, difíceis de remover. Há fórmulas de conciliação para tudo; há que havê-las para isto.

[EXCERTO DE CARTA AO MEIO-IRMÃO LUÍS MIGUEL NOGUEIRA ROSA]

34
7-1-1929

7th. January, 1929.

Dear Lhi:
[...]

I shall send you to-morrow (I have no copy by me) a copy of a pamphlet I was asked to write at the beginning of last year, and which I did write and was published, though it was received, as I had indeed expected, by purposed silence in all the press here. I had expected that because it puts a thesis that happens to disagree with everybody's opinion; it has one point of contact with A's opinion, one point of contact with B's, and so on, but the precise point of contact with A's opinion is on a subject absolutely repugnant to B, and so the "pena de silêncio" was applied. The pamphlet, which is a defence and justification of the Military Dictatorship in Portugal (only in Portugal — it has no reference to the other similar systems here in the South) is not representative of what you may call "current political thought in the Latin countries". Current political thought in the Latin countries is more rigidly conservative than what my pamphlet contains; perhaps you do not know it — it is very little known in England — to what an extent the anti-liberal feeling has developed in the Latin countries, and especially in France and Italy. If I had been told in 1905, say, when I came back from Durban and found almost every student a Republican here, that in 1920 to 1929 almost every student here would be an *Absolutist* Royalist, I should have considered the prophet mad or drunk.

[...]

[TRAD.] *7 de Janeiro de 1929.*

Querido Lhi:
[...]
Enviar-te-ei amanhã (não tenho nenhum exemplar comigo) um exemplar do panfleto que me pediram para escrever no começo do ano passado e que, de facto, escrevi e foi publicado[a]*, embora tenha sido aqui recebido, como eu realmente já esperava, pelo silêncio proposi-tado de toda a imprensa. Já esperava isso porque sucede que o pan-fleto sustentava uma tese que discorda da opinião de toda a gente; converge num ponto com a opinião de A, noutro ponto com a de B, e assim sucessivamente, mas o ponto preciso de convergência com a opi-nião de A é numa matéria absolutamente repugnante para B, e assim a "pena de silêncio" foi aplicada. O panfleto, que é uma defesa e jus-tificação da Ditadura Militar em Portugal (só em Portugal — não tem qualquer referência aos outros sistemas similares aqui no Sul) não é representativo do que se poderia chamar o "pensamento político actual nos países latinos". O pensamento político actual nos países latinos é mais rigidamente conservador do que o contido no meu panfleto; talvez*

---

a   Trata-se de *O Interregno*.

não saibas — muito pouca gente o sabe em Inglaterra — a que ponto o sentimento antiliberal se tem desenvolvido nos países latinos, especialmente em França e Itália. Se alguém me tivesse dito, por exemplo, em 1905, quando voltei de Durban e descobri que quase todos os estudantes daqui eram republicanos, que de 1920 até 1929 quase todos os estudantes daqui haveriam de ser monárquicos absolutistas, eu teria achado esse profeta louco ou bêbado.
[...]

O problema é de organizar este lixo.   **35**
Trata-se de governar estas bestas, e não de as transformar em   [c. 1929-1930]
gente. Ninguém é transformado senão por si mesmo. O mister do governo não é transformar os portugueses mas criar, enquanto possível, o ambiente para eles se transformarem a si mesmos.

Só um místico, embora imperfeito, como Sidónio, ou um temperamento ascético, como Salazar, têm o isolamento natural para poder agir sobre, porque contra, a turba.

O primeiro dever do patriota é ver claro o que é a sua pátria. A pátria portuguesa é hoje abjecta e vil, portanto tal é o facto.

Falar em democracia onde não há gente...
Nunca se pretendeu que o voto fosse extensivo aos invertebrados.[a]

A ditadura militar portuguesa surgiu na paisagem política da nação   **36**
de um modo inesperado, como um comboio onde não há linha. Veio   [c. 1929-1930]
sem razão de vir, e a única razão, que se lhe pode dar — a de imitar

---

[a] Veja-se aqui o texto n.º 33, "Apelo em favor do voto para todos os vertebrados".

"A DITADURA MILITAR PORTUGUESA SURGIU NA PAISAGEM POLÍTICA..." (TEXTO N.º 36)

[a] de Espanha, não é razão alguma. Foi essa, contudo, a sua verdadeira razão.

O governo do Sr. António M[aria] da Silva[a], contra o qual a ditadura[1] se formou, por uma síntese incongruente de cinco ou seis revoluções latentes e diversas, não havia desmerecido flagrantemente da confiança do país. O momento histórico era absurdo para tal movimento. Como, porém, os factos pensam pouco no absurdo, por isso mesmo que não pensam, a ditadura militar surgiu. Surgida, passou a ser um facto. E visto que é um facto, há que buscar suas causas finais de aparência visível e dos antecedentes próximos.

37
[c. 1929-1930]

It is a wish for impossible things, but the wish for impossible things is the motive power of the world. The very substance of life is but the effort to preserve[1] it, and yet we know we shall not preserve it. The[2] child who wants the moon will get something more than the child who wants nothing because he eats what he wants. He has[3] at least the desire for the moon, which is a pleasant sensation. For wanting the impossible is done by thinking it possible, else we would not want it, and that is how things are done — even bad things.

Mussolini?[4]

An overgrown child governing one of the first empires on which the sun could not set. (do qual o sol não podia fugir[5]).

Fascism

It is not action nor reaction[6], but mere partisan savagery — the muscles of a half-idea grown epileptic with ◊

---

a   António Maria da Silva (1872-1950) foi um engenheiro e político republicano, membro da Carbonária e grão-mestre adjunto do Grande Oriente Lusitano. Sucedeu a Afonso Costa na chefia do Partido Democrático. Foi várias vezes ministro e presidiu seis vezes a ministérios democráticos, inclusive ao último governo da Primeira República (18 de Dezembro de 1925 a 30 de Maio de 1926).

[TRAD.] *É um desejo por coisas impossíveis, mas o desejo por coisas impossíveis é a força motriz do mundo. A própria substância da vida não é senão o esforço para preservá-la, embora saibamos que a não preservaremos. A criança que quer a lua conseguirá algo mais do que a criança que não quer nada porque já come o que quer. Tem, ao menos, o desejo pela lua, que é uma sensação agradável. Porque querer o impossível faz-se pensando que é possível, de outro modo não o quereríamos, e é assim que se fazem as coisas — mesmo coisas más.*

Mussolini?

Uma criança grande que governa um dos primeiros impérios onde o sol não se podia pôr (do qual o sol não podia fugir).

Fascismo
Não é acção nem reacção, mas sim mera selvajaria partidária — os músculos de uma meia-ideia tornada epiléptica com ◊

38
[c. 1929-1930]

It is impossible to conceive Primo de Rivera as a revolutionary, as a breaker of any temples or images, but[1] imagination is less coy in so figuring Mussolini. Even Sanchez Guerra confessed that his dictatorship was not bloodstained, in its [...][2] castor oil never became a sociological argument[3] or assassination[4] an accepted form[5] of political repartee.

Primo de Rivera was ◊
Mussolini is a climber: he is the Young Man of the Mountain.

From Fascism[6], which is no more than a centripetal bolshevism, and[7], on the other hand, from the Portuguese Dictatorship, which is mere conservatism trying to live (by the absurdly traditional[8] process of adaptation to environment) ◊

União Ibérica
They face the insoluble⁹ and take refuge in the impossible. It is said that ostriches are addicted to this type of intellectual diplomacy.

É impossível conceber Primo de Rivera[a] como um revolucionário, como um destruidor de templos, mas a imaginação é menos tímida em representar Mussolini como tal. Até Sanchez Guerra[b] confessou que a ditadura [de Primo de Rivera] *não foi manchada pelo sangue, no seu [...] o óleo de rícino[c] nunca se tornou um argumento sociológico nem o assassinato numa forma aceite de réplica política.* [TRAD.]

Primo de Rivera era ◊
  Mussolini é um trepador: é o Jovem da Montanha[d].

———

Do Fascismo, que não é mais que bolchevismo centrípeto e, por outro lado, da Ditadura Portuguesa, que é mero conservadorismo tentando viver (pelo absurdamente tradicional processo de adaptação ao ambiente) ◊

———

União Ibérica
Eles defrontam-se com o insolúvel e buscam refúgio no impossível. Diz-se que as avestruzes são viciadas nesse tipo de diplomacia intelectual.

a   Miguel Primo de Rivera (1879-1930), militar e aristocrata que liderou um governo ditatorial em Espanha de 1923 a 1930, apoiado pelo rei e pelo exército, por católicos conservadores, corporativistas, simpatizantes do fascismo, etc. Em 1931, instaurada já a Segunda República, Fernando Pessoa escreveu um poema em homenagem a Primo de Rivera: "Pobre Espanha, já sem ter/Alma onde ser!..." (61-47ʳ)
b   José Sánchez Guerra (1859-1935), político conservador liberal espanhol que em 1929 liderou uma revolta fracassada contra a ditadura do general Primo de Rivera, tendo sido detido e, depois, amnistiado.
c   O óleo de rícino era usado pelos fascistas italianos para torturar opositores.
d   The Young Man of the Mountain (o Jovem da Montanha): alusão indirecta ao Velho da Montanha (The Old Man of the Mountain), personagem medieval persa, chefe da seita dos Assassinos, sobre o qual Pessoa pode ter lido em Edward Gibbon, *The Decline and Fall of the Roman Empire*, cap. LXIV.

39 [INQUÉRITO A PERSONALIDADES INTERNACIONAIS]

39a
[c. 1929-1930]

FOR A BOOK[a]

1. What, in your opinion, do societies and nations exist for, and what are or should be the relations between society (or the nation) and the individual?

2. What, in your opinion, are the fundamental principles of what we call civilization? How far does our present-day civilization conform to, or depart from, them?[1]

3. Do you believe in progress?[2] If so, are we, in your opinion, progressing or not?

4. Do you believe in the existence of a social science, a sociology, or in its possible existence? If you do, how far do you suppose it will be of practical guidance?

5. What, in your opinion, is the general trend of civilization?

J. Ramsay MacDonald
D. Lloyd George
Stanley Baldwin
Austen Chamberlain

Benito Mussolini
Benedetto Croce

Primo de Rivera[b]

---

a   Em 1929-1930 Pessoa concebeu um inquérito de cinco perguntas a fazer a personalidades da política e da cultura europeias, imaginando que as respostas seriam posteriormente reunidas num livro. A primeira versão contém uma lista de individualidades a quem dirigir as perguntas. A segunda versão, mais elaborada, pode ser posterior.
b   O ditador Primo de Rivera demitiu-se a 28 de Janeiro de 1930 e morreu a 16 de Março seguinte.

Winston Churchill
Lord Passfield[a]
H. G. Wells
J. M. Robertson

Miguel de Unamuno
Ortega y Gasset

PARA UM LIVRO [TRAD.]

1. Em sua opinião, para que existem as sociedades e as nações e quais são ou deveriam ser as relações entre a sociedade (ou a nação) e o indivíduo?

2. Quais são, em sua opinião, os princípios fundamentais do que chamamos civilização? Até que ponto a nossa civilização actual se lhes ajusta ou se afasta deles?

3. Acredita no progresso? Se sim, pensa que estamos a progredir ou não?

4. Acredita na existência de uma ciência social, uma sociologia, ou na possibilidade da sua existência? Se acredita, até que ponto julga que ela será uma orientação útil?

5. Qual é, em sua opinião, a tendência geral da civilização?

1. What, in your opinion, does society exist for? Does it exist (a) to serve, fundamentally, a purpose other than worldly, as in the Christian idea of society; (b) to serve the general cause of mankind and of its happiness and/or development; (c) to serve the cause of civili-

39b
[c. 1929-1930]

---

[a] O socialista Sidney Webb (1859-1947) foi feito Lord (Baron Passfield) em Junho de 1929, ano em que assumiu no governo britânico o cargo de secretário de Estado das Colónias.

zation and progress, considered as distinct from mankind proper; (d) to serve strictly national cause, independently of any further reference to society, civilization, or mankind; (e) to serve the cause of the individual, with no further connotation, and simply render as happy and comfortable as possible for him the brief years of his life on earth? — Fundamentally, it must be one of these things to which you give your agreement, though you may condition it with a consideration — a purely practical one, probably, of one or more of the other elements.

2. What, in your opinion, is the fundamental element in social life: is it the individual, the family, the class, or the State? This question does not intrude upon the preceding one. It is not "what is the fundamental in the purpose of society" but "what is fundamental in the actual existence of society".

3. Is the present growing tendency to state-control or[1] anti-individualism — whether it name itself socialism, or humanitarianism, or fascism, or dictatorship, or military or proletarian government — an occasional element or stage in contemporary civilization, or a definite acquisition to it, regulating its future and tending to regulate it?

4. In your opinion, does mere temporal succession of events necessarily denote or connote progress, whatever progress may mean? For example, does the fact[2] that women are more independent to-day mean that the greater independence of women is a definite step forward; or is it only a step onward[3]?

5. Do you believe in the existence of a social science? If so, where and in what book or in what body are its tenets to be found? What laws has it discovered in relation to the development and nature

of societies? What greater guidance does it give us than the casual speculations of the Greeks gave them? And, if there be not, or be not yet, any social science, if, therefore, there be no sure criterion in social things, on what do you base that opinion of society and social matters which assuredly guides you in your opinions, pronouncements and practical attitudes? If you believe in progress but not in social science, how do you determine the progress of the unknown?

All questions may be evaded, in whole or in part. The nature and extent of the evasions would be very interesting to us. The reply that you have no time to reply, or no disposition to ◊

1. *Em sua opinião, para que existe a sociedade? Existe (a) para servir,* [TRAD.] *fundamentalmente, um propósito outro que não o temporal, como na ideia cristã de sociedade; (b) para servir a causa geral da humanidade e da sua felicidade e/ou desenvolvimento; (c) para servir a causa da civilização e do progresso, considerados como distintos da humanidade em si; (d) para servir uma causa estritamente nacional, independentemente de qualquer outra referência à sociedade, civilização ou humanidade; (e) para servir a causa do indivíduo, sem outra implicação, isto é, simplesmente para tornar tão felizes e confortáveis quanto possível os breves anos da sua vida na terra? — Fundamentalmente, deve ser a uma destas coisas que deve dar o seu acordo, embora possa condicioná-lo com a consideração — puramente prática, porventura — de um ou mais dos outros elementos.*

2. *Qual é, na sua opinião, o elemento fundamental da vida social: o indivíduo, a família, a classe ou o Estado? Esta pergunta não interfere com a precedente. Não é "o que é fundamental no propósito da sociedade", mas sim "o que é fundamental na existência real da sociedade".*

3. Será a presente tendência crescente para o controlo estatal ou para o anti-individualismo — quer se intitule socialismo, humanitarismo, fascismo, ditadura ou governo militar ou proletário — um elemento ou estádio ocasional da civilização contemporânea ou, pelo contrário, uma aquisição definitiva desta, tendendo para a regular a ela e ao seu futuro?

4. Em sua opinião, a mera sucessão temporal dos acontecimentos denota ou implica necessariamente progresso, qualquer que seja o significado desta palavra? Por exemplo, o facto de as mulheres serem hoje mais independentes significa que uma maior independência das mulheres é um claro avanço ou será apenas um passo em frente?

5. Acredita na existência de uma ciência social? Se sim, onde, em que livro ou em que corpus se podem encontrar os seus princípios? Que leis descobriu ela sobre o desenvolvimento e a natureza das sociedades? Servir-nos-á ela de melhor orientação do que a proporcionada aos gregos pelas suas especulações casuais? E se não houver, ou não houver ainda, ciência social, e se, por conseguinte, não houver critério seguro em matéria social, em que baseia aquela opinião acerca da sociedade e das matérias sociais que certamente o orienta nas suas posições, declarações e atitudes práticas? Se acredita no progresso, mas não na ciência social, como determina o progresso do desconhecido?

Pode recusar responder, total ou parcialmente, a todas as perguntas. Seriam muito interessantes para nós a natureza e a extensão dessas recusas. Responder que não tem tempo ou disposição para responder ◊

40
[1930]

The very confused political situation in Spain can be only approximately understood. It cannot be clearly seen within Spain itself, and the extraordinarily divergent statements of Spanish politicians and "intellectuals" prove that abundantly. The confusion of the country is reflected in the minds of those who would explain it; and it certainly is, to some extent, a product of those very minds. But, if we cannot see clear in Spain within Spain, neither is there any chance of a clear understanding of the situation in such countries as Britain or France — to speak of no others —, in which there is an organic ignorance of Spanish conditions and a temperamental unfitness for the understanding of the Spanish mind. Perhaps here from Portugal, which is neither Spain, nor[1] in any respect far from Spain, an intermediate, and therefore a relatively clear, vision may be obtained.

The present situation in Spain presents a striking analogy with the situation in Portugal in 1910, on the verge of the Republic, which was proclaimed on the 5th. of October. But the differences are as striking as the resemblances.[2] As in Portugal then, the monarchy is generally discredited. As in Portugal then, the mass of the population is indifferent to politics, and therefore conservative, and therefore implicitly royalist[3]. As in Portugal then, the only active force in the country is the Republican force; it is a minority, as it was in Portugal, but it is an active minority confronting a passive majority. And, as that active minority overthrew the monarchy in Portugal, there is no assurance at all that the Spanish Republicans will not overthrow the monarchy in Spain.

In all countries with an ingrained "constitutional" habit, like Britain, there is a natural disposition to reckon realities on the terms of votes, and to base results on numbers. This is not true anywhere, and it is strikingly false in revolutionary periods. No revolution ever comes out of the heart of a country; no monarchy ever fell with universal or even majority applause. A revolution comes out of a weakening of social cohesion, of a confusion of national ideas, and of the direct action of a minority — of a very small minority — which the majority, however large, is neither organized, nor perhaps even disposed, to resist. The Portuguese Monarchy was overthrown by two regiments, two cruisers and a handful of civilians. The Portuguese Revolution, which no one expected, was caused by the shooting of a Republican leader, Prof. Bombarda, director of the Lisbon Lunatic Asylum, by a madman — an act which no one connected or thought of connecting, with politics. Out of such minorities, and of such absurdities, does triumph emerge. And the Republic thus formed has withstood Royalists risings, which, in one case, involved all the regiments in the North of the country.

These are the striking resemblances between present Spain and 1910 Portugal. Yet the differences are no less striking. Though the republican currents are the only really active ones in Spain to-day, yet they are not gathered into one; in Portugal then the Republican Party presented a united front, and the Socialists and Anarchists which it included — though they aimed individually at more than a Republic — did not at the time think of anything further than just overthrowing the Monarchy. They were thus not only active but cohesively active. The same cannot be said of the present Republican currents in Spain: the mental disorganisation of the country has penetrated everywhere: ideas are unfocussed and there is a consequent dispersion of purposes. This may impair the proclamation, or at least the speedy proclamation, of the Republic, which, nevertheless, everybody in Spain seems to think inevitable. And it is to be desired — if desiring means anything — that a Republic should indeed not be proclaimed in such conditions: it is hardly to be desired that a virtual anarchy should come into reality.

Another difference between the two nations and periods, lies in the fact that, whereas no one hated King Manuel in Portugal, the Spanish Republicans and a good number of monarchists do personally hate King Alfonso. The phenomenon was also known in Portugal, but with King Carlos; it is always a dreadful memory for us here in Portugal with what a general sigh of relief Lisbon greeted the news that King Carlos had been assassinated. It is perhaps a shameful fact, but it is no less a fact for that. And so important is the personal factor in politics, especially when the person is a king, that there is no knowing to what degree this bitter hatred of the Head or the State may not fuse together the uncohesive radicals and neutralize any attempt to withstand them among those who are not Republicans.

The third and most important difference — not now between 1910 Portugal and 1930 Spain, but between the two countries in themselves — lies in the fact that Portugal is a completely unified country, a country speaking from North to South, without dialects, the same language, a country so organically one that its cohesive spirit has passed on to Brazil, which, though so large, has not fallen apart into several republics. Now Spain, far from being a unified country, is not even, in the proper sense of the word, a country at all. It is, at the least, four countries — what is generally called "Spain" within Spain (that is to say, Castile and the other provinces where Spanish is the language, though highly dialectal in some of them), Catalonia, the Basque Provinces and Galicia. These four countries speak different languages. In two cases — Catalan and Basque — the language diverge more from Spanish than does Portuguese, which anyone who reads Spanish can read without learning it, whereas that does not apply to the other two cases; in the third case, Galician, the differences are almost the same as with Portuguese, Galician being, as a matter of fact, an undeveloped Portuguese.

◊

The primary cause of the failure of the Spanish dictatorship lies outside any matter of politics or administration. It was, so to speak, a personal matter. The Spanish Dictatorship had no outstanding personality, no distinctive man. There was no Mussolini, as in Italy, no Salazar, as in Portugal now. Primo de Rivera was outstanding politically[4]; he was not outstanding personally. It is the latter distinctiveness that is really important: Salazar is the man with the greatest prestige to-day in Portugal, he is the man who has held together, though a civilian, the Portuguese Military Government, yet he is not the Head of the State, nor even of the Government, being simply the Minister of Finance.

Personal prestige, always important in politics, is preeminently necessary in personal government of any kind. It is a mistake to suppose that personal prestige is logical; there is always some reason for it, as for everything, but that is not the reason that is generally attributed to it. Mussolini's prestige does not lie in his work for Italy, in his reforms, administrative and otherwise. In the first place the prestige preceded the work; in the second place, the public is always incompetent to appreciate administrative matters. The same happened with Salazar in Portugal: he established his prestige at once when he took office, by a single speech which was so different from the usual political speeches that the country took to him at once. And the public is incompetent to appreciate so deeply technical a thing as his financial reforms. Prestige is always non--technical; that is the long and the short of it. I have heard more than one Portuguese business man complain of the stress of present taxation in Portugal; I have heard him, a few minutes after, praise enthusiastically Salazar, that is to say, the man who had imposed that taxation. And he did not praise him on the score of considering such taxation necessary, or for any such practical reason: the praise and the groan were independent matters, wholly unconnected in the mind of the praising groaner. This is prestige, in all its force and in all its gleaming absurdity.

Now it is this sort of prestige that attached to no man in the Spanish Dictatorship.[5]

A muito confusa situação política em Espanha só pode ser compreendida [TRAD.] *aproximadamente. Não pode ser claramente entendida dentro da própria Espanha, e as declarações extraordinariamente divergentes de políticos e "intelectuais" espanhóis provam-no abundantemente. A confusão do país reflecte-se nas mentes daqueles que a poderiam explicar; e é certamente, até certo ponto, um produto dessas mesmas mentes. Mas, se não se pode entender claramente a Espanha dentro de Espanha, também não há qualquer possibilidade de uma clara compreensão da situação em países como a Grã-Bretanha ou a França — para não mencionar outros —, em que há uma ignorância orgânica das condições da Espanha e uma incapacidade temperamental para compreender a mente espanhola. Talvez aqui de Portugal, que nem é a Espanha, nem a nenhum respeito está longe da Espanha, se possa obter uma visão intermédia e, portanto, relativamente clara.*

A situação presente em Espanha apresenta uma analogia flagrante com a situação em Portugal em 1910, nas vésperas da República, que foi proclamada a 5 de Outubro. Mas as diferenças são tão flagrantes quanto as semelhanças. Como no Portugal de então, a monarquia está geralmente desacreditada. Como no Portugal de então, a massa da população é indiferente à política e, por consequência, conservadora e, por consequência, implicitamente monárquica. Como no Portugal de então, a única força activa no país é a força republicana; é uma minoria, como o era em Portugal, mas é uma minoria activa defrontando uma maioria passiva. E, como essa minoria activa derrubou a monarquia em Portugal, não há qualquer garantia de que os republicanos espanhóis não derrubarão a monarquia em Espanha.

Em todos os países com hábitos "constitucionais" arreigados, como a Grã-Bretanha, há uma natural disposição para avaliar as realidades em termos de votos e para basear os resultados em números. Isto não é verdade em parte alguma e é flagrantemente falso em períodos revolucionários. Uma revolução nunca brota do coração de um país; uma monarquia nunca caiu com aplauso universal ou sequer maioritário.

As revoluções resultam de um enfraquecimento da coesão social, de uma confusão das ideias nacionais e da acção directa de uma minoria — de uma minoria muito pequena — à qual a maioria, por mais ampla que seja, não está nem organizada para resistir nem talvez mesmo disposta a fazê-lo. A monarquia portuguesa foi derrubada por dois regimentos, dois cruzadores e um punhado de civis. A revolução portuguesa, que ninguém esperava, foi causada pelo assassinato de um líder republicano, o Prof. Bombarda, director do Manicómio de Lisboa, por um louco — um acto que ninguém ligou, ou pensou ligar, à política. É de minorias como estas e de absurdos como estes que emerge o triunfo de uma revolução. E a República assim formada resistiu aos levantamentos monárquicos, que, num caso, mobilizaram todos os regimentos do Norte do país.

Estas são as semelhanças flagrantes entre a Espanha presente e o Portugal de 1910. As diferenças, contudo, não são menos impressionantes. Embora as correntes republicanas sejam hoje em Espanha as únicas realmente activas, elas não estão porém reunidas numa só força; no Portugal de então, o Partido Republicano apresentava uma frente unida e os socialistas e anarquistas que incluía — embora aspirassem individualmente a algo mais do que uma república — não pensavam naquela altura senão em derrubar a monarquia. Eles eram, assim, não só activos mas coesamente activos. O mesmo não se pode dizer das actuais correntes republicanas em Espanha: a desorganização mental do país penetrou em toda a parte: as ideias estão desfocadas e há uma consequente dispersão de propósitos. Isto pode comprometer a proclamação ou, pelo menos, a rápida proclamação da República, que, não obstante, toda a gente em Espanha parece julgar inevitável. E é desejável — se desejar significa alguma coisa — que uma República não seja de facto proclamada em tais condições: dificilmente se pode desejar que uma anarquia virtual se torne realidade.

Outra diferença entre as duas nações e períodos reside no facto de que, enquanto em Portugal ninguém odiava o rei Manuel, os republicanos espanhóis e um bom número de monárquicos odeiam de facto a pessoa do rei Afonso. Esse fenómeno também ocorreu em Portugal, mas com o rei Carlos; é sempre uma terrível recordação para nós aqui em Portugal o geral suspiro de alívio com que Lisboa saudou a notícia de que o rei Carlos tinha sido assassinado. Talvez seja um facto vergonhoso, mas não deixa de ser um facto por isso. E é tão importante o factor pessoal em política, especialmente quando a pessoa é um rei, que não se sabe em que medida aquele ódio amargo pelo chefe do Estado não poderá [em Espanha] unificar os radicais divididos e neutralizar qualquer tentativa dos que não são republicanos para lhes resistir.

A terceira e mais importante diferença — já não entre o Portugal de 1910 e a Espanha de 1930, mas entre os dois países em si — reside no facto de que Portugal é um país completamente unificado, um país que, de Norte a Sul, fala sem dialectos a mesma língua, um país tão organicamente uno que o seu espírito de coesão passou para o Brasil, o qual, apesar de tão vasto, não se fraccionou em várias repúblicas. Ora a Espanha, longe de ser um país unificado, não é sequer um país no sentido próprio da palavra. É, no mínimo, quatro países — aquilo que geralmente se chama "Espanha" dentro de Espanha (quer dizer, Castela e as outras províncias onde a língua é o espanhol, embora fortemente dialectal em algumas delas), a Catalunha, as Províncias Bascas e a Galiza. Estes quatro países falam línguas diferentes. Em dois casos — o catalão e o basco —, a língua diverge mais do espanhol que o português, que qualquer pessoa que leia espanhol pode ler sem o aprender, enquanto isso não sucede nos outros dois casos; no terceiro caso, o galego, as diferenças são quase as mesmas do que com o português, sendo o galego, na verdade, um português não desenvolvido.

◊

A causa primária do falhanço da ditadura espanhola não está em nenhuma questão de política ou administração. Foi, por assim dizer, uma questão pessoal. A ditadura espanhola não tinha uma personalidade proeminente, um homem que a caracterizasse. Não havia um Mussolini, como em Itália, um Salazar, como agora em Portugal. Primo de Rivera salientou-se politicamente, mas não é uma personalidade saliente. É este último traço distintivo que é realmente importante: Salazar é o homem de maior prestígio hoje em Portugal, é o homem que, sendo civil, manteve coeso o governo militar português, apesar de não ser chefe do Estado nem sequer do governo, mas simplesmente ministro das Finanças.

O prestígio pessoal, sempre importante em política, é eminentemente necessário em qualquer espécie de governo pessoal. É errado supor-se que o prestígio pessoal é lógico; há sempre uma razão qualquer para ele, como para tudo, mas não é a razão que geralmente lhe é atribuída. O prestígio de Mussolini não resulta do seu trabalho pela Itália, das suas reformas, administrativas e outras. Em primeiro lugar, o prestígio precedeu o trabalho; em segundo lugar, o público é sempre incompetente para apreciar assuntos administrativos. O mesmo aconteceu com Salazar em Portugal: estabeleceu o seu prestígio de imediato ao tomar posse do cargo por meio de um simples discurso, tão diferente dos habituais discursos políticos que o país aderiu a ele imediatamente. E o público é incompetente para apreciar uma coisa tão profundamente técnica como as suas reformas financeiras. Numa palavra, o prestígio é sempre não-técnico. Ouvi mais de um homem de negócios português lamentar-se da presente carga fiscal em Portugal; ouvi-o, minutos depois, elogiar entusiasticamente Salazar, ou seja, o homem que impôs essa carga fiscal. E não o elogiava por considerar necessários tais impostos ou por qualquer razão prática semelhante: o elogio e a lamentação eram matérias independentes, completamente desligadas uma da outra na mente do queixoso elogiador. Isto é prestígio, em toda a sua força e em todo o seu fulgurante absurdo.

Ora foi esta espécie de prestígio que faltou a qualquer homem da ditadura espanhola.

Desejo, pelo presente escrito, contraditar os princípios expostos no manifesto, um tanto ou quanto alfabético, que o Governo fez por leitura em 30 de Julho, assim como os fundamentos desses princípios, que se contêm no relatório falado do Prof. Oliveira Salazar — bois depois do carro (ou *hysteron-proteron*, como se diz em retórica) na ordem temporal da exposição do Governo.[a]

Farei a contradição do modo mais breve e mais útil. Não perderei tempo nem lógica na análise do que o Governo diz. Porei a minha tese, e desenvolvê-la-ei logicamente: da sua prova sairá implícita a desprova da tese contrária, que [é] a contida nos documentos de quem manda[1].

Quero fazer duas advertências preliminares. A primeira é que não importa quem sou. Se eu argumentar, o meu argumento valerá como argumento, e não como meu. Para ter razão não há idoneidade senão a lógica, nem se exige, para se poder argumentar, bilhete de identidade. Escrevi, aliás, em tempos um folheto defendendo e justificando a Ditadura Militar em Portugal. Serve isto para explicar que, ao pôr uma tese contrária à do Governo da Ditadura, não ponho uma tese contrária ao Governo da Ditadura. (Esquecia-me de dizer que mantenho o que dizia no folheto já citado.)

A segunda advertência é de ordem mais para reparar. A tese do Prof. Salazar é um apanhado, aliás muito lúcido e lógico, de princípios políticos já conhecidos — os da chamada "contra-revolução", ou seja os que distinguem e definem as doutrinas dos chamados integralistas[2]. A minha tese, ao contrário, trará, em seu desenvolvimento, resultados de absoluta novidade. Tendo que expor coisas novas, e sendo o cérebro do público sempre um mau receptor, tenho a desvantagem — quase o dever — de que não serei compreendido. Ao público, ou a qualquer pessoa que pareça público, não se pode

---

a   Alusão ao "Discurso da Sala do Conselho de Estado" (30 de Julho de 1930), que Salazar proferiu depois da leitura do manifesto da União Nacional pelo então chefe do governo, general Domingos Oliveira.

dizer, embora melhor, senão[3] o que ela já sabe, isto é, aquilo que é absolutamente inútil dizer-lhe. Ora, muito embora em outros campos do escrever eu cultive deliberadamente o inútil, não tem essa agricultura cabimento nesta matéria. Peço por isso ao leitor que me releve o incómodo[4] de lhe dizer o que ele não espera. Se este escrito lhe merecer atenção, peço que lhe mereça uma atenção inteligente. Sem esse esforço antinatural, não vale a pena ler o que se segue, nem, lido, se poderá compreender.

Posto isto, entro no assunto, que irei expondo em tantas breves partes ou divisões, quantas exijam a ordem dialéctica do argumento e a disposição da matéria.

Há razões para supor, e adiante direi quais são, que dois-terços do país estão com a Ditadura Militar; o que não há razão para supor é que os mesmos dois-terços do país, ou qualquer coisa que se pareça com esses dois terços, estejam com o Integralismo Lusitano, cujos princípios, aliás estrangeiros, se nos querem impor como[5] soma da ciência social e necessária condição nossa, pelo Manifesto do Governo e o relatório Salazar.

E porque este movimento político representa uma imoralidade — o servir-se um governo, que tem tido simpatias por o que tem sido de antidoutrinário, dessas mesmas simpatias para nos impor uma doutrina — julgo que é dever de quem quer que seja, que possa contra-expor ou contraditar, opor uma resistência, pelo menos intelectual ao subterfúgio político pelo qual, não a Ditadura mas os seus maus Mestres, querem cavar a sua própria ruína, que não interessaria se não afectasse o país. O país não quer mais Josés Domingues dos Santos, e nem os quer trazidos pela mão irónica do Prof. Oliveira Salazar.

Pertenço àquela parte do país que não hostiliza deliberadamente corrente política alguma, desde que essa corrente garanta a[6] ordem e se oriente com alguma decência. ◊

Quem eu sou não importa, visto que vou argumentar. No argumento vale o argumento, não existe o argumentador. Não há idoneidade dialéctica salvo o raciocínio, nem é preciso apresentar bilhete de identidade para demonstrar.

O Prof. Afonso Costa — embora promulgasse em ditadura toda a sua obra, e não permitisse sequer que o parlamento a revisse — cumpriu o que prometeu: as suas leis são a realização daquela parte do programa do partido republicano que a ele, como Ministro da Justiça, cumpria realizar. O chefe democrático — embora nada democrático — é, ou foi, autenticamente um chefe. Faço-lhe justiça constrangidamente, porque preferia dizer mal dele, mas, em suma, faço-lhe justiça, que é o meu dever intelectual.

Mrs. Harris, or Democracy in Southern Europe.
They are the Catholic countries, untouched by Protestantism. Authority is their secret god.
It is nothing to do with the climate.

42
[c. 1931]

Mussolini is the one man of genius in statesmanship¹ in Southern Europe because he is the one man in Southern Europe who completely represents its spirit. He is a demagogue and a dictator. He shows the spirit of disorder, once their government is dissociated from Absolute Monarchy, which is its natural expression; and he shows the translated spirit of that very Absolute Monarchy. He is the demagogue of the anti-demagogic spirit.

[TRAD.] *Mrs. Harris, ou a Democracia no Sul da Europa.*[a]
São os países católicos, intocados pelo protestantismo. A autoridade é o seu deus secreto.
Não tem nada a ver com o clima.

Mussolini é o único homem de Estado de génio no Sul da Europa porque é o único homem do Sul da Europa que representa completamente o seu espírito. É um demagogo e um ditador. Manifesta o espírito de desordem, uma vez que o governo deles está dissociado da Monarquia Absoluta, que seria a sua expressão natural; e manifesta o espírito translato dessa mesma Monarquia Absoluta. É o demagogo do espírito antidemagógico.

43
[c. 1931]

Mrs. Harris, or Democracy (in Southern Europe)

It is often said that the incapacity to identify himself with the mind of other peoples is one of the distinctive characteristics of the Englishman. As a matter of fact, it is practically the characteristic of any man of any nation. But the peculiar political traditions of the English do indeed render them unusually apt to misunderstand other peoples.

It is difficult for an Englishman to think of anything political except in the terms of the ballot. He seldom considers how strictly that outlook is purely English.

In Southern Europe democracy is an impossibility. The Southern European is dictatorial in politics, and never otherwise than dictatorial. He may use democracy and liberty as arguments, but they are

---

[a] Mrs. Harris é uma entidade imaginária criada por Sarah Gamp, uma personagem do romance de Charles Dickens *Martin Chuzzlewit*. Sarah Gamp cita constantemente os ditos e pensamentos de uma Mrs. Harris que ninguém conhece, mas por quem ela diz nutrir a maior admiração e cujas opiniões sempre sustentam as posições da própria Sarah Gamp. Para Pessoa, a democracia sul--europeia seria uma entidade imaginária, como Mrs. Harris.

arguments for his dictatorship or that of his party as against the dictatorship of others. For the Southern European is not an enemy of dictatorship: he is simply an enemy of the other party's dictatorship.[1]

A very simple proof can be given of this. The Portuguese republican Party based its propaganda against the Monarchy chiefly on the fact that the Monarchy hardly ever seemed to govern except in dictatorship and against the express "will of the people", that is to say, the will of the people expressed by vote. João Franco's dictatorship in 1907-1908 gave the proper backing to the propaganda. Since then the Monarchy was doomed. It fell on the 5th. October 1910. The Republican Party took hold of power and began at once to legislate in dictatorship on the most fundamental things; the decrees thus issued were never submitted to Parliament, when it met.

Mrs. Harris, ou a Democracia (no Sul da Europa) [TRAD.]

Diz-se muitas vezes que a incapacidade de se identificar com a mente de outros povos é uma das características distintivas do inglês. Na verdade, essa é praticamente uma característica de qualquer homem de qualquer nação. Todavia, as peculiares tradições políticas dos ingleses tornam-nos, de facto, especialmente inaptos a entender outros povos.

É difícil para um inglês pensar qualquer coisa de político excepto em termos eleitorais. Raramente considera quão estritamente essa perspectiva é genuinamente inglesa.

No Sul da Europa a democracia é uma impossibilidade. O sul-europeu é ditatorial em política e nunca outra coisa senão ditatorial. Pode usar a democracia e a liberdade como argumentos, mas são argumentos em prol da sua ditadura ou da do seu partido contra a ditadura de outros. Porque o sul-europeu não é um inimigo da ditadura: ele é simplesmente um inimigo da ditadura do outro partido.

Pode provar-se isto com um exemplo muito simples. O Partido Republicano Português baseou a sua propaganda contra a Monarquia *principalmente no facto de que a Monarquia parecia governar quase só em ditadura e contra a expressa "vontade do povo", isto é, a vontade do povo expressa pelo voto. A ditadura de João Franco em 1907-1908 forneceu adequado suporte a essa propaganda. A partir de então, a Monarquia estava condenada. Caiu em 5 de Outubro de 1910. O Partido Republicano tomou o poder e começou de imediato a legislar em ditadura sobre as matérias mais fundamentais; os decretos então emitidos nunca foram submetidos ao Parlamento quando este entrou em funções.*

44
[c. 1931]

Absolute monarchy is the only system that has any meaning at all for the inner soul of Southern Europe. When it is not living decently, in an absolute monarchy, it is living indecently in an absolute republic. Between authority and license they know no mean. Liberty is a word which fits no reality that can arise in the Southern European brain.

The great astonishment of the Spanish Republicans at the way the French press (except the bolshevist one) received their Republic is quite the expression of the innocence they are in in respect of their own democracy. The French are essentially a middle class people, and their republic is only the prolonged temporary absence of a monarchy. They would not mind the Spanish being Republicans if they did not feel that the Spanish are not Republicans: they are bolshevists or royalists, and the fact that they have ceased to be royalists[1] naturally leaves only bolshevism to them.

[TRAD.] *A monarquia absoluta é o único sistema que tem algum sentido para a alma profunda do Sul da Europa. Quando não vivem decentemente numa monarquia absoluta, vivem indecentemente numa república absoluta. Entre autoridade e licenciosidade não conhecem meio-termo.*

Liberdade é uma palavra que não encaixa em nenhuma realidade que o cérebro sul-europeu possa conceber.

O grande espanto dos republicanos espanhóis pelo modo como a imprensa francesa (excepto a bolchevista) recebeu a sua República[a] é bem a expressão da inocência em que vivem a respeito da sua própria democracia. Os franceses são essencialmente um povo de classes médias e a sua república é apenas o prolongamento da ausência temporária de uma monarquia. Não se importariam que os espanhóis fossem republicanos, se não sentissem que os espanhóis não são republicanos: são ou bolchevistas ou monárquicos, e o facto de terem deixado de ser monárquicos naturalmente só lhes deixa a possibilidade do bolchevismo.

All that is decadent, sterile and verbal — the unwandering vagrants in cafés, the standing fools in taverns and tobacconists' shops ◊ — all these form the real, sincere, cohesive public opinion of democracy as it is understood down here. They are democrats for the same reason that they are incapable of thought or action.

Their terror when S[alazar] came into office was due, not to any patriotic fear that he might fail, but to the somewhat different fear that he might not fail.

The criticism of their attitude is conveyed beforehand in the old Portuguese phrase to describe the envious: "they can't see a clean shirt on anyone".[1]

45
[c. 1931]

Tudo o que é decadente, estéril e verbal — os vagabundos fixos dos cafés, os tolos especados em tabernas e tabacarias ◊ — todos estes formam a

[TRAD.]

---

a   A Segunda República espanhola foi proclamada em 14 de Abril de 1931, o que data este texto, bem como os dois anteriores e os dois seguintes, de *circa* 1931.

opinião pública real, sincera e coesa da democracia tal como ela é entendida por aqui. São democratas pela mesma razão que são incapazes de pensamento ou acção.

O terror deles quando S[alazar] chegou ao poder deveu-se, não a qualquer receio patriótico de que ele pudesse falhar, mas ao receio algo diferente de que ele pudesse não falhar.

A sua atitude crítica está há muito expressa naquela velha frase portuguesa: "não podem ver ninguém com uma camisa lavada".

46
[c. 1931]

O povo não pode existir nem ter opinião. Tem que ser mandado e compelido. Nos países de fraca opinião religiosa, como os do Sul da Europa, essa compulsão tem que ser governamental, e o regímen próprio tem que ser a Monarquia Absoluta ou a Ditadura. E assim de facto é. Nos países onde há grande opinião religiosa, e portanto uma intensa vida social mental, a compulsão é social. Há a mesma ditadura, mas é exercida na sombra, pelas convenções sociais e as pressões anónimas, em vez de às claras, pelo Governo. Por isso pode simular-se um regímen democrático. Chama-se a isso civismo, mas não é civismo, pois o povo é incapaz de civismo. O civismo é simplesmente o medo agudo da opinião dos outros.

47
11-12-1931

[EXCERTO DE CARTA A JOÃO GASPAR SIMÕES]

[...]

Freud é em verdade um homem de génio, criador de um critério psicológico original e atraente, e com o poder emissor derivado de esse critério se ter tornado nele uma franca paranóia de tipo interpretativo. O êxito europeu e ultra-europeu do Freud procede, a meu ver, em parte da originalidade do critério; em parte do que este tem da força e estreiteza da loucura (assim se formam as religiões e as seitas religiosas, compreendendo nestas, porque o são, as de misticismo político, como o fascismo, o comunismo, e outras assim); mas principalmente de o critério assentar (salvo desvios em alguns sequazes) numa interpretação sexual.

[...][a]

NOTA

48
[c. 1932]

Sucede que tenho precisamente aquelas qualidades que são negativas para fins de influir, de qualquer modo que seja, na generalidade de um ambiente social.

Sou, em primeiro lugar, um raciocinador, e, o que é pior, um raciocinador minucioso e analítico. Ora o público não é capaz de seguir um raciocínio, e o público não é capaz de prestar atenção a uma análise.

Sou, em segundo lugar, um analisador que busca, quanto em si cabe, descobrir a verdade. Ora o público não quer a verdade, mas a mentira que mais lhe agrade. Acresce que a verdade — em tudo, e mormente em coisas sociais — é sempre complexa. Ora o público não compreende ideias complexas. É preciso dar-lhe só ideias simples, generalidades vagas, isto é, mentiras, ainda que partindo de verdades; pois dar como simples o que é complexo, dar sem distinção o onde cumpre distinguir, ser geral onde importa particularizar, para definir, e ser vago em matéria onde o que vale é a precisão — tudo isto importa em mentir.

Sou, em terceiro lugar, e por isso mesmo que busco a verdade, tão imparcial quanto em mim cabe ser. Ora o público, movido intimamente por sentimentos e não por ideias, é organicamente

---

a   Trata-se de um trecho da longa carta de Fernando Pessoa a João Gaspar Simões de 11 de Dezembro de 1931.

parcial. Não só portanto lhe desagrada ou não interessa, por estranho à sua índole, o mesmo *tom* da imparcialidade, mas ainda mais o agrava o que de concessões, de restrições, de distinções é preciso usar para ser imparcial. Entre nós, por exemplo, e em a maioria dos povos do sul de Europa, ou se é católico, ou se é anticatólico, ou se é indiferente ao catolicismo, porque a tudo. Se eu, portanto, fizesse um estudo sobre o catolicismo, onde forçosamente teria que dizer mal e bem[1], que apontar vantagens misturadas com desvantagens, que indicar defeitos aliviados por virtudes, que me sucederia? Não me escutariam os católicos, que não aceitariam o que eu dissesse de mal do catolicismo. Não me escutariam os anticatólicos, que não aceitariam o que eu dele dissesse de bem. Não me escutariam os indiferentes, para quem todo o assunto não passaria de uma maçadoria ilegível. Assim resultaria absolutamente inútil esse meu estudo, por cuidado e escrupuloso que fosse — direi, até, tanto mais inútil, porque tanto menos aceitável ao público, quanto mais fosse cuidado e escrupuloso. Seria, quando muito, apreciado por um ou outro indivíduo de índole semelhante à minha, raciocinador sem tradições nem ideais, analisador sem preconceitos, liberal porque liberto e não porque servo da ideia inaplicada da liberdade. A esse, porém, que teria eu que ensinar? Quando muito, certas coisas particulares sobre o catolicismo, na hipótese que me serviu de exemplo, e no caso de lhe ser a ele estranho o assunto. E se a ele, perscrutador[2] cultural como eu, o assunto é estranho, é que nunca o interessou; se nunca o interessou, para que vai ler o que escrevi sobre ele?

De aqui parece dever concluir-se que um estudo raciocinado, imparcial, cientificamente conduzido, de qualquer assunto é um trabalho socialmente inútil. Assim de facto é. É, quando muito, uma obra de arte, e mais nada. *Vox et preterea nihil.*[a]

---

a   *Vox et praeterea nihil*: uma voz e nada mais.

As sociedades são conduzidas por agitadores de sentimentos, não por agitadores de ideias. Nenhum filósofo fez caminho senão porque serviu, em todo ou em parte, uma religião, uma política ou outro qualquer modo social do sentimento.

Se a obra de investigação, em matéria social, é portanto socialmente inútil, salvo como arte e no que contiver de arte, mais vale empregar o que em nós haja de esforço em fazer arte, do que em fazer meia-arte.

Reconhecendo que todas as doutrinas são defensáveis, e que valem, não por o que valem, senão pela valia do defensor, concentrar-nos-emos mais na literatura das defensivas do que no assunto delas. Faremos contos intelectuais onde, pelo primeiro e imprudente impulso, faríamos estudos científicos. Ser-nos-á indiferente a verdade da ideia em si mesma; não é mais que a matéria para um belo argumento, para as elegâncias e as astúcias da subtileza.

Timbraremos, por um movimento idêntico em sentido inverso, em mostrar a parvoíce das ideias aceites, a vileza dos ideais nobres, a ilusão de tudo quanto a humanidade aceita ou pode aceitar, a mentira de tudo quanto o povo crê ou pode crer. Salvaremos assim o princípio aristocrático, que na ordem social se afundou, deixando atrás de si o vácuo de uma universal, monótona[3] escravidão.

Seremos dissolventes? Como dissolventes, se não temos acção sobre o público, se nos não lêem senão os que lêem arte pela arte, arte intelectual, arte feita com ideias em vez de ritmos, e esses, pequeníssimo número humano, ou estão já dissolvidos, ou são fortes, pela inteligência e a cultura, contra toda dissolução?

Dissolvente, socialmente, é a doutrina social do que não está. Foi dissolvente e anti-social, no sentido de prejudicar a ordem e a harmonia dos povos, o cristianismo quando o paganismo era a civilização. Foi dissolvente e anti-social a Reforma, quando a civilização de Europa era católica. Foi dissolvente e anti-social a doutrina da Revolução Francesa, quando a civilização de Europa era o

Antigo Regímen. São hoje dissolventes todas as doutrinas sociais que reagem contra as dessa mesma Revolução. Quem hoje prega a sindicação, o estado corporativo, a tirania social, seja fascismo ou comunismo, está dissolvendo a civilização europeia; quem defende a democracia e o liberalismo a está defendendo.

Quer isto dizer que não há doutrinas dissolventes senão por sua situação ocasional? Quer dizer isso mesmo. A mais "radical" das doutrinas, desde que seja universalmente aceite, é uma doutrina conservadora; a mais "conservadora", se nessa altura se opuser àquela, será radical.

Quer isto dizer que não há princípios fundamentais na vida das sociedades? Não quer dizer isso; quer porém dizer que, se os há, nós os não conhecemos. Não há ciência social, não sabemos como nascem, como se conservam ou não conservam, como crescem ou decrescem, como se estiolam ou morrem, as sociedades. A existência da humanidade, se por ela se entende qualquer coisa mais que a espécie animal chamada homem, é tão hipotética e racionalmente indemonstrável como a existência de Deus. Se, porém, por humanidade, se entende a espécie animal chamada homem, então existe para os biologistas, para os médicos — para todos quantos estudam, de um modo ou de outro, o corpo humano; existe como existem os peixes[4] e as aves, e mais nada.

Que princípio social se pode erigir em fundamental? Todos e nenhum, conforme a habilidade do argumentador. Há períodos de ordem que o são de estagnação, como a longa vida morta de Bizâncio. Há-os que são de actividade intelectual, como os da Antiga Monarquia francesa. Há períodos de desordem que são a ruína intelectual dos países em que se dão, como o Império Romano em declínio, ou a época da Revolução Francesa, propriamente dita. Há períodos de desordem fecundos em produção intelectual, como o da Renascença nas repúblicas italianas, como o que abrange o tempo de Isabel e de Cromwell em Inglaterra.

Refiro-me à produção intelectual, supondo-a uma vantagem, e, ao menos, parte da civilização. Não insisto nisso, porém, e posso aceitar a doutrina de que a cultura e a arte são um mal, de que é paz e não sonetos o que mais importa à humanidade. Mas quais são as circunstâncias que produzem a paz, quais as que a não produzem? Encontraremos as mesmas causas dando diferentes efeitos, ou, melhor, encontraremos as mesmas circunstâncias com diferentes resultados — o que quer dizer que não são causas, mas coincidências, que qualquer cousa que se considera uma vantagem social, seja uma sinfonia ou o jantar certo, pode aparecer em circunstâncias sociais diferentes, sem que saibamos nunca de onde veio a sinfonia, porque é que se conseguiu que o jantar não faltasse.

Acresce que, assim como não há ciência social, assim também não há arte social, finalidade certa da existência das sociedades. Aqui o problema, que era semelhante ao da metafísica, torna-se metafísica mesma. Para que fim existem as sociedades? Para fazer a felicidade dos que as compõem? Não o sabemos, e o certo é que a felicidade varia de tipo[5] de homem para homem, e há muitos que de bom grado perderiam a mulher, desde que não percam a colecção de selos. Para ◊

[RASCUNHOS DE "O CASO MENTAL PORTUGUÊS"][a] 49

Percorramos, olhando sem óculos de qualquer grau ou cor, a paisagem que nos apresentam as produções e improduções do nosso escol. Nelas distinguiremos todos os característicos, que vimos serem distintivos do provincianismo mental.

49a
[1932]

---

a   O artigo de Fernando Pessoa "O caso mental português" foi publicado na revista *Fama*, n.º 1, Lisboa, 30 de Novembro de 1932, pp. 46-47. Vários rascunhos deste artigo existem no espólio do autor, incluindo trechos abandonados na versão definitiva. Transcrevem-se aqui três rascunhos da parte final do artigo, com reflexões políticas que não se encontram no texto publicado na *Fama*.

Comecemos pelo espírito de imitação. O espírito de imitação revela-se em duas coisas — na incapacidade de iniciativa e na imitação propriamente dita. Quanto a incapacidade de iniciativa, busque-se onde está, entre nós, uma teoria nova, em filosofia, em arte, em política. Não a encontraremos, e onde porventura encontremos um esboço qualquer de teoria, veremos que interveio, para a desvirtuar, aquela outra particularidade do provinciano, que é a incapacidade de coordenação, fraqueza, essa, da vontade. Nasça entre nós um verdadeiro filósofo[1], e logo comprometerá a sua filosofia pela impotência em expô-la: ora a afogará em retórica, como se houvesse de ser exposta em comício a muitos juntos, que não a vários separados[2]; ora a soterrará em confusão[3], como se a estivesse dizendo nos acasos da palavra falada, e não expondo na divisão da palavra escrita[4].

Temos, é certo, alguns poetas e artistas notáveis; esses são originais, pois, se o não fossem, não poderiam ser notáveis. São, porém, originais uma só vez, que é a inevitável. Depois disso não evoluem, não crescem; fixado esse primeiro momento, vivem parasitas de si-mesmos, plagiando perenemente o que uma vez foram. A tal ponto isto é assim que não há, por exemplo, poeta nosso presente que não fique completamente lido quando incompletamente lido, em quem a parte não seja igual ao todo.

Quanto à imitação propriamente dita, vemo-la completa naqueles modos de actividade intelectual em que a originalidade deixa de ser de todo indispensável. Servirão de exemplo as doutrinas políticas, tomadas, não no campo doutrinário, onde se poderia exigir originalidade, mas no campo propriamente político, onde se não exige mais do que exame e aplicação. Encontra-se hoje o meio político português dividido, de um modo nítido, em dois campos — um que está ou semi-está com a Ditadura, outro que está, ou semi-está, com os políticos proscritos. Tentou alguém, do lado da Ditadura, onde não falecem homens inteligentes, extrair da própria cabeça, da história pátria ou de qualquer coisa aqui orgânica[5], uma doutrina justificativa da Ditadura ou de princípios políticos cuja preparação ela presumivelmente fosse, ou inconscientemente contivesse[6]? Ninguém o fez. Surgiram amálgamas frustes de teorias estrangeiras, na sua maioria, quando não totalidade, suspeitas à inteligência e repugnantes ao instinto. E ainda os amálgamas são o menos. O mais tem sido plágio directo, sem confusão nem mistura. Plagiou-se quanto havia lá fora para plagiar — coisas que venceram, pelo menos temporariamente, como o fascismo[7]; coisas que estão para vencer ou não vencer, como o hitlerismo.[8] Ninguém pensou se esses sistemas, suspeitos em si mesmos, tinham qualquer dificuldade em ser aplicados a Portugal, ou a Portugal presente. Falou Maurras, falou Hitler, falou Mussolini: ◊

49b
[1932]

Se percorrermos, olhando sem óculos de nenhum grau nem cor, a paisagem que nos apresentam as produções e as improduções do nosso escol, entendendo por escol o escol literário e artístico, o escol político e jornalístico, e o escol industrial e comercial, facilmente notaremos que o provincianismo[1] é o seu característico comum e constante. Faço uma leve reserva quanto ao escol industrial: não há entre os nossos intelectuais, artistas, jornalistas ou políticos alguém cuja iniciativa[2] e poder de coordenação se compare com o de, por exemplo, o Sr. Alfredo da Silva[a] no campo industrial. Por desastre, porém, e para mal nosso, o escol industrial não tem, por natureza, influência intelectual alguma, e assim não serve de vivificar o escol em geral.

Há entre nós notáveis poetas, há entre nós notáveis artistas, há entre nós políticos e jornalistas notáveis. Entre os poetas e artis-

---

a   Alfredo da Silva (1871-1942) foi um grande empresário das indústrias química (Companhia União Fabril), tabaqueira e de construção naval, bem como do sector dos seguros.

tas há originalidade; sem isso não os poderíamos chamar notáveis. Mas o espírito mimético emerge; são originais, mas por natureza só — não evoluem, não crescem; fixado o seu primeiro "momento" original, passam o resto da vida a plagiar-se a si mesmos, a tal ponto que não há poeta nosso que não esteja lido por completo quando seja parcialmente lido, em quem a amostra não valha pela fazenda, em quem a parte não seja igual ao todo.

Onde a originalidade não é da essência da mente, como no jornalismo e na política, a originalidade[3] não existe: o mimetismo é inteiro e absoluto. Desde que há teorias democráticas e republicanas em Portugal, estamos copiando como macacos as teorias estrangeiras. Nada nos muda, nada nos ensina. Entre os nossos "políticos" (assim designados para os distinguir dos homens da Ditadura) há sem dúvida pessoas inteligentes. Ora esses homens inteligentes devem ter verificado (pois para isso é que a inteligência serve) que, tendo o seu sistema político — servilmente copiado de França — constantemente falhado, como provam os três movimentos contra--revolucionários que contra ele têm surgido, que uma de três coisas se dá: (1) ou as doutrinas democráticas são, em sua essência, erradas, (2) ou há qualquer coisa nelas que está errado, e cumpre expungir, para que elas fiquem "certas", (3) ou está errada qualquer coisa, substancial ou acidental, nessas teorias na sua aplicação a Portugal. Conhece o leitor algum político ou algum jornalista que se tenha dado sequer ao esboço do trabalho necessário para inquirir do ponto de erro? Não houve nenhum. Contentam-se com atribuir esses contramovimentos a "inimigos monárquicos" ou a "inimigos reaccionários", como se isso explicasse qualquer coisa; e, às avessas, a velha teoria imbecil de atribuir[4] a Revolução Francesa, não à tirania do A[ncien] R[égime], mas à Maçonaria, de atribuir a R[evolução] Russa, não à tirania dos Czares, mas ao Povo de Israel.

No pólo aparentemente oposto da política estamos na mesma. Criticam a democracia; está bem. Com que ideias? Com ideias próprias? Não, com as de Maurras, como se este charlatão sociológico fosse um princípio científico ou uma lei da natureza.

Que ideias gerais temos? As que vamos buscar ao estrangeiro. Nem as vamos buscar aos movimentos filosóficos profundos do estrangeiro; vamos buscá-las à superfície, ao jornalismo de ideias. E assim as ideias que adoptamos, sem alteração nem crítica, são ou velhas ou superficiais. Falamos a sério nas ideias políticas de Léon Blum[a] ou de Edouard Herriot[b], nenhum dos quais teve alguma vez ideias — políticas ou outras — em sua vida. Falamos a sério em Bourget[c], Maurras.[1]

49c
[1932]

Plagiamos o fascismo e o hitlerismo, plagiamos claramente, com a desvergonha da inconsciência, como a criança imita sem hesitar. Não reparamos que fascismo e hitlerismo, em sua essência, nada têm de novo, porventura nada de aproveitável, como ideias; o que não sabemos imitar, porque seria mais difícil, é a personalidade de Mussolini.[2]

As ideias de Maurras, que qualquer raciocinador hábil desfaz sem dificuldade, se tiver a paciência de vencer o tédio quase insuportável de o ler, passam por leis da natureza, por tão indiscutíveis como, não direi já a teoria atómica, que tem elementos discutíveis, mas o coeficiente de dilatação do ferro, ou a lei de Boyle ou de Mariotte.

Temos poetas de mérito. Que fazem eles? Quanto a cultura, não sabem nada de nada, e assim estagnam, repetindo-se, indefinida-

---

a   Léon Blum (1872-1950) foi um político socialista francês, dirigente e principal teórico do partido SFIO nos anos 30, que chefiou vários governos da Frente Popular. Deixou vasta obra política e literária.
b   Édouard Herriot (1872-1957) foi um político radical francês. Presidiu a vários governos nos anos 20 e 30, sendo primeiro-ministro à data deste texto de Fernando Pessoa. Autor de apreciável obra literária e política, publicou também *La Vie de Beethoven* (1929).
c   Paul Bourget (1852-1935) foi um romancista e ensaísta francês, convertido ao catolicismo e de ideias monárquicas e tradicionalistas, mas distante da linha ultradireitista de Maurras e da Action Française.

mente, papagaios perenes do seu primeiro, e único, impulso original. Temos um ou outro homem capaz de pensamento filosófico. Que faz? Submerge esse pensamento em retórica e divagação, incapaz de coordenar logicamente ideias, de dispor ordenadamente matérias. Tenho perante mim, ao dizer estas coisas, exemplos concretos; omito os nomes por uma razão que não é mister explicar.

50
[1932]

A ausência de ideias gerais...[a]

Qual é o nosso político que seria capaz de escrever (por exemplo) um livro como o de Herriot sobre Beethoven? Não digo se esse livro é bom ou mau, pois seria incompetente para o dizer, e, seja como for, não o li. Digo, porém, que existe, que, para o caso, é quanto basta. Espera alguém que o Sr. Norton de Matos escreva um livro semelhante ou análogo? Espera alguém sequer que o Sr. Norton de Matos escreva um livro sobre qualquer coisa que não seja a sua especialidade, como se tratasse de um alfaiate lido ou de um marceneiro inteligente? Ninguém o espera, pois o idealismo humano tem limites, até entre a estupidez dos nossos políticos.

Dir-se-á que um livro como o do Sr. Herriot é acidental; mas não é. O interesse por Beethoven será um acidente pessoal no Sr. Herriot, mas o interesse pela cultura geral, de que esse interesse acidental é simplesmente um caso particular, é que de facto distingue os políticos que deveras o são. E o Sr. Herriot nem é uma figura de notável relevo intelectual, nem ◊

Poderá dizer-se que cada homem tem a sua especialidade. A política porém não é uma especialidade, a não ser que por ela se entenda a baixa política, e, se é isso que se entende, então, de facto, estamos

---

[a] Os dois trechos aqui transcritos, coevos e tematicamente ligados, podem ser ainda apontamentos preparatórios de "O caso mental português" (ver os textos anteriores).

entendidos. O governo dos povos necessita, evidentemente, da compreensão dos povos que se governam, e essa compreensão envolve uma especialidade chamada generalidade. Ao verdadeiro político não devem ser alheios os movimentos mais subtis[1] dos povos, quer surjam na arte, quer na ciência, quer nos sports. Tudo isso é parte da vida nacional, tudo isso são índices ou reflexos de causas ocultas, e, por isso mesmo que são ocultas, decifráveis apenas nos seus resultados translatos. Bismarck preocupava-se com determinados movimentos poéticos na Alemanha, Pombal vigiava emergências literárias e religiosas. Esses, porém, eram imbecis: acima deles paira, suprema, como a de um rei absoluto, a ciência certa e desenciclopédica dessas culminâncias da governação que são o Sr. Norton de Matos, o Sr. Tamagnini Barbosa, o Sr. Cunha Leal.

Na baixa política está bem. Para ser baixamente político basta saber intrujar os outros, e a ciência é completa quando o indivíduo sabe começar por intrujar-se a si mesmo. Para isso basta uma mentalidade confusa, uma vaidade acentuada, a capacidade de falar muito sem dizer nada. Basta não raciocinar, porque o raciocínio dissolve as qualidades de afirmação dogmática que são necessárias para dominar o espírito confuso e místico do povo.

(Histero-epilepsia de C.L.)[a]

Ainda um indivíduo tão intensamente bem-dotado como o Sr. Oliveira Salazar é estreitamente bem-dotado, e não passa de um especialista — apto, posso admitir, para governar nos limites da sua especialidade, que é a ciência financeira, mas não na falta de limites

---

a   C.L. são aqui as iniciais de Cunha Leal e não de Cesare Lombroso, como Lopes (1993, p. 368) propõe. Francisco da Cunha Leal (1888-1970) engenheiro e político republicano, foi deputado, ministro das Finanças (1920-21), presidente do ministério (1921-22) e reitor da Universidade de Coimbra (1924-25), onde se relacionou com Salazar. Apoiou inicialmente a Ditadura Militar, mas tornou-se um opositor de Salazar a partir de 1928. Em 1930 foi preso e deportado para os Açores, depois de ter publicado os livros *A Obra Intangível do Dr. Oliveira Salazar* e *Oliveira Salazar, Filomeno da Câmara e o Império Colonial Português* (ambos em 1930). Amnistiado, regressou a Lisboa em 1932. Dirigiu a revista *Vida Contemporânea* (1934-35), até ser novamente detido e expulso do país.

da generalidade do governo. E o mal, aqui, não é que o Sr. Oliveira Salazar seja ministro das finanças, para o que concedo que esteja certo, mas ministro de tudo, o que é mais duvidoso.

Acresce que o especialista, se não tem ideias gerais a corrigir não só as ideias particulares — forçosamente inaplicáveis fora do próprio campo — da sua especialidade, mas a própria estreiteza mental que procede da especialização, levará para qualquer problema geral em que se deixe cair, não só a incompetência da especialização, mas a inaptidão da imaleabilidade.

O Sr. Oliveira Salazar é, sem dúvida, mais alguma coisa que um financeiro. Infelizmente o que ele é mais é católico, e, de todas as coisas estranhas a uma especialidade, uma religião fechada, dogmática e intolerante é a pior para corrigir os defeitos da especialização, pela simples razão que os não corrige[2]. Antes os reforça e alarga, dando-lhes uma base espiritual que os radica.[a]

— Seara Nova. E que fizeram? D. dos S.[b], o mais triste exemplo do acéfalo com cabeça que existe na já acentuada acefalia mental dos nossos políticos.

Para eles a democracia não é uma doutrina a analisar, a condicionar para que se aplique: é um dogma a repisar para si mesmos, um *yo-yo* mental.

---

[a] No texto "On l'appelle parfois jésuite..." (ver texto n.º 110c), de 1935, Pessoa retoma esta linha de análise sobre Salazar: "[...] este homem é bem o produto de uma fusão de estreitezas: a alma campestremente sórdida do camponês de Santa Comba apenas se dilatou em pequenez pela educação do seminário, por todo o inumanismo livresco de Coimbra, pela especialização rígida e pesada do seu ansiado destino de professor de finanças."

[b] José Domingues dos Santos (1887-1958), político do Partido Republicano Português e mais tarde do Partido Republicano da Esquerda Democrática, de que foi fundador (1926). Foi deputado e presidente do governo da Esquerda Democrática, dito "governo canhoto" (1924-25). Exilado após a revolta de Fevereiro de 1927, foi um dos fundadores da chamada Liga de Paris (Liga de Defesa da República).

O Prof. Salazar tem, em altíssimo grau, as qualidades secundárias da inteligência e da vontade. É o tipo do perfeito executor das ordens[1] de quem tenha as primárias.

51
[c. 1932-1933]

O chefe do Governo tem uma inteligência lúcida e precisa; não tem uma inteligência criadora ou dominadora. Tem uma vontade firme e concentrada; não a tem irradiante e segura. É um tímido quando ousa, e um incerto quando afirma. Tudo quanto faz se ressente dessa penumbra dos Reis malogrados.

Quando muito, na escala da governação pública, poderia ser o mordomo do país.

Faltam-lhe os contactos com todas as vidas — com a vida da inteligência, que vive de ser vária e, entre[2] os conflitos das doutrinas, não sabe decidir-se; com a vida da emoção, que vive de ser impulsiva e incerta, com a vida da ◊

O Chefe do Governo não é um estadista: é um arrumador. Para ele o país não se compõe de homens, mas de gavetas. Os problemas do trabalho e da miséria, como há ele de entendê-los, se os pretende resolver por fichas soltas e folhas móveis?

A alma humana é irredutível a um sistema de deve e haver. É-o[3], acentuadamente, a alma portuguesa.

Às vezes aproxima-se do povo, de onde saiu. E traz-lhe uma ternura de guarda-livros em férias, que sente que preferiria afinal[4] estar no escritório.

É sempre e em tudo um contabilista, mas só um contabilista. Quando vê[5] que o país sofre, troca as rubricas e abre novas contas. Quando sente que o país se queixa, faz um estorno. A conta fica certa.

O Prof. Salazar é um contabilista. A profissão é eminentemente necessária e digna. Não é, porém, profissão[6] que tenha implícitas directivas. Um país tem que governar-se *com* contabilidade; não pode governar-se *por* contabilidade.

Assistimos à cesarização de um contabilista.

52

SALAZAR

Um cadáver emotivo, artificialmente galvanizado por uma propaganda...
Duas qualidades lhe faltam — a imaginação e o entusiasmo. Para ele o país não é a gente que nele vive, mas a estatística dessa gente. Soma, e não segue.

53

INTERREGNO

O prestígio de Salazar não se deriva da sua obra financeira, tanto porque, sendo essa obra uma obra de especialidade, o público não tem competência, nem pretende ter competência, para a compreender, como porque o acolhimento calorosamente favorável, que essa obra teve, denotava já um prestígio anterior. De este prestígio resulta o contraste[1] com Afonso Costa. Quando este apresentou, em 1912 (?), o seu *superavit*[a], foi recebido à gargalhada pelo público, e os próprios partidários tiveram que fazer esforços sobre si mesmos para ter fé na obra, como a tinham no homem. Quando Salazar apresentou o *superavit*, todo o grande público imediatamente o aceitou. Não foi pois o *superavit*, comum aos dois, que provocou o prestígio: o prestígio de um, o não prestígio de outro, eram anteriores ao espectáculo financeiro.[2] O prestígio de Salazar começou vagamente pela sugestão[3] do seu prestígio universitário e particular, mas firmou-se junto[4] do público, logo desde as suas primeiras frases como ministro, e as suas primeiras acções como administrador, por um fenómeno psíquico simples de compreender.

a   O *superavit* referido, relativo ao ano económico de 1912-13, foi apresentado por Afonso Costa em Junho de 1913.

Todo prestígio consiste na posse, pelo prestigiado, de qualidades que o prestigiador não tem e se sente incapaz de ter. O povo português é essencialmente descontínuo na vontade e retórico na expressão: não há coisa portuguesa que seja levada avante com firmeza e persistência; não há texto[5] genuinamente português que não diga em vinte palavras o que se pode dizer em cinco, nem deixe de incoerir e romantizar a frase[6]. Logo desde o princípio, Salazar marcou, e depois acentuou, uma firmeza de propósito e uma continuidade de execução de um plano; logo desde o princípio falou claro, sóbrio, rígido, sem retórica nem vago. O seu prestígio reside nessa formidável impressão de diferença do vulgo português.

No meio de um povo de incoerentes, de verbosos, de maledicentes por impotência e espirituosos por falta de assunto intelectual, o lente de Coimbra (Santo Deus! de Coimbra!) marcou como se tivesse caído de uma Inglaterra astral. Depois dos Afonsos Costas, dos Cunhas Leais, de toda a eloquência parlamentar sem ontem nem amanhã na inteligência nem na vontade, a sua simplicidade dura e fria pareceu qualquer coisa de brônzeo e de fundamental. Se o é deveras, e se a obra completa[7] o que a intenção formou, são já assuntos de especialidade, e sobre os quais nem o público, que deles nada sabe, nem eu, que sei tanto como o público, poderemos falar com razão ou proveito.

Um dos grandes males do pensamento e da exposição dele, tal qual normalmente se dão, é o de não definir os termos que se empregam. Há indivíduos que discutem horas, ou artigos, e que bem pode ser que estejam de acordo, pois que o seu desacordo resulta de darem sentidos diferentes à mesma palavra, e nunca pensarem em defini-la. Começam por tudo, menos pelo princípio.

Um caso especial desta confusão do espírito é a palavra Ditadura. Quer os que a defendem, quer os que a atacam, não curam nunca de

54
[c. 1932-1933]

explicar o que entendem por ela. E, assim, é vulgar opor-se Ditadura a Democracia, a Liberalismo, a Parlamentarismo. A oposição é falsa: o conceito de ditadura não se opõe a nenhum desses; pode coexistir com eles.

Ditadura quer dizer simplesmente poder político absoluto, isto é, sem entrave prático excepto a revolta armada[1]. A monarquia absoluta, por exemplo, é uma ditadura hereditária. Se esse poder absoluto for conferido — como, por exemplo, a Hitler[2] na Alemanha — por maioria de votos em sufrágio universal, essa ditadura será democrática, porque o governar em virtude de tal mandato é que constitui democracia. Se esse poder absoluto é exercido, como pode ser, com pleno respeito pela liberdade de opinião — como o exerceu na Prússia Frederico Segundo, que permitia toda crítica à sua pessoa, que deu guarida — ele, protestante oficial e maçon — aos jesuítas expulsos[3] de tantos países — essa ditadura será liberal, pois o liberalismo consiste na tolerância de todas as opiniões e da expressão delas.[4] Se essa ditadura ◊

No fundo, na realidade, todo governo é uma ditadura porque em todo governo tem forçosamente que residir o poder que, por sua natureza, não é divisível, sendo pois absoluto[5]. Há, simplesmente, as ditaduras das pessoas com quem simpatizamos, e a essas chamamos governos legítimos; e as ditaduras das pessoas com quem não simpatizamos, e a essas chamamos tiranias, ou ditaduras.

Disse eu que ditadura quer dizer poder absoluto, isto é, sem entrave prático salvo a revolta. Vejamos o que é um entrave prático. Por entrave prático entendo um entrave *que tenha acção*. Uma minoria parlamentar que vocifere e ataque e nada consiga, por ser minoria, não é um entrave prático, mas teórico. Esse regímen parlamentar será uma ditadura, embora o seja liberal, pois dá a liberdade de falar, desde que seja inutilmente.

55
[c. 1933]

O homem de acção guia-se, para poder agir, por uma ideia, ou, quando mais não seja, por uma ideia central. Assim o político, ao governar, e tendo que legislar sobre certo assunto, guia-se por uma ideia: ou por uma ideia sua, se é um pleno ditador, ou por uma ideia de partido, se é um político de partido, em ditadura ou fora dela. O por que nunca se guia é a necessidade do país, ou a opinião pública. Em primeiro lugar, a opinião pública não se manifesta claramente; em segundo lugar, a opinião pública raras vezes é unânime, muitas vezes é vária ou dividida; em terceiro lugar, a consideração de duas coisas — a sua ideia própria e a do país, por assim dizer — quebra a vontade e perturba a acção. Segue, pois, que todo o governo é ditadura, por parlamentar que se finja, e que todo governo é ditadura contra o país.

Todo governo é essencialmente, inevitavelmente, contra a nação, e será tanto mais contra a nação quanto mais enérgico e forte for o homem de governo. O que vale é que, na maioria das coisas, a opinião pública é incerta, dividida ou indecisa. Sendo assim, não opõe resistência a quanto o governo faça, a não ser que o acto governamental seja tão violentamente contrário a qualquer coisa de fundamental na opinião pública que gere a revolta.

Nenhum de nós, em todo o país, concorda, se pensar bem, se souber pensar, com algum acto do governo que tenhamos. Um país ou é composto de gente que realmente pensa, ou de gente puramente imbecil, ou de ambas as coisas (o mais provável). A gente que pensa tem cada uma a sua ideia, e não pode ter uma ideia comum, não havendo pois opinião pública. A gente que não pensa aceita tudo porque nada pode contrariar opiniões que não existem. Assim se governam os povos.

O papel dos intelectuais é, pois, essencialmente o de se desinteressar da actividade política, concentrando-se na actividade intelectual. O seu dever social é de criar um ambiente de inteligência e cultura; este, operando imponderavelmente sobre os homens de estado, se é certo que não pode torná-los inteligentes, pois por natureza o não podem ser, pode ao menos torná-los receosos da inteligência, fazendo com que atenuem as arestas da sua brutalidade ou da sua inconsciência. Os países são civilizados na proporção em que são marcantes os seus escóis intelectuais, porque essa atmosfera fatalmente se reflecte nos políticos, que assim são menos imbecis do que a Natureza os fez, quando os fadou para políticos.

56
[c. 1933]

In every age and in every system, power is held only and always by the strongest[1] minority, which imposes its will on the majority. It may impose that will by force, as in primitive communities and dictatorships, it may impose that will by authority as in monarchic and aristocratic states, it may impose that will by persuasion, converting the majority to its attitude. In the last case, there will be democracy indeed. But it must be understood that it is always the minority that governs and compels; the majority either submits, as to force, accepts, as to authority, or agrees, as to opinion.

This leaves our problem untouched. If the application of the system here advocated in a country like present day Italy gave, on the polls, a large majority to anti-fascists, the fascists would not abandon power; they would abandon the law. They would, indeed, foresee such a result and never apply the principle at all[2]. The principle is therefore only really applicable in countries where some self-pretence to democracy exists, that is to say, where the minority has to convert itself into a majority to govern or prove the right to govern.

(A minority is fascist in Italy and governs; and this need not mean that they govern badly or against the majority. An insignificant minority — and a foreign minority at that — governs present--day Russia.)

Though all government, to endure at all, must, in the long run, conform to general opinion — Hume said ◊ — yet all government is the imposition of the will of the strongest minority on the whole nation. Government is essentially imperial.³

Em todos os tempos e em todos os sistemas, o poder é detido apenas e sem- [TRAD.]
pre pela minoria mais forte, que impõe a sua vontade à maioria. Ela pode impor essa vontade pela força, como nas comunidades primitivas e nas ditaduras, pode impor essa vontade pela autoridade, como nas monarquias e estados aristocráticos, pode impor essa vontade pela persuasão, convertendo a maioria à sua atitude. No último caso, haverá realmente democracia. Mas entenda-se que é sempre a minoria que governa e compele; a maioria ou se submete a ela, enquanto força, ou a aceita, enquanto autoridade, ou concorda com ela, enquanto opinião.

Isto deixa o nosso problema incólume. Se a aplicação, num país como a Itália actual, do sistema que aqui se advoga resultasse, nas urnas, numa larga maioria para os antifascistas, os fascistas não abandonariam o poder, abandonariam a lei. Na verdade, haveriam de prever um tal resultado e nunca aplicariam o princípio. O princípio, portanto, só é aplicável em países onde já existe alguma presunção de democracia, ou seja, onde a minoria tem que se converter a si própria em maioria para governar ou para provar o direito a governar.

(Uma minoria é fascista em Itália e governa; e isto não significa necessariamente que governe mal ou contra a maioria. Uma minoria insignificante — e ainda por cima estrangeira — governa a Rússia actual.)

Embora todo o governo, se quiser durar, deva conformar-se, a longo prazo, com a opinião geral — Hume disse que ◊ —, todo o governo é, porém, a imposição da vontade da minoria mais forte sobre a nação inteira. O governo é essencialmente imperial.

57
[c. 1933]

A dictator is simply an absolute king who is not a king, a man who governs without any *real* check on what he does. He may be the head of a faction come into power by a revolution and otherwise *unlegalized*; he may be the leader of the government or of the parliamentary majority[1] in a democratic and parliamentary state; he may be a President elected by direct suffrage and empowered, constitutionally or incidentally, to control all political things. The point is that, willing directly or indirectly, his will be law[2].

[TRAD.] *Um ditador é simplesmente um rei absoluto que não é rei, um homem que governa sem qualquer verdadeiro controlo sobre aquilo que faz. Pode ser o chefe de uma facção chegada ao poder por uma revolução e sem qualquer outra base legal; pode ser o líder do governo ou da maioria parlamentar num Estado de democracia parlamentar; pode ser um Presidente eleito por sufrágio directo e mandatado, constitucionalmente ou incidentalmente, para assumir o controlo de todos os assuntos políticos. Seja como for, directa ou indirectamente disposto a sê-lo, ele será a lei.*

58
[c. 1933]

POLITICAL CONDITIONS IN PRESENT-DAY PORTUGAL

The state, or the trend, of political opinion in any country is at all times difficult to determine, except in such extreme and abnormal cases as war, and even then not every war. The electoral test is unavailing, even in countries — and they are fewer than is supposed — where elections are not cooked, one way or another. It is unavailing because it is a momentary and incidental result, and to a large extent depends on the number, nature and organization of political parties. Should there be[1] in a certain country, and for some reason or another, only two political parties, organized as such, and therefore the only ones electorally valid, and should such parties be, say a Conservative and a Socialist party, or a Monarchist and a Republican one; should it happen at the same time that the bulk of the nation is neither very distinctly conservative or socialist, or neither very definitely monarchist or republican in the other — the result of the elections, howsoever decently conducted[2], will not render to any extent the political opinion of the country. The bulk of the electorate, in such a case, will either abstain from voting, or will vote — owing to greater or momentary inclination, pressure of private friendship, personal admiration for some party leader, or some such influence — in one or other of the two parties to which it is not really and fully partial. And this, which some may consider too simple a case, is, after all, only a simplified one: the same thing happens, to a different extent, in the best regulated elections.

If therefore, and by the very nature of political or party organization, electoral results at their best are necessarily[3] misleading as to the state of opinion in a country, the more misleading are they in the majority of supposedly democratic nations[4], where elections are variously[5] fraudulent — from the case of France, where a great part of the electorate is set in motion by financial, secret and otherwise extrapolitical forces, to that of Spain and the late constitutional Portugal, where, for example, the dead and the absent rarely fail at the poll, generally voting for the Government.

(insert more examples?)

Since, then, the state or trend of political opinion in a country cannot be studied on a statistical basis, it can only be studied by direct and intimate psychological observation. This is not easy[6], because it has to be both accurate and impartial[7], and, whereas it is difficult for a national observer to be impartial, it is equally difficult for a foreign one to be accurate or intimate, even when he is impartial, which is not frequent.

This disadvantage in observing is complemented by the consequent disadvantage in communicating to others the results of the observation. Not being based on definite data, such as statistics (and even statistics are subject, as everyone knows, to the vagaries of interpretation), and only occasionally and very imperfectly based on matter written or spoken by people prominent or otherwise representative, or taken to be such, the results of such an observation have to be delivered in a necessarily dogmatic form, which is the worst for any rational hearer or reader. The observation consists essentially in a study of "atmosphere" or "atmospheres" and these are neither measurable nor quotable. Only a very widely accepted authority can impress dogmatic statements on the majority of rational hearers or readers, and, even then, most of them will make mental reservations, based on the somewhat ancient principle that to err is human.

I shall, nevertheless, attempt to present a picture of what I consider to be the present state of political opinion in Portugal; and, in the terms of the case, as stated above, have necessarily to begin by claiming some authority for myself and explaining why I claim it. My authority in the matter is, unlike most authorities, composed of negatives and contradictions. I have never meddled in practical politics, one way or another. I have constantly meditated them. I am, in a manner[8], both Portuguese and a foreigner, for, though I am a Portuguese by birth and blood (with the Jewish admixture present in practically all Portuguese), though part of my life has been passed in Portugal (and during the end of the monarchy and the birth and developments of the Republic), the years of my late childhood and adolescence were passed in South Africa, and my education is wholly English. I am a Royalist by opinion, meaning that I consider monarchy as the best system for Portugal, the one conforming best to the character of the people and of the nation, whatever may happen in respect of other peoples and nations; but at the same time I am a Republican, because — for reasons which will be seen further on — I consider monarchy impossible and impracticable in present-day Portugal, and any attempt to establish it as both harmful and doomed[9] to failure, ultimate or otherwise. My position is therefore conductive to a certain impartiality, in so far as externals go. But I might be all these things I have said and be at the same time partial by nature or a fool. I can say nothing in that respect; I leave it therefore to the reader to deduce, from the tone of I shall proceed to write, whether I am the one thing, and from its general nature whether I am the other.

In so far as political opinion is concerned, Portugal is divided — it is my considered opinion — into the following classes. First and largest is a class indifferent to politics; this is the majority of the nation, and the indifference is built up out of the illiteracy of the most and the actual indifference of the least which compose it. Then, and as the largest minority, comes a class composed of people who are conservative above all, but not definitely monarchist or republican, who are tolerant and civilized, who do not mind a liberal monarchy or a conservative republic, but who object to extremes, one way or another and especially to the tyranny they have in them and the disorder they bring with them.[10] This class comprises most educated people and a good many half-educated people in the country; it is, however, without cohesion of any sort, for no political party or current represents it. It is therefore non--active in politics. As a big minority, though smaller than that just mentioned, come the constitutional republicans, who, in one way or another held government from 1910 to 1926, with the somewhat dubious interruptions in 1915 and 1918[11]. These are practically consubstantial with the so-called Democratic Party, though other sub-parties have gravitated round that. They are strongly cohesive — the Democratic Party particularly so — and for the rather simple reason that Freemasonry, with its natural cohesiveness, is behind them. After this come some very small minorities, whose influence nevertheless varies according to the activity and intelligence of their component elements. The strongest and most active is that which derives its doctrines from the *Action Française*, discarding, however, in the better cases, the royalist part, as unsuited to the country, or, at least, to the moment. Of this particular minority, the present Premier, Prof. Salazar, is a typical example. The royalists proper, meaning those who hold to the royalist cause above all, as represented, after the death of King Manuel, by the pretender Don Duarte Nuno, are a negligibly minority within the minorities, which does not mean that they may not become dangerous, or, better, troublesome, if due care is not had to keep them out of positions of influence. Their cause is lost and their king a meaningless two names to the people; all they know about him, if they know at all that he exists, is that he is a foreigner. No technical subtleties showing that he is not make any headway with the part[12] of the country which counts intellectually for anything. The fact that his father, Don Miguel, called by the legitimists "the Second", fought against the Allies, and therefore against Portugal, in the War overrules, for most people, whatever demonstration can legally be made of his being a Portuguese. If not a foreigner he was a traitor, and the case seems no better when it turns out this way.

The larger minority absolutely, the several conservative minorities relatively, are with the present Dictatorship, which has therefore in its favour the living majority of the country. If, however, elections were to be made on a democratic basis, the more cohesive minority[13] — the constitutional Republicans —, better trained as they are in the tricks and juggles of elections, would almost certainly defeat the Dictatorship, or, failing that, if the Dictatorship imitated their tactics, as the 1918 one did, would run the Dictatorship very close. Yet they represent a minority in respect of the politically living part[14] of the people, a small minority in respect of the people as a whole.

The Dictatorship, therefore, represents a greater[15] body of opinion than the Constitutional Republicans not only do but ever did[16]. In other words, from the democratic standpoint, it is perfectly legitimate. Such democracy may be described as organic, as opposed to the artificial one which the polls condition and exhibit, though this may, if it coincide with the organic one, be thereby organic too.[17]

One thing, however, is democracy, and another liberalism. Though connected by origin, they are not connected by nature; in other words, they do not connote each other. The present government of the German Reich is democratic because based on an indisputable majority, both electorally and organically revealed; but it is strictly anti-liberal system. The government of Germany in the time of Frederick the Great was obviously not democratic, since it was absolute monarchy, but the king's natural tolerance made it a liberal system. The right to private opinion and to express it does not conflict with an autocracy, if it be an enlightened one, as, within his and its measures, was Frederick's.

Now the present Dictatorship may frankly be described as liberal. Apart from the censorship of the press, which is not very harsh and is chiefly mutilatory of the products of worthless political fanaticism or less than worthless political slander, there is in Portugal no oppression. You are not allowed to plot against the government or the country, or to deliver yourself over to such minor sports as bomb-throwing and rioting, but, then, these are not normally to be considered as expressions of opinion to any acceptable effect.

A SITUAÇÃO POLÍTICA ACTUAL EM PORTUGAL [TRAD.]

O estado ou tendência da opinião política em qualquer país é sempre difícil de determinar, excepto em casos tão extremos ou anormais como a guerra e, mesmo então, não qualquer guerra. O teste eleitoral é inútil, mesmo nos países — mais raros do que se supõe — onde as eleições não são cozinhadas por qualquer processo. É inútil porque é um resultado momentâneo e fortuito, dependendo em larga medida do número, natureza e organização dos partidos políticos. Caso existam em determinado país, por uma razão ou por outra, só dois partidos políticos organizados enquanto tais e, portanto, os únicos eleitoralmente válidos, por exemplo, um partido conservador e um partido socialista ou um partido monárquico e um partido republicano; e caso suceda, simultaneamente, que a maioria da nação não seja claramente conservadora nem socialista, ou não muito decididamente monárquica nem republicana — o resultado das eleições, por mais decentemente que forem conduzidas, nunca dará o retrato fiel da opinião política do país. Em tais circunstâncias, com efeito, o grosso do eleitorado ou se absterá de votar ou então votará — em função de uma maior ou momentânea inclinação, da pressão de amizades particulares, da admiração pessoal por qualquer dirigente partidário ou de qualquer outra influência análoga — num ou noutro dos dois partidos, apesar de na verdade não se identificar completamente com nenhum deles. E isto, que alguns poderão considerar um caso demasiado simples, é apenas, no fim de contas, um caso simplificado: o mesmo acontecerá, numa extensão variável, em quaisquer eleições, por mais bem reguladas que sejam.

Se, portanto, pela própria natureza da organização política partidária, os resultados eleitorais são, no melhor dos casos, necessariamente enganadores quanto ao estado da opinião de um país, muito mais enganadores são eles na maioria dos países supostamente democráticos, em que as eleições são por diversos modos fraudulentas — desde o caso da França, onde grande parte do eleitorado é manobrada por forças financeiras, secretas e outras entidades extrapolíticas, até ao caso da Espanha e do mais recente Portugal constitucional, em que os mortos e os ausentes nunca falham nas urnas, votando geralmente pelo governo.

(inserir mais exemplos?)

Assim, dado que o estado ou tendência da opinião política num país não pode ser estudado com base em estatísticas, só o poderá ser por uma observação psicológica directa e profunda. Esta não é fácil, porque tem que ser ao mesmo tempo rigorosa e imparcial e, assim como é difícil para um observador nacional ser imparcial, é igualmente difícil para um estrangeiro ser rigoroso ou profundo, mesmo quando é imparcial, o que não é frequente.

A desvantagem desta observação é acrescida pela consequente desvantagem de comunicação a outrem dos resultados da observação. Uma vez que não são baseados em dados precisos, tais como estatísticas (e as próprias estatísticas estão sujeitas, como é sabido, aos caprichos da sua interpretação), e só ocasionalmente e muito imperfeitamente são baseados em informações escritas ou orais fornecidas por pessoas proeminentes ou de outro modo representativas ou julgadas tais, os resultados de tal observação serão sempre comunicados por forma necessariamente dogmática, que é a pior para qualquer ouvinte ou leitor racional. A observação consiste essencialmente num estudo da "atmosfera" ou "atmosferas", que não são mensuráveis nem citáveis. Só uma autoridade muito amplamente aceite pode formular afirmações dogmáticas que sejam convincentes para a maioria dos ouvintes ou leitores racionais e, mesmo assim, muitos deles ficarão com reservas mentais, devido ao princípio já antigo de que errar é humano.

Tentarei, apesar de tudo, traçar uma imagem do que considero ser o presente estado da opinião política em Portugal e, de acordo com o acima exposto, terei necessariamente que começar por reclamar alguma autoridade para mim próprio, explicando também porque a reclamo. A minha autoridade na matéria é composta, ao invés da maioria das autoridades, por negativas e contradições. Nunca tive qualquer intervenção nos aspectos práticos da política, mas meditei constantemente sobre eles. Sou, de certa maneira, ao mesmo tempo português e estrangeiro, dado que, apesar de português por nascimento e sangue (com a mistura judaica presente em praticamente todos os portugueses) e apesar de ter passado parte da minha vida em Portugal (quer no final da monarquia, quer durante a génese e o desenvolvimento da República), passei os anos finais da infância e a adolescência na África do Sul e, assim, a minha educação é toda inglesa. Sou monárquico de opinião, pois considero a monarquia o melhor sistema para Portugal, aquele que melhor se conforma com o carácter do povo e da nação, independentemente do que possa passar-se com outros povos e países, mas sou simultaneamente republicano, dado que, pelas razões que adiante se verão, considero a monarquia impossível e inviável no Portugal de hoje e considero igualmente qualquer tentativa para a instaurar como prejudicial e votada ao falhanço, definitivo ou não. A minha posição é, portanto, conducente a uma certa imparcialidade, pelo menos no que toca a exterioridades. Mas eu poderia ser tudo o que atrás disse e ser, ao mesmo tempo, parcial por natureza ou um tolo. Sobre isso nada posso dizer, deixando pois ao leitor a tarefa de deduzir, do tom em que vou escrever, se sou a primeira coisa, e do teor geral do que escrever, se sou a segunda.

No respeitante à opinião política, Portugal divide-se — é minha reflectida opinião — nas classes seguintes. A primeira e mais numerosa, a maioria do país, é uma classe indiferente à política e cuja indiferença decorre principalmente da iliteracia e, em menor parte, da indiferença propriamente dita dos que a compõem. Vem seguidamente a minoria mais numerosa, uma classe composta por gente caracteristicamente conservadora, mas não claramente monárquica ou republicana, gente tolerante e civilizada que não se importaria de ter uma monarquia liberal ou uma república conservadora, mas que se opõe aos extremos de um lado ou do outro, especialmente à tirania que lhes é intrínseca e à desordem que sempre trazem com eles. Esta classe compreende a maioria da gente educada e boa parte da gente semieducada do país, carecendo porém de qualquer espécie de coesão, pois nenhum partido ou corrente política a representa. É, portanto, politicamente inactiva. Vêm depois, como minoria também grande, mas menor do que a atrás mencionada, os republicanos constitucionais, que de uma maneira ou de outra estiveram no poder desde 1910 até 1926, com interrupções algo duvidosas em 1915 e 1918. Estes consubstanciam-se praticamente com o chamado Partido Democrático, embora outros partidos menores tenham gravitado em redor dele. São fortemente coesos — particularmente no caso do Partido Democrático — pela razão bastante simples de que têm por detrás a Maçonaria, com a sua natural força de coesão. Depois desta vêm minorias muito pequenas, cuja influência pode no entanto variar de acordo com a actividade e a inteligência dos elementos que as compõem. A mais forte e activa é a que deriva as suas doutrinas da Action Française, rejeitando porém, nos melhores casos, a parte monárquica, desadequada para o país ou, pelo menos, para o momento. Dessa minoria é exemplo típico o actual primeiro-ministro, o Prof. Salazar. Os monárquicos propriamente ditos, quer dizer, aqueles que colocam a causa monárquica acima de tudo e que são representados, desde a morte do rei D. Manuel, pelo pretendente D. Duarte Nuno, são uma minoria negligenciável entre as minorias, o que não quer dizer que não possam tornar-se perigosos, ou melhor, perturbadores, se não se tiverem os devidos cuidados para os manter fora de posições de influência. A sua causa é uma causa perdida e o seu rei são apenas dois nomes sem sentido para o povo, que tudo o que sabe sobre ele, quando não ignora que ele existe, é que é estrangeiro. Nenhumas subtilezas técnicas que provem que ele o não é adiantariam nada junto daquela parte do país que conta intelectualmente para qualquer coisa. O facto de o seu pai, D. Miguel, dito "II" pelos legitimistas[a], ter lutado na Guerra contra os Aliados, logo contra Portugal, anula, para a maioria das pessoas, qualquer demonstração jurídica que possa ser feita de que ele é português. Se não é estrangeiro, foi todavia um traidor e, nesta perspectiva, o caso não se apresenta melhor.

---

a   Miguel de Bragança, também dito duque de Bragança e D. Miguel II, nascido na Baviera em 1853 e morto em 1927 na Áustria, era filho do rei deposto D. Miguel. Colaborador do imperador Francisco José, participou na ocupação da Bósnia e, com a patente de tenente-marechal-de-campo austríaco, na Grande Guerra. Depois da entrada de Portugal na guerra, Miguel de Bragança terá deixado o exército e passado, como civil, para a Ordem de Malta. Foi pretendente ao trono português desde o reinado de D. Luís, mas em 1920 abdicou a favor do filho mais novo, D. Duarte Nuno, nascido na Áustria em 1907.

A presente Ditadura é apoiada, absolutamente, pela maior minoria, bem como, relativamente, pelas várias minorias conservadoras, o que faz com que ela tenha portanto a seu favor a maioria viva do país. Se, todavia, fossem realizadas eleições democráticas, a minoria mais coesa, isto é, os republicanos constitucionais, mais treinados que estão nos truques e malabarismos das eleições, derrotariam quase com certeza a Ditadura ou, não o conseguindo, caso a Ditadura imitasse as suas tácticas, como a de 1918 fez, ficariam muito próximos da votação da Ditadura. Eles representam, porém, apenas uma minoria da parte politicamente viva da população e uma pequena minoria do povo no seu conjunto.

A Ditadura representa, portanto, uma massa de opinião maior do que aquela que os republicanos constitucionais representam ou jamais representaram. Por outras palavras, de um ponto de vista democrático, ela é perfeitamente legítima. Tal democracia pode ser descrita como orgânica, por oposição à artificial, que é condicionada e exibida pelas urnas, embora esta possa, quando coincidente com a orgânica, ser por isso considerada orgânica também.

Uma coisa, porém, é a democracia e outra o liberalismo. Embora ligados pela origem, não estão ligados pela natureza; por outras palavras, um não implica o outro. O actual governo do Reich alemão é democrático porque baseado numa maioria indiscutível, revelada tanto organicamente como eleitoralmente; mas é um sistema estritamente antiliberal. O governo da Alemanha no tempo de Frederico o Grande era obviamente não democrático, dado tratar-se de uma monarquia absoluta, mas a tolerância natural do rei fazia dele um sistema liberal. O direito de opinião privada e de a expressar não conflitua com uma autocracia quando esta é esclarecida, como o era, pelas suas medidas e as do seu governo, a de Frederico.

Ora, a presente Ditadura pode francamente ser descrita como liberal. À parte a censura à imprensa, que não é muito severa e é principalmente mutiladora dos produtos do desprezível fanatismo político ou da mais que desprezível calúnia política, não há opressão em Portugal. Ninguém é autorizado a conspirar contra o governo ou o país, nem a entregar-se a desportos tão comezinhos como o lançamento de bombas e a provocação de tumultos, mas tais coisas também não são normalmente consideradas expressões de opinião para nenhum efeito aceitável.

DEMOCRACY AND PARLIAMENT   59
[c. 1933]

It is nowadays a common affirmation, especially on the Continent, that there is a crisis of, or at least in, democracy, and that there is crisis of, or at least in, Parliament; and the two phrases are used as if they meant the same thing. Such is not the case.

Leaving aside (for the moment) the question whether either crisis exists, or whether, if it do exist, it is really a crisis that crisis[1] or a crisis which either system reflects, the point is that democracy and parliamentarism are not equivalent terms, nor does each even necessarily connote the other. Democracy means government by mandate of the greater part of the nation, electorally considered. Parliamentarism means the existence of a body of men who control, check or supervise the executive government of the nation. A Parliament may be purely consultative, as in real Absolute Monarchies, for it is still a Parliament. It may be king, as in a Parliamentary Republic, where it makes and unmakes the Executive, from the President downwards. It may be legislative, without controlling the Executive, essentially vested in the King or President, the latter case being that of a Presidential Republic.

It may be sovereign, though not omnipotent, as in the Constitutional monarchies, where, however small the practical power of the King may be, he nevertheless still retains a moral power which no Parliament can attain to.

In all these cases it is really a Parliament, howsoever elected; but in each case it is a different thing.

Balance is the law of sanity, as of health, because it is the law of life.[2]

Only in the case of a Parliamentary Republic, such as France, is there perfect consubstantiation between Democracy and Parliamentarism. There, indeed, either term may be employed to denominate the same thing, and it is in France that the two phrases as to the "crisis" are commonly used. When however the additional phrase "in France" is omitted, as it always is, the issue is confused, because what is particular to France, and to one or two other countries, is given as general to all Democratic and to all Parliamentary systems.

The real fact is that no government, no sane government at least, can exist where there is no check upon it. The nature of the check does not matter: it may be actual, such as a Parliament upon a King or President, or a King or President upon a Parliament; it may be moral and outward, such as that of a King in a highly Royalist nation on a practically omnipotent parliament; it may even be moral and inward, such as high moral principles in a an absolute monarch or dictator. The last is, of course, contingent, but we mention it because it does exist, as with Dollfuss in Austria and Salazar in Portugal.

We cannot go beyond what ethics establishes, said Salazar in Portugal, the man being the check upon the dictator.[3]

France is a dictatorship because there is no check, physical or moral, on Parliament — not even the people who elected it, for there is no Referendum, as in Switzerland.

France is not a Democracy: it is a Parliamentary Dictatorship. The essence of a Dictatorship is that there is no check on the governing power; and Parliament in France is supreme.

The existence of a useless Senate makes things worse, for a fictitious check is worse than no check at all, on the old Tennysonian full-lie half-lie basis.

DEMOCRACIA E PARLAMENTARISMO [TRAD.]

É comum hoje em dia a afirmação, especialmente no Continente, de que há uma crise da, ou pelo menos na, democracia, e que há uma crise do, ou pelo menos no, parlamentarismo; e as duas frases são ditas como se significassem a mesma coisa. Tal não é o caso.

Deixando por agora de parte a questão de saber se essas crises existem ou se, existindo, cada uma dessas crises é realmente uma crise ou o reflexo em ambos os sistemas de outra crise, o ponto é que democracia e parlamentarismo não são termos equivalentes, nem nenhum deles implica necessariamente o outro. Democracia significa governo de um país por mandato da maioria eleitoralmente considerada. Parlamentarismo significa a existência de um corpo de homens que controlam, fiscalizam ou supervisionam o governo executivo do país. Um parlamento pode ser meramente consultivo, como nas verdadeiras monarquias absolutas, pois mesmo aí se trata de um parlamento. Pode ser rei, como nas repúblicas parlamentares, em que o parlamento faz e desfaz o executivo, do presidente da república para baixo. Pode ser legislativo, mas sem controlar o poder executivo, quando este é essencialmente exercido pelo rei ou pelo presidente da república, tratando-se, neste último caso, de uma república presidencial.

Pode ser soberano, embora não omnipotente, como nas monarquias constitucionais, nas quais, por mais pequenos que sejam os poderes práticos do rei, ele ainda conserva um poder moral que nenhum parlamento pode alcançar.

Em todos estes casos se trata de um parlamento, independentemente de como é eleito; mas em cada um dos casos é uma coisa diferente.

O equilíbrio é a lei da sensatez, tal como da saúde, porque é a lei da vida.

Só no caso de uma república parlamentar, como a França, é que há consubstanciação perfeita entre democracia e parlamentarismo. Nesse caso, de facto, qualquer um dos termos pode ser empregado para designar a mesma coisa, e é geralmente em relação a França que as duas frases sobre a "crise" são usadas. Quando, porém, se omite a precisão adicional "em França", como sempre acontece, a questão é confundida, porque aquilo que é específico de França e de um ou dois outros países é entendido como referido a todos os sistemas democráticos e parlamentares.

O facto, na verdade, é que nenhum governo, ou, pelo menos, nenhum governo sensato, pode existir sem ser fiscalizado. Não importa a natureza desse controlo: pode ser um controlo efectivo, como o de um parlamento sobre um rei ou um presidente, ou o de um rei ou presidente sobre um parlamento; pode ser moral e dirigido para fora, como o de um rei de uma nação superiormente monárquica sobre um parlamento praticamente omnipotente; pode ainda ser moral e dirigido para dentro, como os altos princípios morais de um monarca absoluto ou de um ditador. O último caso, obviamente contingente, é aqui mencionado porque ele existe, exemplificado por Dollfuss[a] na Áustria e Salazar em Portugal.[b]

Não podemos ultrapassar o que a ética determina — disse, em Portugal, Salazar, em quem o homem é o moderador do ditador.

A França é uma ditadura porque não há fiscalização, física ou moral, sobre o parlamento — nem sequer exercida pelo povo que o elegeu, porque não existe o referendo, como na Suíça.

A França não é uma democracia: é uma ditadura parlamentar. A essência de uma ditadura é que não há controlo sobre o poder que governa e, em França, o parlamento é supremo.

---

a   Engelbert Dollfuss foi o chanceler austríaco de Maio de 1932 até ao seu assassinato, durante a tentativa de golpe nazi de 25 de Julho de 1934. Salazar tomou posse como presidente do conselho a 5 de Julho de 1932. A referência aos dois situa cronologicamente o texto entre Julho de 1932 e Julho de 1934.

b   A 28 de Maio de 1930, no Discurso da Sala do Risco, Salazar afirmou que a ditadura era "um poder quase sem fiscalização [...] de que facilmente se pode abusar", não sendo bom, por isso, que "a si mesma se proponha a eternidade" (*Discursos e Notas Políticas*, vol. 1, 5.ª ed., p. 64). Dois meses depois, a 30 de Julho, discursando na Sala do Conselho de Estado, Salazar preconizava um "Estado forte, mas limitado pela moral, pelos princípios do direito das gentes, pelas garantias e liberdades individuais" (*idem*, p. 80). A Constituição de 1933 declarava como limites ao poder do Estado a moral e o Direito.

A existência de um senado inútil piora as coisas, porque uma fiscalização fictícia é pior do que nenhuma fiscalização, de acordo com a velha máxima de Tennyson sobre a mentira inteira e a meia mentira.[a]

INTERREGNO

[c. 1933]

It is[1] a common idea that there is an opposition between Dictatorship and Democracy. There is no such opposition. Dictatorship means government by one man or more, without control or with the fictitious control of a parliament really nominated, one way or another, by him or them[2]. Democracy means, radically and simply, that howsoever governs does so by having been elected by the direct votes of the majority of the people. If that majority choose to elect (say) one man[3] to govern and confer on him the mandate of governing or choosing to govern without[4] any parliament, then that man will or easy be[5] a Dictator, and the system will be a Dictatorship, but it will also be a Democracy.

The confusion arises from the fact that, democracy and Liberalism having grown together, each one is considered as necessarily connoting the other. Such is not the case. Democracy has been briefly defined above. Liberalism can be defined as tolerance in action, or active tolerance: it is the principle that every man has the right to his opinion and to the expression of it, under his responsibility for that expression, and within certain natural logical limits[6], concerning which Liberals differ. One thing has therefore nothing to do with the other. One is a political system, the other a system of practical ethics. They do not collide, but neither do they fuse[7].

---

[a] "A lie which is half a truth is ever the blackest of lies" [Uma mentira que é meia-verdade é sempre a mais negra das mentiras] (A. Tennyson, "The Grandmother", 1864).

It is in fact between[8] Liberalism and Dictatorship that opposition normally arises[9], yet even here a distinction must be made. The opposition is not between Dictatorship and Liberalism in themselves, but between Liberalism and the circumstances which make a Dictatorship arise and the attitude such circumstances lead the Dictators to adopt. Dictatorships generally arise out of the anarchic state of a nation, out of a state of civil war, actual or virtual. In such a state, the "expression of opinion" tends to be rioting or revolution, and, that being so, many simply verbal or written expressions of opinion, which in another country might and would lead to nothing, tend to involve the country in disorder. Obviously when a Dictatorship appears, which it will naturally do in such circumstances, the Dictators, even though they personally be Liberals, can hardly allow that liberty of the press and of speech which normally they might be glad to allow. Where free speech means free fighting, free speech has to stop. Whenever free speech may be a danger to the country, it does stop. That is why in time of war press censorship happens in the best regulated nations.

Britons, living in social and political conditions differing from[10] those holding everywhere on the Continent, and differing widely[11] from those holding in most countries, have the habit, which is human but wrong, of appraising those countries in terms of their own. When they hear that a certain newspaper has been suppressed in a certain country, or that censorship of the Press has been set up there, they suppose that it is papers like the normal big London dailies which are being suppressed or censored. They are unaware that a great part of Continental papers, the political ones, papers holding positions of authority upon public opinion, write in a style which would land any British in a prosecution[12] for obscenity, not to speak of several libel actions per column. Scurrility itself becomes elegance when compared with what is there written. If any reader doubt this, he need but read during a week *L'Action Française*, the prominent, influential and intellectual organ of the French

Royalists. When a century ago scurrility was still current[13] in the English press, so was illiberalism in the authorities. It was the time when it was normal to call a Secretary of State a rogue and a scoundrel; but it was also the time when, with everyone's approval[14] Richard Carlile was imprisoned for defending Republicanism, which the country was in no danger of.[15]

Dictatorship, indeed, being government without control, easily leads dictators into acts of political harshness and actual tyranny. But that is rather the case of men, nations and circumstances than of Dictatorship itself. Mussolini and Hitler threw out of their places, throughout all State Departments, every man, in any position of importance, partial to the earlier systems, whether these men had or had not shown any opposition to the new systems. In Portugal, on the other hand, when the Military Dictatorship came in in 1926, and afterwards, in 1932, the Salazar Dictatorship, nothing of the sort was done. Only such officials as afterwards actually plotted or took part in revolts against the Government were, quite naturally, removed. And even these were not many. At the present moment most Heads of State Departments in Portugal, and most Heads of Institutions connected with and responsible to the State, are Democrats[16], whom the former Democratic Governments had appointed. Salazar, indeed, has gone further: he has actually appointed heads of important Departments competent men whom he knows to be politically of the "old style"[17].

INTERREGNO [TRAD.]

É ideia corrente que há uma oposição entre ditadura e democracia. Não existe tal oposição. Ditadura significa governo por um homem ou vários, sem controlo ou sob o controlo fictício de um parlamento realmente nomeado, de uma maneira ou de outra, por ele ou por eles. Democracia significa, radicalmente e simplesmente, que quem governa o faz por ter sido eleito pelos votos directos da maioria do povo. Se essa maioria decidir eleger, por exemplo, um homem para governar e lhe conferir o mandato de governar ou de optar por governar sem qualquer parlamento, então esse homem será, ou facilmente será, um ditador, e o regime resultante será uma ditadura, mas será também uma democracia.

A confusão advém do facto de se considerar que, tendo a democracia e o liberalismo crescido juntos, cada um desses termos implica necessariamente o outro. Tal não é o caso. A democracia foi já concisamente definida acima. O liberalismo pode ser definido como a tolerância em acção, ou tolerância activa: é o princípio segundo o qual todo o homem tem direito à sua opinião e a expressá-la, sob sua responsabilidade e dentro de certos limites naturais ou lógicos, sobre os quais os liberais têm diferentes opiniões. Assim, uma coisa não tem nada a ver com a outra. Uma é um sistema político, outra um sistema de ética prática. Não colidem, mas também não se fundem.

De facto, é entre liberalismo e ditadura que normalmente surge oposição, mas mesmo aí tem que se fazer uma distinção. A oposição não é entre ditadura e liberalismo em si mesmos, mas sim entre liberalismo e as circunstâncias que fazem surgir uma ditadura e a atitude que os ditadores são levados a adoptar por essas circunstâncias. As ditaduras geralmente surgem do estado anárquico de um país, de uma situação de guerra civil, real ou virtual. Nessa situação, a "expressão de opinião" tende a ser tumultuária ou revolucionária e, por isso, muitas expressões de opinião simplesmente verbais ou escritas, que em outros países não poderiam ter ou não teriam quaisquer consequências, tendem a mergulhar o país na desordem. Obviamente, quando uma ditadura aparece, o que naturalmente sucede sempre nas referidas circunstâncias, os ditadores, ainda que pessoalmente sejam liberais, dificilmente permitirão aquela liberdade de imprensa e de palavra que, em condições normais, gostariam de permitir. Quando a liberdade de expressão significa liberdade de hostilidades, a liberdade de expressão tem que ser suspensa. Sempre que a liberdade de palavra pode ser um perigo para o país, ela é suspensa. É por esta razão que, em tempo de guerra, a censura de imprensa aparece nos países mais bem administrados.

Os britânicos, que vivem em condições sociais e políticas diferentes das vigentes em todo o Continente e largamente diferentes das existentes na maioria dos países, têm o hábito, que é humano, mas errado, de avaliar esses países segundo os seus próprios padrões. Quando ouvem que, num certo país, um certo jornal foi suprimido ou que a censura de imprensa foi ali instaurada, supõem que são jornais normais, como os grandes diários de Londres, que estão a ser suprimidos ou censurados. Ignoram que um grande número de jornais do Continente, de carácter político, detendo um estatuto de influência sobre a opinião pública, escreve num estilo tal que faria qualquer redactor britânico ser processado por obscenidade, para não falar de várias acções judiciais por difamação por cada coluna. A própria grosseria parece elegância quando comparada com aquilo que se escreve naqueles jornais. Se algum leitor duvida, só precisa de ler durante uma semana L'Action Française, o órgão preeminente, influente e intelectual dos monárquicos franceses. Quando, há um século, a injúria era ainda corrente na imprensa inglesa, também o era a falta de liberalismo das autoridades. Era o tempo em que era normal chamar vigarista ou patife a um secretário de Estado; mas era também o tempo em que, com a aprovação de toda a gente, Richard Carlile foi preso por defender o republicanismo, que não constituía qualquer ameaça para o país.

Realmente, uma ditadura, sendo um governo sem controlo, facilmente conduz os ditadores a actos de rudeza política e verdadeira tirania. Isso, porém, tem mais a ver com as pessoas, os países e as circunstâncias do que propriamente com a ditadura em si. Mussolini e Hitler expulsaram dos seus cargos, em todos os departamentos do Estado, todas as pessoas que ocupavam posições de importância nos regimes anteriores, quer essas pessoas se tivessem oposto aos novos regimes quer não.[a] Em Portugal, por

---

a   A "Lei de restabelecimento do funcionalismo público profissional", de 7 de Abril de 1933, permitiu a Hitler despedir todos os funcionários que não inspiravam confiança política aos nazis.

seu lado, quando em 1926 surgiu a Ditadura Militar e, depois, em 1932, a ditadura de Salazar, nada de semelhante foi feito. Só foram afastados, muito naturalmente, aqueles funcionários que, em seguida, conspiraram de facto ou tomaram parte em revoltas contra o novo governo. E mesmo esses não foram muitos. Presentemente, a maioria dos chefes de departamentos estatais e muitos dirigentes de instituições ligadas ao Estado ou responsáveis perante ele são democráticos que foram nomeados pelo anterior governo democrático. Salazar, na verdade, foi mais longe: nomeou mesmo, para dirigir departamentos importantes, homens competentes que ele sabe serem politicamente do "velho estilo".

61
[c. 1933]

Publiquei, em Janeiro de 1928¹, um folheto com o mesmo título que o presente. Dou hoje esse escrito por não escrito; escrevo² este para o substituir.

Não quer isto dizer que repudie tudo quanto nele escrevi, ou que o repudie na essência. Parte do que lá está, está aqui também e ainda. O por que o dou por não feito é que, em suas linhas gerais, estuda mal o assunto, e nas particulares o expõe mal.

O título, disse, é o mesmo em um e outro; uso dele porém com diferente propósito. Quando escrevi o outro folheto, em fins de 1927, estávamos ainda longe do Estado Novo e da Nova Constituição, embora já perto, sem que o soubéssemos, da vinda e primeira fase de Salazar. Havia de facto interregno, isto é, a Ditadura era, propriamente uma ditadura de interregno³. Com a votação da Nova Constituição estamos já num regime: o Interregno cessou. Nada importaria, ou importa, o julgar mau o Estado Novo. Existe. O interregno cessou.

Parece, pois, que este folheto deveria ter outro título. Sucede, porém, que nele me proponho estudar as causas do 28 de Maio, o tipo de revolução em [que] se enquadra, e as suas consequências, hoje visíveis, no mesmo Estado Novo. Girando portanto à roda do que se estava obscuramente, e depois claramente, elaborando no interregno 1926-1932 (?). Posso manter o título, porque é verdadeiro. Acresce[4] que não me proponho discutir a Nova Constituição ou o Estado Corporativo; a ambos aceito, por disciplina; de ambos discordo, porque não concordo. Poderia, talvez, intitular o folheto "O Interregno e as suas consequências". Creio porém que os títulos grandes não são títulos, porque são descrições, como os sonetos caudatos não são sonetos, porque têm dezassete versos.

A ditadura[1] do Governo Provisório[a] não foi tanto, quanto parece, uma violação dos princípios liberais e democráticos; foi, em verdade[2], uma violação temporária, e politicamente inevitável, desses princípios, com o fim de os salvar e poder consolidar. Chegados ao poder quase inesperadamente, encontraram os republicanos a máquina eleitoral monárquica plenamente montada, não o estando a republicana senão quase só em Lisboa e seu distrito[3]. Eleições imediatas, ou quase, como aparentemente exigiam os princípios democráticos, redundariam numa maioria monárquica — bem ou mal nascida —, e a situação então seria de gravidade extrema, pois a República[4], a persistir — e os revolucionários não a deixariam cair, como democraticamente se impunha —, persistiria em condições de manifesta ilegalidade. Não poderia haver reconhecimento por parte de qual[quer] outro país.

62
[c. 1933]

Nestes termos, os republicanos tinham forçosamente que abrir a vida do regímen com um período ditatorial, fazendo-o durar o tempo bastante para desmontar a máquina eleitoral monárquica, e montar a própria. Nada importa a significação destas ou aquelas

---

a   Alusão ao Governo Provisório da República, que se manteve em funções desde a revolução de 5 de Outubro de 1910 até 4 de Setembro de 1911, depois de aprovada a nova Constituição.

eleições: são falsos e fraudulentos os resultados de todas as eleições[5] que tem havido em Portugal, monárquicas ou republicanas, com a possível excepção das que elegeram Sidónio Pais para a presidência, e as que, ultimamente, aprovaram o Estado Novo.[6] O que importa é que, se havia que salvar e consolidar a República, ter-se-ia que adiar as eleições e, portanto, de governar em ditadura. Para salvar os princípios havia que suspendê-los.

63
[c. 1933]

O que há de mais curioso na célebre divisa "Liberdade, Igualdade, Fraternidade" é que, pondo de parte a palavra Fraternidade, cujo conteúdo é nulo, a Igualdade e a Liberdade são incompatíveis. Ser livre é poder afirmar a sua personalidade (dentro de certos limites); afirmar a própria personalidade é afirmar-se diferente dos outros; afirmar-se diferente dos outros é não ser igual a eles.

Tanto os dois conceitos se opõem que, onde quer que se queira impor particularmente um deles, desde logo o outro, não só não acompanha o primeiro, não só não fica simplesmente de parte, mas nitidamente se afunda. O século dezanove, reagindo contra velhos sistemas, tirânicos ou considerados tais, afirmou nitidamente a liberdade; o resultado foi uma tão crescente desigualdade que se acabou por um movimento de revolta contra as consequências da liberdade (designadas por capitalismo, etc.) primeiro, contra a própria liberdade por fim. O burguês baseava a sua superioridade social na liberdade, não no privilégio como as antigas aristocracias. Contra o "burguês" se têm revoltado os chamados proletários, do mesmo modo e no mesmo sentido que os nazis contra os judeus. Acusam os nazis aos judeus de se terem apoderado de grande parte da sociedade. Os judeus, porém, fizeram-no em virtude de haver livre concorrência. Foi o que sucedeu aos burgueses. Nada, no actual regímen económico, obsta a que um proletário, um camponês, abra caminho na vida, suba aos mais altos cargos do estado — excepto, naturalmente, ao supremo numa monarquia. Há, sim, dificuldade em que[m] nada vale subir a qualquer posição. A quem não vale[,] o dinheiro serve, de facto, e até certo ponto, de valia. São esses casos que estimulam a revolta, mas, no fundo, ela tem outra origem — a inveja dos inferiores aos privilegiados pela natureza, que não pela sorte.

Assistimos à revolta da ideia da igualdade contra a ideia da liberdade. Não haveria mal especial nisso se não fosse que é na liberdade que as civilizações se baseiam, pois a liberdade produz e estimula a desigualdade, e a desigualdade é a lei natural, a própria face da Natureza.

O igualitarismo pode invocar os fundamentos que quiser, menos um — a ciência, ou a Natureza. A sua base é mística e idêntica, em absoluto, à do cristianismo — substituir a Natureza por uma coisa sobrenatural. Para o igualitário, como para o cristão, a Natureza é o mal, o que há que substituir, eliminar ou contrariar.

Characteristics of the Dictator:

64
[c. 1933-1935]

(1) a limited vision of reality, hence, indeed, good results where the limited part of reality seen coincides with a problem which must be solved.

(2) an inordinate vanity, natural (M[ussolini], H[itler]) or induced (S[alazar]), and

(3) a sense of power as a duty[1], instead of as a ◊[2]

Whether a dictatorship goes right or wrong depends on many factors, for a dictator may be all[3] I have said yet his work may, for some reason or reasons, fit the moment or the times.

When a nation really needs[4] a dictator, it is a sign that it is diseased, and the dictator, even if (at the best) he[5] cures indeed (he generally cures only superficially or in part or prepares the nation for a cure), is still a part of the disease, because a product thereof. No one can deny that M[ussolini], H[itler] and S[alazar] are unbalanced characters — the first two of what[6] we may call the centrifugal sort, the third of what we may call the centripetal one.

The sense of absolute power does no man good, and it does him the less good the less he has been used to power, absolute or not. That is why, of all absolute power men, an absolute king, if to the manner born, is generally the mildest.[7]

[TRAD.] *Características do Ditador:*
(1) uma visão limitada da realidade, daí, de facto, bons resultados quando a parte limitada da realidade que é vista coincide com um problema que tem que ser resolvido.
(2) uma vaidade desmesurada, natural (M[ussolini], H[itler]) ou induzida (S[alazar]), e
(3) um sentido do poder como dever, e não como ◊
Saber se uma ditadura actua acertadamente ou erradamente depende de muitos factores, pois um ditador pode ser tudo o que eu disse, mas a sua acção pode, por alguma razão ou razões, adequar-se ao momento ou aos tempos.

Quando uma nação realmente necessita de um ditador é sinal de que está doente e o ditador, mesmo que, no melhor dos casos, cure realmente (geralmente cura só superficialmente ou parcialmente ou prepara a sociedade para uma cura), é ainda parte da doença, porque seu produto. Ninguém pode negar que M[ussolini], H[itler] e S[alazar] são caracteres desequilibrados — os primeiros dois da espécie que podemos chamar centrífuga, o terceiro da que podemos chamar centrípeta.

O sentimento de poder absoluto não faz bem a nenhum homem e faz--lhe tanto menos bem quanto menos ele esteja acostumado ao poder, absoluto ou não. É por isso que, de todos os homens de poder absoluto, um rei absoluto, se para isso vocacionado por nascimento, é geralmente o mais brando.

DICTATORSHIP

65
[c. 1933-1935]

Study of Staline (or Lenine)
      Mussolini
      Salazar
(Common points (1) materialism, (2) anti-individualism, (3) ◊ .)
Circenses sine pane. (Hitler, Salazar)

DITADURA

[TRAD.]

Estudo sobre Staline (ou Lenine)
      Mussolini
      Salazar
(Pontos em comum (1) materialismo, (2) anti-individualismo, (3) ◊ .)
Circenses sine pane.[a] *(Hitler, Salazar)*

D[ITADU]RAS[b]

66
[c. 1933-1935]

The hatred of the individual, because they are enemies of liberty and liberty, if not individual, is nothing; the hatred of intelligence, because intelligence discusses, and they do not want to be discussed; the hatred of humour because they are serious and sad and humour is to them a personal foe.

---

a   Circo sem pão.
b   No início dos anos 30, Pessoa tinha um projecto de ensaio intitulado *Ditaduras* (Pizarro, 2009, p. 374).

All dictators are unhumourous, because a sense of humour preserves a man from that maniac confidence in himself by the which he promotes himself dictator.

[TRAD.] D[ITADU]RAS

O ódio ao indivíduo, porque eles são inimigos da liberdade e a liberdade, se não for individual, não é nada; o ódio à inteligência, porque a inteligência discute e eles não querem ser discutidos; o ódio ao humor, porque eles são sérios e tristes e o humor é para eles um inimigo pessoal.

Todos os ditadores são falhos de humor, porque um certo sentido de humor preserva um homem daquela maníaca confiança em si próprio pela qual ele se promove a ditador.

67 DICTATORSHIPS.
[c. 1933-1935]

They are naturally inhibited from considering the mind as a reality because the mind is of the individual, and they are anti-individualistic; because the works of the mind are generated through liberty, and they are anti-liberal; because the mind is foreign, if not opposed, to all that is regular, administrative and ◊, and they are men of regularity, of administration, of things set, ◊

[TRAD.] DITADURAS.

Eles são naturalmente inibidos de considerar o espírito como uma realidade, porque o espírito é individual e eles são anti-individualistas; porque os produtos do espírito são gerados em liberdade e eles são anti-liberais; porque o espírito é alheio, se não oposto, a tudo o que é regular, administrativo e ◊, e eles são homens de regularidade, de administração, de coisas estabelecidas, ◊

Hitler — His very moustache is pathological.
   lack of sense of humour

68
[c. 1932-1935]

Hitler — O seu próprio bigode é patológico.
   falta de sentido de humor[a]

[TRAD.]

Russia... ◊
   In Italy the intellectuals[1] were against the fascist system from the outset. It was clearly a tyranny from the outset. In Portugal, the intellectuals which at first [were] either politically indifferent or even favourably[2] disposed to the Dictatorship, have[3] gradually been pushed and pressed into the opposition. No intellectual of any real standing, that is to say, of any standing which is both moral and intellectual, lives now in the shade of the[4] drowsy fascism of Salazar.

69
[c. 1933-1935]

"They had many faults, but we could swear at them. We might be indignant, but we were free."

A Portuguese writer once put down in a private letter ◊. In fine, the type of the perfect scoundrel.

---

a   A falta de sentido de humor era, para Pessoa, um sintoma psicopatológico. Ver Pessoa (2006a, p. 92).

"[...] THE DROWSY FASCISM OF SALAZAR." (TEXTO N.º 69)

Rússia... ◊ [TRAD.]
Em Itália os intelectuais estiveram desde o começo contra o regime. Foi claramente uma tirania desde o começo. Em Portugal, os intelectuais que eram a princípio politicamente indiferentes ou mesmo favoravelmente dispostos para com a ditadura, foram sendo gradualmente pressionados e empurrados para a oposição. Nenhum intelectual realmente conceituado, isto é, conceituado tanto moral como intelectualmente, vive agora à sombra do fascismo sonolento de Salazar.

"Eles podiam ter muitos defeitos, mas nós podíamos dizer mal deles. Podíamos estar indignados, mas éramos livres."
Um escritor português disse uma vez numa carta privada ◊. *Em suma, o tipo do perfeito patife.*

Dispamos de seus trajes particulares, com que só se diferençam (entre si), estas manifestações diversas, e aparecerá um mesmo fundo, o mais ignóbil de todos — a revolta da espécie contra o indivíduo, o ciúme do geral contra o particular[1]. Sovietes, comunismo, fascismo, nacional-socialismo — tudo isso é o mesmo facto, o predomínio da espécie, isto é, dos baixos instintos, que são de todos, contra a inteligência, que é do indivíduo só.

Não se trata de sistemas políticos, nem de sistemas de qualquer espécie: trata-se da liberdade de a alma pertencer a quem a tem, de, dado a César o que é de César, poder dar a Deus o que é de Deus. César hoje, sob várias formas, reclama o que é de Deus. Negue-se-lhe.

O indivíduo, em sua carne e osso de alma, é que é a realidade: a nação é um mito natural, e humanidade nem sequer um mito, porque é simplesmente uma mentira. Não há humanidade, excepto[2] em zoologia[3] ou em religião — a espécie humana ou a igualdade dos homens, em si desiguais, perante Deus.

70
[c. 1932-1935]

71
[c. 1933-1934]

As qualidades mentais e morais necessárias para a conquista do poder político, ou tendentes a essa conquista, são inteiramente diferentes daquelas necessárias para governar o Estado. Pode dizer-se, até, que mais se podem ter por opostas que por sequer análogas[1]. Pode haver, é certo, um ou outro homem que ambas reúna, como pode haver quem seja, ao mesmo tempo, filósofo e atleta; mas em ambos os casos se trata de uma excepção, e os dois tipos ou grupos de qualidades permanecem diferentes e até opostos.

São três as maneiras de conquistar o poder: a astúcia e a intriga, nos regímenes autoritários, como a monarquia absoluta; a eloquência e a capacidade de persuasão, com a concomitante capacidade de mentir, até a si mesmo, para melhor mentir aos outros, como nos sistemas democráticos; e a violência, nos regímenes impostos revolucionariamente, sejam eles de que tipo forem.

Destes três tipos de qualidades, a astúcia e a intriga, ou, antes a habilidade de empregá-las, são qualidades em certo modo úteis no governo do Estado, sobretudo nas relações externas e naquelas internas que com essas se assemelham (como as relações com os diferentes sectores de opinião e seus chefes). A capacidade de comandar revolucionariamente pode implicar ou não uma vantagem no governo; depende do género de revolução que se comandou. Se a revolução foi espontânea, profunda, realmente popular — um motim em ponto enorme —, como a Revolução Francesa, então o seu dirigente ou dirigentes, não tendo sido mais que dirigentes ocasionais, nenhuma qualidade têm, como tais, que sirva em qualquer modo para o governo dos Estados. Se a revolução é só da superfície, feita por uma minoria organizada num país desorganizado, apático e servil, então os organizadores da revolução algumas qualidades têm que há que ter o homem de governo: são, pelo menos, chefes e organizadores. Tal foi, em ponto pequeno, a nossa Revolução de 5 de Outubro; tal foi, em ponto grande, a Revolução Bolchevista. Em ambos os casos[2] a maioria do país era monárquica, sendo apenas, republicana num caso, comunista no outro, a minoria mais bem organizada; tendo a primeira como espinha dorsal a Ordem Maçónica, a segunda por principal esteio as organizações secretas judaicas. Não quer isto dizer que não fossem inevitáveis ambas revoluções; quer simplesmente dizer que não partiram do âmago da nação, mas, propriamente, do estado ou condição da nação. O certo, porém, é que os homens saídos, para governar, desses dois movimentos, realmente governaram com certas qualidades. No caso da Rússia, povo passivo e com hábitos de escravo, o caso correu com mais perfeição, dada a unidade ou quase-unidade de chefia, e a concordância quase total, e praticamente total, entre os chefes. Em Portugal, país a que noventa anos de liberalismo[3] haviam dado já outra mentalidade, o caso nem se passou, nem se poderia passar, assim. Não havia, em primeiro lugar, um chefe incontestavelmente supremo. Se, por exemplo, todo o poder tivesse ficado — real quando não aparentemente — nas mãos de Afonso Costa, o país teria sido bem governado e administrado. De nada, ou de pouco, são realmente culpados Afonso Costa, António José[a] e Camacho[b]; a sua verdadeira falha é que eram três e não um. E acresce que a emergência para o primeiro plano, sucessivamente, de personagens até ali do segundo, reflexo da cisão na chefia, e efeito de ambições de várias espécies que se tornavam realizáveis, mais complicou o assunto — e esses recém-vindos, ou recém-vindos ao plano do governo, nada haviam chefiado na propaganda, nada haviam organizado, de importante pelo menos, dentro do Partido. O único período útil na vida governativa da República Constitucional foi o Governo Provisório; é que nele a cisão na chefia não estava mais que esboçada, e que decidiu, e muito bem, governar em ditadura, contra os seus princípios fun-

---

[a] António José de Almeida.
[b] Manuel de Brito Camacho.

damentais — os princípios a cuja sombra haviam pregado[4] e feito a revolução e conquistado o poder.

É curioso, e oposto, o caso do 28 de Maio. Este foi, como a Revolução Francesa, uma Revolução Nacional, saída deveras do âmago da nação, diversamente vítima, e diversamente revoltada contra, a quase plena anarquia[5], de rua a cabeça, em que o desmanchamento dos partidos e a eclosão de novos desconhecidos tinham lançado o país. Análogo à Revolução Francesa em carácter, embora diverso em realização — visto que era um movimento contra-revolucionário —, o 28 de Maio tinha forçosamente que resultar numa situação caótica. Revolução espontânea (pouco importa que a executasse o Exército, pois alguém, algum grupo, havia de ser o mandatário instintivo da Nação) não trazia consigo programa algum. O Chefe que trouxe, grande figura de soldado, foi um chefe inteiramente ocasional; não conspirou, revoltou-se, como ele muito bem disse. Nada tinha organizado do que comandou. O período entre 28 de Maio de 1926 e 27 de Abril de 1928 — a vinda de Salazar ao poder — é talvez dos períodos mais perigosos para a Nação que ela tem tido em sua longa vida. Não por este ou aquele elemento externo ou visível, mas pela surda confusão, pela permanência, sob forma diferente, da anarquia que o 28 de Maio viera para extinguir, sem saber como. O pior evitou-se logo de início, com a entrega ao General Carmona da chefia da Nação. O seu grande prestígio mantinha, ao menos, a seu lado a maior parte da Força Armada[6]. Assim — e ainda assim com violentas interrupções como o 7 de Fevereiro[a] — se manteve a ordem na rua, por pouco que ela se mantivesse nos espíritos. Outras figuras de prestígio, como o Coronel Passos e Sousa, firmavam, ao menos, os alicerces da defesa da ordem. No resto, porém, confusão: a Revolução Nacional continuava sem ideias, pois não eram

---

[a] A revolta contra a Ditadura iniciada no Porto, em 3 de Fevereiro de 1927, e continuada brevemente em Lisboa, em 7 de Fevereiro, quando no Porto já havia sido esmagada.

suas as dos integralistas — as únicas com sistema e coerência, mas de um grupo reduzido e, [com] razão ou sem ela[7], detestado, ou por monárquicos, ou por católicos, ou por antidemocráticos[a], pela grande maioria da Nação.

A vinda de Salazar trouxe enfim o Chefe de Acção Nacional. Gradualmente se sentiu a sua chefia. Foi primeiro um prestígio de pasmo, pela diferença entre ele e todas as espécies de chefes políticos que o povo conhecesse; um prestígio psicológico, sim, antes de mais nada, porque o que primeiro se descobriu de Salazar, à parte o seu carácter ascético (traço que, de per si, não dá prestígio, mas geralmente reforça o que outras qualidades imponham), é que era, ao contrário dos vulgares chefes políticos, um homem de ciência, de trabalho e de poucas palavras, e, ao contrário dos portugueses vulgares[8], incapazes de pensar claramente e de querer firmemente, um espírito excepcionalmente claro, uma vontade omnimodamente forte. Veio depois o prestígio administrativo, do financeiro — prestígio que o povo, incapaz de criticar ou perceber uma obra financeira — imediatamente aceitou por virtude do prestígio já dado. Por fim, mais tarde, atraindo já certas classes cultas que ficaram um pouco retraídas, veio o prestígio do chefe político, do organizador da Constituição e do Regímen Corporativo. Muito embora se não concorde com uma e outro, as classes para quem por ambos Salazar se prestigiou são classes que não ligam necessariamente a admiração à concordância. Por mim falo, que dessa classe sou.

É evidente que por "povo" entendo a massa geral da Nação — a que não está enquadrada num partido político, subservientemente. Desde que alguém entra para um partido político, deixa de ser povo para ser político. Quando dizemos, por exemplo, "o povo inglês", entendemos, não os indivíduos firmemente filiados nos partidos políticos (são muito poucos, em relação ao país, pois os

---

a   Entenda-se: ou *por serem* monárquicos, ou *por serem* católicos, ou *por serem* antidemocráticos.

partidos políticos ingleses são simples "directórios" e não partidos no nosso sentido), mas aquela massa não filiada que, oscilando em suas opiniões ou tendências, ora vota quase em peso nos laboristas, ora quase em peso, passa a votar nos conservadores.

Como certo comerciante meu amigo, homem fora de literaturas, que nunca ouvira um verso meu e o não compreenderia se o ouvisse, várias vezes afirmou ser eu um grande poeta — isto porque o ouviu a alguém literário e (inconscientemente para ele) eu lhe fazia muito bem a sua correspondência estrangeira. Havendo um prestígio que se sinta e entenda, todos os outros prestígios, ainda do que não [se] entenda ou sinta, naturalmente se lhe ajuntam, logo alguém comece a dizê-los.

Em outras palavras, Salazar é considerado um grande financeiro por ser um homem de inteligência clara e de vontade firme. Não é lógico, mas é humano, e entre os homens é o humano que vinga.

Quando um homem tem como habilidades marcantes aquelas que mais notavelmente faltam ao povo a que pertence, o seu prestígio é imediato, embora seja, talvez, sempre um prestígio frio e constrangido — um prestígio intelectual, sem elemento emotivo.

72
[c. 1933-1935]

A clareza da inteligência, a firmeza da vontade, a aptidão[1] para o trabalho e o esforço, a precisão no que se pensa e se executa — todas estas qualidades nada têm em si de moral. São méritos, não são virtudes. O que importa, moral e socialmente, é o em que se empregam, é quais as forças morais a cujo serviço são postas. A clareza da inteligência é necessária a um estadista? É-o também a um burlão. A firmeza de vontade é a condição de uma grande obra política? É-o também de um crime longamente premeditado. A aptidão para o trabalho e o esforço é essencial a um homem de acção? Um traidor à pátria, se assídua e persistentemente a trai, é um bom homem de acção. A precisão no que se pensa e executa é apanágio de um grande artista[2], de política ou das artes ou das letras? Não o é menos de um grande artista de gravura e impressão de notas falsas, de um eminente falsificador de assinaturas.

Estamos nisto como na velha história das *qualidades de chefe*. As qualidades de chefe residem num obscuro fundo subconsciente, a que não há remédio senão chamar magnético, pelo qual o indivíduo tem a arte, instintiva e até involuntária, de agir sobre grupos, como aqueles grandes hipnotizadores que sabem estabelecer sugestões, ilusões, alucinações, colectivas. O que se pergunta é: chefe de quê? chefe para onde?

Todas essas qualidades periféricas, quanto ao seu valor moral e social, são como os músculos, a força física, que tanto podem servir a obra útil de um trabalhador honesto, como o esforço inofensivo de um ginasta, como a violência e a animalidade de um assassino.

Essas qualidades que são méritos mas não virtudes, se naturalmente[3] as admiramos, todavia as não respeitamos instintivamente. O amoral, no sentido de o não-moral, não é susceptível de respeito.

A TRAIÇÃO DOS DEMOCRATAS.

[c. 1934]

De há tempos para cá, e sobretudo desde que começaram a estabelecer-se em Europa os regímenes chamados de autoridade[1], os democratas iniciaram uma obra de traição — de traição ao liberalismo. Em outras palavras, os democratas passaram a ser reaccionários.

A Traição dos Democratas.
_____

De ha tempos para cá, e sobretudo desde que começaram a estabelecer-se em Europa os regimens de chamados de autoridade, os democratas iniciaram uma obra de traição — de traição ao liberalismo. Em outras palavras, os democratas passaram a ser reaccionarios. Um facto o denuncia claramente — a tendencia dos democratas presentes para sympathisar com o communismo, quando não ~~podem~~ effectivamente o apoiar.

~~Em certa modo~~ Provém isto, em certo modo, de uma incapacidade de pensamento claro e coherente, que não permitte que se ~~ete~~ veja a identidade fundamental do communismo e do fascismo, o seu anti-liberalismo commum; mas procede tambem

«A TRAIÇÃO DOS DEMOCRATAS." (TEXTO N.º 73)

Um facto o denuncia claramente — a tendência dos democratas presentes para simpatizar[2] com o comunismo, quando não para efectivamente o apoiar[3].

Provém isto, em certo modo[4], de uma incapacidade de pensamento claro e coerente, que não permite que se veja[5] a identidade fundamental do comunismo e do fascismo — o seu antiliberalismo comum; mas procede também ◊
Os reaccionários da esquerda.

Um democrata intolerante e sanguinário — ele mesmo se declarou intolerante, pois se disse antiliberal, e se provou sanguinário — como Manuel Azaña[a], esse Torquemada de um esquerdismo de carteiristas[6].

É que a democracia, como é um meio de conquistar o poder, é um meio de ganhar a vida; ao passo que o liberalismo, que não é mais que o respeito pela individualidade dos outros, sem votos que obtenha nem parlamentos que eleja, ou finja que elege, não rende nada.

Na materialidade[7] crescente da vida hodierna, no desprezo consequentemente maior pelo espírito e portanto pelo indivíduo, a democracia de hoje dispensa o liberalismo, como a um fardo moral, e exige para si os mesmos direitos de opressão e de tirania que são mais natural apanágio dos governos autoritários.

Nós, os liberais, teremos pois que ser antidemocratas. Porque a essa democracia anti-individualista e anti-homem — já esboçada no chamado socialismo — opomos, como (salvo seja) Pio IX, o nosso formal *Non possumus*.[b]

[a] Manuel Azaña (1880-1940), ministro da Guerra (1931) e primeiro-ministro (1931-1933) da Segunda República espanhola. Em 1934 foi detido sob a acusação de ter instigado os acontecimentos revolucionários das Astúrias e Catalunha, mas foi depois absolvido. Libertado em Janeiro de 1935, Azaña iniciou uma campanha que levou à criação da Frente Popular e à vitória desta nas eleições de 16 de Fevereiro de 1936. Em Maio de 1936 foi eleito presidente da República, cargo que desempenhou durante a guerra civil.
[b] *Non possumus*: não podemos. Nome vulgarmente dado à política de intransigência de Pio IX em relação ao poder secular, na sequência da sua recusa de união de Roma com Itália.

Os reaccionarios da esquerda.

Um democrata intolerante e sanguinario — elle mesmo se declarou intolerante, pois se disse anti-liberal, e se provou sanguinario — como Manuel Azaña, *digam* esse Torquemada de um esquerdismo de anarchistas corrupto.

———

É que a democracia, sem ser um meio de conquistar o poder, é um meio d'o ganhar e infligir ao povo; que o liberalismo, que não é mais que o respeito pela individualidade dos outros, sem voto que atinja nem parlamento que eleja, não rende nada.

Na materialidade crescente da vida hodierna, os desprezos consequentemente maiores pelo espirito — postos pelo individuo, a democracia de hoje dispensa o liberalismo, como a um fardo moral, e exige para si os meros direitos de oppressão e de tyrannia que são mais natural apanagio dos *presentes* governos autoritarios.

Nós, os liberaes, teremos pois por ser anti-democratas! Porque a era de —

"A TRAIÇÃO DOS DEMOCRATAS." (TEXTO N.º 73)

Lisboa, 28 de Janeiro de 1934.

Exmo. Sr. Director de *A Voz*[a]:

Apesar de leitor assíduo de *A Voz*, só hoje, em releitura dominical, deparei o *suelto* "A Maçonaria na Alemanha", publicado em 24 de Janeiro.

Vejo que esse jornal se regozija de que o Ministro-Presidente da Prússia tenha "intimado a dissolução" a três das várias Obediências distintas por que está dispersa a Maçonaria da Alemanha. Duas dessas três (rectifico as designações de *A Voz*) são a *Grande Loja Mãe Nacional dos Três Globos*, que data de 1749, e a *Real York de Amizade* (aliás *Grande Loja da Prússia*), que data de 1798. A terceira, ao que leio, é uma *Ordem Cristã Germânica*, que não sei o que seja, mas que, pelo nome, deve ser um sistema de Altos Graus, ou um Alto Grau solto, como, por exemplo, a *Ordem do Sacro Real Arco*, ou a *Ordem Real da Escócia* (na qual, diga-se de passagem e por curiosidade, foi há pouco iniciado o Príncipe de Gales).

Ora as duas Grandes Lojas citadas (foi erro o chamar-lhes simplesmente Lojas) têm a particularidade, que as distingue de toda a mais Maçonaria regular[1], de não admitir senão cristãos; e da terceira entidade, seja ela o que for, vê-se, por seu mesmo nome, que é cristã também.

Como não consta que tenha sido "intimada a dissolução" a qualquer outra Obediência alemã, ou só prussiana, vê-se que o ataque nazi é dirigido exclusivamente contra a parte cristã da Maçonaria germânica. E está certo que o seja. Há nisso inteira coerência com os princípios baixamente pagãos que confessadamente animam ao hitlerismo, como ao fascismo, como ao bolchevismo — a tripla prole do Anti-Cristo.

---

[a] O director de *A Voz*, o católico e monárquico maurrasiano Fernando de Sousa, apoiante algo crítico do regime de Salazar, era um velho combatente antimaçónico e destacado apologeta do catolicismo. Em 1935, apoiaria a lei que extinguiu a Maçonaria em Portugal, lei contra a qual Fernando Pessoa tomaria posição com o seu artigo "Associações Secretas".

Não compreendo, portanto, como é que *A Voz,* suficientemente a par d'estes assuntos, e jornal manifestadamente cristão, possa regozijar-se com o haver mais uma ofensiva, só aparentemente antimaçónica, do espírito inimigo do Cristo. Esse espírito — sabe-o bem V. Exa. — é mais subtil do que muitos cuidam, e usa de formas e de modos mais proteicos que os do camaleão, o qual, humilde animal, não muda senão de cor.

Os benefícios notáveis, que provieram do nazismo, no que antimarxista; do fascismo, no que anticomunista; do mesmo sovietismo, no que contra-estagnante, não devem fazer esquecer o que de igual se infiltrou, por influxo superior e direcção meditada, em esses três movimentos. E esse elemento subtil e insinuado, superiormente comum àqueles três modos sociais, é o repúdio do Cristo e a negação do que Ele representa.

Concordo com *A Voz: non praevalebunt...*[a] Mas então porque prestar-lhes o apoio, ainda que platónico, do louvor?

De V. Exa.,
respeitosamente,
UM IRREGULAR DO TRANSEPTO[b]

75
[c. 1934]

Dizia Hume, cujas simpatias pela democracia e pelos governos populares eram acentuadamente negativas, que todo governo, ainda o mais despótico, tem que basear-se na opinião pública. A frase é não

---

a *Non praevalebunt*: (as portas do Inferno) não prevalecerão (Mateus, 16:18). É um dos dois lemas inscritos no cabeçalho do diário *Osservatore Romano* da Santa Sé, sendo o outro *Uniquique suum*: a cada um o seu.

b Com esta assinatura, o anónimo autor da carta parece pretender sugerir que não é maçon, mas que foi iniciado numa ordem (aludia presumivelmente à Ordem Templária) de forma *irregular*, isto é, por leituras e contacto directo com um mestre — o que coincide com o teor de vários escritos de Pessoa de 1935.

só insuspeita mas exacta. Um governo de força tem forçosamente que ter prestígio para poder ter e manter a força; tem forçosamente que ter a opinião pública para poder ter prestígio, pois o prestígio não é mais que a opinião favorável, admirativa, do público.

Há agora que considerar o que quer dizer esta expressão "opinião pública". Não quer[1] dizer, evidentemente, a opinião unânime do público, pois a opinião[2] unânime do público é uma impossibilidade humana e portanto física.

Nem quer necessariamente dizer, democraticamente, a opinião da maioria do público, pois, à parte a maioria[3] do público não ter propriamente "opinião", deriva[4] a opinião que tem — seja instintiva ou pensada — da influência que recebe de quem perante ele tem influência ou prestígio. Nos tempos em que, à parte os judeus, o povo português era, na sua enorme maioria, de "opinião" católica, era porque a Igreja de Roma, através dos seus sacerdotes, historicamente[5] lhe incutira, e continuava sempre incutindo, essa "opinião". Nesses tempos, portanto, e[6] em matéria religiosa, que é a que está servindo para exemplificação, e ainda em matéria derivada da religiosa, "opinião pública", em Portugal, queria simplesmente dizer a opinião da[7] Igreja de Roma e dos seus sacerdotes. A opinião pública, ao contrário[8] do poeta, não nasce: faz-se.

"Opinião pública" quer pois dizer, na realidade e na prática, a opinião do grupo ou sector social com mais influência sobre a maioria[9] do público. Parte, em geral, de um reduzido grupo de homens de inteligência ou de prestígio, ou de ambas as coisas, e vai, de grupos maiores em maiores, espalhando-se pelo povo inteiro. Muitas vezes — quase sempre[10], excepto em coisas muito simples — vai sofrendo[11] transformações de grupo em grupo até ser, frequentemente, irreconhecível pelos seus originadores quando atinge a amplitude popular. É[12] assim que o misticismo humanitário de um Rousseau ou a tolerância e o liberalismo de um Voltaire vieram a rebentar nas praias da selvageria, da intolerância e da tirania da Revolução Francesa. Mais pavorosa é a transmutação da doutrina do Evangelho, que com justeza[13] se pode resumir nas palavras "Liberdade, Igualdade, Fraternidade", no antiliberalismo, o hierarquismo interno e externo, e a intolerância com os quais, e com cujos efeitos, costuma brindar-nos, sempre que pode, a Igreja Romana.

Ora para que um princípio, por filosoficamente pensado que seja, possa chegar de algum modo ao grande público, é forçoso que contenha — é intuitivo — três elementos: que seja, no fundo, relativamente simples e fácil de compreender, embora inexactamente, e para isso será, além de simples, vago; que inclua um elemento emotivo, pois o grande público não pensa com a cabeça mas com o coração, ou, se se preferir, não pensa com a cabeça senão com o auxílio do coração; e que inclua o que chamarei "um elemento *social*", pois[14] o grande público é gregário.

Sirva de exemplo a ideia de Deus, em que grande parte da humanidade crê. Em si mesma, é uma ideia metafísica, inteiramente incompreensível salvo para[15] espíritos com a capacidade de pensamento abstracto. É porém simples[16]: a ideia de um criador do mundo e dos homens é acessível a toda a gente pela sua perfeita[17] analogia com a ideia de pai. É simples e vaga: que haverá de análogo, para além da ideia simples e geral, entre o conceito que um filósofo tem de Deus e a que tem um campónio?[18] Tem um elemento emotivo, o de protecção, o de amor de pai, através do qual fala ao coração. Tem um elemento social, pois esse pai o é *de todos* e através dessa crença cada homem se sente ligado aos outros — ou só adentro da própria raça, como entre os judeus, em que para todos os efeitos sociais[19] Deus é o Deus só de Israel ou, como no cristianismo (teórico), à humanidade inteira[20], sem distinção de sexo, cor, classe ou casta.

Referem frequentemente os reaccionários que as palavras dos liberais[21] não significam claramente qualquer coisa. Assim, perguntam, que sentido tem a palavra "liberdade"? Como a entendem, por ser simples, os simples, não tem sentido algum preciso; de aí a sua energia como ideia-força. Assim como através da analogia com a ideia familiar[22] de pai qualquer crente em Deus compreende a palavra Deus, assim também[23] através da analogia com a liberdade física — não estar atado, não estar na cadeia, etc. — qualquer crente na Liberdade[24] entende esta[25] palavra.

Quando um princípio se estabeleceu entre o grande público, e sobretudo quando já vem de há muitas gerações, e assim se tornou instinto, não é possível desenraizá-lo, ou ir contra ele sem risco, a não ser conseguindo substituir-lhe, ou opor-lhe, um outro princípio, ou igualmente instintivo, que porventura latentemente se lhe contraponha, ou que contenha em si um grande poder humano, capaz de ir buscar à alma de todos a força com [que] suplante o princípio existente. E, ainda assim,[26] quanto custa, quase sempre, impor o novo princípio!

Nada há que mais directamente possa atrair a alma do homem do que a ideia de liberdade. E quanto tempo, em toda a parte, custou a levar esse princípio a suplantar a soma de princípios reaccionários[27] que séculos de hábito haviam enraizado na alma dos povos!

Quando Mussolini e Hitler quiseram suplantar o princípio liberal[28], serviram-se do princípio patriótico, isto é de um princípio igualmente enraizado e instintivo, e, com razão ou sem ela, com êxito ou sem êxito, opuseram-no, e constantemente o opõem, ao princípio liberal. A presença abundante, visível, do comunismo em ambos os países deu-lhes, a um [e] outro, o azo com que começassem a tarefa, porque lhes deu o apoio, pelo menos inicial, de grande parte da opinião e predominantemente da burguesa. E tiveram ambos o cuidado — porventura intuitivo — de opor, de início, esse princípio patriótico, não ao liberalismo, com o qual não colide, mas ao comunismo, com que colide essencialmente. O ataque inicial aos princípios liberais não obteria grande êxito junto das forças burguesas, neles nascidas, criadas e educadas.

Ora é esse o problema que em toda a parte confronta os chamados governos de chamada autoridade. De que[29] princípio susceptível — e como — de enraizamento no grande público vão eles servir-se para destronar na alma deste, o liberalismo que nela se radicou?

Há três princípios, de possível enraizamento, que podem ser contrapostos ao liberalismo — o sentimento patriótico, mas é mister fazer compreender que é oposto ao liberalismo; o anticristianismo[30], com a demonstração — que não é muito difícil mas não sei se será muito aceitável — de que o liberalismo é um produto de origem cristã; o materialismo, com a demonstração — não inteiramente fácil nem útil — de que foi o liberalismo que, servindo principalmente a burguesia, etc., etc., deu às classes proletárias a sua situação económica de inferioridade[31]. Não têm os governos de autoridade mais recursos de que se sirvam para desenraizar o liberalismo do povo[32].

Provar, e levar a prova até ao grande público, que pátria e liberdade (individual)[33] são conceitos opostos não é fácil. O mais humilde homem do povo[34] não consegue compreender que para defesa da Pátria e grandeza dela é mister proibir os escritores de falar do nariz de Cleópatra.

Provar, e levar a prova até ao grande público, que o cristianismo é uma religião de débeis e de escravos, e que o liberalismo é um produto cristão, será coisa[35] talvez possível na Alemanha ou na Rússia, mas que não oferece grande facilidade fora desses países amantes da força, porque o ideal é o contrário do que somos, e um é um país de submissos e o outro um país de escravos. E o pior é que o liberalismo, se é derivado do cristianismo, é-o da moral, e não do dogma, cristão, e a irreligiosidade moderna, se repugna o dogma cristão, não repugna, antes exalta, a moral que essa religião estabeleceu, aliás sincreticamente.

[SOBRE A POLÉMICA DE SALAZAR COM AFONSO COSTA]

Na sua resposta, aliás admirável[1], ao Prof. Afonso Costa, expôs o Presidente do Conselho[a], com a limpidez didáctica que é seu hábito e maneira[2], as suas ideias sobre o que chama o espírito partidário[3]. Considera-o daninho, tanto para o homem como para a nação, considera-o oriundo das discussões reversíveis entre arguente e defendente, que em nossas escolas se estabeleciam para estimular a argúcia dos educandos; e considera o Prof. Afonso Costa como exemplo típico de tal espírito. Proponho-me examinar estas proposições, excepto a última, pois desde já concedo, e de bom grado, que o Prof. Afonso Costa é, de facto, um exemplo típico do espírito partidário. Como, porém, para discutir o que é espírito de partido há mister que primeiro se assente em o que vem a ser "partido", por aí começarei. De aí derivará, necessariamente, a análise à primeira proposição, como acima a expus, do Prof. António Salazar.

Como não tenho, nem nunca tive, partido, tenho ao menos a competência moral para tratar do assunto. Da intelectual dirá o leitor.

76a
[1934]

É, a meu ver, um erro de Salazar o filiar o espírito de partido — pelo menos entre nós e nos países latinos — na aprendizagem de arguir e defender que se faz ou fazia em certas escolas. Em Inglaterra pode, em certo modo, ser assim; e que as *debating societies* das universidades e outras escolas — que são extra-escolarmente o mesmo que Salazar indica — se reflictam nos debates parlamentares, e criem a

76b
[1934]

---

a   Alusão à nota oficiosa de Salazar, intitulada "Duas escolas políticas", publicada nos jornais de 17 de Julho de 1934, em resposta a declarações de Afonso Costa ao jornal brasileiro *Portugal Republicano*. Também publicada em Salazar (1934). Trata-se de um raríssimo exemplo de polémica do ditador com um dirigente oposicionista.

mentalidade partidária, influindo, pelo exemplo comiciário e parlamentar, em indivíduos que não pertenceram a qualquer dessas *societies*.

A Inglaterra, porém, sendo o país[1] onde essa espécie de preparação mais frequentemente existe, não é todavia o país onde mais se acentue o espírito partidário, no sentido em que Salazar o entende. Muito mais se acentua esse espírito, assim entendido, nos países latinos. E isso nos dá desde logo um indício que permite encontrar a verdadeira origem desse espírito.

O espírito partidário é uma consequência da intolerância religiosa do passado, e por isso mais se acentua naqueles países que sofreram, durante séculos, o influxo da mais intolerante de todas as formas de religião — o catolicismo. A Itália, a Espanha e Portugal são os países onde esse espírito de partido, como Salazar o entende, mais se acentua. São também os países onde mais se acentuou a acção da Igreja de Roma.

De resto, o efeito do sistema de arguir e defender pode ser inteiramente diferente daquele que lhe atribui Salazar. A um temperamento diverso daquele em que se forma o partidário o efeito desse sistema pode ser o de considerar aceitáveis todas as ideias e todas as teorias — conduzindo assim ao conceito oposto ao partidário, ao conceito de que a teoria vale o que vale o teorizador, de que tudo é defensável, de que uma tolerância vasta, ou um vasto cepticismo, são a atitude legítima do espírito humano.

76c
[1934]

Ninguém exige ao Presidente do Conselho que vá fazer soco para o Campo Pequeno. Ninguém lhe exige, sequer, que faça jornalismo, perdendo tempo, que qualquer de nós lhe reconhece precioso, em estéreis e fúteis debates de palavras e de ditos. Legitimamente se lhe exige, porém, que, tendo ideias, como diz que tem, as saiba defender contra argumentos clara, abstracta[1] e coordenadamente postos. Todos aceitamos, com melhor ou pior vontade, que o Prof. Salazar julgue a sua personalidade acima de toda discussão, intangivelmente divinizada por o a que[2] se chamaram "as singularidades do tempo e da fortuna", e que assim exija[3] que lhe respeitem a dignidade ocasional da posição em que está investido. Nenhum de nós porém aceita que, quando o Prof. Salazar expõe uma ideia, não seja lícito contestá-la ou discuti-la com aquilo com que as ideias se discutem e se contestam — a argumentação. É talvez admissível que o Prof. Salazar queira mandar em nós; não é admissível que pretenda mandar na lógica. Compreende-se[4] que o Ditador[5] não queira que se discutam na generalidade as[6] suas contas públicas, para que com isso as almas lusas se não perturbem, na generalidade também. Mas se nessas contas públicas o Prof. Salazar cometer um erro de soma, por que critério declara ilícito, ou antipático, que lho apontemos?

O Prof. Salazar é muito mais inteligente e muito mais culto, ainda que a sua inteligência seja monocórdica e a sua cultura unilateral. Tem uma inteligência do tipo científico[1], mas sem ser céptica[2]; tem uma cultura do tipo humanístico, mas sem ser literária. Isto lhe dá aquela unidade psíquica de onde resulta a sua formidável disciplina e energia; isto, ao mesmo tempo, o desumaniza.

76d
[1934]

A inteligência e a política.
  O papel da inteligência é estar *"au dessus de la mêlée"*.
  Há entre a inteligência e a vontade uma oposição (ocasional).
  Erra, a meu ver, o Sr. P[residente] do C[onselho] quando considera um mal absoluto o espírito partidário. Será, quando muito,

76e
[1934]

um mal necessário. Em outras palavras: é um mal para, e perante, a inteligência; é um bem para, e perante[1] a vontade. Ora como a política, boa ou má, é acção, deriva directamente da vontade. Não há coisa pior em política, boa que seja, do que a imparcialidade.

Para agir colectivamente, é necessário[2] que cada indivíduo componente dessa acção abdique de uma parte da sua personalidade. Fiel a certos princípios gerais, por vezes muito vagos, tem, para que[3] não falhe a acção colectiva em favor deles, que abdicar por vezes até de[4] aplicações particulares dos mesmos princípios — de, sendo liberal, concordar[5], por exemplo, com um acto antiliberal, desde que por esse acto se mantenha ou defenda a acção colectiva por onde julgue que o liberalismo[6], por fim, se obtenha ou se consolide.[7]

Assim como na expressão -2, o 2 não deixa de valer e de ser 2 por ter lá o sinal de *menos*[8], assim uma corrente organizada[9] que se opõe a todos os partidos não deixa de ser um partido por essa oposição. A União Nacional é um partido com o sinal *menos*.

A função do intelectual é ser intelectual. Se é, ou quer ser, ao mesmo tempo político, se não quer abdicar[10] da acumulação, então que separe as coisas, que seja dois homens distintos e, para o ser, terá que deixar toda política fora da sua "intelectualidade". Escreva sobre filosofia, sobre arte, sobre literatura. Assim sim.

76f
[1934]

A disciplina partidária é anti-intelectual, porém toda a acção é anti-intelectual (ainda que tudo anti-intelectual não seja acção), e um partido existe para agir, não para raciocinar.

O espírito partidário existe em países onde tal fenómeno escolar se não dá, e em pessoas que nunca foram à escola.ª

O espírito partidário é, de facto, inferior¹, se o considerarmos do ponto de vista intelectual; é, de facto maléfico, se considerarmos o seu influxo² na inteligência de quem o tem. Sucede, porém, que o espírito partidário não tem fins intelectuais, mas de acção; e que o seu influxo prático³ se exerce essencialmente, não sobre a inteligência, mas sobre a vontade.

Um partido político é um exército civil, que combate por uma ideia⁴ ou princípio, ou por um chefe, de cujas ideias em princípio⁵ fica um proveito social qualquer⁶.

O espírito de partido, com toda a sua estreiteza e intolerância, é absolutamente essencial para governar. Só esse espírito dá força e coesão.

No partido só o chefe pode estar acima do espírito de partido. Porque é chefe, é admirado, e mais o admiram, pela sua generosidade ou bondade, quando elogia um adversário. Entre si, porém, os partidários dele não admitiriam tal atitude. Nem ele chefe estimaria em qualquer a atitude que ele mesmo ocasionalmente toma.

A tolerância, a justiça aos outros porém, se é sincera e para ser verdadeira, ou dá⁷ noção que todas as ideias se equivalem, ou dá⁸ que nenhuma é certa. Isto chama-se o cepticismo, e o cepticismo mata a vontade, e portanto a acção, e por isso o governo.

Chama-se partido a um¹ agrupamento que incarna uma corrente de opinião para fins² de a converter em acção, isto é, de por³ ela e para

76g
[1934]

---

a   Alusão ao assunto (ver supra) das escolas onde se ensinava os alunos a defenderem duas proposições contrárias, o que Salazar tinha por "debate estéril", característico do espírito partidário.

ela influenciar o ambiente. Pode haver, e há,[4] partidos literários, filosóficos, e outros não-políticos; desde que façam propaganda de uma ideia qualquer, e que procurem converter[5] a ela o público, ou qualquer público, desde que sejam um agrupamento e ideias[6] em acção, são partidos. Quando[7] se diz "uma ideia", subentenda-se que uma ideia pode ser um homem: pode haver tal confiança num homem como realizador *mental*, teórico e prático[8], que se apoiem as suas ideias passadas, presentes, e até futuras, sem claramente se saber quais sejam. Duvido que muitos membros da Sociedade Swedenborgiana tenham uma noção muito exacta das doutrinas do grande vidente sueco.

76h
[c. 1934]

Há partidos que, por força numérica ou coesiva ou ambas, conforme os sistemas de governo[1], são quase continuamente detentores do poder — partidos de governo. Outros há que, pelos motivos opostos, estão quase continuamente fora do poder — partidos de oposição. Os "arranjistas", os que se servem da política para lucro próprio, material ou moral, convergem naturalmente para os partidos de governo, sem outro princípio que a própria[2] conveniência. Os turbulentos, os revoltados-natos, convergem naturalmente para os partidos de oposição, sem outro princípio que o seu oposicionismo temperamental.

Como, porém, os partidos se não formam[3] em torno de conveniências ou de turbulências, pois que estas não têm em si mesmo poder coesivo, segue que estes elementos, por sua natureza discordantes, constituem um perigo, pelo menos latente, para o partido em que estão. Deles provém grande parte da degeneração e esfacelamento dos partidos, pois, não estando eles na ideologia do partido, por não estarem em nenhuma (nem a da confiança no Chefe), são elementos virtualmente insubordinados, por realmente disciplinados que sejam.

Os partidos formam-se em torno de ideias, positivas ou negativas, boas ou más, bem ou mal tidas ou interpretadas; ou em torno de homens em que se confia e em quem se delega tanto que tenham as ideias como que as executem.

Nos partidos de governo, os simples arranjistas materiais não são os piores, excepto quando surge um novo partido de governo, mais forte, para o qual tendem a passar, pelo mesmo motivo que os fez entrar para o de onde se dispõem a sair. Enfraquecem assim o partido por diminuição de forças. Se são, porém, em grande número, representam um duplo perigo para o partido: interno, porque são um peso morto na sua ideologia, que rebaixam e enfraquecem, por não estarem nela; externo, porque fazem o partido parecer, à nação, um mero agrupamento de arranjistas.

Piores são os arranjistas morais — isto é, os que entram para um partido para se colocarem em evidência, ou por ambição de poder. Esses, se não efectuam, ou não efectuam depressa, o seu intento, tendem a abrir cisões, arrastando outros[4], seus amigos ou sequazes, e não só enfraquecem o partido materialmente, senão que até o enfraquecem moralmente, pois, como todos os renegados, serão os mais ferozes inimigos dos antigos correligionários, e, muitas vezes, os inimigos mais perigosos, pois conhecem por experiência própria e directa os fracos do partido.

Os turbulentos têm a desvantagem de se tornarem elementos indisciplinados sempre que surja ao partido de oposição, como mais conveniente, para o país ou para ele, fazer uma oposição branda, ou a não fazer nenhuma, ou, até, apoiar um partido[5] de governo. Tais critérios repugnam, como é de ver, a temperamentos insubmissos, cuja insubmissão tende, desde logo, a voltar-se contra o partido em que militam[6].

Está claro que nos partidos de oposição também aparecem o que chamei arranjistas morais. Estes são piores que todos os outros[7], tanto para o partido como para a nação. Como, por definição, um partido de oposição é um que não tem força legal para governar, não pode ir ao poder senão por via[8] revolucionária. Assim o partido se pode ver envolvido numa aventura revolucionária que, como partido, poderia não querer; e para ele, como partido, o resultado é desastroso, quer a aventura vingue, quer não. Se não vinga, encontra-se todo ele envolvido nas suas responsabilidades e correspondentes sanções. Se vinga, vai ao poder chefiado ou orientado pelos elementos turbulentos, que, como estavam no partido mas não na ideologia dele, levam[9] ao poder, como programa único, as suas ambições pessoais, que não são o programa do partido. E assim, de um modo ou de outro, mais cedo ou mais tarde, o esfacelam no poder.

77
[c. 1934-1935]

Salazar é Deus.

O autêntico Estado Novo —
A teocracia pessoal.

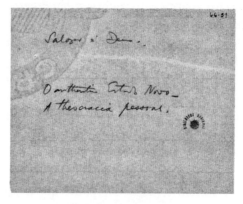

"SALAZAR É DEUS" (TEXTO N.º 77)

Mais valia publicar um decreto-lei que rezasse assim: **78**
Art. 1. A[ntónio] de O[liveira] S[alazar] é Deus. [c. 1934-1935]
Art. 2. Fica revogado tudo em contrário e nomeadamente a Bíblia.
Ficava assim legalmente instituído o sistema que deveras[1] nos governa, o autêntico Estado Novo — a Teocracia pessoal.

Uma doutrina pode ter uma força[2].[a]
Uma força não pode ter uma doutrina.
O executivo pode suspender o legislativo: não pode substituí-lo ou substituir-se-lhe.

O sovietismo direitista da U[nião] N[acional].
Miserrimam servitutem pacem appellant.[b]

[SOBRE O CONCEITO DE CIVILIZAÇÃO CRISTÃ]   **79**

Nem o Sr. Presidente do Conselho nem o Sr. Ministro das Colónias costumam escrever imprecisamente.[c] Deparo porém uma frase, usada de ambos e mais frequentemente do segundo, que padece de[1] imprecisão. É a frase "civilização cristã". Trata-se do tipo de civilização que se diz que foi um[2] dos elementos que imperialmente expandimos, e que, presumo, deveremos continuar a expandir imperialmente.

79a
[c. 1934]

O emprego de idêntica expressão para o passado e futuro do Império induz, desde logo, numa primeira[3] confusão. A espécie de fé que originariamente expandimos foi, não a cristã em geral, mas a

---

a   Alusão a um passo do discurso de Salazar na posse dos órgãos da União Nacional, na Sala do Conselho de Estado, a 23 de Novembro de 1932: "Temos uma doutrina e somos uma força."
b   Pedem uma paz misérrima de servidão.
c   Refere-se a Salazar, presidente do Conselho de Ministros a partir de 5 de Julho de 1932, e a Armindo Monteiro, que ocupou a pasta das Colónias entre 31 de Janeiro de 1931 e 11 de Maio de 1935.

mais valia publicar um decreto-lei
que rezasse assim:
Art. 1. A. d. O. S. é Deus.
Art. 2. Fica revogado tudo em contrario
e nomeadamente a Biblia.

Ficava assim legalmente instituido
o systema que ~~verdadeirame~~ deveras
nos governa, o authentico Estado
Novo — a Theocracia pessoal.

+ Uma doutrina póde ter uma força.
Uma força não pode ter uma doutrina.

O executivo pode suspender o legislativo; não pode substituil-o ou
substituir-se-lhe.

~~o sovi~~ ~~e ~~
O sovietismo directista da V. N.
miserrimam servitutem pacem appellant.

"MAIS VALIA PUBLICAR UM DECRETO-LEI..." (TEXTO N.º 78)

católica em particular. Desde logo se deve concluir que a expansão do catolicismo continua a ser hoje uma das nossas missões imperiais.

Sucede, porém, que nem as circunstâncias gerais da Europa, nem as nossas em particular, são as mesmas do que quando fizemos[4], e sobretudo quando iniciámos, os nossos descobrimentos e conquistas. Naquele tempo, primeiro na generalidade da Europa, depois na particularidade, não só nossa mas da maioria dos países, cristianismo e catolicismo estavam consubstanciados, e com eles consubstanciada a rede de actividades a que chamamos civilização. Uma missão[5] civilizacional podia pois considerar-se como naturalmente incluindo[6] uma dilatação do catolicismo.

Hoje não é assim, nem na Europa em geral, nem em Portugal em particular. Não só a fé cristã está em muitas partes e em muitas almas fortemente abalada, e por vezes abolida e encarada hostilmente, mas onde existe[7] se encontra (não falando já na Igreja Grega)[8] dividida entre o catolicismo, de uma parte, e numerosas espécies de protestantismo, da outra, desde a Igreja de Inglaterra até às extremas esquerdas[9] — os Quakers, os Cientistas Cristãos e os Unitários. Cessou, pois, a consubstanciação entre civilização e catolicismo, por isso mesmo que cessou entre cristianismo e civilização.

Se, porém, por civilização cristã se entende a civilização europeia, criada e desenvolvida por países que viveram longos séculos de cristianismo, a designação é mais aceitável. Trata-se de uma designação histórica, que não religiosa, e menos[10] ainda civilizacional. Se, porém, se quer dar um nome verdadeiramente histórico, baseado num conceito de origem, à nossa civilização, então será mais claro, mais certo, mais profundo chamar-lhe civilização greco-romana. Lembremo-nos sempre do dito célebre de Sumner Maine: "Excepto as forças cegas da Natureza, tudo quanto neste mundo se move é grego em sua origem." E através de Roma, enquadrado, apertado, agregada a experiência romana ao pensamento grego, nos veio a cultura grega, substância da nossa civilização.

O próprio cristianismo nada teria sido se por traz dele não tivesse estado, insuflando vida e alma aos elementos orientais (hebreus e outros), o ocultismo[11] da Grécia, que formou parte dos textos sagrados, e designadamente os dois escritos atribuídos a S. João e as Epístolas de S. Paulo, fundador social do cristianismo; a metafísica da Grécia, que formou inteiramente o pensamento dos Padres e dos teólogos; o imperialismo romano, que converteu em religião social e depois universal, o que não era mais, no princípio, que um sistema de Mistérios, análogos em género[12], quando não em espécie, aos mistérios pagãos, como os de Elêusis, e análogos em tipo, quando não em conteúdo, aos da Maçonaria[13] e das Ordens super-maçónicas[14].

Acho pois historicamente justo[15] e sociologicamente mais certo chamar àquela civilização que andámos espalhando, e que deveremos continuar a espalhar, a civilização greco-romana. E, do ponto de vista político, no baixo sentido da palavra, evitar-se-iam confusões que nem a todos aproveitam.

79b
[c. 1934]

Entre as frases que figuram, oficial e extra-oficialmente, na terminologia doutrinal do Estado Novo, há uma que merece especial reparo, não só[1] porque não é clara, senão porque a sua origem pode ser suspeita. É a frase "civilização cristã". Diz-se que nos devemos governar e orientar conforme a "civilização cristã". Diz-se que espalhámos, nós os primeiros, por todo o mundo a "civilização cristã". Diz-se que o que à Europa cumpre é manter, acima de tudo, a "civilização cristã". O que se nos não diz, nem se nos disse, é o que se entende por "civilização cristã".

Ora como a imprecisão verbal não é vício que possa legitimamente ser atribuído, quer ao Presidente do Conselho, quer aos que de mais perto o seguem e com ele laboram, e como todos eles, e acentuadamente o Ministro das Colónias, frequentemente usam daquela frase, convém perguntar que sentido ela comporta, ou se entende que deve comportar. Não é só que o problema em si mesmo é questão que importa resolver: é, mais, que, servindo essa frase frequentemente para definir o teor ou conteúdo da nossa acção imperial, importa sobremaneira esclarecer que conteúdo é esse, para que sobre ele nos não enganemos e contradigamos, estorvando ou confundindo a acção comum que se nos faz mister[2].

A expressão *civilização cristã* pode significar a civilização criada pelos países cristãos, e, portanto, a civilização[3] europeia presente, quer em Europa, quer fora dela. Sucede, porém, que essa civilização engloba elementos que não são cristãos, como sejam judeus (em toda a parte), maometanos, budistas, e, enfim, indivíduos de variadas religiões, incluindo religião nenhuma, e ainda que em grande parte se deriva de nações, como Grécia e Roma, que precederam o cristianismo.[4] Sucede, ainda, que grande parte dessa civilização, tal qual a tivemos, e muito mais como a temos[5], foi produzida por elementos que, como a ciência, nada têm que ver com cristianismo, ou por elementos que, como a cultura filosófica, mais têm sido opositores ou dissolventes do cristianismo que frutos dele. Sucede, finalmente, que a amplitude hodierna da nossa civilização, tanto pelos múltiplos e constantes contactos comerciais e culturais que estabeleceu, como pela universalidade de erudição que em si gerou, criou uma ampla consciência das diversidades religiosas, aprofundou as místicas e as dogmáticas das religiões estranhas, e chegou à conclusão de que o cristianismo, como quer que religiosamente se considere, é socialmente não mais que uma religião entre muitas. E, formada como está a civilização de agora, todos esses espíritos religiosos colaboram nela, todas essas diversidades de crença e de moral nela se confundem e se precipitam. Deixa de ter sentido actual e real a expressão "civilização cristã". Teremos que dizer, ou "civilização europeia", tirando o nome do continente em que teve origem[6], material como espiritual; ou "civilização greco-romana", tirando o nome das duas pátrias em cujas lições se fundamentou; ou, mais pobremente, porém com menor risco de erro, "civilização moderna".

O termo "civilização moderna", se se aplica[7] com justeza à civilização que presentemente temos[8], deixa contudo[9] de ter cabimento quando se queira transferi-lo[10] à civilização que nós, portugueses, fomos os primeiros a espalhar pelo mundo, por isso mesmo que a que espalhámos não era ainda esta[11]; deixa de o ter, porventura, quanto à civilização que é nosso mister continuar[12] espalhando. No primeiro caso, há que considerar que a civilização, como hoje a temos, não existia então como hoje existe; filha dos nossos descobrimentos, não poderia ser mãe deles. E, no segundo caso, tudo é duvidoso.

Se, porém, por "civilização cristã" se entende um fenómeno religioso, a civilização[13] distintiva[14] do cristianismo, dando os seus componentes não-cristãos como seus simples hóspedes[15] ou asilados, e os seus elementos não-cristãos como matéria religiosamente insignificativa, então há que perguntar ainda: que se entende por "cristianismo"? Entende-se simplesmente a moral universalista e fraternitária que está na base da moral cristã; ou entende-se definidamente a crença na divindade do Cristo; ou, mais dogmaticamente ainda, serve a frase somente de disfarce à ideia de "civilização católica"?[16]

CARTÃO DE SALAZAR ENVIADO A FERNANDO PESSOA, PRESUMIVELMENTE
PARA LHE AGRADECER O ENVIO DE UM EXEMPLAR DE MENSAGEM
(DEZEMBRO DE 1934 – JANEIRO DE 1935?). BNP/E3, 1158-62R

"ASSOCIAÇÕES SECRETAS"[1]

Estreou-se a Assembleia Nacional, do ponto de vista legislativo, com a apresentação, por um deputado, de um projecto de lei sobre "associações secretas". De tal ordem é o projecto, tanto em natureza como em conteúdo[2], que não há que felicitar o actual Parlamento por lhe ter sido dada essa estreia.[a] Antes há[3] que dizer-lhe *Absit omen!*, ou seja, em português, *Longe vá o agoiro!*

Apresentou o projecto o Sr. José Cabral, que, se não é dominicano, deveria sê-lo, de tal modo o seu trabalho se integra, em natureza, como em conteúdo, nas melhores tradições dos Inquisidores. O projecto, que todos terão lido nos jornais, estabelece várias e fortes sanções (com excepção da pena de morte[b]) para todos quantos pertençam ao que o seu autor chama "associações secretas, sejam quais forem os seus fins e organização".

Dada a latitude desta definição, e considerando[4] que por "associação" se entende um agrupamento de homens[5], ligados por um fim comum, e que por "secreto" se entende o que, pelo menos parcialmente, se não faz à vista do público, ou, feito, se não torna inteiramente público, posso, desde já, denunciar ao Sr. José Cabral uma associação secreta — o Conselho de Ministros. De resto, tudo quanto de sério ou de importante se faz em reunião neste mundo, faz-se secretamente. Se não reúnem em público os Conselhos de ministros, também o não fazem as direcções dos partidos políti-

---

a O projecto de lei n.º 2, sobre associações secretas, foi o primeiro diploma legal a ser submetido, em Janeiro de 1935, à recém-inaugurada Assembleia Nacional, descontando o regimento da mesma.

b Possível alusão ao facto de José Cabral ter matado duas pessoas durante ou depois da Monarquia do Norte (1919) e de ser defensor da pena de morte — como provará a sua apresentação na Assembleia Nacional, em 1937, de um projecto de alteração à Constituição visando reintroduzir em Portugal a pena capital. Em vários apontamentos de 1935, Pessoa refere-se ao facto de José Cabral ter "assassinado" dois homens em 1919 (BNP/E3, 129-71^r e ainda 129-43^r, 48^r a 49^r, 56^r a 57^r, 58^r). Em Janeiro de 1935, tinha circulado uma carta anónima dirigida aos deputados acusando José Cabral de ter matado dois "pobres mendigos" em Fornos de Algodres, após a queda da Monarquia do Norte.

cos, as tenebrosas figuras que orientam os clubes desportivos ou os sinistros comunistas que formam os conselhos de administração das companhias comerciais e industriais.

Embora uma interpretação desta ordem legitimamente se extraia do frasear pouco nacionalista do Sr. José Cabral, creio, tanto porque assim deve ser, como pelos encómios com que o projecto foi afagado pela Imprensa pseudocristã, que as "associações secretas", que ele verdadeiramente visa, são aquelas que envolvem o que se chama "iniciação" e, portanto o segredo especial a esta inerente.

Ora no nosso país, caída há muito em dormência a Ordem Templária de Portugal, desaparecida a Carbonária — formada para fins transitórios, que se realizaram —, não existem, suponho, à parte uma ou outra possível Loja martinista ou semelhante, mais do que duas "associações secretas" dessa espécie. Uma é a Maçonaria, a outra essa curiosa organização que, em um dos seus ramos, usa o nome profano de Companhia de Jesus, exactamente como, na Maçonaria, a Ordem de Heredom e Kilwinning usa o nome profano de Real Ordem da Escócia.

Dos chamados jesuítas não tratarei, e por três motivos, dos quais calarei o primeiro. Os outros dois são: que não creio, por mais razões do que uma, que eles corram risco de, aprovado que fosse o projecto, lhes serem aplicadas as suas sanções; e que não creio, por uma razão só, que o Sr. José Cabral tenha pretendido que tal aplicação se fizesse. Presumo pois que o projecto de lei do urgente deputado[a] se dirija, total ou principalmente, contra a Ordem Maçónica. Como tal o examinarei.

Não faço, creio, ofensa ao Sr. José Cabral em supor que, como a maioria dos antimaçons, o autor deste projecto é totalmente desconhecedor do assunto Maçonaria. O que sabe dele é até, porventura,

---

[a] A expressão "urgente deputado" alude ao facto de José Cabral ter requerido urgência para o debate do seu projecto de lei na Assembleia Nacional.

pior que nada, pois, naturalmente, terá nutrido o seu antimaçonismo da leitura da Imprensa chamada católica, onde, até nas coisas mais elementares da matéria, erros se acumulam sobre erros, e aos erros se junta, com a má vontade, a mentira e a calúnia, senhoras suas filhas. Não creio, que o Sr. José Cabral conviva habitualmente com os livros de Findel, Kloss[6] ou Gould, ou que passe as suas horas de ócio na leitura atenta da *Ars Quatuor Coronatorum*[a] ou das publicações da Grande Loja de Iowa. Duvido, até, que o Sr. José Cabral tenha grande conhecimento da literatura antimaçónica — Barruel ou Robinson ou Eckert —, tão admirável, aliás, do ponto de vista humorístico. Nem terá tido porventura noção, sequer de ouvido, do artigo célebre do Padre Hermann Gruber na *Catholic Encyclopaedia*, artigo citado com elogio em livros maçónicos, e em que o douto jesuíta por pouco não defende a Maçonaria.

Ora se o Sr. José Cabral está nesse estado de trevas com respeito à natureza, fins e organização da Ordem Maçónica, suponho que em igual condição estejam muitos dos outros membros da Assembleia Nacional, com a diferença de que se não propuseram legislar sobre matéria que ignoram. Sendo assim, nem o deputado apresentante, nem os seus colegas de assembleia, estarão talvez em estado de medir claramente as consequências nacionais, internas e *sobretudo externas*, que adviriam da aprovação do projecto. Como conheço o assunto suficientemente para saber de antemão, e com certeza, quais seriam essas consequências, vou fazer patrioticamente presente da minha ciência ao Sr. José Cabral e à Assembleia Legislativa de que é ornamento.

Começo por uma referência pessoal, que cuido, por necessária, não dever evitar. Não sou maçon, nem pertenço a qualquer outra Ordem, semelhante ou diferente.[b] Não sou porém antimaçon, pois

---

a   Publicação da loja maçónica londrina "Quatuor Coronati".
b   Num manuscrito posterior a este texto, Pessoa afirma pertencer à Ordem Templária de Portugal, embora esta não estivesse então activa, mas "em dormência ou vida latente", tendo-lhe sido conferidos os três graus menores da dita ordem (BNP /E3, 129-76ʳ a 78ʳ).

o que sei do assunto me leva a ter uma ideia absolutamente favorável da Ordem Maçónica. A estas duas circunstâncias, que em certo modo me habilitam a poder ser imparcial na matéria, acresce a de que, por virtude de certos estudos meus, cuja natureza confina com a parte oculta da Maçonaria — parte que nada tem de político ou social —, fui necessariamente levado a estudar também esse assunto — assunto muito belo, mas muito difícil, sobretudo para quem o estuda de fora. Tendo eu, porém, certa preparação, cuja natureza me não proponho indicar, pude ir, embora lentamente, compreendendo o que lia e sabendo meditar o que compreendia. Posso hoje dizer, sem que use de excesso de vaidade, que pouca gente haverá, fora da Maçonaria, aqui ou em qualquer outra parte, que tanto tenha conseguido entranhar-se na alma daquela vida, e portanto, e derivadamente, nos seus aspectos por assim dizer externos.

Se falo de mim, e deste modo, é para que o Sr. José Cabral e os colegas legisladores saibam perfeitamente quem lhes está falando, e que o que vão ler, se quiserem, é escrito por quem sabe o que está escrevendo. Não que o que vou dizer exija profundos conhecimentos maçónicos: é matéria puramente de superfície, da vida externa da Ordem. Exige porém conhecimentos, e não ignorâncias, fantasias ou mentiras.

Começo a valer. Creio não errar ao presumir que o Sr. José Cabral supõe que a Maçonaria é uma associação secreta. Não é. A Maçonaria é uma *Ordem* secreta, ou, com plena propriedade, uma *Ordem iniciática*. O Sr. José Cabral não sabe, provavelmente, em que consiste a diferença. Pois o mal é esse — não sabe. Nesse ponto, se não sabe, terá de continuar a não saber. De mim, pelo menos, não receberá a luz. Forneço-lhe, em todo o caso, uma espécie de meia-luz, qualquer coisa como a "treva visível" de certo grande ritual. Vou insinuar-lhe o que é essa diferença por o que em linguagem maçónica se chama "termos de substituição".

A Ordem Maçónica é secreta por uma razão indirecta e derivada — a mesma razão por que eram secretos os Mistérios antigos, incluindo os dos cristãos[7], que se reuniam em segredo, para louvar a Deus, em o que hoje se chamariam Lojas ou Capítulos, e que, para se distinguir dos profanos, tinham fórmulas de reconhecimento — toques, ou palavras de passe, ou o que quer que fosse. Por esse motivo os romanos lhes chamavam ateus, inimigos da sociedade e inimigos do Império — precisamente os mesmos termos com que hoje os maçons são brindados pelos sequazes da Igreja Romana, filha, talvez ilegítima, daquela maçonaria remota.

Feito assim o meu pequeno presente de meia-luz, entro directamente no que verdadeiramente interessa — as consequências que adviriam, para o país, da aprovação do projecto de lei do Sr. José Cabral. Tratarei primeiro das consequências internas.

A primeira consequência seria esta — coisa nenhuma. Se o Sr. José Cabral cuida que ele, ou a Assembleia Nacional, ou o Governo, ou quem quer que seja, pode extinguir o Grande Oriente Lusitano, fique desde já desenganado. As Ordens Iniciáticas estão defendidas, *ab origine symboli*, por condições e forças muito especiais que as tornam indestrutíveis *de fora*. Não me proponho explicar o que sejam essas forças e condições: basta que indique a sua existência.

De resto, têm os Srs. deputados a prova prática em o que tem sucedido noutros países, onde se tem pretendido suprimir as Obediências maçónicas. Ponho de parte o caso da Rússia, porque não sei concretamente o que ali se passou: sei apenas que os Sovietes, como todo o comunismo, são violentamente antimaçónicos e que perseguiram a Maçonaria; e também sei que pouco teriam que perseguir, pois na Rússia quase não havia Maçonaria. Considerarei os casos da Itália, da Espanha e da Alemanha.[8]

Mussolini procedeu contra a Maçonaria, isto é, contra o Grande Oriente de Itália, mais ou menos nos termos pagãos do projecto do Sr. José Cabral. Não sei se perseguiu muita gente, nem me importa saber. O que sei, de ciência certa, é que o Grande Oriente de Itália é um daqueles mortos que continuam de perfeita saúde. Mantém-se, concentra-se, tem-se depurado, e lá está à espera; se tem em que esperar é outro assunto. O camartelo do Duce pode destruir o edifício do comunismo italiano; não tem força para abater colunas simbólicas, vazadas num metal que procede da Alquimia.

Primo de Rivera procedeu mais brandamente, conforme a sua índole fidalga, contra a Maçonaria espanhola. Também sei ao certo qual foi o resultado — o grande desenvolvimento, numérico como político, da Maçonaria em Espanha. Não sei se alguns fenómenos secundários, como, por exemplo, a queda da Monarquia, teriam qualquer relação com esse facto[a].

Hitler, depois de se ter apoiado nas três Grandes Lojas cristãs da Prússia, procedeu segundo o seu admirável costume ariano de morder a mão que lhe dera de comer. Deixou em paz as outras Grande Lojas — as que o não tinham apoiado nem eram cristãs — e, por intermédio de um tal Goering, intimou aquelas três a dissolverem-se. Elas disseram que sim — aos Goerings diz-se sempre que sim — e continuaram a existir. Por coincidência, foi depois de se tomar essa medida que começaram a surgir cisões e outras dificuldades adentro do partido nazi. A história, como o Sr. José Cabral deve saber, tem muitas destas coincidências.

Como tenho estado a apresentar razões e factos até certo ponto desanimadores para o Sr. José Cabral, vou desde já animá-lo com a indicação de um resultado certo, positivo, que adviria da aprovação do seu projecto. Resultaria dele — alegre-se o dominicano! — um grande número de perseguições a oficiais do Exército e da Armada[9] e a funcionários públicos. Perderiam os seus lugares os que não quisessem ter a indignidade de repudiar a sua Ordem.

---

a   A ironia de Pessoa dirige-se aqui também ao monárquico José Cabral.

Resultaria, portanto, a miséria para as suas famílias, onde é possível — e isto é que é grave — que se encontrassem pessoas devotas de Santa Teresinha do Menino Jesus, personagem que ocupa, na actual mitologia portuguesa, um lugar um pouco acima de Deus. Resolver-se-ia, é certo, no estilo inesperado do *roulement* que não rola, o problema do desemprego — para aqueles actuais desempregados, bem entendido, que têm por Grão Mestre Adjunto o Sr. conselheiro João de Azevedo Coutinho[a].

Seriam essas as consequências internas da aprovação do projecto: dois zeros — um para o efeito antimaçónico da lei, outro para a barriga de muita gente. Seriam essas as consequências internas. Vou tratar agora das consequências externas, isto é, das consequências que adviriam da aprovação do projecto para a vida e o crédito de Portugal no estrangeiro. Esse aspecto da questão, esse resultado, não só possível, mas até[10] certo, creio bem que não ocorreu ao Sr. José Cabral. Presto homenagem — e a sério — ao seu patriotismo, embora lamente que seja um patriotismo tão analfabeto.

Existem hoje em actividade, em todo o mundo, cerca de seis milhões de maçons, dos quais cerca de quatro milhões nos Estados Unidos e cerca de um milhão sob as diversas Obediências independentes britânicas[11]. Assim, cinco-sextos dos maçons hoje em actividade são maçons de fala inglesa. O milhão restante, ou conta parecida, acha-se repartido pelas várias Grandes Obediências dos outros países do mundo, das quais a mais importante e influente é talvez o Grande Oriente de França.

As Obediências maçónicas são potências autónomas e independentes, pois não há governo central da Maçonaria, que é por isso menos "internacional" que a Igreja Romana. Há Obediências maçónicas que poucas relações têm entre si; há até Obediências

---

[a] Alude aqui Pessoa aos monárquicos, politicamente desempregados. João de Azevedo Coutinho era, então, o lugar-tenente do pretendente ao trono D. Duarte Nuno de Bragança, depois de ter sido lugar-tenente do rei exilado, D. Manuel II, até à morte deste.

que estão de relações suspensas ou cortadas. Dou dois exemplos. A Grande Loja de Inglaterra cortou em 1877, por um motivo técnico, as relações, que ainda não reatou, com o Grande Oriente de França. A mesma Grande Loja cortou, em 1933, as relações com a Grande Loja das Filipinas, em virtude de divergências — cuja natureza não sei, mas presumo — quanto à maneira de desenvolver a Maçonaria na China.

Assim a Maçonaria necessariamente toma aspectos diferentes — políticos, sociais e até rituais — de país para país, e até, adentro do mesmo país, de Obediência para Obediência, se houver mais que uma. Dou um exemplo. Há em França três Obediências independentes — o Grande Oriente de França, a Grande Loja de França (prolongada capitularmente pelo Supremo Conselho do Grau 33) e a Grande Loja Regular, Nacional e Independente para França e suas colónias. O Grande Oriente é acentuadamente radical e anti-religioso; a Grande Loja limita-se a ser liberal e anticlerical; a Grande Loja Nacional não tem política nenhuma. Dou outro exemplo. O Grande Oriente de França tem uma grande influência política, mas, excepto através dessa, pouca influência social. A Grande Loja de Inglaterra não se preocupa com política, mas a sua influência social é enorme.

Conquanto, porém, a Maçonaria esteja assim materialmente dividida, pode considerar-se como unida espiritualmente. O espírito dos rituais e, sobretudo, o dos Graus Simbólicos (nos quais, e sobretudo no Grau de Mestre, está já, para quem saiba ver ou sentir, a Maçonaria inteira), é o mesmo em toda a parte, por muitas que sejam as divergências verbais e rituais entre graus idênticos, trabalhados por Obediências diferentes. Em palavras mais perspícuas, mas necessariamente menos claras: quem tiver as chaves herméticas, em qualquer forma de um ritual encontrará, sob mais ou menos véus, as mesmas fechaduras.

Resulta desta comunidade de espírito profundo, deste íntimo e secreto laço fraternal, que ninguém quebrou nem pode quebrar,

ANO 14.º　　　LISBOA — SEGUNDA-FEIRA, 4 DE FEVEREIRO DE 1935　　　N.º 4398

Diario de Lisboa

Numero avulso: 30 CENTAVOS
Administrador e editor:
MANZONI DE SEQUEIRA
ADMINISTRAÇÃO—Rua da Rosa, 57, 1.º
Endereço Telegráfico: DILOA

DIRECTOR
JOAQUIM MANSO

Propriedade da RENASCENÇA GRAFICA
Redacção, composição e impressão:
RUA LUZ SORIANO, 44
TELEFONES — 2 0371, 2 0372 e 2 0373
Endereço telegráfico: DILOA

ESTE NUMERO FOI VISADO PELA COMISSÃO DE CENSURA

No lado occidental da estação de Campolide, e dentro dos terrenos da C. P., mas limitados aos officinas por um gradeamento, ha desde ha muitos anos uma serventia para o publico, que parte da calçada dos Mestres e desemboca quasi defronte da porta exterior da estação, encurtando o caminho algumas centenas de metros, o que equivale a tempo poupado para quem vae tomar um comboio.

Esses terrenos têm por base, constituindo tudo por entulhamento, os detritos do carvão, cinzas das grelhas.

Desde ha semanas que esse terreno — no dizer do povo — entrou «a arder». Levantaram-se rolos de fumo de combustão expontanea dos terrenos entulhados de restos de carvão, mal consumido. Com a humidade dos ultimos dias o espectaculo offerece curiosidade. O terreno começou a abater, por infiltrações e brechas, desmitulando-se, e offerecendo perigo.

E ontem a serventia foi fechada ao publico, levando-lhe apenas um guarda. Agora a volta para chegar á estação é mais larga e penosa. O «incendio» subterraneo continua. E o criterio simplista do povo que por ahi mora levou a recear que «o chão arda todo». «Parece-nos uma solução sem boca» — dizem «os que ignoram o fundamento natural e o aspecto inoffensivo do incidente, que» — diga-se em abono da verdade — «podia ter sido previsto.

* * *

A TELEVISÃO...

Pois será um facto dentro de alguns mezes, um facto — para toda a gente, e não apenas para uma roda de tecnicos ou de raros amadores do progresso da T. S. F.

O ministro inglez das Communicações assim o declarou no Parlamento. Haverá emissões diarias de programas de televisão, já no campo pratico e accessivel, e offerecendo um largo campo de possibilidades mais modestas.

Estamos na nossa casa, commodamente, a vêr e a ouvir — a um tempo — o que se passa na Inglaterra ó de ou tres anos revelado) que faria estarrecer de pasmo os nossos bisavós, que acuariam os sabios de feiticeiros.

* * *

ARTUR Inês, um dos mais distinctos jornalistas da moderna geração, director do interessante semanario «O Diabo», acaba de publicar um livro intitulado «Torel — Norte, 5853 — reportagem de ruas, que é um bello trabalho literario, a que o nosso critico se ha de referir em breve.

O volume, que se apresenta com excellente aspecto grafico e do qual está por certo reservado um grande exito, tem uma capa sugestiva de Nobre.

* * *

Foi hoje posta á venda a segunda edição do livro de Alexandre Ferreira «Lisboa sem camisa».

A primeira edição deste interessante volume humoristico esgotou-se em dez dias.

"Associações secretas"

Entreou-se a Assembleia Nacional, do ponto de vista legislativo, com a apresentação, por um deputado, de um projecto de lei sobre «associações secretas». De tal ordem é o projecto, tanto na natureza como em conteudo, que não ha que felicitar o actual Parlamento por lhe ter sido dada essa estreia. Antes que dizer-lhe «Abril amen!», ou, seja, em portuguez, Longe vá o agouro!

Apresentou o projecto o sr. José Cabral, que, se não é dominicano, deve-lo-ha de ser, tal do modo o seu trabalho se integra, em natureza epoca em conteudo, nas melhores tradições dos inquisidores. O projecto que todos teriam lido nos jornaes, estabelece varias e fortes sanções (com excepção de pena de morte) para todas quantos pertencem ao que e seu «pense chama» «associações secretas, sejam quais forem, os seus fins e organização».

Dada a latitude dessa definição, e consideração que por «associação» se entende um agrupamento de homens, ligados por um fim commum, e que por «secreto» se entende o que, pelo menos particularmente, se não faz a vida do publico, no facto, se não tenha inteiramente publico, pensa, desde já denunciar ao sr. José Cabral uma associação secreta — o Conselho de ministros. Se neste, todo quanto de perto ou do importante se faz na reunião toda mundo, fala-se secretamente. De tal sorte se em publico as decisões do Conselho de ministros, tambem o são feitas as discussões dos partidos politicos, as tentebroias figuras que orientam os clubes desportivos, ou os sinistros comunistas que formam os conselhos de administração das companhias commerciaes e industriaes.

Embora uma interpretação desta ordem legitimamente se extraía do trabalhar pouco nacionalista do sr. José Cabral, creio, tanto porque assim deve ser, como pelos encomios com que o projecto foi afagado pela Imprensa perdesordia, que a «associações secretas», que os verdadeiramente visa, não aquelas que envolvem o que se chama «iniciação», e portanto o segredo especial á sua inherente.

Ora no nosso paiz, cada ha noite em dormencia a Ordem Templaria de Portugal, desapareceu a Carbonaria — tomada para fins transitorios, que se realisaram, — não existem supondo, á parte uma ou outra possivel Loja martinista ou semelhante, mais do que duas «associações secretas» dessa especie. Uma é a Maçonaria, a outra essa curiosa organização que, um dos seus tracos, um o nome de Companhia de Jesus, exactamente como, na Maçonaria, a Ordem Hermosia e Kühwinning são o nome profano da Real Ordem da Escossia.

Das chamadas jesuitas não tratareí por tres motivos, dos quaes calarei o primeiro. Os outros dois são: que não creio, por mais razões do que uma, que elles corram cinco do aprovado que se sentem aplicadas, aos suas sanções; e que não creio, pois, uma razão só, que o sr. José Cabral tenha aceitado entusiasticamente o seu projecto. Ha perfeitas razões que me o fazem crer. Presumo, pois que o projecto de lei do urgente deputado se dirija ao principalmente, contra a Ordem Maçonica. Como tal o examinarei.

Não faço, creio, offensa ao sr. José Cabral em supor que, como a maioria dos anti-maçons, o autor deste projecto é totalmente desconhecedor do assunto Maçonaria. O que sabe delle é até, perventura, pior que nada, pois, naturalmente, terá nutrido o seu animo o maçonismo da leitura da Imprensa chamada catolica, onde, de tudo que ella elementares na materia, erros se acumulam sobre erros, e aos erros se junta, com a má-vontade, a mentira e a calunia, senhoras suas filhas. Não creio que o sr. José Cabral conviva habitualmente com os livros de Pindel, Kluss ou Gould, ou que passe as horas de ocio na leitura atenta da, ás Quatuor Coronatorum ou das publicações da Grande Loja de Iowa, suppunho que fôsse nos livros latinos grande conhecedores da illitteratura anti-maçonica — Barruel ou Romez, — ou, do ponto de vista humaristico, Nem terá dito porventura noção, de quer de ouvido, do artigo celebre do Padre Hermann Gruber na Catholic Encyclopaedia, artigo citado com olvído em livros maçonicos, e em que o duplo jesuita por pouco se refere á Maçonaria.

Ora se o sr. José Cabral está nesse estado de trevas com respeito á natureza, fins e organização da Ordem Maçonica, suponho que em igual com membros da Assembleia Nacional, com a differença de que no não propugnam legislar sobre materia que ignoram. Sendo assim, haverá o deputado apresentante, sem os seus colegas de assembleia, estará talvez em estado de medir claramente as consequencias nacionais, internas e sobretudo externas de uma lei dos Maçonica, e em que de approvação do projecto. Como começo o assunto suficientemente explanado para saber de antemão, com certeza, quais as suas consequencias, vou haver patrioticamente presente do ministerio, que José Cabral e a Assembleia Legislativa que a o tal momento.

Começo por uma referencia pessoal, que cedo, por necessario, não devo evitar. Não sou maçon, nem pertenço a qualquer outra Ordem, semelhante ou differente. Não sou porém anti-maçon, pois sei o que ha duramente no leu a ver para uma idea absolutamente favoravel da Ordem Maçonica. A ideas duas circumstancias, que ao mim me habilitam a poder ser imparcial na materia, attesce a de certo modo me habilitem a possuir-ne-la. Posso hoje dizer, tem que por virtude de certos estudos meus, cuja natureza confia com a parte oculta da Maçonaria — parte que nada tem de politico ou social — tal necessariamente levado a estudar tambem esse assunto — assunto muito belo, mas muito difficil, sobretudo para quem o estudo de fóra. Tendo eu, porem de certa preparação, quia natureza não me propunho indicar, pude ir, embora lentamente, comprehendo o que se á alabergo medica o que se pretende. Posso hoje dizer, tem que por excesso de vaidade, em pouco gente favorável, fins da Maçonaria e que não estudem que me o aqui ou em qualquer outro ponto, eu não tenha conseguido entrazar-se na ulma maçonica — si, portanto, e derivadamente, não seas aspectos paralaliticas do seus externos.

Se falo de mim, e deste modo, é para que o sr. José Cabral e os nossos legisladores suibam perfeitamente com que falando, e que

(Vêr continuação na pagina central)

O PRINCIPE de Gales — sempre excentrico e simpatico — apaixonou-se pelo encanto misterioso da estranheza, esse instrumento musical que raros cultivam pela difficuldade que offerece. Com entusiasmo, estudou a historia e a tecnica do classico instrumento, e compôz mesmo uma peça musical, uma marcha de ritmos lentos destinada á Guarda Escoceza, cujos artistas a ensaiaram para ser executada no render da guarda em Saint James e em Buckingham Palace.

A rainha da Inglaterra é amadora de musica e de bello canto, mas as suas producções não são ouvidas senão pelo limitado grupo que vive os frequenta os palacios. A «opera» do Principe de Gales todos a podem ouvir, e para o feitio inglez, com o seu fundo de bonomia ou de familiaridade, isto constitui um acontecimento. E o bom humor interroga:

— Encontros o nosso principe o seu bom caminho?

* * *

A ULTIMA conferencia da série de urbanização, levada a effeito pela Camara Municipal no seu salão nobre, realisou-a o arquitecto sr. Paulino Montez, que falou sobre «a Estetica da Cidade», apresentando um trabalho interessantissimo, fundamental e retoro erudito e de um notavel sentido moderno, com flagrante opportunidade.

O trabalho do distincto artista, que pertence á elite dos arquitectos que tanto se teem affirmado, é, sobretudo, o que convêm sempre, voi ter publicado, circumstancia que acrescenta ao nosso regime de facto de não termos publicado qualquer extracto da sua conferencia — e que a falta de espaço impediu que fizessemos ontem.

* * *

A CAMARA Oficial de Industria de Madrid, aprovou uma proposta no sentido de se estabelecerem negociações para um tratado de commercio com Portugal, lamentando que ainda não estejam reguladas as relações commerciaes entre ambos os paises, que daria justa numa politica commercial adequada. Assim, enquanto, em 1910, a exportação de Portugal para Espanha foi de cinquenta milhões de pesetas, e a de Espanha para Portugal de sessenta milhões, em 1933 foi a primeira apenas de seis milhões, e a segunda de seis milhões.

* * *

ESTÁ retido no leito o sr. dr. Caetro da Mota, illustre ministro dos Negocios Estrangeiros, por cujas melhoras fazemos sinceros votos.

ESTA PÁGINA E SEGUINTES: ARTIGO "ASSOCIAÇÕES SECRETAS", *DIÁRIO DE LISBOA*,
4 DE FEVEREIRO DE 1935, (TEXTO N.º 80)

OS MOSTEIROS AUSTRIACOS

desfazem-se dos seus tesouros

VIENA, janeiro.—Por motivos de ordem economica, muitos mosteiros dos mais famosos da Austria vêem-se obrigados a desfazer-se dos seus tesouros artisticos. Na maior parte dos casos as dificuldades economicas são causadas pela crise agricola. Quasi todas as abadias austriacas, tão antigas como famosas, possuem terrenos obtidos no decorrer dos seculos por dadivas de crentes piedosos; a maior parte daqueles terrenos é constituida por frondosos bosques. Quando se iniciou a crise agricola e os bosques propriedades dos mosteiros deixaram de render o suficiente para acudir ás necessidades dos mesmos mosteiros, e ás obras de caridade, por eles subsidiadas, os monges, como quasi todas as outras pessoas julgaram, que a crise seria transitoria e pediram emprestimos para fazer frente á situação do momento. A crise, porem, continuou, e os mosteiros tiveram de recorrer a novos emprestimos para pagar os primeiros. Na maior parte dos casos, não podiam vender as propriedades, por se encontrarem vinculadas ao convento, segundo o expresso desejo do doador. Nestas circunstancias multos mosteiros viram-se obrigados a desfazer-se dos seus tesouros artisticos, para pagar as suas dividas.

A famosa Abadia dos Beneditinos de Admont, na Estiria, fundada no seculo XI encontra-se numa situação economica bastante delicada. Possui imensos bosques, mas a madeira austriaca não pode hoje, fazer concorrencia, no mercado internacional, á madeira russa, por exemplo.

Para poder manter os milhares de pessoas, entre os monges e empregados que dependem do asceterio, e manter a comunidade religiosa, o superior solicitou um emprestimo de um milhão de xelins, em 1926.

As receitas da Abadia continuaram a baixar e os novos emprestimos viriam a complicar ainda mais a situação. Resolveu-se, por isso, renunciar ao seu maravilhoso patrimonio artistico, despojando-se de parte do seu tesouro artistico. Deste modo a Abadia começou a sacrificar a sua famosa biblioteca que encerra cem mil volumes de grande valor e mil e cem manuscritos da Idade Média. O superior obteve licença do governo para exportar cem livros e vinte manuscritos. Os livros datam quasi todos do ano de 1500 e são exemplares unicos de um valor incalculavel. Entre os manuscritos figura um Evangelho magnificamente ilustrado, do seculo XIII, que esperam vender por mais de 150.000 xelins. Os monges possuem a «Biblia Admont» impressa em 1472, unica no mundo e uma copia maravilhosa da legenda cavalheiresca «Theurdank» da mesma epoca, escrita em pergaminho. Outro mosteiro tambem se desfez de um famoso quadro «Crucifixion» pintado por Lukas Granach, o Velho, em 1.500, que foi adquirido pelo governo austriaco e constitui uma das preciosidades do Museu de Viena. Outros mosteiros tambem têm renunciado a verdadeiras obras primas, de que tanto se orgulhavam, para fazer face ás dificuldades que atravessam na sua vida economica.—«United Press»

INICIATIVA CULTURAL

Realizou ontem á noite, na sede dos «Estudos Sociais Economicos e Literarios», na praça Luiz de Camões, 46, 2.º, a sua conferencia acêrca de «O problema do Sarre» o sr. dr. Lino Franco. Entre a assistencia, que era numerosa, viam-se muitas senhoras. O conferente foi, no fim da sua exposição, aplaudido.

Amanhã, pelas 18 e 15, realiza o sr. dr. Camara Reis, no mesmo local, a primeira lição do curso de literatura, subordinada ao titulo «A evolução da prosa portuguesa».

A inscrição para os cursos dos «E. S. E. L.» continua aberta na sede da Universidade Livre, na praça Luiz de Camões, 46, 2.º.

Os seus cabelos são sêcos?
Use **RUTHER!**
A' venda na **Drogaria de J. A. Ribeiro**—96, Avenida Duque d'Avila, 98.

Quere a sorte grande?
Habilite-se na Tabacaria MADRID
Rua do Mundo, 115

ANALISE SE[...]

O projecto de lei apresentado ao [...]

apreciado e largamente co[...]

(Continuação da 1.ª pagina)

o que vão ler, se quizerem, é escrito por quem sabe o que está escrevendo. Não que o que vou dizer exija profundos conhecimentos maçonicos: é materia puramente de superficie, da vida externa da Ordem. Exige porém conhecimentos, e não ignorancias, fantasias ou mentiras.

Começo a valer. Creio não errar ao presumir que o sr. José Cabral supõe que a Maçonaria é uma associação secreta. Não é. A Maçonaria é uma *Ordem* secreta, ou, com plena propriedade, uma *Ordem iniciatica*. O sr. José Cabral não sabe, provavelmente, em que consiste a diferença. Pois o mal é esse—não sabe. Nesse ponto, se não sabe, terá que continuar a não saber. De mim, pelo menos, não receberá a luz. Forneço-lhe, em todo o caso, uma especie de meia-luz, qualquer coisa como a «treva visivel» de certo grau de ritual. Vou insinuar-lhe o que é essa diferença por o que em linguagem maçonica se chama «termos de substituição».

A Ordem Maçonica é secreta por uma razão indirecta e derivada—a mesma razão por que eram secretos os Misterios antigos, incluindo os dos cristãos, que se reuniam em segredo, para louvar a Deus, em o que hoje se chamariam Lojas ou Capitulos, e que, para se distinguir dos profanos, tinham formulas de reconhecimento—toques, ou palavras de passe, ou o que quer que fosse. Por esse motivo os romanos lhes chamavam ateus, inimigos da sociedade e inimigos do Imperio—precisamente os mesmos termos com que hoje os maçons são brindados pelos sequazes da Igreja Romana, filha, talvez ilegitima, daquela maçonaria remota.

Feito assim o meu pequeno presente de meia-luz, entro directamente no que verdadeiramente interessa—as consequencias que adviriam, para o pais, da aprovação do projecto de lei do sr. José Cabral. Tratarei primeiro das consequencias internas.

A primeira consequencia seria esta—coisa nenhuma. Se o sr. José Cabral cuida que ele, ou a Assembleia Nacional, ou o Governo, ou quem quer que seja, pode extinguir o Grande Oriente Lusitano, fique desde já desenganado. As Ordens Iniciaticas estão defendidas, *ab origine symboli*, por condições e forças muito especiais, que as tornam indestrutiveis *de fóra*. Não me proponho explicar o que sejam estas forças e condições: basta que indique a sua existencia.

De resto, têm os srs. deputados a prova prática em o que tem sucedido noutros paises, onde se tem pretendido suprimir as Obediencias maçonicas. Ponho de parte o caso da Russia, porque não sei concretamente o que ali se passou; sei apenas que os Sovietes, como todo o comunismo são violentamente anti-maçonicos e que perseguiram a Maçonaria; e tambem sei que pouco teriam que perseguir, pois na Russia quasi não havia Maçonaria. Considerarei os casos da Italia, da Espanha e da Alemanha.

Mussolini procedeu contra a Maçonaria, isto é, contra o Grande Oriente de Italia, mais ou menos nos termos pagãos do projecto do sr. José Cabral. Não sei se perseguiu muita gente, nem me importa saber. O que sei, de ciencia certa, é que o Grande Oriente de Italia é um daqueles mortos que continuam de perfeita saude. Mantém-se, concentra-se, tem se depurado, e lá está á espera; se tem em que esperar é outro assunto. O camartelo do Duce pode destruir o edificio do comunismo italiano; não tem força para abater colunas simbolicas, vasadas num metal que precede da Alquimia.

Primo de Rivera procedeu mais brandamente, conforme a sua indole fidalga, contra a Maçonaria espanhola. Tambem sei ao certo qual foi o resultado—o grande desenvolvimento, numerico como politico, da Maçonaria em Espanha. Não sei se alguns fenomenos secundarios, como, por exemplo, a queda da Monarquia, teriam qualquer relação com esse facto.

Hitler, depois de se ter apoiado nas três Grandes Lojas cristãs da Prussia, procedeu segundo o seu admiravel costume ariano de morder a mão que lhe dera de comer. Deixou em paz as outras Grandes Lojas—as que o não tinha apoiado nem eram cristãs—e, por intermedio de um tal Goering, intimou aquelas três a dissolverem-se. Elas disseram que sim—aos Goerings diz-se sempre que sim—e continuaram a existir. Por coincidencia, foi depois de se tomar essa medida que começaram a surgir cisões e outras dificuldades a dentro do partido nazi. A historia, como o sr. José Cabral deve saber, tem muitas destas coincidencias.

Como tenho estado a apresentar razões e factos até certo ponto desanimadores para o sr. José Cabral, vou desde já animá-lo com a indicação de um resultado certo, positivo, que adviria da aprovação do seu projecto. Resultaria dele—alegre-se o dominicano!—um grande numero de perseguições a oficiais do Exercito e da Armada e a funcionarios publicos. Perderiam os seus lugares os que não quizessem ter a indignidade de repudiar a sua Ordem.

Resultaria, portanto, a miseria para as suas familias, onde é possivel—e isto é que é grave—que se encontrassem pessoas devotas de Santa Teresinha do Menino Jesus, personagem que ocupa, na actual mitologia portuguesa, um lugar um pouco acima de Deus. Resolver-se-ia, é certo, no estilo inesperado do *roulement* que não rola, o problema do desemprego—para aqueles actuais desempregados bem entendido, que têm por Grão Mestre Adjunto o sr. conselheiro João de Azevedo Coutinho.

Seriam essas as consequencias internas da aprovação do projecto: dois zeros—um para o efeito anti-maçonico da lei, outro para a barriga de muita gente. Seriam essas as consequencias internas. Vou tratar agora das consequencias externas, isto é, das consequencias que adviriam da aprovação do projecto para a vida e o credito de Portugal no estrangeiro. Esse aspecto da questão, esse resultado, não só possivel mas até certo, creio bem que não ocorreu ao sr. José Cabral. Presto homenagem—e a serio—ao seu patriotismo, embora lamente que seja um patriotismo tam analfabeto.

Existem hoje em actividade, em todo o mundo, cerca de seis milhões de maçons, dos quais cerca de quatro milhões nos Estados Unidos e cerca de um milhão sob as diversas Obediencias independentes britanicas. Assim, cinco-sextos dos maçons hoje em actividade são maçons de fala inglesa. O milhão restante, ou conta parecida, acha-se repartido pelas varias Grandes Obediencias dos outros paises do mundo, das quais a mais importante e influente é talvez o Grande Oriente de França.

As Obediencias maçonicas são potencias autonomas e independentes, pois não ha governo central da Maçonaria, que é por isso menos «internacional» que a Igreja Romana. Ha Obediencias maçonicas que poucas relações têm entre si; ha até Obediencias que estão de relações suspensas ou cortadas. Dou dois exemplos. A Grande Loja de Inglaterra cortou em 1877, por um motivo tecnico, as relações, que ainda não reatou, com o Grande Oriente de França. A mesma Grande

Loja cortou, em 1933, as re[...]
a Grande Loja das Filipina[...]
tude de divergencias—cuj[...]
não sei mas presumo—qua[...]
neira de desenvolver a Ma[...]
China.

Assim a Maçonaria nece[...]
te toma aspectos diferent[...]
cos, sociais e até rituais—[...]
ra pais, e até, a dentro do m[...]
de Obediencia para Obe[...]
houver mais que uma. Dou[...]
plo. Ha em França três [...]
independentes—o Grande [...]
França, a Grande Loja [...]
(prolongada capitularment[...]
premo Conselho do Grau 33[...]
de Loja Regular, Nacional [...]
dente para França e sua[...]
O Grande Oriente é acent[...]
radical e anti-religioso; a [...]
ja limita-se a ser liberal e[...]
cal; a Grande Loja Nacion[...]
politica nenhuma. Dou out[...]
O Grande Oriente de Franc[...]
grande influencia politica[...]
cepto através dessa, pouca[...]
social. A Grande Loja de[...]
não se preocupa com poli[...]
sua influencia social é en[...]

Conquanto, porém, a [...]
esteja assim materialmen[...]
pode considerar-se como [...]
ritualmente. O espirito do[...]
sobretudo o dos Graus [...]
(nos quais, e sobretudo n[...]
Mestre, está já, para quen[...]
ou sentir, a Maçonaria [...]
mesmo em toda a parte, [...]
que sejam as divergencias[...]
rituais entre graus identi[...]
lhados por Obediencias [...]
Em palavras mais perspicu[...]
cessariamente menos clara[...]
ver as chaves hermeticas[...]
quer forma de um ritual [...]
sob mais ou menos veus, [...]
fechaduras.

Resulta desta comunida[...]
rito profundo, deste intim[...]
laço fraternal, que ningue[...]
nem pode quebrar, que um[...]
cia, ainda que tenha pou[...]
nhumas relações com out[...]
todavia com indiferença [...]
atacada por profanos. Os [...]
Grande Loja de Inglaterr[...]
como disse, relações com [...]
de Oriente de França. [...]
rém, recentemente surgiu [...]
ça, a proposito dos casos [...]
Prince, uma campanha a[...]
ca, de origem aliás ultra[...]
vaga simpatia, que pot[...]
se estava formando em In[...]
los conservadores que [...]
governo francês, desaparec[...]
tamente. O *Times*, conse[...]
acentuadamente maçonico[...]
manifestações contra o go[...]
cês com uma antipatia que[...]
deturpação de factos. E ha[...]
sos semelhantes, como o [...]
critor maçonico inglês, q[...]
livros constantemente ata[...]
de Oriente de França, mu[...]
tamente de atitude ao [...]
uma escritora inglesa ant[...]

A Companhia Cin[...]
apresenta esta noit[...]
um filme de ERIC[...]
com os grandes a[...]
e [...]
SINFO[...]
UM ESPEC[...]
IRRESISTIVEL com[...]
visual fora do com[...]
festa, alegria, entu[...]

MINUCIOSA

nto acêrca de associações secretas

o pelo sr. Fernando Pessoa

disséra pouco mais ou me-
mo que ele havia sempre

do, que serviu de exemplos,
e coisas de pouca monta,
mpanhas de jornal, e por
titudes espontaneas e indi-
parte dos maçons que as
Quando porém se trate de
conicamente graves, como
tativa, por um governo, de
u perseguir uma Obedien-
ca, já a acção dos maçons
individual e isolada, nem se
uma maior ou menor anti-
alistica. Provam-no diver-
cações de origem aparen-
desconhecida, que encon-
aises estrangeiros o governo de Rivera, e que encon-
ainda encontram, os gover-
alia e da Alemanha. Esses,
paises grandes e fortes,
os, de varia ordem, que em
do podem contrabalançar
osições. Vem mais a propo-
caso de um pais que não é
m influente na politica eu-
geral. Refiro-me á Hun-
que se passou com o celebre
o americano.
anos, pouco depois da guer-
rno hungaro dissolveu a su-
Maçonaria no seu territo-
depois negociava um em-
os Estados Unidos. Estava
timo praticamente feito
o da America a indicação
ue ele não seria concedido
restabelecessem «certas ins-
egitimas». O governo hun-
oru e viu-se obrigado a en-
ansacções com o Grão Mes-
lhe que autorizava a reaber-
ojas, com a condição (que
sr. José Cabral) de que
ssem assistir profanos. E'
tir que o Grão Mestre re-
overno manteve portanto a
das Lojas... e o empres-
fez. Era isto sucedeu com
ia americana, que não faz
te politica nem mantem
uito intensas com as Obe-
ropeias á excepção das bri-
ratava-se, porém, de uma
ia á Maçonaria, e o resul-
que se vê.
na o sr. José Cabral diser-
ão precisamos de empres-
strangeiro. Nem só de em-
vive o pais. Precisa, por
e colonias, sobretudo das
tem. E precisa de muitas
as, incluindo o não incor-
tilidade activa dos cinco e
de maçons que, por ago-
da nos não têm hostilizado.
disse o suficiente para que
Cabral e os outros srs. depu-
mpreendam perfeitamente
e deve ser o alcance da
deste projecto na vida e no
Portugal. Antes de acabar,
ero dar-lhes uma pequena
a especie de gente em cuja
ctiva incorreriamos.
para exemplo a Grande
Loja Unida de Inglaterra, não só pela importancia que para nós têm as nossas relações com aquele pais, mas tambem porque qualquer acção dessa Grande Loja — a Loja-Mãi do Universo, com cêrca de 450.000 maçons em actividade—arrasta consigo todos os maçons de fala inglesa e todas as Obediencias dos paises protestantes. Do resto da Maçonaria não é preciso fala.

São maçons, sob a obediencia da Grande Loja de Inglaterra, três filhos do Rei — o principe de Gales, Grão Mestre Provincial de Surrey, o duque de York, Grão Mestre Provincial de Middlesex, e o duque de Kent, antigo Primeiro Grande Vigilante. E' maçon o genro do rei, conde de Harewood, Grão Mestre Provincial de West Yorkshire. São maçons o tio do rei, duque de Connaught, Grão Mestre da Maçonaria Inglesa, e seu filho, o principe Artur de Connaught, Grão Mestre Provincial de Berkshire. São maçons, em sua maioria, os fidalgos ingleses, sobretudo os de antiga linhagem. São maçons, em grande numero, os prelados e sacerdotes da Igreja de Inglaterra, o clero mais profundamente culto de todo o mundo, a Igreja protestante que mais perto está, em dogma e ritual, da Igreja de Roma. Não prossigo porque já basta... Lembro todavia que os três grandes jornais *conservadores* ingleses — o *Times*, o *Sunday Times* e o *Daily Telegraph* — são ao mesmo tempo maçonicos...

Acabei. Convém, porém, não acabar ainda. Provei neste artigo que o projecto de lei do sr. José Cabral, além do produto da mais completa ignorancia do assunto, seria, se fosse aprovado: primeiro, inutil e improficuo; segundo, injusto e cruel; terceiro, um malefício para o pais na sua vida internacional. Não considerei, porque não tinha que considerar, se a Maçonaria merece o mau conceito em que evidentemente a tem o sr. José Cabral e outros que nada sabem da materia. Esse ponto estava fóra da linha do meu argumento. Como, porém, a maioria da gente não sabe raciocinar, pode alguem supôr que me esquivei a esse ponto. Vou por isso tratar dele embora protestando contra mim mesmo. Quem sofre com isso é o leitor.

A Maçonaria compõe-se de três elementos: o elemento iniciatico, pelo qual é secreta; o elemento fraternal; e o elemento a que chamarei humano — isto é, o que resulta de ela ser composta por diversas especies de homens, de diferentes graus de inteligencia e cultura, e o que resulta de ela existir em muitos paises, sujeita portanto a diversas circunstancias de meio e de momento historico, perante as quais, de pais para pais e de época para época, reage, quanto a atitude social, diferentemente.

Nos primeiros dois elementos, onde reside essencialmente o espirito maçonico, a Ordem é a mesma sempre e em todo o mundo. No terceiro, a Maçonaria—como aliás qualquer instituição humana, secreta ou não—apresenta diferentes aspectos, conforme a mentalidade de maçons individuais, e conforme circunstancias de meio e momento historico, de que ela não tem culpa.

Neste terceiro ponto de vista, toda a Maçonaria gira, porém, em torno de uma só idéa—a tolerancia; isto é, o não impôr a alguem dogma nenhum, deixando-o pensar como entender. Por isso a Maçonaria não tem uma doutrina. Tudo quanto se chama «doutrina maçonica» são opiniões individuais de maçons, quer sobre a Ordem em si mesma, quer sobre as suas relações com o mundo profano. São divertidissimas: vão desde o panteismo naturalista de Oswald Wirth até ao misticismo cristão de Arthur Edward Waite, ambos eles tentando converter em doutrina o espirito da Ordem. As suas afirmações, porém, são simplesmente suas; a Maçonaria nada tem com elas. Ora o primeiro erro dos anti-maçons consiste em tentar definir o espirito maçonico em geral pelas afirmações de maçons particulares, escolhidas ordinariamente com grande má fé.

O segundo erro dos anti-maçons consiste em não querer ver que a Maçonaria, unida espiritualmente, está materialmente dividida, como já expliquei. A sua acção social varia de pais para pais, de momento historico para momento historico, em função das circunstancias do meio e da época, que afectam a Maçonaria como afectam toda a gente. A sua acção social varia, dentro do mesmo pais, de Obediencia para Obediencia, onde houver mais que uma, em virtude de divergencias doutrinarias—as que provocaram a formação dessas Obediencias distintas, pois, a haver entre elas acordo em tudo, estariam unidas. Segue de aqui que nenhum acto politico ocasional de nenhuma Obediencia pode ser levado á conta da Maçonaria em geral, ou até dessa Obediencia particular, pois pode provir, como em geral provém, de circunstancias politicas de momento, que a Maçonaria não criou.

Resulta de tudo isto que todas as campanhas anti-maçonicas—baseadas nesta dupla confusão do particular com o geral e do ocasional com o permanente — estão absolutamente erradas, e que nada até hoje se provou em desabono da Maçonaria. Por esse criterio—o de avaliar uma instituição pelos seus actos ocasionais porventura infelizes, ou um homem por seus lapsos ou erros ocasionais — que haveria neste mundo senão abominação? Quere o sr. José Cabral que se avaliem os papas por Rodrigo Borgia, assassino e incestuoso? Quere que se considere a Igreja de Roma perfeitamente definida, em seu intimo espirito pelas torturas dos Inquisidores (provenientes de um uso profano do tempo), ou pelos massacres dos albigenses e dos piemonteses? E contudo com muito mais razão se o poderia fazer, pois essas crueldades foram feitas com ordem ou com consentimento dos papas, obrigando assim, espiritualmente, a Igreja inteira.

Sejamos, ao menos, justos. Se debitamos á Maçonaria em geral todos aqueles casos particulares, ponhamos-lhe a crédito, em contrapartida, os beneficios que dela temos recebido em iguais condições. Beijem-lhe os jesuitas as mãos, por lhes ter sido dado acolhimento e liberdade na Prussia, no seculo dezoito — quando, expulsos de toda a parte, os repudiava o proprio papa—pelo maçon Frederico II. Agradeçamos-lhe a vitoria de Waterloo, pois que Wellington e Blucher eram ambos maçons. Sejamos-lhe gratos por ter sido ela quem criou a base onde veio a assentar a futura vitoria dos Aliados — a *Entente Cordiale*, obra do maçon Eduardo VII. Nem esqueçamos, finalmente, que devemos á Maçonaria a maior obra da literatura moderna — o *Fausto*, do maçon Goethe.

Acabei de vez. Deixe o sr. José Cabral a Maçonaria aos maçons e aos que, embora o não sejam, viram, ainda que noutro Templo, a mesma Luz. Deixe a anti-maçonaria áqueles anti-maçons que são os legitimos descendentes intelectuais do celebre prégador que descobriu que Herodes e Pilatos eram Vigilantes de uma Loja de Jerusalem.

Deixe isso tudo, e no proximo dia 13, se quizer, vamos juntos a Fátima. E calha bem porque será 13 de fevereiro — o aniversario daquela lei de João Franco que estabelecia a pena de morte para os crimes politicos.

FERNANDO PESSOA

ugal (Secção Fox)
VOLI
YER, ANNABELLA
UR
NGARA
INTERESSE
njuntos duma beleza
antes, multidões em
rios maravilhosos!

OS JOGOS OLIMPICOS DE 1940

realizar-se-ão em Roma?

ROMA, janeiro—As autoridades desportivas italianas estão convencidas de que se designará a cidade de Roma para aqui se celebrarem os Jogos Olimpicos de 1940. Tal plano conta com a aprovação do Duce. O Partido Fascista trabalha activamente neste sentido e parece que tem grandes probabilidades de o conseguir. O Japão tambem trabalha para que seja ele o designado para a celebração da XII Olimpiada. No dia 26 de fevereiro celebrar-se-á em Oslo, Noruega, o Congresso Internacional Olimpico, para designar o pais, em que se celebrarão os Jogos Olimpicos de 1940. A Olimpiada de 1936 celebrar-se-á na Alemanha. Tanto a Italia como o Japão começaram a trabalhar para que as Olimpiadas de 1940 se celebrassem nos seus respectivos paises, imediatamente depois da sua participação nas Olimpiadas de Los Angeles durante o verão de 1932. O Japão construiu já magnificos estádios, perfeitamente equipados. Os japoneses ganharam o campeonato de natação nos Jogos Olimpicos de 1932 e apresentaram notaveis atletas noutros desportos. Uma comissão tecnica acompanhou os atletas japoneses para estudar a organização das Olimpiadas. Tambem o Japão se tem preparado para as subsequentes Olimpiadas, contratando os melhores mestres de treino do mundo para adestrarem a juventude japonesa. Só Toquio contribuiu, recentemente com um milhão de «yens» para a preparação dos Jogos Olimpicos de 1940 e para a sua publicidade. A Italia, por seu lado, espera, que os proximos Jogos Olimpicos se realizem em Roma, contando já com dois estadios publicos e um particular. Um deles propriedade do Partido Fascita pode acomodar sessenta mil espectadores. No caso de Olimpiada de 1940 se celebrar na Italia, construir-se-ia outro estadio para acomodar cem mil pessoas, com piscinas de natação modernissimas. O rio Tibre facilitaria uma magnifica pista para os concursos de remo. Além disso, na Italia, existem magnificos lugares para praticar toda a especie de desportos de inverno. A Italia aprov[illegible] a celebração dos Jogos Olimpicos de 1936 [illegible] Japão—(United Press)

A CHINA PROGRESSIVA

A provincia de Chekiang empreende um vasto plano de obras publicas

NANQUIN, janeiro—A provincia de Chekiang, considerada uma das mais modernas da China, empreendeu um vastissimo programa de obras publicas, o mais importante da historia do pais, segundo o qual todo o habitante da provincia será obrigado a contribuir ou com dinheiro ou com trabalho. O plano de obras publicas de Chekiang dispõe que todas as pessoas válidas dos 20 aos 40 anos estejam preparadas para corresponder ao apelo governamental. Os individuos exceptuados do trabalho, por causa fisica, serão obrigados a pagar uma pequena importancia por cada um dos dias de trabalho obrigatorio. O governo provincial designará para cada familia os dias de trabalho obrigatorio, tendo-se em vista as suas obrigações. Os individuos, que se negarem a incorporar-se ao exercito de trabalho obrigatorio, pagarão uma determinada multa. Os adversarios do projecto dizem, que ele apenas servirá para enriquecer o tesouro provincial. Outros criticam-no dizendo, que custará mais dinheiro e consumirá mais tempo, do que aquilo que no final virá a dar. Os que o apoiam afirmam, que não só servirá para que a provincia realize as obras de necessidade publica, mas tambem será um estimulo para o patriotismo, um patriotismo util, com resultados práticos para o bem de todos, e além disto será uma boa lição a todos aqueles que só pensam nos seus interesses particulares.—(United Press)

A GARRETT Largo do Chiado, 9 e 11
Almoços completos de 12 e 16 Escudos
Jantares completos de 15 e 15 Escudos

que uma Obediência, ainda que tenha poucas ou nenhumas relações com outra, não vê todavia com indiferença o ser esta atacada por profanos. Os maçons da Grande Loja de Inglaterra não têm, como disse, relações com os do Grande Oriente de França. Quando, porém, recentemente surgiu em França, a propósito dos casos Stavisky e Prince, uma campanha antimaçónica, de origem aliás ultra--suspeita[a], a vaga simpatia, que potencialmente se estava formando em Inglaterra pelos conservadores que atacavam o governo francês, desapareceu imediatamente. O *Times*, conservador mas acentuadamente maçónico, relatou as manifestações contra o governo francês com uma antipatia que roçou pela deturpação de factos. E há muitos casos semelhantes, como o de certo escritor maçónico inglês, que em seus livros constantemente ataca o Grande Oriente de França, mudar completamente de atitude ao responder a uma escritora inglesa antimaçónica, que afinal dissera pouco mais ou menos o mesmo que ele havia sempre dito.

Nisto tudo, que serviu de exemplos, trata-se de coisas de pouca monta, simples campanhas de jornal e por certo de atitudes espontâneas e individuais da parte dos maçons que as tomaram. Quando porém se trate de factos maçonicamente graves, como seja a tentativa, por um governo, de suprimir ou perseguir uma Obediência maçónica, já a acção dos maçons não é tão individual e isolada, nem se resume a uma maior ou menor antipatia jornalística. Provam--no diversas complicações, de origem aparentemente desconhecida, que encontrou em países estrangeiros o governo de Primo de Rivera, e que encontraram, e ainda encontram, os governos da

---

[a] Alexandre Stavisky, um burlão ligado à alta finança, e Albert Prince, um dos juízes encarregados do seu caso, foram encontrados mortos, respectivamente em 7 de Janeiro e 20 de Fevereiro de 1934, em circunstâncias nunca esclarecidas. A extrema-direita explorou o caso Stavisky numa campanha jornalística contra o governo do maçon Camille Chautemps, precipitando a sua queda e dando, inclusive, origem a um motim, fomentado pelas ligas de extrema-direita, a 6 de Fevereiro desse ano. A campanha antimaçónica da extrema-direita teve vários ecos na imprensa portuguesa. A 28 de Janeiro desse ano, Fernando Pessoa enviou uma carta em defesa da Maçonaria ao director do jornal católico e monárquico *A Voz*, Fernando de Sousa, que a não publicou (texto n.º 74).

Itália e da Alemanha. Esses, porém, são países grandes e fortes, com recursos, de vária ordem, que em certo modo podem contrabalançar aquelas oposições. Vem mais a propósito citar o caso de um país que não é grande nem influente na política europeia em geral. Refiro-me à Hungria e ao que se passou com o célebre empréstimo americano.

Aqui há anos, pouco depois da Guerra, o governo húngaro decretou a supressão da Maçonaria no seu território. Pouco depois negociava um empréstimo nos Estados Unidos. Estava o empréstimo praticamente feito quando veio da América a indicação final de que ele não seria concedido se não se restabelecessem "certas instituições legítimas". O governo húngaro percebeu e viu-se obrigado a entrar em transacções com o Grão-Mestre; disse-lhe que autorizava a reabertura das Lojas, com a condição (que parece do Sr. José Cabral) de que nelas pudessem assistir profanos. É escusado dizer que o Grão-Mestre recusou. O governo manteve, portanto, a "supressão"[12] das Lojas... e o empréstimo não se fez. Ora isto sucedeu com a Maçonaria americana, que não faz propriamente política nem mantém relações muito intensas com as Obediências europeias, à excepção das britânicas. Tratava-se, porém, de uma grave injúria à Maçonaria, e o resultado foi o que se vê.

Não venha o Sr. José Cabral dizer-me que não precisamos de empréstimos do estrangeiro. Nem só de empréstimos vive o país. Precisa, por exemplo, de colónias, sobretudo das que ainda tem. E precisa de muitas outras coisas, incluindo o não incorrer na hostilidade activa dos cinco e tal milhões de maçons que, por apolíticos, ainda nos não têm hostilizado.

Creio que disse o suficiente para que o Sr. José Cabral e os outros Srs. deputados compreendam perfeitamente qual pode e deve ser o alcance da aprovação deste projecto na vida e no crédito de Portugal. Antes de acabar, porém, quero dar-lhes uma pequena amostra da espécie de gente em cuja antipatia activa incorreríamos.

Tomarei para exemplo a Grande Loja Unida de Inglaterra, não só pela importância que para nós têm as nossas relações com aquele país, mas também porque qualquer acção dessa Grande Loja — a Loja-Mãe do Universo, com cerca de 450.000 maçons em actividade — arrasta consigo todos os maçons de fala inglesa e todas as Obediências dos países protestantes. Do resto da Maçonaria não é preciso falar.

São maçons, sob a obediência da Grande Loja de Inglaterra, três filhos do rei — o príncipe de Gales, Grão-Mestre Provincial de Surrey, o duque de York, Grão-Mestre Provincial de Middlesex, e o duque de Kent, antigo Primeiro Grande Vigilante. É maçon o genro do rei, conde de Harewood, Grão-Mestre Provincial de West Yorkshire. São maçons o tio do rei, duque de Connaught, Grão Mestre da Maçonaria Inglesa, e seu filho, o príncipe Artur de Connaught, Grão-Mestre Provincial de Berkshire. São maçons, em sua maioria, os fidalgos ingleses, sobretudo os de antiga linhagem. São maçons, em grande número, os prelados e sacerdotes da Igreja de Inglaterra, o clero mais profundamente culto de todo o mundo, a Igreja protestante que mais perto está, em dogma e ritual, da Igreja de Roma. Não prossigo, porque já basta... Lembro todavia que os três grandes jornais *conservadores* ingleses — o *Times*, o *Sunday Times* e o *Daily Telegraph* — são ao mesmo tempo maçónicos...

Acabei. Convém, porém, não acabar ainda. Provei neste artigo que o projecto de lei do Sr. José Cabral, além de[13] produto da mais completa ignorância do assunto, seria, se fosse aprovado: primeiro, inútil e improfícuo; segundo, injusto e cruel; terceiro, um malefício para o país na sua vida internacional. Não considerei, porque não tinha que considerar, se a Maçonaria merece o mau conceito em que evidentemente a tem o Sr. José Cabral e outros que nada sabem da matéria. Esse ponto estava fora da linha do meu argumento. Como, porém, a maioria da gente não sabe raciocinar, pode alguém supor que me esquivei a esse ponto. Vou por isso tratar dele, embora protestando contra mim mesmo. Quem sofre com isso é o leitor.

A Maçonaria compõe-se de três elementos: o elemento iniciático, pelo qual é secreta; o elemento fraternal; e o elemento a que chamarei humano — isto é, o que resulta de ela ser composta por diversas espécies de homens, de diferentes graus de inteligência e cultura, e o que resulta de ela existir em muitos países, sujeita portanto a diversas circunstâncias de meio e de momento histórico, perante as quais, de país para país e de época para época, reage, quanto a atitude social, diferentemente.

Nos primeiros dois elementos, onde reside essencialmente o espírito maçónico, a Ordem é a mesma sempre e em todo o mundo. No terceiro, a Maçonaria — como aliás qualquer instituição humana, secreta ou não — apresenta diferentes aspectos, conforme a mentalidade de maçons individuais e conforme circunstâncias de meio e momento histórico, de que ela não tem culpa.

Neste terceiro ponto de vista, toda a Maçonaria gira, porém, em torno de uma só ideia — a tolerância; isto é, o não impor a alguém dogma nenhum, deixando-o pensar como entender. Por isso a Maçonaria não tem uma doutrina. Tudo quanto se chama "doutrina maçónica" são opiniões individuais de maçons, quer sobre a Ordem em si mesma, quer sobre as suas relações com o mundo profano. São diversíssimas[14]: vão desde o panteísmo naturalista de Oswald Wirth até ao misticismo cristão de Arthur Edward Waite, ambos eles tentando converter em doutrina o espírito da Ordem. As suas afirmações, porém, são simplesmente suas; a Maçonaria nada tem com elas. Ora o primeiro erro dos antimaçons consiste em tentar definir o espírito maçónico em geral pelas afirmações de maçons particulares, escolhidas ordinariamente com grande má-fé.

O segundo erro dos antimaçons consiste em não querer ver que a Maçonaria, unida espiritualmente, está materialmente dividida, como já expliquei. A sua acção social varia de país para país, de momento histórico para momento histórico, em função das circunstâncias do meio e da época, que afectam a Maçonaria como afectam toda a gente. A sua acção social varia, dentro do mesmo país, de Obediência para Obediência, onde houver mais que uma, em virtude de divergências doutrinárias — as que provocaram a formação dessas Obediências distintas, pois, a haver entre elas acordo em tudo, estariam unidas. Segue de aqui que nenhum acto político ocasional de nenhuma Obediência pode ser levado à conta da Maçonaria em geral, ou até dessa Obediência particular, pois pode provir, como em geral provém, de circunstâncias políticas de momento, que a Maçonaria não criou.

Resulta de tudo isto que todas as campanhas antimaçónicas — baseadas nesta dupla confusão do particular com o geral e do ocasional com o permanente — estão absolutamente erradas, e que nada até hoje se provou em desabono da Maçonaria. Por esse critério — o de avaliar uma instituição pelos seus actos ocasionais porventura infelizes, ou um homem por seus lapsos ou erros ocasionais — que haveria neste mundo senão abominação? Quer o Sr. José Cabral que se avaliem os papas por Rodrigo Bórgia[15], assassino e incestuoso? Quer que se considere a Igreja de Roma perfeitamente definida, em seu íntimo espírito, pelas torturas dos Inquisidores (provenientes de um uso profano do tempo), ou pelos massacres dos albigenses e dos piemonteses? E contudo com muito mais razão se o poderia fazer, pois essas crueldades foram feitas com ordem ou com consentimento dos papas, obrigando assim, espiritualmente, a Igreja inteira.

Sejamos, ao menos, justos. Se debitamos à Maçonaria em geral todos aqueles casos particulares, ponhamos-lhe a crédito, em contrapartida, os benefícios que dela temos recebido em iguais condições. Beijem-lhe os jesuítas as mãos, por lhes ter sido dado acolhimento e liberdade na Prússia, no século dezoito — quando, expulsos de toda a parte, os repudiava o próprio papa — pelo maçon Frederico II. Agradeçamos-lhe a vitória de Waterloo, pois que

Wellington e Blücher eram ambos maçons. Sejamos-lhe gratos por ter sido ela quem criou a base onde veio a assentar a futura vitória dos Aliados — a *Entente Cordiale*, obra do maçon Eduardo VII. Nem esqueçamos, finalmente, que devemos à Maçonaria a maior obra da literatura moderna — o *Fausto*, do maçon Goethe.

Acabei de vez. Deixe o Sr. José Cabral a Maçonaria aos maçons e aos que, embora o não sejam, viram, ainda que noutro Templo, a mesma Luz. Deixe a antimaçonaria àqueles antimaçons que são os legítimos descendentes intelectuais do célebre pregador que descobriu que Herodes e Pilatos eram Vigilantes de uma Loja de Jerusalém.[a]

Deixe isso tudo, e no próximo dia 13, se quiser, vamos juntos a Fátima. E calha bem, porque será 13 de Fevereiro — o aniversário daquela lei de João Franco que estabelecia a pena de morte para os crimes políticos.[b]

FERNANDO PESSOA

(1) — Não sei por que razão se supôs que uma defesa da Maçonaria se deveria entender como um ataque à situação. Nada tem uma coisa com a outra. Ataque à situação, à Pátria e à inteligência é o projecto de lei comunista que me levou a defender a Maçonaria[c], como

81
[1935, pré-21-2]

---

a   O dominicano alemão Ludwig Greinemann declarou do púlpito, na cidade de Aachen, em 1779, que os judeus responsáveis pela morte do Cristo eram maçons, que Herodes e Pôncio Pilatos eram vigilantes de uma loja maçónica e que Judas, antes de denunciar Jesus, se tinha iniciado numa loja (Charles Whitlock Moore, *The Freemason's Monthly Magazine*, vol. III, 1844, p. 114).
b   Pessoa confunde aqui a "lei celerada" de 13 de Fevereiro de 1896, que punia os agitadores anarquistas com deportação para Timor, com um artigo do Código de Justiça Militar, aprovado pela mesma época, que estipulava a pena de morte para crimes políticos. Num texto posterior, Pessoa reconheceu o lapso, mas afirmou não pretender emendá-lo na reedição do artigo que planeava, por não lhe atribuir importância (129-39^r a 40^r).
c   Pessoa qualifica aqui retoricamente de "projecto de lei comunista" o projecto de lei do deputado José Cabral que visava a ilegalização da Maçonaria, claramente inspirado na lei fascista italiana de 1925.

a defenderei sempre que possa e que seja preciso, e sem que os maçons tenham que me o pedir, como neste caso me o não pediram. Nem eles nem ninguém.[1]

Parece que houve quem se estranhasse a si mesmo porque[2], no meu artigo no *Diário de Lisboa*, me não declarei situacionista. A que propósito vinha o declará-lo? O que tinha isso com a exposição e o argumento? À parte ser poeta, sou raciocinador[3], e guardo a lei suprema da argumentação: no raciocínio não há parênteses. Pelo visto, essa gente quereria que, entrando num estanco, eu dissesse: "Sou situacionista. Dê-me uma caixa de fósforos". Se me sair mais barato, digo[4].[5]

Sim, sou situacionista. Mas vamos lá a uma coisa...

Há três maneiras de ser situacionista, isto é, de ser partidário de qualquer situação política. A primeira é a conformidade por doutrina; a segunda a conformidade por aceitação; a terceira a conformidade por não-oposição. Deixo de parte uma das mais vulgares — a conformidade por vantagem —, porque não é disso que se trata, pelo menos em mim.

A conformidade por doutrina quer dizer que o partidário está de acordo com o programa político da situação a que adere. A conformidade por aceitação quer dizer que o partidário, sem que adira ao todo ou a parte desse programa, confia todavia na situação e se abstém de pôr pontos doutrinários. A conformidade por indiferença[6] vale por adesão por só não ser hostilização.

Sou situacionista por aceitação. Não discuto problemas políticos, constituições ou programas. Confio, instintiva mas não irracionalmente, no General Carmona e no Professor Salazar.

Confio no General Carmona porque tem a mais segura mão de timoneiro que há muitos anos temos tido. Desde quando, no período agudo da Ditadura, apoiou a acção[7] defensiva e patriótica do General Vicente de Freitas[a], até quando, havendo já calma para pensar, deu apoio à acção coordenadora do Prof. Salazar, o Presidente da República tem-se mantido numa atitude que é rara em qualquer caso, e raríssima em política — a maleabilidade dentro da dignidade. É um aristocrata da adaptação.

Confio no Prof. Salazar por um motivo primário e dois motivos secundários. O motivo primário é aquele de ter as duas notáveis qualidades que ordinariamente falecem no português: a clareza firme da inteligência, a firmeza clara da vontade.[8] Dos motivos secundários, o primeiro é o que tenho notado de realmente *feito* e que antes se não fazia — tudo isso que vai desde os navios e as estradas até tentar dar a um país sem ideal nacional pelo menos o pedido de que pense em tê-lo. O segundo desses motivos é o acréscimo do nosso prestígio no Estrangeiro. Conheço a sua realidade por informações directas, e não por citações dos jornais, susceptíveis[9] sempre de suspeitas reais, factícias ou fictícias. E, neste esquema de adesão translata, é de meu dever dizer que junto ao nome do Prof. Salazar o do Prof. Armindo Monteiro.

Disse que confio porque confio. Não vou mais longe. Se me perguntarem se compreendo a obra financeira do Prof. Salazar, digo que não, porque nada sei de finanças. Confio. Se os seus opositores me disserem, por estas e aquelas razões, essa obra é má, digo, com igual fundamento, que não sei.[10] Confio.[11]

Dito isto, compreendamo-nos melhor. Além[12] do situacionista que sou, sou um individualista absoluto, um homem livre e um liberal, e isso faz que tenha uma perfeita tolerância pelas ideias dos outros, que seja incapaz de considerar um crime o pensar outro do modo que não penso.

---

a   Alusão à tentativa de golpe militar de 20 de Julho de 1928 contra o governo da Ditadura, que desde Abril desse ano era presidido pelo general José Vicente de Freitas. O golpe falhou e a oposição sofreu um duro revés, com muitas prisões e deportações para as colónias.

Por isso esta confiança, que tenho no Prof. Salazar, me não impõe a mais pequena sombra de aversão a, por exemplo, o Prof. Afonso Costa. Timbro em afirmar por ele a minha absoluta consideração. Esse homem foi o único que cumpriu integralmente, no Governo Provisório, o que prometera na propaganda. Prometeu a Lei do Divórcio: fê-la. Prometeu a Lei da Família: fê-la. Prometeu a Lei de Separação: fê-la. Se as fez bem ou mal, do ponto de vista jurídico, não sei, porque não sou jurista. Sei que prometeu e cumpriu. Não sou, evidentemente, seu correligionário, mas não consigo ser seu inimigo. Nego-lhe o meu apoio; não posso negar-lhe o meu respeito. Sigo o preceito[13] do Prof. Salazar: *política de verdade*.[a]

E neste critério[14], e com os fundamentos que já expus, continuarei, sempre que Deus quiser, a defender a Maçonaria.

82
[Post. 4-2-1935]

A verdadeira origem deste artigo[b] está numa circunstância pessoal: o de haver muitos — muitos para quem conhece poucos[1] — que me confessavam não compreender como, depois de escrever *Mensagem*, livro de versos nacionalista, eu tinha vindo para o *Diário de Lisboa* defender a Maçonaria[c]. Dessa circunstância pessoal e concreta tirei a razão e a substância deste artigo impessoal e abstracto. Nada e a ninguém importa o que diz e pensa um poeta obscuro ou o defensor[2] (um pouco menos obscuro) da ordem Maçónica; mas alguma coisa e a todos[3] deve importar que se distinga o que estava confundido, se aproxime o que por erro estava separado[4], e haja um pouco[5]

---

a Cf. este parágrafo com o texto 111-58^r, de 1930 (aqui texto n.º 41).
b Pessoa não chegou a concluir este artigo que, como adiante se depreende, era destinado ao *Diário de Lisboa*.
c Alusão ao artigo "Associações Secretas", publicado no *Diário de Lisboa* de 4 de Fevereiro de 1935 (Texto n.º 80).

menos de nevoeiro nas ideias, ainda que não seja por elas que haja de se esperar D. Sebastião.

Uma coisa, e uma só, me preocupa: que com este artigo eu contribua[6], em qualquer grau, para estorvar os reaccionários portugueses em[7] um dos seus maiores e mais justos prazeres — o de dizer asneiras. Confio, porém, na solidez pétrea das suas cabeças e nas virtudes imanentes naquela fé firme e totalitária que dividem, em partes iguais, entre[8] Nossa Senhora de Fátima e o senhor D. Duarte Nuno de Bragança.[a]

Publiquei neste jornal, em 4 de Fevereiro, um artigo intitulado "Associações Secretas".[b] Era esse artigo dirigido directa e aparentemente contra um projecto de lei que o Sr. José Cabral apresentara na Assembleia Legislativa; era dirigido[1] indirecta e realmente[2], contra as forças que moveram o Sr. José Cabral, quer ele o saiba quer não. O Sr. José Cabral e o seu projecto serviram-me — digo-o sem ofensa nem intenção dela — simplesmente de trampolim.

De há bastante[3] tempo que se tornou[4] preciso atacar[5] certas influências, infiltradas em muita parte e partidos ou pseudo-não-partidos, que ameaçam, em todo o mundo, a dignidade do Homem e a liberdade do Espírito[6]. Decidido, desde sempre[7], a fazer o que pudesse — dentro dos limites da minha inteligência e da minha acção — para contrariar[8] essas forças, servi-me da primeira oportunidade que se me ofereceu. Foi o projecto de lei do Sr. José Cabral; podia ter sido outra coisa qualquer. E a oportunidade foi

83
[Post. 4-2-1935]

---

a   Cf. Texto n.º 116J, 92X-77ʳ: "Confio na pétrea solidez das suas cabeças e na fé firme e totalitária que dividem, em três partes iguais, entre Charles Maurras, Nossa Senhora de Fátima e o senhor D. Duarte Nuno de Bragança."
b   Esta frase revela que Pessoa destinava o presente texto, que deixou inacabado, ao *Diário de Lisboa*.

boa, porque a impulsividade do *executor, antecipando-se descortesmente às próprias propostas "construtivas" do Governo, e assim se *obtendo um desfazer postiçamente exagerado, ◊

84
[1935]

A Maçonaria nada, pois, tem que ver com qualquer regímen ou partido político, excepto se ou quando esse regímen ou partido atacam a tolerância ou oprimem a liberdade. Nada tem que ver, por igual, com qualquer religião ou doutrina, excepto se com essa religião ou doutrina nas condições indicadas[1]. No caso que ◊

Nesse caso é dever de todo maçon combater quanto possa esse inimigo da liberdade, e é seu dever natural de maçon, independentemente de indicação directa da oficina de que seja obreiro, ou da obediência a que, ele ou ela, pertençam. Tolerantes, ou antes indiferentes, demais têm sido a Maçonaria e os maçons para com tais doutrinas, imprevidentes de mais para com elas quando ainda no início e mais fáceis portanto de combater. Foi esta falta de previsão que levou os maçons, e os liberais profanos em quem directa ou indirectamente influem, a considerar o "Integralismo Lusitano" como uma espécie de garotice miguelista, incapaz de crescer ou de ter força.

85
[Post. 5-4-1935]

EXPLICAÇÃO DE UM LIVRO

Publiquei[1] em Outubro passado, pus à venda, propositadamente, em 1 de Dezembro, um livro de poemas, formando realmente um só poema, intitulado *Mensagem*. Foi esse livro[2] premiado, em condições especiais e para mim muito honrosas, pelo Secretariado de Propaganda Nacional.

A muitos que leram com apreço o *Mensagem*[3], assim como a muitos que[4] o leram ou com pouco apreço ou com nenhum, certas coisas causaram perplexidade e confusão: a estrutura do livro, a disposição nele das matérias, e mormente a mistura, que ali se encontra, de um misticismo nacionalista — ordinariamente colado, onde entre nós apareça, ao espírito e às doutrinas da Igreja de Roma —[5] com uma religiosidade, deste ponto de vista, nitidamente herética.[6]

Um fenómeno independente do *Mensagem*, e posterior à sua publicação, aumentou a perplexidade de uns e outros leitores do livro. Foi esse fenómeno o meu artigo[7] sobre *Associações Secretas*, inserto no *Diário de Lisboa* de 4 de Fevereiro. Esse artigo é um ataque a um projecto de lei[8] — hoje lei[a] — sobre o assunto do título, e é, cumulativamente, uma defesa integral da Maçonaria, contra a qual o projecto era dirigido, e a lei hoje se dirige.[9]

O artigo é patentemente de um liberal, de um inimigo radical da Igreja de Roma, e (porque foi e se sente espontâneo) de quem tem para[10] com a Maçonaria e os maçons um sentimento profundamente fraternal.

Um leitor atento de *Mensagem*, qualquer que fosse o conceito que formasse da valia do livro[11], não estranharia o anti-romanismo constante[12], embora negativamente, emergente nele. Um leitor igualmente atento, mas instruído no entendimento, ou ao menos[13] na intuição, das coisas herméticas, não estranharia a defesa da Maçonaria em o autor de um livro abundantemente embebido em simbolismo templário e rosicruciano. E a este leitor seria fácil de concluir que, tendo as ordens templárias, embora não exerçam actividade política, conceitos sociais idênticos, no que positivos e no que negativos, aos da Maçonaria; e girando o rosicrucianismo, no que social, em torno das ideias de fraternidade e de paz (*Pax profunda, frater!* é a saudação rosicruciana, tanto para Irmãos como para profanos), o autor de um livro assim pensado[14] seria

---

a O projecto de lei foi aprovado na Assembleia Nacional a 5 de Abril e promulgado a 21 de Maio de 1935, o que permite situar cronologicamente este texto.

forçosamente um liberal por derivação[15], quando o não fosse já por índole.

Mas, de facto, fui sempre fiel, por índole[16], reforçada por educação[17] — a minha educação é toda inglesa —, aos princípios essenciais do liberalismo, que são o respeito pela dignidade do Homem e pela liberdade do Espírito, ou, em outras palavras, o individualismo[18] e a tolerância, ou, ainda, em uma só palavra, o individualismo fraternitário.

86
[1935]

Quando o Sr. FP[a] soube do caso, limitou-se, primeiro, a ficar pasmado; segundo, a rir à gargalhada. Nós, ao sabermos também do caso, nem pasmámos, nem rimos, com ou sem gargalhada.

Não pasmámos porque não há razão para a gente se[1] pasmar de um acto que[2] está certo — certo, bem entendido, com a índole das pessoas ou instituições que o praticam.

Não rimos porque nem essas pessoas ou instituições nos dão, por vários motivos, vontade de rir, nem portanto consideramos dignos de alegria nossa os actos pelos quais essas instituições[3] ou pessoas se revelam o que são.

Registamos — eis tudo. Registamos o bem que se definem determinadas pessoas — talvez uma só — ou[4] instituições quando dão ordens a uma Censura de[5] que se corte qualquer referência favorável, ainda que puramente[6] literária, a um poeta que um dia se lembrou de... defender num jornal a Maçonaria.[b]

É só um dedo, um dedinho. Mas[7] pelo dedo se conhece o Anão.

a   Pessoa refere-se a si próprio na terceira pessoa, "o Sr. FP", utilizando uma rubrica sua (ver a nota final correspondente a este texto).
b   Na sequência de uma circular enviada a 8 de Fevereiro de 1935 aos serviços de censura pelo seu director, após este ter pessoalmente recebido "instruções" de Salazar no dia 6 do mesmo mês, a imprensa foi proibida de transcrever, dar "relevo" ou até fazer "simples referências" ao artigo "Associações Secretas" de Fernando Pessoa. No presente texto, o autor reage, plausivelmente, a essa directiva.

Diz-se que pelo dedo se conhece o gigante. Se está certo — e está — é igualmente certo dizer que pelo dedo se conhece o ano.

[ÁLVARO DE CAMPOS] **87**
[1935]

Saudação a todos quantos querem ser felizes:
Saúde e estupidez!

Isto de ter nervos
Ou de ter inteligência
Ou até de julgar que se tem uma coisa ou outra
Há-de acabar um dia...
Há-de acabar com certeza
Se os governos autoritários continuarem.

O argumento essencial contra uma ditadura é que ela é ditadura, isto é, que é ilegal. O apresentarem os seus governos obra melhor, em uns ou todos os sentidos, do que os governos legalmente constituídos não diminui a sua ilegalidade. Um homem que matasse outro voluntariamente, sem razão nem provocação, não pode esperar que lhe conte como atenuante — nem como tal lha contarão — que esse outro era provadamente um elemento daninho, que mais útil é morto do que vivo.

88
[c. 1935]

Uma ditadura, apesar de ilegal, pode ser todavia justificada pelas circunstâncias, quando num país é tal o estado de anarquia, governamental ou social, que se torna impossível a vida da legalidade. Entre um estado de guerra civil, real ou latente, e um governo de força, por ilegal que seja, que coíba essa anarquia, nenhum homem de recto critério, por liberal ou democrata que seja, hesitará em qual apoie.

Sucede porém que até o ilegal, se quer que o consideremos justificado, tem que obedecer a certas normas, isto é, tem que ter, em certo modo, uma legalidade sua. Ora uma ditadura, justificável somente quando não há escolha entre ela e a anarquia, existe, por isso mesmo, só para pôr fim a essa anarquia. O seu papel é portanto limitado à manutenção da ordem até que a anarquia desapareça; desaparecida esta, está findo o papel da ditadura. Se a ditadura[1] não consegue dominar a anarquia ou o espírito anárquico, é que o fenómeno anárquico entrou fundo de mais no espírito da sociedade, e então há uma crise profunda, que, por profunda, nenhum governo, de força ou não, pode debelar. Ou é o fim do país ou, para que este se salve, não há outro remédio senão deixar que a anarquia continue e dela saia, pela operação de leis naturais e sociais que ninguém conhece, a lenta e dolorosa salvação. E, quando um país está neste estado, a existência do governo de força não terá feito mais, pelas várias reacções que provoca, do que aumentar[2] essa anarquia. Terá sido, afinal, apenas[3] um elemento anárquico a mais.

Sendo o papel da ditadura limitado à manutenção da ordem, o governo de força tem todavia que empregar-se também na resolução de problemas correntes, pois que o Estado não pode deixar de ser administrado. Aqui, porém, deve a ditadura limitar-se a um papel rigorosamente administrativo. É a ditadura, por assim dizer, a suspensão do legislativo pelo executivo; não é a *substituição* do executivo ao legislativo. Uma ditadura não tem pois que fazer leis. E, na proporção em que, saindo do seu justo papel, as fizer, nessa mesma proporção criará novas inimizades, novos descontentamentos. Por uma parte, não há lei que agrade a toda a gente, e assim cada lei faz o seu grupo de descontentes, que poderão ser muito diversos de lei para lei, de sorte que, somados, esses descontentamentos vão formando lentamente uma atmosfera de descontentamento geral. Por outra parte, o homem ama naturalmente a liberdade, pois ninguém gosta de ser mandado nem se sente grato por imposições que se lhe façam, de sorte que os governos de força (a não ser que os envolva um misticismo qualquer) são tendencialmente[4] antipáticos a toda a gente. Segue que o descontentamento contra uma lei promulgada por um governo de força é naturalmente maior do que contra uma lei de um governo de opinião. E o não ter havido oportunidade de se discutir essa lei dá ao descontentamento um apoio francamente justo e racional.[a]

"Os princípios morais e patrióticos que estão na base deste movimento reformador impõem à actividade mental e às produções da inteligência e sensibilidade dos portugueses certas limitações, e suponho deverem mesmo traçar-lhes algumas directrizes."

89
[Mar. 1935 ou post.]

Oliveira Salazar, *Discursos*, p. xx-xxi (trecho lido pelo próprio ao presidir em 21 de Fevereiro de 1935 à sessão de distribuição de Prémios Literários no Secretariado de Propaganda Nacional).

"Neste momento histórico, em que determinados objectivos foram propostos à vontade nacional, não há remédio senão levar às últimas consequências as bases ideológicas sobre as quais se constrói o novo Portugal." (ibid., p. xxiv).

---

a   O autor parece aludir aqui à lei que extinguiu a Maçonaria, cuja discussão pública foi sufocada pela censura, por ordem do governo, mas não há certeza. As características do suporte e da caligrafia sustentam a hipótese de se tratar de um texto de 1935.

"Os principios moraes e patrioticos
que estão na base deste movimento
reformador imprem á actividade
mental e ás producções da sua
intelligencia e sensibilidade dos
portuguezes certas limitações, e
suponho deverem mesmo traçar-
lhes algumas directrizes."

Oliveira Salazar, discursos,
p. XX-XXI (trecho pletopicado à punho
21 de Fevereiro de 1935 na
sessão de distribuição
de Premios Literarios no
Secretariado de Propaganda
Nacional).

"neste momento historico, em que
determinados objectivos foram propostos á vontade nacional, não ha
remedio senão levar ás ultimas
consequencias as bases ideologicas
sôbre as quaes se constroe o novo
Portugal." (ibid. p. XXIV)

esse narcisismo provinciano que põe retratos gregos na capa de livros e insere amostras de caligrafia, em *hors-texte*, para que a posteridade saiba como escrevia quem mandou os outros deixar de escrever[1]

90
[Mar. 1935 ou post.]

esse seminarista da contabilidade

A Vinda dos Provincianos[a]

91
[c. 1930-1935]

(article on this authoritarian government)

CAPA DA 1.ª EDIÇÃO DOS DISCURSOS DE SALAZAR (1935),
QUE INCLUI UM HORS-TEXTE COM MANUSCRITOS DO DITADOR.

a   Relacionável com o texto n.º 90. Numerosos ministros da Ditadura Militar e do Estado Novo eram, à imagem de Salazar, oriundos da província ou leccionavam na Universidade de Coimbra.

SOBRE O FASCISMO, A DITADURA PORTUGUESA E SALAZAR | 273

"ESSE NARCISISMO PROVINCIANO..." (TEXTO N.º 90)

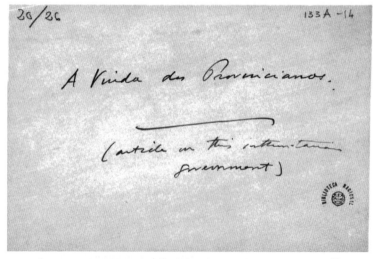

"A VINDA DOS PROVINCIANOS (ARTIGO SOBRE ESTE GOVERNO AUTORITÁRIO)"
(TEXTO N.º 91)

LIBERDADE

16-3-1935[b]

(falta uma citação de Séneca)[b]

Ai que prazer
Não cumprir um dever,
Ter um livro para ler
E não o fazer!
Ler é maçada,
Estudar é nada.
O sol doura
Sem literatura.
O rio corre, bem ou mal,
Sem edição original.
E a brisa, essa,
De tão naturalmente matinal,
Como tem tempo não tem pressa.

Livros são papéis pintados com tinta.
Estudar é uma coisa em que está indistinta
A distinção entre nada e coisa nenhuma.

Quanto é melhor, quando há bruma,
Esperar por D. Sebastião,
Quer venha ou não!

---

a   Datado de 16 de Março de 1935, o poema foi publicado na *Seara Nova* de 11 de Setembro de 1937.
b   A frase de Séneca em causa foi citada por Salazar no seu discurso de 21 de Fevereiro de 1935 para justificar a censura e a imposição de directrizes aos escritores: "Mas virá algum mal ao mundo de se escrever menos, se se escrever e, sobretudo, se se ler melhor? Hoje, como na crítica de Séneca, 'em estantes altas até ao tecto, adornam o aposento do preguiçoso todos os arrazoados e crónicas'" (Salazar, 1935). Este poema é, pois, uma reacção irónica de Pessoa ao dito discurso de Salazar. Destinado à *Seara Nova*, o poema foi cortado pela censura em 1935, mas a revista publicá--lo-ia em Setembro de 1937, sempre sem a citação de Séneca. Ver Pessoa (2000) e Prista (2003).

Grande é a poesia, a bondade e as danças...
Mas o melhor do mundo são crianças,
Flores, música, o luar, e o sol, que peca
Só quando, em vez de criar, seca.

O mais do que isto
É Jesus Cristo,
Que não sabia nada de finanças
Nem consta que tivesse biblioteca...

93
[1935]

O General Carmona é, nesta situação, como foi desde o seu[1] começo, o representante do exército. Não tem feito senão honrar — ninguém honestamente o negará — a corporação a que pertence e que representa. A sua acção, caracterizada sempre pela maleabilidade dentro da dignidade, teve, infelizmente para ele, que ter que ser caracterizada pela rendição[2] dentro da elegância. Manteve o aprumo[3]; concedeu as razões para o ter. Está coacto, como o está o Exército e, menos pacientemente, a Marinha.[a]

94

[CARTA AO PRESIDENTE DA REPÚBLICA, GENERAL ÓSCAR CARMONA]

94a
[1935]

É V. Ex.ª a única entidade, hoje existente neste país, cuja autoridade pode ser considerada legítima. Foi V. Ex.ª eleito como homem, o que é definido e concreto; não como constituição, o que é indefinido e abstracto[1]. De V. Ex.ª depende, de direito e, parece, de facto,

---

[a] A 10 de Setembro de 1935 dar-se-ia, de facto, a sublevação (frustrada) do comandante da Marinha Manuel Mendes Norton, um conservador monárquico que teve a colaboração dos nacional-sindicalistas de Rolão Preto e de militares republicanos.

tudo quanto, de governo ou governação, neste país existe. Perante V. Ex.ª pois formulo[2] este protesto, que é dirigido contra a maneira como, nestes últimos tempos, tem sido encaminhada — por descaminho — a direcção governativa da vida pública.

Dirijo-me a V. Ex.ª na minha qualidade de cidadão português, que V. Ex.ª também é. Não me sirvo para fazê-lo dos títulos, para o caso ou estranhos[3] ou desnecessários, de ser eu o poeta que escreveu porque escreveu o livro nacionalista[4] *Mensagem* ou o templário que escreveu, por ser seu dever escrevê-lo, o artigo "Associações Secretas", publicado no *Diário de Lisboa*. V. Ex.ª nada tem que ver com poetas, nem, salvo numa acepção especial, cuja natureza, porque V. Ex.ª a sabe, não indico, com templários ou outros quaisquer membros das Ordens Maiores[5] secretas.

Entro imediatamente no assunto.

Estabelecida a Ditadura em Portugal, percorreu ela, até hoje, três fases. A primeira foi a de simples defesa própria e de expectativa; vai de 28 de Maio de 1926 ao advento, no Ministério das Finanças, em 27 de Abril de 1928, do Prof. Oliveira Salazar. A segunda foi a de consolidação da Ditadura, obtida pela acção enérgica, paciente e cuidadosa que o Prof. Salazar exerceu no cargo em que foi investido. Essa acção[6], caracterizada ostensivamente[7] pelo equilíbrio dos orçamentos e por outros efeitos análogos ou similares (cujas contrapartidas, económicas, sociais ou morais não pretendo discutir, por não ser perito em matéria económica, e por ser complexo e confuso tudo quanto é social ou moral), deveu em grande parte o seu êxito a um fenómeno alheio ao assunto — ao voluntário e agradável apagamento, por o que parecia ser trabalho e modéstia, do seu principal executor.[8]

Morto, porém, el-rei D. Manuel, e liberto portanto o Prof. Salazar de qualquer obscuro compromisso monárquico, tomado porventura somente para consigo mesmo, entrámos na terceira fase da Ditadura, que abre com o discurso da Sala do Risco[a] e só Deus sabe onde e como acabará.

A primeira fase da Ditadura era, por assim dizer, doutrinalmente negativa. A Ditadura era só ditadura: era essencialmente uma ausência de regime, porventura necessária, uma suspensão da vida constitucional, um interregno, um estado de sítio civil. Na segunda fase, não havendo ainda mudança doutrinal, isto é, não havendo ainda uma fórmula política que alguns pretenderam impor, havia já todavia duas coisas positivas — um método e um homem, uma aritmética e um aritmético[9]. Do método[10] não cuido, pois não cuido do que não entendo. Do homem, como era então, não tenho que cuidar: estava consubstanciado com o método[11]. O que importa é a terceira fase da Ditadura, pela simples razão que é a em que estamos, e só o presente é que está aqui.

Essa terceira fase da Ditadura, Senhor Presidente[12], começou por afirmar-se no integralismo monárquico disfarçado de Estado Novo, continuou afirmando-se no integralismo, já menos disfarçado, do chamado Estado Corporativo, e acabou com afirmar-se, nos últimos arrancos[13] do Prof. Salazar, e nomeadamente na segunda parte do Prefácio aos seus *Discursos*[b], por integralmente integral, isto é, já francamente inimigo de duas coisas — da dignidade do Homem e da liberdade do Expressão.

Com efeito, na citada segunda parte do citado Prefácio, parte essa de que o principal e o essencial político foi dito ou lido numa sessão pública, de entrega dos Prémios, no S[ecretariado] de P[ropaganda] N[acional], diz-se aos escritores que têm eles[14] que

---

a   Sala do antigo Arsenal da Marinha, na Rua do Arsenal. O célebre "discurso da Sala do Risco" data, realmente, de 28 de Maio de 1930. O discurso de Salazar a que Pessoa aqui pretende referir-se só pode ser o discurso de tomada de posse do cargo de Presidente do Conselho, em 5 de Julho de 1932, na Sala do Conselho de Estado, em Belém, três dias depois da morte de D. Manuel II.
b   Trata-se do prefácio de Salazar a *Discursos 1928-1934* (Salazar, 1935), publicado em Março de 1935, parte do qual tinha sido lido pelo ditador na sessão de entrega dos prémios literários do SPN, em 21 de Fevereiro. Nessa sessão discursara previamente António Ferro, expondo as grandes linhas da chamada "Política do Espírito" do Estado Novo.

obedecer a certas *directrizes*. Até aqui a Ditadura não tinha tido o impudor de, renegando toda verdadeira política[15] do espírito[a] — isto é, o pôr o espírito acima da política — vir intimar quem pensa a que pense pela cabeça do Estado, que a não tem, ou de vir intimar a quem trabalha a[16] que trabalhe livremente como lhe mandam[17].

94b
[1935]

Um homem que, tendo de presidir a uma distribuição de prémios literários, abre a sessão[b] com um discurso em que enxovalha todos os escritores portugueses — muitos deles[1] seus superiores intelectuais — com a fútil imposição de "directrizes" que ninguém lhe pediu nem pediria, e que, pedidas que fossem, ninguém poderia aceitar por nem ele saber dizer o que sejam[2] — esse homem, que assim, com uma inabilidade de aldeão letrado, de um só golpe afastou de si o resto da inteligência portuguesa que ainda o olhava com uma benevolência, já um pouco impaciente, e uma tolerância, já vagamente desdenhosa, não tem sequer o prestígio limitado que lhe permita governar uma república aristocrática, a aceitação de uma minoria que, ainda que praticamente inútil, fosse teoricamente inteligente.

94c
[1935]

Chegámos a isto, Senhor Presidente: passou a época da desordem e da má administração; temos boa administração e ordem. E não há

---

a   Tinha sido Ferro a pôr em circulação a expressão "Política do Espírito", num artigo homónimo publicado no *Diário de Notícias* de 11 de Novembro de 1932, antes do seu recrutamento para dirigir o SPN (Outubro de 1933). Pessoa procede neste texto como se tal política fosse obra de Salazar, omitindo o destacado papel de Ferro na sua definição. Misteriosamente, nenhum escrito de Pessoa se refere directamente à "Política do Espírito" tal como ela foi exposta por Ferro, em particular no seu discurso que antecedeu o de Salazar durante a sessão de entrega dos prémios do SPN. Ver também Barreto (2011b).
b   Salazar, de facto, não abriu, antes encerrou a sessão de distribuição dos prémios literários do SPN.

nenhum de nós que não tenha saudades da desordem e da má administração. Não sabíamos que a ordem nas ruas, que as estradas, os portos e a esquadra[a] tinham que ser compradas por tão alto preço — o da venda a retalho da alma portuguesa.

Tem todas as qualidades periféricas do chefe. Falta-lhe a principal — que é o ser chefe.

94d
[1935]

Isto não é ser mestre, nem ser chefe: é ser exemplo. Mas igual exemplo nos dão e sempre deram as formigas e as abelhas — cujo Estado Velho está absolutamente bem organizado, e em princípios antiliberais a quem ninguém desobedece —, sem que seja preciso promover a Abelha Rainha à posição, presentemente mais que régia, de Presidente do Conselho[1].

Realmente é um Estado Novo, porque este estado de coisas nunca antes[2] se viu.[b]

94e
[1935]

Com uma de duas qualidades — de duas só — se afirma um homem chefe de um povo, comanda um homem a massa indistinta e informe da nação. São elas o poder oratório e o prestígio militar — a eloquência de um António José de Almeida, a bravura de um Sidónio Pais. Às qualidades de inteligência, por grande que seja, de

---

a   Referência à aquisição, em 1933-1935, de vários navios e submarinos para a esquadra de guerra portuguesa. Alusões à esquadra, às estradas e aos portos, que eram tema da propaganda do regime, aparecem também nos poemas satíricos de Pessoa de 1935, como "Sim, é o Estado Novo" (Julho) e "Poema de Amor em Estado Novo" (Novembro).
b   Em 29 de Julho de 1935, Pessoa escreveu um poema satírico que começa com a seguinte estrofe: "Sim, é o Estado Novo, e o povo | Ouviu, leu e assentiu. | Sim, isto é um Estado Novo, | Pois é um estado de coisas | Que nunca antes se viu."

trabalho, por intenso que possa ser, a essas e a outras, de menor relevo público, como a honestidade, a virtude, o patriotismo, encolhe o povo os ombros, sem sequer pensar em respeitá-las; deixa-as na sombra a que naturalmente pertencem. Convém não esquecer, Senhor Presidente, que uma nação é um teatro e um governo um palco: ninguém comanda a alma de um povo se não tiver nascido, ou se não fizer, actor. É essa a razão do prestígio orgânico da monarquia: o rei nasce no palco e é educado, desde a infância, para estar e representar nele.

Pode a eloquência ser oca, a bravura postiça: o caso é que uma se ouça e a outra se veja.

Quer isto dizer, Senhor Presidente, que uma nação haja sempre de ser governada por chefes acentuadamente tais, que não haja período em que possam estar no poder os inteligentes sem aura e os patriotas sem prestígio? Não o quer dizer. O que porém quer dizer é que esse prestígio de chefe, desnecessário muitas vezes num governo de época normal, é indispensável num governo de época anormal, imprescindível num governo de autoridade. O que porém quer dizer é que o Prof. Salazar, não tendo tal prestígio, nem maneira de o ter, se deixou investir da aparência dele. É a sua túnica de Nessus.

Ninguém pode legitimamente culpar o actual Presidente do Conselho de não ter qualidades que não tem; pode legitimamente fazer-se de, não tendo tais qualidades, pretender tê-las e ter-se colocado em situação de, não podendo tê-las, ser todavia necessário que as tenha.

Culpa-se o Prof. Salazar disto: de ser incompetente para o cargo que assumiu.

94f
[1935]

94g
[1935]

Destinado assim naturalmente por Deus para executor de ideias de outrem, visto que as não tem próprias, de secretário do prestígio alheio, porque o não pode conquistar seu, o Prof. Salazar quis alçar-se, ou deixou que o quisessem alçar, a um pedestal onde não[1] se acomoda, a um trono onde não sabe como sentar-se. Não conseguiram os titans, e eram titans, escalar o céu[2]; como o conseguirão os anões, condenados, para que possam parecer[3] grandes, ao desequilíbrio constante das andas que lhes ataram às pernas?

94h
[1935]

Com[1] que governa? Com a força sem prestígio e a autoridade sem opinião. Vive da fraqueza dos opositores, da anemia psíquica da nação. É a tirania em toda a sua injustiça, a prepotência em toda a sua imoralidade.[a]

Não pode V.Ex.ª, porque nem[2] o seu cargo pessoalmente lho permite, nem a quem exerce tal cargo chegam informações verdadeiras, verificar até que ponto se acha enxovalhado o indivíduo português, até que ◊

Ninguém se queixa? Queixar-se como? Queixar-se a quem?

Mas os estrangeiros não vêem senão a superfície.

Que importa ao alfaiate ou ao merceeiro, a quem pago regularmente, a quem arranco eu, se roubo[3], o dinheiro com que regularmente lhe pago?[4]

Nunca esteve V. Ex.ª tão alto perante o afecto da opinião como quando repeliu o enxovalho dourado do marechalato.[b]

---

a O presente parágrafo refere-se ao chefe do governo, Salazar.
b O último parágrafo identifica o destinatário do trecho e data-o. O general Carmona recusou promulgar a lei que o promovia a marechal, aprovada em 10 de Abril de 1935. O projecto de lei fora apresentado à Assembleia Nacional pelo deputado Carneiro Pacheco em 5 de Abril, antes do debate e aprovação por unanimidade da lei sobre associações secretas (Carmona tinha sido maçon nos anos em torno da viragem do século). Só em 1947 é que Carmona viria a aceitar, finalmente, o marechalato.

Salazar é mealheiro —
Raparigas vinde vê-lo —
Por fora barro vidrado,
Por dentro coiro e cabelo.

95
[Mar. 1935]

Eu falei no "mar salgado",
Disseram que era plagiado
Do Corrêa de Oliveira.
Ora, plagiei-o do mar.
Eu sou tal qual Portugal
Faz-me sempre mal o sal
E ando sobretudo com azar.

96
[c. Mar. 1935]

"EU FALEI NO MAR SALGADO..." (TEXTO N.º 96)

97
29-3-1935

António de Oliveira Salazar.
Três nomes em sequência regular...
António é António.
Oliveira é uma árvore.
Salazar é só apelido.
Até aí está bem.
O que não faz sentido
É o sentido que tudo isto tem.

———————————

Este senhor Salazar
É feito de sal e azar.
Se um dia chove,
A água dissolve
O sal,
E sob o céu
Fica só o azar, é natural.

Oh, c'os diabos!
Parece que já choveu...

———————————

Coitadinho
Do tiraninho!
Não bebe vinho,
Nem sequer sozinho...

Bebe a verdade
E a liberdade,
E com tal agrado

Que já começam
A escassear no mercado.

Coitadinho
Do tiraninho!
O meu vizinho
Está na Guiné,
E o meu padrinho
No Limoeiro
Aqui ao pé,
Mas ninguém sabe porquê.

Mas, enfim, é
Certo e certeiro
Que isto consola
E nos dá fé:
Que o coitadinho
Do tiraninho
Não bebe vinho,
Nem até
Café.

UM SONHADOR NOSTÁLGICO DO ABATIMENTO E DA DECADÊNCIA

MANUSCRITO DOS DOIS PRIMEIROS POEMAS DO TRÍPTICO SOBRE SALAZAR, DATADO DE 29 DE MARÇO DE 1935 (63-7R)

MANUSCRITO DO TERCEIRO POEMA DO TRÍPTICO SOBRE SALAZAR, NÃO DATADO (66-57R). NO TOPO DA PÁGINA, PESSOA ESCREVEU ESTA MÁXIMA: "QUEM QUER SER PASTOR DE GADO | TEM QUE TER GADO DE QUE SER PASTOR."

Antonio de Oliveira Salazar.
Trez nomes em sequencia regular...
Antonio é Antonio.
Oliveira é uma arvore.
Salazar é só apelido.
Até ai está bem.
O que não faz sentido
É o sentido que tudo isto tem.

Este senhor Salazar
É feito de sal e azar.
Se um dia chove,
A agua dissolve
O sal,
E sob o céu
Fica só o azar, é natural.

Oh, c'os diabos!
Parece que já choveu...

Coitadinho
Do tiraninho!
Não bebe vinho,
Nem sequer sòsinho...

Bebe a verdade
E a liberdade,
E com tal agrado
Que já começam
A escassear no mercado.

Coitadinho
Do tiraninho!
O meu visinho
Está na Guiné,
E o meu padrinho
No Limoeiro
Aqui ao pé,
Mas ninguem sabe porquê.

Mas enfim, é
Certo e certeiro
Que isto consola
E nos dá fé:
Que mm o coitadinho
Do tiraninho
Não bebe vinho,
Nem até
Café.

                UM SONHADOR NOSTALGICO DO
                ABATIMENTO E DA DECADENCIA

VERSÃO FINAL DACTILOGRAFADA DO TRÍPTICO DE POEMAS SATÍRICOS, ASSINADO POR
"UM SONHADOR NOSTÁLGICO DO ABATIMENTO E DA DECADÊNCIA" (TEXTO N.º 97)

FERNANDO PESSOA.

30-3-1935

Nome completo: Fernando António Nogueira Pessoa.

Idade e naturalidade: Nasceu em Lisboa, freguesia dos Mártires, no prédio nº 4 do Largo de S. Carlos (hoje do Directório) em 13 de Junho de 1888.

Filiação: Filho legítimo de Joaquim de Seabra Pessoa e de D. Maria Madalena Pinheiro Nogueira. Neto paterno do General Joaquim António de Araújo Pessoa, combatente das campanhas liberais, e de D. Dionísia Seabra; neto materno do Conselheiro Luís António Nogueira, jurisconsulto e que foi Director-Geral do Ministério do Reino, e de D. Madalena Xavier Pinheiro. Ascendência geral — misto de fidalgos e de judeus.

Estado: Solteiro.

Profissão: A designação mais própria será "tradutor", a mais exacta a de "correspondente estrangeiro em casas comerciais". O ser poeta e escritor não constitui profissão, mas vocação.

Morada: Rua Coelho da Rocha, 16, 1º, dto., Lisboa. (Endereço postal — Caixa Postal 147, Lisboa).

Funções sociais que tem desempenhado: Se por isso se entende cargos públicos, ou funções de destaque, nenhumas.

Obras que tem publicado: A obra está essencialmente dispersa, por enquanto, por várias revistas e publicações ocasionais. O que, de livros ou folhetos, considera como válido, é o seguinte: "35 Sonnets" (em inglês), 1918; "English Poems I-II" e "English Poems III" (em inglês também), 1922, e o livro "Mensagem", 1934, premiado pelo Secretariado de Propaganda Nacional, na categoria "Poema". O folheto "O Interregno", publicado em 1928, e constituindo uma defesa da Ditadura Militar em Portugal, deve ser considerado como não existente. Há que rever tudo isso e talvez que repudiar muito.

FERNANDO PESSOA.

Nome completo: Fernando Antonio Nogueira Pessoa.

Edade e naturalidade: Nasceu em Lisboa, freguezia dos Martyres, no predio nº 4 do Largo de S. Carlos (hoje do Directorio) em 13 de Junho de 1888.

Filiação: Filho legitimo de Joaquim de Seabra Pessoa e de D. Maria Magdalena Pinheiro Nogueira. Neto paterno do General Joaquim Antonio de Araujo Pessoa, combatente das campanhas liberaes, e de Dª Dionysia Seabra; neto materno do Conselheiro Luiz Antonio Nogueira, jurisconsulto e que foi Director Geral do Ministerio do Reino, e de D. Magdalena Xavier Pinheiro. Ascendencia geral - mixta de fidalgos e de judeus.

Estado: Solteiro.

Profissão: A designação mais propria será "traductor", a mais exacta a de "correspondente estrangeiro em casas commerciaes". O ser poeta e escriptor não constitue profissão, mas vocação.

Morada: Rua Coelho da Rocha, 16, 1º, dto., Lisboa. (Endereço postal - Caixa Postal 147, Lisboa).

Funcções sociaes que tem desempenhado: Se por isso se entende cargos publicos, ou funcções de destaque, nenhumas.

Obras que tem publicado: A obra está essencialmente dispersa, por emquanto, por varias revistas e publicações occasionaes. O que, de livros ou folhetos, considera como válido, é o seguinte: "35 Sonnets" (em inglez), 1918; "English Poems I-II" e "English Poems III" (em inglez tambem), 1922, e o livro "Mensagem", 1934, premiado pelo Secretariado de Propaganda Nacional, na categoria "Poema". O folheto "O Interregno", publicado em 1928, e constituindo uma defesa da Dictadura Militar em Portugal, deve ser considerado como não existente. Ha que rever tudo isso e talvez que repudiar muito.

FICHA AUTOBIOGRÁFICA DATADA DE 30 DE MARÇO DE 1935 (TEXTO N.º 98)

Educação: Em virtude de, falecido seu pai em 1893, sua mãe ter casado, em 1895, em segundas núpcias, com o Comandante João Miguel Rosa, Cônsul de Portugal em Durban, Natal, foi ali educado. Ganhou o prémio Rainha Vitória de estilo inglês na Universidade do Cabo da Boa Esperança em 1903, no exame de admissão, aos 15 anos.

Ideologia política: Considera que o sistema monárquico seria o mais próprio para uma nação organicamente imperial como é Portugal. Considera, ao mesmo tempo, a Monarquia completamente inviável em Portugal. Por isso, a haver um plebiscito entre regimes, votaria, embora com pena, pela República. Conservador do estilo inglês, isto é, liberal dentro do conservantismo, e absolutamente anti-reaccionário.

Posição religiosa: Cristão gnóstico e portanto inteiramente oposto a todas as Igrejas organizadas, e sobretudo à Igreja de Roma. Fiel, por motivos que mais adiante estão implícitos, à Tradição Secreta do Cristianismo, que tem íntimas relações com a Tradição Secreta em Israel (a Santa Kabbalah) e com a essência oculta da Maçonaria.

Posição iniciática: Iniciado, por comunicação directa de Mestre a Discípulo, nos três graus menores da (aparentemente extinta) Ordem Templária de Portugal.

Posição patriótica: Partidário de um nacionalismo místico, de onde seja abolida toda infiltração católico-romana, criando-se, se possível for, um sebastianismo novo, que a substitua espiritualmente, se é que no catolicismo português houve alguma vez espiritualidade. Nacionalista que se guia por este lema: "Tudo pela Humanidade; nada contra a Nação".

Posição social: Anticomunista e anti-socialista. O mais deduz-se do que vai dito acima.

Resumo de estas últimas considerações: Ter sempre na memória o mártir Jacques de Molay, Grão-Mestre dos Templários, e combater,

Educação: Em virtude de, fallecido seu pae em 1893, sua mãe ter casado, em 1895, em segundas nupcias, com o Commandante João Miguel Rosa, Consul de Portugal em Durban, Natal, foi allá educado. Ganhou o prémio Rainha Victoria de estylo inglez na Universidade do Cabo da Boa Esperança em 1903, no exame de admissão, aos 15 annos.

Ideologia politica: Considera que o systema monarchico seria o mais proprio para uma nação organicamente imperial como é Portugal. Considera, ao mesmo tempo, a Monarchia completamente inviavel em Portugal. Por isso, a haver um plebiscito entre regimens, votaria, embora com pena, pela Republica. Conservador do estylo inglez, isto é, liberal dentro do conservantismo, absolutamente anti-reaccionario.

Posição religiosa: Christão gnostico, e portanto inteiramente opposto a todas as Egrejas organizadas, e sobretudo á Egreja de Roma. Fiel, por motivos que mais adeante estão implicitos, á Tradição Secreta do Christianismo, que tem intimas relações com a Tradição Secreta em Israel (a Santa Kabbalah) e com a essencia occulta da Maçonaria.

Posição iniciatica: Iniciado, por communicação directa de Mestre a Discipulo, nos tres graus menores da (apparentemente extincta) Ordem Templaria de Portugal.

Posição patriotica: Partidario de um nacionalismo mystico, de onde seja abolida toda infiltração catholica-romana, creando-se, se possivel fôr, um sebastianismo novo, que a substitua espiritualmente, se é que no catholicismo portuguez houve alguma vez espiritualidade. Nacionalista que se guia por este lemma: "Tudo pela Humanidade; nada contra a Nação".

Posição social: Anti-communista e anti-socialista. O mais deduz-se do que vae dito acima.

Resumo de estas ultimas considerações: Ter sempre na memoria o martyr Jacques de Molay, Grão Mestre dos Templarios, e combater, sempre e em toda a parte, os seus trex assassinos - a Ignorancia, o Fanatismo e a Tyrannia.

Lisboa, 30 de Março de 1935.

sempre e em toda a parte, os seus três assassinos — a Ignorância, o Fanatismo e a Tirania.

Lisboa, 30 de Março de 1935

Fernando Pessoa

Mata os piolhos maiores
Essa droga que tu dizes.
Mas inda há bichos piores.
Vê lá se arranjas veneno
(Ou grande ou médio ou pequeno)
Para matar directrizes.[a]

99
4-4-1935

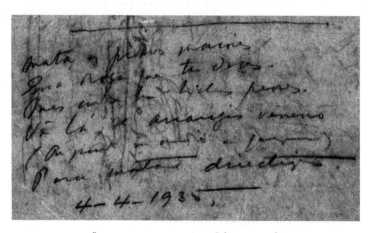

"MATA OS PIOLHOS MAIORES..." (TEXTO N.º 99)

a   Refere-se às directrizes que Salazar, no seu discurso de 21 de Fevereiro de 1935, disse deverem impor-se às produções intelectuais e artísticas.

100
[5-4-1935 ou post.]

Solenemente
Carneirissimamente
Foi aprovado
Por toda a gente
Que é, um a um, animal,
Na assembleia nacional
Em projecto do José Cabral.[a]

Está claro
Que isso tudo
É desse pulha austero e raro
Que, em virtude de muito estudo,
E de outras feias coisas mais
É hoje presidente do conselho,
Chefe de infernanças animais,
E astro de um estado novo muito velho.

Que quadra
Isso com qualquer coisa que se faça?
Nada.
A Igreja de Roma ladra
E a Maçonaria passa.

E eles todos a pensar
Na vitória que os uniu
Neste nada que se viu,
Dizem, lá se conseguiu,
Para onde agora avançar?
Olhem, vão p'ra o Salazar
Que é a puta que os pariu.

---

a A 5 de Abril de 1935, a Assembleia Nacional aprovou por unanimidade o projecto de lei do deputado José Cabral que ilegalizava a Maçonaria.

A frase, ou bordão, de Mussolini, *Tudo pelo Estado, nada contra o Estado*, tem a vantagem de ser perfeitamente clara.ª Diz o que diz. Com ela sabemos onde estamos, embora não queiramos lá estar. A frase portuguesa imitada, *Tudo pela Nação, nada contra a Nação*ᵇ, ou quer dizer, velando-se, a mesma coisa que a frase de Mussolini; ou, se quer dizer outra coisa, não quer dizer coisa alguma. Está no mesmo caso que a expressão *civilização cristã*, a que ninguém ainda conseguiu descobrir qualquer espécie de sentido.

O Estado é simplesmente a maneira de a Nação se administrar: rigorosamente, não é uma coisa, mas um processo. Se compararmos — o que nem sempre é válido ou útil — uma nação a um indivíduo, diremos que o Estado é para a Nação o que, no indivíduo, ◊

Apareceram recentemente à superfície da terra[1] social uns animais chamados *directrizes*.ᶜ Definindo mal e depressa, esta palavra quer dizer que qualquer de nós tem que pensar pela cabeça de outra pessoa. Tal intimação ou imposição, não pode fazê-la, ou pretender fazê-la, senão o Estado ou quem nele manda, pois a Nação não se exprime através do Estado mas através dos indivíduos, e mormente através dos homens de génio, que são[2] a concentração individual das forças íntimas da Nação. Ora os homens de génio não impõem directrizes: são-as.

101
[Post. 21-2-1935]

---

a   O lema de Mussolini era: "Tudo no Estado, nada fora do Estado, nada contra o Estado" (*Tutto nello Stato, niente al di fuori dello Stato, nulla contro lo Stato*).
b   Lema enunciado pela primeira vez por Salazar no discurso "Política de verdade. Política de sacrifício. Política nacional", pronunciado em 21 de Outubro de 1929, na Sala do Conselho de Estado.
c   Alusão ao discurso de Salazar na sessão de distribuição dos prémios literários do SPN, a 21 de Fevereiro de 1935, em que defendeu a imposição de directrizes à criação intelectual e artística.

102 Tudo pelo indivíduo, nada contra a nação.
[c. 1935]
Tudo pelo indivíduo, porque a nação não existe senão através de indivíduos, vale o que valerem os seus melhores indivíduos, resiste conforme resistirem, coesos, os seus indivíduos quaisquer.

Nada contra a nação, porque o indivíduo não é completo senão social, nem (dado o seu egoísmo fundamental) pode ser social senão sendo nacional.

O indivíduo é incapaz de idealismo se nesse idealismo não houver uma obscura vantagem própria, quer material, quer espiritual ou mental. Pode o indivíduo fazer qualquer cousa que lese os seus interesses; mas há-de, ao lesá-los, beneficiar ao menos a sua vaidade ou o seu orgulho.

103 Parece que o oprimir alguém[1] se tornou hoje uma das obrigações
[Post. 21-2-1935]
sociais dos governantes e dos que os acompanham. O sadismo político tornou-se dever e regra. O ódio ao indivíduo, que é, afinal, a única realidade social tangível e pensante; o ódio ao pensamento, que é, afinal, a única coisa que verdadeiramente define o homem como homem; o ódio à expressão do pensamento, que é, afinal, a forma social e útil do pensamento, que, sem isso, não vale mais que o sonho — são estes três ódios os três pés das tripeças de que tendem cada vez mais a fazer seus tronos os governantes hodiernos[2].

Ignorava, até, que, na sinonímia moderna, directriz equivalesse a[3] mordaça.[a]

---

a   Nova alusão ao discurso lido por Salazar em 21 de Fevereiro de 1935, na sessão de entrega dos prémios do SPN, em que falou de impor directrizes aos escritores e artistas.

Tudo pelo individuo, nada contra a nação.

Tudo pelo individuo, porque a nação não existe senão atravez de individuos, vale o que valerem os seus melhores individuos, resiste conforme resistirem, cohesos, os seus individuos quaesquer.

Nada contra a nação, porque o individuo não é completo senão social, nem (dado o seu egoismo fundamental) pode ser social senão sendo nacional.

O individuo é incapaz de idealismo se nesse idealismo não houver uma obscura vantagem propria, quer material, quer espiritual ou mental. Pode o individuo fazer qualquer cousa que lese os seus interesses; mas ha de, ao lesal-os, beneficiar ao menos a sua vaidade ou o seu orgulho.

"TUDO PELO INDIVÍDUO, NADA CONTRA A NAÇÃO." (TEXTO N.º 102)

104
29-7-1935

Sim, é o Estado Novo, e o povo
Ouviu, leu e assentiu.
Sim, isto é um Estado Novo,
Pois é um estado de coisas
Que nunca antes se viu.

Em tudo paira a alegria,
E, de tão íntima que é,
Como Deus na teologia
Ela existe em toda a parte
E em parte alguma se vê.

Há estradas, e a grande Estrada
Que a tradição ao porvir
Liga, branca e orçamentada,
E vai de onde ninguém parte
Para onde ninguém quer ir.

Há portos, e o porto-maca
Onde vem doente o cais.
Sim, mas nunca ali atraca
O paquete *Portugal*
Pois tem calado de mais.

Há esquadra... Só um tolo o cala,
Que a inteligência, propícia
A achar, sabe que, se fala,
Desde logo encontra a esquadra:
É uma esquadra de polícia.

Visão grande! Ódio à minúscula!
Nem para prová-la tal

Tem alguém que ficar triste:
União Nacional existe,
Mas não união nacional.

E o Império? Vasto caminho
Onde os que o poder despeja
Conduzirão com carinho
A civilização cristã,
Que ninguém sabe o que seja.

Com "directrizes" à arte
Reata-se a tradição,
E juntam-se Apolo e Marte
No Teatro Nacional,
Que é onde era a Inquisição.

E a fé dos nossos maiores?
Forma-a, impoluta, o consórcio
Entre os padres e os doutores.
Casados o Erro e a Asneira,
Já não pode haver divórcio.

Que a fé seja sempre viva,
Porque a esperança não é vã!
A fome corporativa
É derrotismo. Alegria!
Hoje o almoço é amanhã.

105 [VERSOS E ESTROFES ABANDONADOS DE "SIM, É O ESTADO NOVO"]

105a
[c. 29-7-1935]

E os que acreditámos nessa
Situação que faz gala
Sim, comeram-nos a cabeça
Hei-de os fazer vomitá-la.

105b
[c. 29-7-1935]

Que isto de "totalitária"
(Paradoxo musical!)
Começa pelo "total"
E afinal acaba em "ária".

105c
[c. 29-7-1935]

◊ em vez
Da balança da Justiça
O balanço das Finanças.

Então, em dias felizes,
Cristo virá afinal
E, segundo as directrizes
Terá que salvar as almas
Pelo cálculo integral.

A alma gasta quanto pensa **105d**
Em coisas universais, [c. 29-7-1935]
Por isso é destes a crença
Que tudo quanto a alma vale
Deve ir para Gastos Gerais.

O Rei reside em segredo **105e**
No Governar da Nação [c. 29-7-1935]
Que é um realismo com medo.
Chama-se Nação ao Rei
E tudo isto é Rei-Nação.

A República pragmática
Que hoje temos já não é
A meretriz democrática.
Como deixou de ser pública
Agora é apenas Ré.

Senhor General Carmona, **105f**
Que é feito da sua farda?[a] [c. 29-7-1935]

---

a   O general Carmona geralmente andava fardado, embora trajasse à civil em certas ocasiões. Estes versos são um apelo a que o presidente Carmona interviesse mais na política — contra Salazar, neste caso. Em 1915, durante a ditadura do general Pimenta de Castro, que, enquanto foi chefe do governo, nunca usou farda, um jornal monárquico apelara ao chefe do governo: "Vista a farda, senhor General!"

105g
[c. 29-7-1935]

E o Salazar, artefacto
De um deus de régua e caneta,
Um materialão abstracto
Que crê que a ordem é alma.
E que uma estrada a completa.

106
[c. Ago. 1935]

À EMISSORA NACIONAL

Para a gente se entreter
E não haver mais chatice
Queiram dar-nos o prazer
De umas vezes nos dizer
O que Salazar *não* disse.

Transmitem a toda a hora,
Nas entrelinhas das danças,
"Salazar disse" (Emissora)
E aí vem essa senhora
A Estada Nova com tranças.

Sim, talvez seja o melhor,
Porque estes homens de estado
Quando falam, é o pior,
E então quando são do teor
Do chatazar já citado!

Dizem que o Jardim Zoológico **107**
Tem sido mais concorrido 18-8-1935
Por prolongada assistência
Atenta a cada animal.
Mas isso que é senão lógico
Se acabou
A concorrência
Porque fechou
A Assembleia Nacional?

[SOBRE UM DISCURSO DO **108**
MINISTRO MANUEL RODRIGUES]

O Sr. Ministro da Justiça[1], que acumula com esse cargo o de Sub- **108a**
secretário de Estado da Argumentação,[2] pronunciou recentemente, [18-8-1935 ou post.]
em Viana do Castelo, um discurso que, na forma oficiosamente
impressa,[3] tem por título *A Ética Política do Estado Novo*. Pretendeu,
nesse discurso, o Prof. Manuel Rodrigues[a] apontar "a missão do
homem do Estado Novo" e defini-la em poucas palavras, isto é em
sete ou oito colunas do *Diário da Manhã*.[b]

Não se pode dizer que o mau serviço feito à brevidade fosse compensado pelo bom que prestasse à elucidação. Os ouvintes ou leitores da oratória, aritmeticamente[4] paragráfica, do Prof. Manuel Rodrigues, se não sabiam antes o que era a ética política do Estado Novo, não o ficaram sabendo depois; o que lhes deve ter acontecido é ficar definitivamente sem saber o que é ética, o que é política, e o que é Estado Novo, [...][5]. Isso, aliás[6] nada importa, pois os discur-

---

a   Manuel Rodrigues Júnior (1889-1946), professor de Direito em Coimbra e Lisboa, foi ministro da Justiça em 1926-1928 e 1932-1940.
b   Manuel Rodrigues, "A ética política do Estado Novo", *Diário da Manhã*, Lisboa, 18 de Agosto de 1935.

sos políticos não têm por fim elucidar ninguém, e mormente o não têm quando neles se diz que visam o fazê-lo.

Do discurso do Sr. Ministro da Justiça nenhum mal — nem esse — terá porém advindo: dada a sua extensão, a sua redacção ao mesmo tempo académica e confusa e o seu dogmatismo fruste, ninguém o deve ter podido escutar com atenção. Quanto a lê-lo, só sei de mim que o fizesse, propenso, como místico que sou, a gostar de música celestial.[7]

O Prof. Manuel Rodrigues abre o seu discurso com brilhante infelicidade. Não é boa a promessa, mas, ao menos, cumpre-se. O seguimento da música[8] não trai a desafinação da abertura.

À parte[9] um preâmbulo onde o orador diz que a política que serve "não deve dividir mas ajuntar" (coisa que diria qualquer político ou qualquer ajuntadeiro[10]), a abertura é corporativamente assim[11]:

◊[a]

Começa[12] o Prof. Manuel Rodrigues por estabelecer uma analogia falsa entre arte, ciência e o que chama "política", quanto às relações delas com a vida social. A arte e a ciência só indirecta e incidentalmente envolvem fins ou consequências sociais. A política — em qualquer sentido do termo — envolve-os directa e essencialmente. O poeta ou o matemático escusa, ao escrever ou ao calcular, de pensar nas consequências sociais, se as houver, de um soneto a uma mulher loira ou da solução de uma equação diferencial[13]. O político não pode, ou pelo menos não deve, esquecer-se dessas consequências. Esquece-as? É mau político[14]. Isso porém equivale a dizer que é mau profissional, exactamente como o será o poeta que se preocupe só com o fazer versos "certos", não curando[15] da inépcia ou da vacuidade do que se neles diz.

O dever social do poeta é ser o melhor poeta que puder ser, o do homem de ciência de ser o melhor homem de ciência que puder ser, o do político de ser o melhor político que puder ser.

---

[a] Sobre a citação que Pessoa pretendia introduzir aqui, ver nota no final da transcrição.

Ao passo que o Prof. Manuel Rodrigues dá aos termos arte[16] e ciência a sua valia própria e plenária, deduz sub-repticiamente do termo[17] "política" o seu verdadeiro sentido. Nesse sentido, assim sofisticamente substituído ao verdadeiro, o político não tem analogia, por exemplo, com o poeta mas tão-somente com o que é caso chamar o "versejador".

Quer o Prof. Manuel Rodrigues que o poeta que escreve um soneto aos olhos ingénuos da Maria Francisca[a], faça entrar na carruagem[18], aí pelo entroncamento[19] do primeiro terceto, um elogio ao orçamento do Prof. Salazar? Isso é decente, Sr. Ministro da Justiça?

E quando, no segundo soneto, se passa, como é natural e visual, dos olhos para o corpo de Maria Francisca, que consequências, morais e sociais, não poderão advir da necessidade de, no patamar da segunda quadra, se ter que colocar, directrizmente, o capacho do Estado Novo?[20] Sabe o poeta por acaso se a Maria Francisca, mau grado o seu olhar ingénuo (soneto n.º 1) estará realmente em estado novo?

O Prof. Manuel Rodrigues, com ética e tudo, não indica[21] as consequências políticas[22] destas particularidades profissionais. É a consequência da especialização: o Prof. Manuel Rodrigues é lente no masculino, não no feminino — lê, mas[23] não ajuda a ver[24].

Serve melhor a pátria, pois lhe enriquece as letras[25], um grande poeta comunista ou imoral[26] do que um pobre diabo que verseja relesmente[27] em louvor de Aljubarrota[28] ou das Florinhas da Rua.[b]

Que um poeta tenha deveres de cidadão, está certo; tem-nos porém como cidadão, não como poeta. Tem-nos como os tem, fora da carga, o moço de fretes que lhe transporta o guarda-fato para a casa de penhores da esquina.

a   O soneto de amor a Maria Francisca, no qual se deveria incluir um elogio ao orçamento de Estado, relaciona-se intimamente com o "Poema de amor em Estado Novo", datado de 8/9 de Novembro de 1935, e que, através deste texto, ganha contornos mais precisos.
b   A alusão a Aljubarrota está relacionada com as comemorações, então em curso, dos 550 anos da Batalha de Aljubarrota (14 de Agosto de 1385). As Florinhas da Rua são uma instituição de assistência para meninas, criada pela Igreja em 1917.

A arte e a ciência, como a religião, estão, por sua mesma natureza, acima de todo conceito de pátria ou de civismo. São de Deus e não de César. Serve uma a beleza neste mundo feio, outra a verdade neste mundo falso[29]: o seu reino não é deste mundo.

Em que ficamos? Ficamos nisto — que o Prof. Manuel Rodrigues não sabe que ideias tem, pela simples razão que não tem nenhuma.[a]

108b Estado Novo

Je te connais, vil masque: és[1] o bacalhau a pataco com o preço actualizado.

Este amontoado de contradições, de banalidades ◊

---

[a] O trecho do discurso de Manuel Rodrigues que Pessoa pretendia citar é o seguinte: "Houve um tempo em que certos processos instrumentais da vida humana procuraram em si próprios o seu destino: falou-se de arte pela arte, da ciência pela ciência, de política pela política. Da estrutura das actividades deduzia-se a própria justificação; toda a sua ética se resumia em atingir a perfeição, e a harmonia dos processos, a lógica das regras, a demonstração, indiferente ao bem e ao mal, do poder da inteligência humana. Estes eram o seu objectivo e o seu fim. A aparência empolgou a realidade, o mundo formal o mundo real, o que era meio passou a ser fim. Aqueles que para a política trouxeram esta ideia logo formularam da política um conceito estreito. A actividade política, diziam, tem a sua essência na prática de actos destinados à conquista do poder e à sua conservação. A estes objectivos circunscreviam quase inteiramente toda a acção política, e deles tiravam a justificação de todos os actos políticos" (*Diário da Manhã*, Lisboa, 18 de Agosto de 1935, p. 1). Daqui, Manuel Rodrigues parte para a crítica do "político profissional" do passado e para a definição da "ética do Estado Novo", que diz centrada no bem comum, segundo a qual a actividade política seria apenas "acessória", isto é, "uma extensão da actividade do cidadão". Seguidamente proclama que "o primeiro dever do cidadão" consistia em "cada um desempenhar bem o lugar que lhe for confiado". Este princípio aplicar-se-ia aos funcionários do Estado e também "aos cidadãos que não desempenham nenhuma função pública, mas que têm na sociedade uma posição". De onde deduz Manuel Rodrigues as obrigações das profissões liberais: o médico "há-de saber tratar os doentes" e o artista "criar beleza", na certeza de que, se não souberem fazê-lo, "a sua acção não é útil e pode ser prejudicialíssima". Sobre a actividade política do cidadão, Rodrigues afirma que ela vem "em segundo lugar", que "é sempre uma colaboração", rematando com a afirmação de que o cidadão do Estado Novo "tem o dever de o defender intransigentemente", pois esse regime seria o que "melhor expressão dá ao sentimento nacional e melhor serve os destinos do País".

A formidável descoberta de que é obrigação de um médico tratar o melhor possível os² seus doentes. Isto³ só não é o ovo de Colombo porque — o seu a seu dono — é o ovo de Rodrigues.
◊ no extenso batatal de onde foi desenterrar a sua lógica.

[PROJECTO DE PUBLICAÇÕES] 109
[Jun.-Ago. 1935]

Tradução "Ciúme", para inglês.
Tradução "António", para inglês.
Tradução poemas Edgar Poe, para português.
Tradução Espronceda, para inglês.

"Praça da Figueira".
"Fátima".
"Tarde e a Boas Horas".[a]
"Quadras".
"Itinerário" (primeiro volume).

"Theory of Political Suffrage".

Colaboração:
    "Presença",
    "O Diabo",
    "Poesia" (Itália),
    "Nouvelles Littéraires",[b]
    some English periodical.

---

a   O projecto "Tarde e a Boas Horas" refere-se a um livro que incluiria o artigo "Associações Secretas", textos de polémica com os seus críticos e outras peças e documentos relativas ao caso.
b   A produção por Pessoa de vários textos em francês em 1935 estará provavelmente relacionada com este projecto de colaborar no semanário parisiense *Les Nouvelles littéraires*.

[TEXTOS EM FRANCÊS SOBRE SALAZAR]

110a
[1935]

Il a apporté au gouvernement des qualités si inattendues et en même temps si sympathiques en elles-mêmes, qu'il a acquis en peu de temps, non pas l'affection — il n'est pas de nature à l'obtenir — mais la considération et le respect des impartiaux, voire des adversaires de la dictature dont le fanatisme n'était pas trop accentué. La clarté de son intelligence et la fermeté de sa volonté — qualités si peu portugaises —, la modestie et l'effacement de sa vie dévouée et laborieuse — qualités si peu ministérielles — lui ont acquis la sympathie un peu étonnée du public amorphe, intéressé et volontiers optimiste dont se compose la bourgeoisie non politique, qui en est la plupart presque partout.

On n'était pas évidemment en état de critiquer son œuvre, exclusivement financière. Le public n'est pas, collectivement, très vaniteux et il ne se vante pas aisément de comprendre ce qu'il sait parfaitement qu'il ne comprend pas. L'homme lui était sympathique; il lui était sympathique précisément par des qualités de caractère auxquelles on pouvait s'attendre dans un administrateur-né: on croyait en ses budgets et ses comptes publics[1] parce qu'on croyait en lui, au moins à ce propos. Mais jusque-là il n'était que Ministre des Finances et il n'y avait (pas) d'autre propos au sujet du quel on eut pu le juger.

Certes, l'agitation politique continuait: elle a éclaté frustement, dans une pseudo-sédition de comédie, le ◊; elle est venue de nouveau à la surface, à Madère, du ◊ et il n'y a eu là de ◊ que l'insularité de la révolte, ridicule en elle-même. Tous ces mouvements n'avaient rien à voir avec Salazar: ils n'étaient que contre la Dictature; on n'y pensait pas à l'homme apparemment extrapolitique qui tenait le portefeuille des Finances.

Dans cette sympathie un peu froide, dans cette considération pas trop affective un élément de doute et d'hésitation se glissait pourtant[2] lentement. Durant le temps que Salazar avait été Ministre des Finances, et rien que ça, il y avait eu quelques crises ministérielles et quelques changements ou recompositions de ministère. Dans tous ces changements Salazar intervenait décisivement: c'était lui qui décidait — on commençait à le voir — du sort de tel ministère, du sort de tel ministre. On a cru d'abord, et peut-être était-ce vrai, qu'il ne faisait que défendre son fauteuil[3], à fin de maintenir, et c'était légitime, la continuité de son œuvre, laquelle, par sa nature, avait besoin[4] de continuité et de sa permanence au ministère, pour que cette continuité fût intelligemment maintenue. On remarquait pourtant que, quoi qu'il en fût pour ces raisons, Salazar mettait trop d'astuce, des ruses assez inattendues, des trucs sournois et inattendus dans les agencements[5] par lesquels il se débarrassait de tel ministre, il favorisait l'entrée de tel autre. Des ruses de politique[6] vulgaire? Parfaitement. Mais on avait formé de cet homme une idée, et c'était celle qui lui était favorable, où les ruses de politique vulgaire[7] et la diplomatie d'antichambre n'avaient pas de rôle à jouer. Quand on respecte un homme surtout[8] pour la simplicité de son caractère, c'est un peu[9] déconcertant de découvrir que ce caractère n'est pas simple. Une certaine méfiance commença de naître[10]; et ceux qui n'avaient eu pour Salazar qu'une sympathie très froide se demandaient déjà si l'homme qui se montrait si habile dans les trucs de la politique, dont il était censé peu savoir, n'en aurait pas donné des exemples ignorés dans les budgets et les comptes, qu'il maniait en expert[11].

Les choses en étaient encore là — les politiciens hostiles et impuissants, le grand public froidement hostile, le petit public froidement sympathisant — quand, le 2 juillet 1932, l'évènement s'est donné qui a changé le cours de la dictature portugaise et fait jaillir, d'une simple dictature militaire à la Primo de Rivera, l'actuelle dictature à la Mussolini. Ce jour-là, à Richmond, en Angleterre, le Roi Manuel est mort.

[TRAD.] *Ele trouxe ao governo qualidades tão inesperadas e, ao mesmo tempo, tão simpáticas em si mesmas, que em pouco tempo conquistou não o afecto — que não é, de seu natural, capaz de suscitar — mas sim a consideração e o respeito dos imparciais, se não mesmo daqueles adversários da ditadura cujo fanatismo era menos acentuado. A clareza da sua inteligência e a firmeza da sua vontade, qualidades tão pouco portuguesas, a modéstia e o apagamento de uma vida dedicada e laboriosa, qualidades tão pouco ministeriais, conquistaram-lhe a simpatia algo espantada do público amorfo, interessado e naturalmente optimista de que se compõe a burguesia não política, que é a maioria quase por todo o lado.*

Evidentemente, não se estava à vontade para criticar a sua obra exclusivamente financeira. O público não é, colectivamente, muito vaidoso e não se vangloria facilmente de compreender o que sabe perfeitamente que não compreende. O homem era-lhe simpático; e era-o precisamente por aquelas qualidades de carácter que se podem esperar de um administrador nato: acreditava-se nos seus orçamentos e nas suas contas públicas porque se acreditava nele, pelo menos nesse aspecto. Mas até então ele era só ministro das Finanças e não havia ainda outra base em que a sua acção pudesse ser julgada.

Obviamente, a agitação política continuava: eclodiu frustemente em ◊, numa pseudo-sedição de comédia; voltou à tona, na Madeira, em ◊[a], onde apenas se verificou de ◊ a insularidade da revolta, ridícula em si mesma. Nenhum destes movimentos tinha nada a ver com Salazar, pois se dirigiam somente contra a Ditadura; ninguém pensava então no homem extrapolítico que geria a pasta das Finanças.

Nesta simpatia algo fria, nesta consideração não muito afectiva, começava, porém, lentamente a infiltrar-se um elemento de dúvida e de hesitação. No período em que Salazar foi ministro das Finanças e apenas isso, verificaram-se algumas crises ministeriais e algumas alterações ou

---

[a] Revolta da Madeira (4 de Abril a 2 de Maio de 1931) contra a Ditadura Militar, chefiada pelo general Sousa Dias.

remodelações de governos. Em todas essas mudanças, Salazar intervinha decisivamente: era ele que decidia — como se começou a constatar — o destino deste governo ou daquele ministro. A princípio acreditou-se, e talvez fosse verdade, que ele apenas defendia o seu lugar, com o fim, aliás legítimo, de manter a continuidade da sua obra, a qual, pela sua natureza, necessitava de continuidade e requeria a sua permanência no governo, para que essa acção fosse inteligentemente mantida. Ainda que fosse por essas razões, começou contudo a reparar-se que Salazar actuava com grande astúcia, manhas bastante inesperadas e truques dissimulados e imprevistos nos manejos com que se desembaraçava de tal ministro ou favorecia a entrada de tal outro. Manhas de política vulgar? Sem dúvida. Todavia, tinha-se formado desse homem uma ideia, e era essa que lhe era mais favorável, em que as manhas de política vulgar e a diplomacia de bastidores não desempenhavam qualquer papel. Quando se respeita uma pessoa principalmente pela sua simplicidade de carácter, é algo desconcertante descobrir que esse carácter afinal não é simples. Uma certa desconfiança começou então a nascer, e aqueles que só tinham tido por Salazar uma simpatia muito fria perguntavam-se já se o homem que se mostrava assim tão hábil nos truques da política que era suposto desconhecer não teria feito coisas idênticas com os orçamentos e as contas que manejava como especialista.

As coisas estavam ainda neste ponto — com os políticos hostis e impotentes, o grande público friamente hostil, o pequeno público friamente simpatizante — quando, no dia 2 de Julho de 1932, se deu o acontecimento que mudou o curso da ditadura portuguesa e fez brotar, de uma simples ditadura militar à Primo de Rivera, a actual ditadura à Mussolini. Nesse dia, em Richmond, Inglaterra, o rei D. Manuel morreu.[a]

---

[a] O governo da Ditadura Militar, chefiado pelo general Domingos Oliveira, encontrava-se, de facto, demissionário desde o dia 24 de Junho de 1932, proporcionando, assim, a ascensão de Salazar ao cargo de chefe do governo, verificada a 5 de Julho.

110b
[1935]

Mussolini et Hitler s'en tiennent à l'absolue banalité de leurs idées; ils ne sauraient être populaires (et ils le sont ◊) autrement. Salazar, incontestablement plus intelligent qu'aucun d'eux, veut avoir des idées et c'est là qu'il se perd dans la bêtise et la contradiction. Lui aussi n'a que des idées banales, mais elles sont banales dans un niveau plus élevé. Hitler et Mussolini ont des idées banales d'homme du peuple; Salazar a des idées banales d'homme cultivé[1]. Il lui arrive ce que les anglais appellent tomber entre deux bancs[2]: sa banalité ne touche pas le peuple parce qu'elle est d'origine culturelle; elle répugne aux élites, parce que c'est de la banalité.

[TRAD.] *Mussolini e Hitler ficam-se pela absoluta banalidade das suas ideias; não conseguiriam ser populares (e são-no ◊) de outra maneira. Salazar, incontestavelmente mais inteligente do que qualquer deles, quer ter ideias e é aí que se perde no disparate e na contradição. Também ele tem só ideias banais, mas são banais a um nível mais elevado. Hitler e Mussolini têm ideias banais de homem do povo; Salazar tem ideias banais de homem culto. Acontece-lhe aquilo que os ingleses chamam cair entre dois bancos: a sua banalidade não toca o povo, porque é de origem culta; repugna às elites, porque é banalidade.*

110c
[Ago.-Set. 1935]

On l'appelle parfois jésuite, mais ce mot est malheureux dans n'importe quel de ses deux sens. D'abord, Salazar n'est pas jésuite parce qu'il est dominicain; les jésuites portugais, suivant la vieille tradition anti-dominicaine de leur Ordre, ne disent que du mal de lui. Ensuite, il n'est guère jésuite dans son caractère, à moins que par jésuite[1] on n'entende dire qu'hypocrite. Salazar est en effet hypocrite, mais ce n'est pas certes le trait saillant ou distinctif de son caractère.[2] Quant aux méthodes vraiment jésuitiques, Salazar ne les a[3] pas. Il est minutieux mais il n'est pas subtil; il a de l'astuce mais pas de la[4] diplomatie; n'ayant ni charme ni souplesse, il est incapable de captation directe ou indirecte. Si [c'est] son aspect[5] dur et sournois qui lui a gagné, en tant que[6] définition physiognomonique[7], cette épithète fréquente[8], il convenait de suggérer aux auteurs de ◊ que le mot "séminariste" est[9] une photographie[10] bien plus exacte[11] du dictateur portugais.

Intelligent sans souplesse, religieux sans spiritualité, ascète sans mysticisme, cet homme est bien le produit d'une fusion d'étroitesses: l'âme champêtrement sordide du paysan de Santa Comba ne s'est qu'élargie en petitesse par l'éducation[12] de séminaire, par tout l'inhumanisme livresque de Coïmbre, par la spécialisation raide et lourde de son destin voulu de professeur de finances. C'est un matérialiste catholique (il y en a beaucoup), un athée-né qui respecte la Vierge.

Pour gouverner en chef un pays, il lui manque, outre les qualités mêmes qui font (directement) le chef, la qualité primordiale — l'imagination. Il sait peut-être prévoir, il ne sait pas imaginer. Il a affiché lui-même son dédain pour ce qu'il a appelé "les rêveurs nostalgiques de l'affaissement et de la décadence." La phrase n'est pas claire: ses phrases, toujours nettes, sont rarement claires. On ne saurait dire si les rêveurs nostalgiques rêvent d'affaissement et de décadence, ou [bien] si ce sont les rêveurs qui vivent en affaissement et en décadence qui rêvent nostalgiquement, on ne sait pas de quoi. Retenons l'essentiel — le ton et la tenue de la phrase, dont l'application concrète a d'ailleurs échappé à tout le monde.

Il haït les rêveurs, non, notez-le bien parce que ce ne sont que des rêveurs, mais tout simplement parce qu'ils rêvent. Il ne sait donc pas, le malheureux, que l'empire portugais est le produit des rêves d'un prince qui ne s'en doutait pas[13] qu'il faut imaginer une chose avant de la faire, et que ça c'est rêver; qu'il faut se figurer un résultat avant d'en devenir la cause, et que, somme toute, rêver n'est [que] penser avec l'imagination.

On comprend bien ce langage. C'est le langage du bas matérialisme, tel que pourrait le tenir l'épicier ou le marchand de draps à son fils romancier ou inventeur[14]. On sait bien qu'en vendant du sucre ou du crêpe georgette[15] on gagne généralement de l'argent; mais il peut bien se faire que le rêveur de romans ou de nouvelles machines en vienne à gagner, et plus vite, davantage[16]. Et l'épicier et le marchand de draps auront perdu la partie dans leur propre domaine.

Mais la phrase de Salazar, quoiqu'elle ait cette origine sordidement instinctive, est encore plus malchanceuse qu'elle ne le paraît. Le Dictateur s'adressait à des écrivains et à des poètes; c'est eux qu'il sommait de ne pas rêver. Ou [bien] il veut que les écrivains portugais écrivent toujours sans penser, ou [bien] il veut que dans leurs ouvrages il ne figure rien qui soit rêve. On ne fera donc, au Portugal, que des poèmes ou des romans sur les choses les plus matérielles de la vie. Salazar ici se révèle Zola.[17]

Il somme aussi les écrivains de créer des valeurs éthiques et sociales, ce qui n'a jamais été le fait des écrivains. Que des conséquences éthiques et sociales dérivent des livres ou des œuvres d'art, cela peut se faire, mais ce n'est qu'un résultat accidentel. À moins, bien entendu, que le Dr. Salazar ne tienne par œuvres d'art que les traités de politique ou de sociologie[18], et les œuvres d'art, dont il est difficile de se figurer la nature, qui puissent avoir un effet analogue.

Le même critérium matérialiste fait que Salazar considère toute admiration du passé — c'est la portée de son "nostalgique" — une attitude passive. Que c'est là son idée, c'est ce qu'ont confirmé différentes affirmations, toutes dans le même sens, mais plus claires, qu'on faites quelques-uns de ses partisans, tel le Dr. Manuel Anselmo dans sa conférence du ◊ au ◊

Comme d'usage, le Dictateur se trompe. Quand on admire la grandeur d'un passé on peut l'admirer pour regretter sa perte, et c'est là la vraie nostalgie, mais on peut aussi l'admirer pour tâcher de l'imiter, pour prendre en[19] exemple les rêves et les efforts qui l'avaient produite. Bien de conquérants et de bâtisseurs d'empires ont commencé leur carrière chez eux, en rêvant sur Plutarque. Et ce Mussolini, qu'admire tant Salazar, est-ce que la nostalgie de l'Empire Romain n'est pour rien dans son élan et sa bravoure[20]?

Dans Salazar, c'est toujours le matérialiste, toujours le petit comptable[21]. On ne doit pas rêver parce que le rêve n'est pas rémunérable. On ne doit pas rêver parce qu'on risque de se faire erreur quand on rêve pendant qu'on fait une opération arithmétique (une somme).

Au Portugal, par exemple, on m'engage, étant citoyen, de m'occuper des choses publiques. En même temps on me défend de mot dire (de dire un mot) là-dessus, à moins que ce ne soit un éloge du gouvernement, et cela sur toute matière. Comme naturellement c'est tout à fait impossible que n'importe quel homme soit toujours et entièrement d'accord avec n'importe quel autre, il en résulte qu'ou [bien] je dois me courber en esclave intégral, louant par profession et quotidienneté, ou [bien] que je ne dois publier un article que quand je suis d'accord avec l'action du gouvernement, ne disant rien dans les cas contraires. La solution naturelle est de ne rien publier.

On reste libre, il est vrai, d'écrire des sonnets à des jeunes filles, surtout les brunes[22], et de faire des contes, préférablement sur la vie de province, et où l'on doit noter soigneusement les costumes régionaux, les traditions religieuses locales et l'absence de toute connaissance des mœurs étrangères[23].

On est donc amené à ne faire qu'une vaste littérature de silence. Y a-t-il au Portugal un écrivain à multiples aptitudes? Qu'il se taise encyclopédiquement.

Ce n'est pas la liberté de publier telles choses; ce n'est que la "liberté" de ne publier que telles choses. Si l'on me renferme dans une cellule[24], on ne peut (pas) se targuer de ce qu'on me donne la "liberté" de me promener là-dedans. C'est une assez piètre liberté que celle de ne faire que ce les autres me laissent faire[25]. Pas de tyran, dans tout le cours de l'histoire, qui n'ait pas été libéral dans ce sens-là.

Au lieu donc d'être libre de publier ces riens poétiques, je suis tout simplement forcé à les publier, à moins que je ne publie rien.[26] Je préfère naturellement de ne rien publier.

Depuis le 21 février cette situation est changée, du moins théoriquement, car le mot d'ordre donné ce jour-là par le Dictateur a été si exécrablement tyrannique que personne n'a osé le faire appliquer dans l'entièreté de son contenu. Le Dr. Salazar a dit — c'est une part, qu'il a lue en public, d'une préface de son livre *Discours*, où ce morceau-là n'a d'ailleurs rien à voir avec le reste — que dorénavant[27] les écrivains portugais devraient, dans tous leurs écrits naturellement, suivre les "directrices" de l'Etat Nouveau, qui ne sont, du reste, que celles purement personnelles et psychologiquement intransmissibles, du Dictateur lui-même.

Comme on le voit, cette thèse autoritaire retire le piètre reste de liberté factice dont le Dictateur nous faisait encore le cadeau négatif. Le sonnet à la jeune fille blonde doit servir l'Etat Nouveau; le conte régionaliste doit avoir quelque rapport avec les bénéfices de la Dictature. Comme toutefois, c'est assez malaisé de mêler l'Etat Corporatif aux cheveux couleur de miel de la jeune fille sonnetisée[28], et que les amours entre la fille de l'épicier de village et le facteur rural ne seront que très difficilement affectés — favorablement, bien entendu — par les budgets du Dr. Salazar, on est logiquement réduit, pour que les écrits puissent garder le naturel, à n'écrire que directement sur les éléments de l'Etat Nouveau. On fera des sonnets à l'ensemble des quatre-vingt-dix[29] membres de l'Assemblée appelée nationale, pour une raison théologique quelconque; on s'éparpillera en des contes et des nouvelles[30] ◊

Le roman policier — genre heureusement presqu'inexistant[31] en langue portugaise — deviendra tout à fait impossible, car un personnage démocrate ou libéral sera reconnu dès son apparition comme le criminel, car il ne peut être autrement (bien qu'il n'y ait pas eu de crime)[32].

Sur quelques points le Dictateur a déjà précisé le contenu, qui restait sans détails, de son discours moscovite.

Nous savons, par exemple, que des livres comme ceux de Loisy peuvent être publiés au Portugal, car, à ce que dit Salazar, quoiqu'ils n'aient pas une rigueur scientifique, ils en ont au moins l'air. On peut se[33] douter quelque peu de la compétence du Dictateur pour se prononcer sur le texte du Nouveau Testament; on peut légitimement ne pas croire à ses connaissances du grec et de l'hébreu. Mais peut-être les a-t-il; quand on est tout ce n'est que naturel qu'on sache tout.

On sait aussi quel est le critérium du petit Duce sur la littérature "immorale". Il est défendu[34] tout ouvrage franchement pornographique. Quand toutefois des éléments "immoraux" se mêlent à une œuvre manifestement d'art, on étudie soigneusement la question, et on s'efforce, dans le doute, de favoriser[35] l'auteur. Malheureusement, Salazar s'est avisé de faire suivre d'un exemple cette déclaration pas trop claire. Si nous prenions une attitude trop sévère, nous serions forcément amenés, nous dit-il, à briser au marteau la Vénus de Milo. Quand on lit ça, on sent froid: on se demande quelle espèce d'homme est celui-ci, pour lequel il y a de l'immoralité dans cette statue. Est-ce parce qu'elle est (à peu près) nue? Est-ce que parce que c'est une statue de femme? Les censeurs portugais devront--ils donc se guider par un critérium de tailleur ou de misogyne? Quoiqu'il en soit, on ne se trouve pas en état de féliciter enthousiastiquement les écrivains ou les artistes portugais.

Ne dites pas que ce ne sont là que des façons de parler, et qu'il ne saurait [y] avoir une censure qui puisse appliquer, tel quel, le critérium implicite dans cet exemple malchanceux. Je sais d'au moins un cas où la censure portugaise a passé sur une gravure d'étude du nu féminin — où le plus puritain ne saurait trouver d'autre chose que la simple nudité — le véto en croix de son crayon bleu. On se guide donc sans frémir par la pudeur pathologique du Dictateur; et comme la gravure ne valait pas certes la Vénus de Milo (ce que d'ailleurs les censeurs ne seraient pas compétents de décider), on n'a pas pu en "favoriser" l'auteur.

Voici l'impasse. Le renversement ou ◊ de Salazar ne saurait venir[36] que d'un mouvement révolutionnaire des gauches, soit des anti--situationnistes, ou d'un coup de force de dedans la Situation, à moins d'un simple changement ministériel, dont il est assez difficile d'envisager la possibilité. Un mouvement des gauches ne saurait facilement réussir, d'abord parce que les gauches ne sont pas unies, ensuite parce qu'on a peur que le communisme — qui est le secteur de gauche qui est fort et uni — ne puisse prendre le dessus dans la situation nouvelle. Or les démocrates ne veulent pas le communisme ni lui donner de la force, et cette peur du communisme raffermit l'armée dans sa résistance théorique et pratique à un mouvement quelconque des politiciens. Et évidemment, aucune révolution ne saurait réussir sans qu'une forte partie de l'armée y prît[37] part.

Le renversement de Salazar par les forces mêmes de la Dictature, pacifiquement ou non, soulève le problème très difficile de son remplacement. Ce qui rend Salazar odieux au peuple[38] c'est qu'il incarne la suppression de toute liberté publique — de parler, de publier, de se réunir. Personne ne le haït ni ne saurait le haïr à cause de son administration financière ou autre; peut-être la critique-t-on vertement, mais c'est parce que c'est son œuvre à lui, autrement odieux, et non pas par l'œuvre en elle-même. Or son remplaçant[39], quel qu'il pourrait être, ne saurait abolir la censure ni rétablir les autres libertés; on a fait trop de tyrannie pour qu'on puisse, sans risque de produire l'anarchie, en faire la suppression pure et simple, et une ◊ graduelle est, dans ces choses comme dans bien d'autres, très difficile à faire. C'est comme de supprimer l'alcool dans un cas de vrai alcoolisme chronique: la suppression brusque peut amener des complications terribles; la suppression lente tend à revenir sur elle-même et le malade de remonter lentement vers l'ancien niveau de boisson[40].

L'hypothétique successeur de Salazar serait bien forcé, à moins d'être politiquement imbécile, de maintenir tout ce qui rend odieux le Dictateur, sans avoir le prestige auprès des réactionnaires qu'a indubitablement Salazar et personne sinon Salazar[41]; et ce n'est pas probable qu'il possédât l'incontestable talent administratif, la clarté de l'intelligence et la force de caractère[42] qu'on ne saurait nier au Dictateur. Ce sont des qualités rares partout et particulièrement rares chez les Portugais.

Le successeur de Salazar laisserait donc debout ce qui fait la faiblesse de la Situation; en même temps il affaiblirait ce qui en est la force.

Bien entendu, dans ces choses de politique, et surtout de politique anormale, il faut toujours s'attendre[43] à l'inattendu. L'apparition soudaine d'un inconnu peut réduire à rien toutes ces considérations. Salazar lui-même a été un inconnu et c'est en inconnu qu'il est venu au pouvoir. Comme pourtant l'inattendu est par nature indéfinissable[44], nous ne saurons nous tenir à présent qu'à ce que nous donnent[45] l'analyse impartiale des faits et les déductions que nous pouvons en tirer.

En conclusion: la Dictature portugaise ne se maintient que par deux choses — la peur du communisme et l'irremplaçabilité de Salazar. Ce ne sont pas certes de forts appuis dans le camp[46] moral, d'autant plus qu'ils en sont de négatifs, mais peut-être en[47] sont-ils assez forts dans le camp[48] strictement matériel et pratique. C'est encore de l'alcoolisme sociologique[49].

[TRAD.] *Chamam-lhe por vezes jesuíta[a], mas a designação é infeliz em qualquer dos seus dois sentidos. Em primeiro lugar, Salazar não é jesuíta porque é dominicano; os jesuítas portugueses, seguindo a velha tradição antidominicana da sua Ordem, só dizem mal dele. Em seguida, ele não é nada jesuíta de carácter, a menos que por jesuíta se entenda hipócrita. Salazar é, de facto, hipócrita, mas não é esse certamente o traço saliente e distintivo do seu carácter.[b] Quanto a métodos verdadeiramente jesuíticos, Salazar não os tem. É minucioso, mas não é subtil; tem astúcia, mas não tem diplomacia; não tendo encanto pessoal nem maleabilidade, é incapaz de captação directa ou indirecta. Se o seu aspecto duro e manhoso, enquanto definição fisiognomónica, lhe valeu aquele epíteto frequente, conviria sugerir aos autores de ◊ que a palavra "seminarista" é uma fotografia bem mais exacta do ditador português.*

Inteligente sem maleabilidade, religioso sem espiritualidade, asceta sem misticismo, este homem é bem o produto de uma fusão de estreitezas: a alma campestremente sórdida do camponês de Santa Comba apenas se dilatou em pequenez pela educação do seminário, por todo o inumanismo livresco de Coimbra, pela especialização rígida e pesada do seu ansiado destino de professor de finanças. É um materialista católico (há muitos), um ateu nato que respeita a Virgem.

---

a Em 1929, já Bernardino Machado se referira ao "jesuíta Salazar" (*A Ditadura Clerical Militarista em Portugal*, s.l., s.d.). Em entrevistas concedidas em 1934, em Paris, a um jornalista brasileiro, Afonso Costa referiu-se repetidamente ao "jesuitismo" de Salazar e do seu regime (Jobim, 1934). Ver aqui "Sobre a polémica de Salazar com Afonso Costa" (texto n.º 75).
b *Variante riscada*: mas não creio que o seja mais do que muitos homens públicos, incluídos os que não têm qualquer afinidade com a Companhia de Jesus.

Para governar como chefe um país, falta-lhe, além das próprias qualidades que fazem (directamente) um chefe, a qualidade primordial: a imaginação. Saberá talvez prever, mas não sabe imaginar. Exibiu pessoalmente o seu desdém por aquilo a que chamou "os sonhadores nostálgicos do abatimento e da decadência"[a]. A frase não é clara: as suas frases, sempre límpidas, raramente são claras. Não se percebe se os sonhadores nostálgicos sonham com abatimento e decadência ou se são os sonhadores que vivem em abatimento e decadência que sonham nostalgicamente, não se sabe bem com quê. Retenhamos o essencial — o tom e a atitude da frase, cuja aplicação concreta escapou, de resto, a toda a gente.

Ele odeia os sonhadores, não, note-se bem, por serem apenas sonhadores, mas simplesmente porque sonham. Não sabe, pois, o infeliz, que o império português é o produto dos sonhos dum príncipe que não tinha dúvidas a seu respeito; que é preciso imaginar uma coisa antes de a fazer e que isso é sonhar; que é preciso figurar um resultado antes de lhe ser a causa e que, em suma, sonhar é apenas pensar com imaginação.

Entende-se bem tal linguagem. É a linguagem do baixo materialismo, tal como a usaria o merceeiro ou o vendedor de panos para com o seu filho romancista ou inventor. É sabido que a vender açúcar ou crêpe Georgette se ganha geralmente dinheiro; mas pode bem acontecer que o sonhador de romances ou de novas máquinas venha a ganhar mais depressa e mais. E assim o merceeiro e o vendedor de panos terão perdido a partida no seu próprio terreno.

Mas a frase de Salazar, mesmo com esta origem sordidamente instintiva, é ainda mais infeliz do que parece. O Ditador dirigia-se a escritores e poetas; era a eles que intimava a não sonharem. Ou ele quer que os escritores portugueses escrevam sempre sem pensar, ou quer que nas suas

---

[a] Palavras de Salazar na cerimónia dos prémios literários do SPN, em 21 de Fevereiro de 1935, em que defendeu a imposição de directrizes aos escritores e artistas: "É impossível valer socialmente tanto o que edifica como o que destrói, o que educa como o que desmoraliza, os criadores de energias cívicas ou morais e os sonhadores nostálgicos do abatimento e da decadência." O célebre "tríptico" satírico de Pessoa sobre Salazar, de Março de 1935, é assinado precisamente por "Um sonhador nostálgico do abatimento e da decadência".

obras não figure nada que seja sonho. Só se farão, assim, em Portugal poemas ou romances sobre as coisas mais materiais da vida. Aqui Salazar revela-se um Zola.

Ele intima também os escritores a criarem valores éticos e sociais, o que nunca foi tarefa dos escritores. Que dos livros e das obras de arte derivem consequências éticas e sociais, isso pode acontecer, mas apenas como resultado acidental. A menos, bem entendido, que o Dr. Salazar só considere obras de arte os tratados de política ou sociologia e as obras de arte, de natureza dificilmente concebível, que possam ter um efeito análogo.

O mesmo critério materialista faz com que Salazar considere toda a admiração do passado — daí a referência ao "nostálgico" — como uma atitude passiva. Que essa é a sua ideia, é o que confirmam várias afirmações, todas no mesmo sentido, mas mais claras, feitas por alguns dos seus partidários, como o Dr. Manuel Anselmo na sua conferência de ◊ em ◊ᵃ

Como de costume, o Ditador engana-se. Quando se admira a grandeza dum passado, pode-se admirá-la para lamentar a sua perda, e está nisso a verdadeira nostalgia, mas pode também admirar-se para tentar imitá-la, para tomar como exemplo os sonhos e os esforços que a produziram. Muitos conquistadores e construtores de impérios começaram a sua carreira em casa sonhando com Plutarco. E quanto a esse Mussolini, que Salazar tanto admira, será que a nostalgia do Império Romano não teve nenhuma influência sobre o seu élan e a sua bravura?

Em Salazar é sempre o materialista, sempre o contabilistazinho. Não se deve sonhar porque o sonho não é remunerável. Não se deve sonhar porque há o risco de cometer um erro quando se sonha durante uma operação aritmética (uma soma).

---

[a] Trata-se da conferência "Salazar e as ideias políticas contemporâneas", proferida por Manuel Anselmo a 12 de Março de 1935 na Sociedade de Geografia, depois incluída em *Gramática Política: ensaios doutrinários*, Coimbra Editora, 1935, pp. 17-66. Nesse texto, Anselmo verbera, a dado passo, "o mito saudosista, do qual é exemplo eloquente o sebastianismo", o qual, "nem por ser simpático e útil, deixa de mal interpretar a substância do verdadeiro nacionalismo" (op. cit., p. 22), trecho a que o sebastianista autor de *Mensagem* reage aqui.

Em Portugal, por exemplo, sou solicitado, enquanto cidadão, a ocupar-me das coisas públicas. Ao mesmo tempo, estou proibido de dizer uma palavra sobre o assunto, excepto se for para elogiar o governo, e isso em qualquer matéria. Como, naturalmente, é de todo impossível que uma pessoa esteja sempre e inteiramente de acordo com outra, segue-se que ou devo curvar-me em escravo integral, louvando por profissão e hábito quotidiano, ou só devo publicar um artigo quando estou de acordo com a acção do governo, calando-me nos casos contrários. A solução natural é nada publicar.

Resta a liberdade, é certo, de escrever sonetos a raparigas, sobretudo às morenas, e de fazer contos, preferencialmente sobre a vida de província e notando cuidadosamente os trajes regionais, as tradições religiosas locais e o total desconhecimento dos costumes estrangeiros.

É-se, pois, levado a cultivar em exclusivo uma vasta literatura do silêncio. Há em Portugal um escritor de aptidões múltiplas? Que ele se cale enciclopedicamente.

Não é a liberdade de publicar certas coisas; é a "liberdade" de somente publicar certas coisas. Se me encerrarem numa cela, não se poderão gabar de me darem a "liberdade" de passear lá dentro. É uma liberdade bem triste essa de só fazer o que os outros me deixam fazer. Não há tirano, em todo o curso da história, que não tenha sido liberal nesse sentido.

Em lugar, pois, de ser livre de publicar essas ninharias poéticas, sou simplesmente forçado a publicá-las, a menos que não publique nada. Prefiro, naturalmente, nada publicar.[a]

---

a   Cf. carta de 30 de Outubro de 1935 a Adolfo Casais Monteiro (texto n.º 117), em que Pessoa diz ter-se reforçado uma decisão sua, que "estava incerta", de não dar mais colaboração para nenhuma publicação portuguesa nem publicar qualquer livro em Portugal.

Desde 21 de Fevereiro^a esta situação mudou, pelo menos em teoria, porque a palavra de ordem dada nesse dia pelo Ditador foi tão execravelmente tirânica que ninguém ousou fazê-la aplicar na totalidade do seu conteúdo. O Dr. Salazar disse — numa parte, que leu em público, do prefácio do seu livro Discursos, *onde esse trecho não tem, aliás, nada a ver com o resto — que doravante os escritores portugueses deveriam, naturalmente em todos os seus escritos, seguir as "directrizes" do Estado Novo, que mais não são, de resto, que as do próprio Ditador, puramente pessoais e psicologicamente intransmissíveis.*

Como se vê, esta tese autoritária retira o triste resto de liberdade factícia com que o Ditador ainda nos presenteava negativamente. O soneto à rapariga loura deverá servir o Estado Novo; o conto regionalista deverá ter qualquer ligação com os benefícios da Ditadura. Como, todavia, é bastante dificultoso misturar o Estado Corporativo com os cabelos cor de mel da rapariga sonetizada, e como os amores entre a filha do merceeiro de aldeia e o carteiro rural só muito dificilmente serão afectados — favoravelmente, bem entendido — pelos orçamentos do Dr. Salazar, estamos logicamente reduzidos a só escrever directamente sobre os elementos do Estado Novo, para que os escritos possam conservar naturalidade. Faremos sonetos ao conjunto dos noventa membros da Assembleia chamada Nacional, por uma razão teológica qualquer; dispersar-nos-emos por contos e novelas ◊

O romance policial — género felizmente quase inexistente em língua portuguesa — vai tornar-se completamente impossível, dado que um personagem democrata ou liberal será imediatamente identificado como o criminoso, pois de outra maneira não poderá ser (ainda que não tenha havido crime).

a   Dia da festa de entrega dos prémios literários do SPN relativos a 1934. A cerimónia foi iniciada com um largo discurso de António Ferro, que expôs os princípios da "política do espírito" do Estado Novo e defendeu a necessidade de "declarar guerra publicamente aos déspotas da liberdade de pensamento, aos intelectuais 'livres' cheios de cadeias e preconceitos". A festa foi encerrada por Salazar, que leu um texto em que justificava a imposição de limitações e directrizes aos escritores e artistas.

Sobre alguns pontos, o Ditador já precisou o conteúdo do seu discurso moscovita, a que faltavam os detalhes.[a]

Ficou-se, por exemplo, a saber que livros como os de Loisy se podem publicar em Portugal, visto que, segundo diz Salazar, embora não tenham rigor científico, pelo menos têm ar disso.[b] *Poder-se-á duvidar um tanto da competência do Ditador para se pronunciar sobre o texto do Novo Testamento; poder-se-á legitimamente não acreditar nos seus conhecimentos do grego e do hebreu. Mas talvez os tenha; quando se é tudo, é só natural que se saiba tudo.*

Sabe-se também agora qual é o critério do pequeno Duce[c] *quanto à literatura "imoral". É proibida toda a obra francamente pornográfica. Quando, porém, elementos "imorais" se misturam a uma obra manifestamente de arte, a questão é cuidadosamente estudada e, na dúvida, há um esforço para favorecer o autor. Infelizmente, Salazar achou por bem ilustrar com um exemplo esta declaração não demasiado clara. Se tomássemos uma atitude excessivamente severa, diz-nos ele, seríamos forçosamente levados a partir a Vénus de Milo à martelada.*[d] *Quando se*

a   Pessoa refere-se à entrevista concedida por Salazar a Frédéric Lefèvre, do semanário parisiense *Les Nouvelles littéraires*, publicada sob o título "Une heure avec M. Oliveira Salazar, professeur et dictateur mystique" (24 de Agosto de 1935), cuja primeira parte foi reproduzida no *Diário da Manhã* de 3 de Setembro de 1935 com o título "Salazar, professor e ditador místico". Refira-se aqui que Fernando Pessoa projectava no Verão de 1935 enviar colaboração sua para *Les Nouvelles littéraires*, o que talvez explique o facto de o presente texto ter sido escrito em francês.

b   Salazar declarou a Frédéric Lefèvre, na entrevista citada na nota anterior, que as obras de Alfred Loisy e Joseph Turmel (teólogos "modernistas" franceses, exegetas da Bíblia, ambos excomungados pela Igreja Católica) "poderiam circular cá, não porque tenham verdadeiro rigor científico, mas pelo seu aparato científico". Nenhuma obra desses dois autores foi jamais traduzida para português.

c   O *Diário de Notícias* de 19 e 27 de Maio de 1935 noticiou a publicação pelo semanário ultradireitista parisiense *Gringoire*, de 17 de Maio, do artigo de Alexandre Gauthier "Oliveira Salazar, o Duce português", vincadamente elogioso para o ditador português.

d   As palavras de Salazar na entrevista a *Les Nouvelles littéraires*, foram estas: "Si nous sommes en présence d'œuvres pornographiques, sans la moindre valeur littéraire, nous intervenons. Dès que l'art entre en jeu, nous agissons avec prudence et, s'il y a doute, nous optons pour la liberté. Il faut se défendre de tarir les sources d'inspiration des écrivains et des artistes, autrement on en arriverait à briser à coups de marteau la Vénus de Milo!" ["Se estamos em presença de obras pornográficas, sem o menor valor literário, intervimos. Desde que a arte entre em jogo, actuamos com prudência e, na dúvida, optamos pela liberdade. É necessário evitar que se atrofiem as fontes de inspiração dos escritores e dos artistas, porque doutra forma teria de se destruir a Vénus de Milo à martelada!"]

lê isto, fica-se arrepiado: que espécie de homem é este, perguntamo-nos, para quem há imoralidade nessa estátua? Será por ela estar (quase) nua? Será por ser uma estátua de mulher? Os censores portugueses deverão, assim, guiar-se por um critério de alfaiate ou de misógino? Em qualquer dos casos, não há razão para felicitar entusiasticamente os escritores ou os artistas portugueses.

Não me venham dizer que aquilo é só maneira de falar, e que não poderia haver uma censura capaz de aplicar, tal e qual, o critério implícito naquele exemplo infeliz. Sei pelo menos de um caso em que a censura portuguesa passou sobre uma gravura de estudo do nu feminino — onde o mais puritano não conseguiria vislumbrar mais do que a simples nudez — o veto em cruz do seu lápis azul. Guiam-se, portanto, os censores, sem estremecerem, pelo pudor patológico do Ditador; e como a gravura não valia decerto a Vénus de Milo (o que, aliás, não seriam eles competentes para decidir), não puderam "favorecer" o autor.

Eis o dilema. O derrube ou ◊ de Salazar só poderia vir dum movimento revolucionário das esquerdas, isto é, dos anti-situacionistas, ou dum golpe de força de dentro da Situação, a menos que haja uma simples mudança ministerial, cuja probabilidade é bastante difícil de considerar. Um movimento das esquerdas não seria facilmente bem-sucedido, primeiro porque as esquerdas não estão unidas, depois porque se teme que o comunismo — que é o sector da esquerda que é forte e unido — possa conquistar supremacia numa nova situação. Ora os democratas não querem o comunismo, nem fortalecê-lo, e este medo do comunismo faz com que o exército cerre fileiras na sua resistência teórica e prática a um movimento qualquer dos políticos. E, evidentemente, nenhuma revolução poderia ter êxito sem que uma boa parte do exército tomasse parte nela.

O derrube de Salazar pelas próprias forças da Ditadura, pacificamente ou não, levanta o dificílimo problema da sua substituição. O que torna Salazar odioso para o povo é que ele encarna a supressão de todas as liberdades públicas — de falar, de escrever, de reunir. Ninguém o odeia *ou seria capaz de o odiar pela sua administração, financeira ou outra. Talvez a critiquem vivamente, mas por ser obra sua, o que é bem mais odioso, e não pela obra em si. Ora o seu substituto, fosse ele quem fosse, não poderia abolir a censura nem estabelecer as outras liberdades; fez-se demasiada tirania para que se possa, sem risco de produzir a anarquia, suprimi-la pura e simplesmente, e uma ◊ gradual é, nestas coisas como em muitas outras, tarefa muito difícil. É como suprimir o álcool num caso de verdadeiro alcoolismo crónico: a supressão brusca pode trazer complicações terríveis; a supressão lenta tende a ser reversível e o doente a retomar lentamente o anterior nível de bebida.*

O hipotético sucessor de Salazar seria assim forçado, a menos que fosse politicamente imbecil, a manter tudo o que torna o Ditador odioso, sem ter junto dos reaccionários o prestígio que indubitavelmente tem Salazar, e ninguém mais senão Salazar; e não é provável que ele possuísse o incontestável talento administrativo, a clareza da inteligência e a força de carácter que se não pode negar ao Ditador. São qualidades raras em todo o lado e particularmente raras entre os Portugueses.

O sucessor de Salazar deixaria portanto de pé o que faz a fraqueza da Situação; ao mesmo tempo, enfraqueceria aquilo que faz a sua força.

Bem entendido, nestas coisas da política, e sobretudo de política anormal, é sempre preciso contar com o inesperado. O aparecimento súbito dum desconhecido pode reduzir todas estas considerações a nada. O próprio Salazar era um desconhecido e foi como desconhecido que chegou ao poder. Como, porém, o inesperado é por natureza indefinível, temos presentemente que nos ficar pelo que nos fornecem a análise imparcial dos factos e as deduções que deles possamos tirar.

Em conclusão: a Ditadura portuguesa só se mantém por duas coisas — o medo do comunismo e a insubstituibilidade de Salazar. Não são, decerto, fortes apoios no plano moral, tanto mais que são negativos, mas talvez sejam suficientemente fortes no plano estritamente material e prático. É ainda o alcoolismo sociológico.

[TEXTOS EM FRANCÊS SOBRE O POVO PORTUGUÊS]

Je vais parler du peuple portugais. Mais qu'est-ce que le "peuple" portugais? Qu'est-ce [que] n'importe quel "peuple"? Comment se prend-on[1] pour le définir? Où va-t-on en chercher l'exemplaire typique par lequel se guider? On a fait bien d'erreurs et forgé bien de bêtises pour n'avoir pas pris cette précaution. Ce n'est, du reste, qu'un cas particulier de l'ancien péché des mauvais raisonneurs — ne pas commencer par définir les mots essentiels sur lesquels ils vont raisonner.

C'est mon avis — mon avis considéré, comme disent les légistes[2] anglais — que l'on ne doit étudier la psychologie essentiel[le] d'un peuple que sur son type vraiment moyen. Comme la vie humaine oscille entre l'inconscient et le conscient, on cherchera naturellement ce type moyen dans les classes ou ◊ sociales où l'on n'est ni trop inconscient ni trop conscient. Le paysan est du type inconscient, n'étant qu'un enfant — et ceci toujours et partout — il ne saurait nous servir de guide, soit d'exemple. Tout au plus peut--il nous fixer, et cela mieux qu'aucun autre exemplaire, sur les caractéristiques physiques de son peuple. Inutile, de même, de chercher l'exemplaire typique dans les élites[3], de quelque genre qu'elles soient. Elles sont trop conscientes; elles sont partout comme des hommes déjà mûrs, dont la personnalité originelle est devenue en quelque sorte l'esclave des influences d'une ambiance trop prolongée. Excepté au physique et aux habitudes, les pay--sans de tous pays se ressemblent[4], comme les enfants de toutes contrées. Les élites de tous pays, soumises à la même ambiance civilisationnelle et sur-nationale se ressemblent de même. Le national typique c'est l'homme de la classe moyenne, il est bien le moyen. Le bourgeois c'est l'homme.

Vou falar do povo português. Mas o que é o "povo" português? O que é qualquer "povo"? Como defini-lo? Onde ir buscar o exemplar típico pelo qual se guiar? Já se cometeram muitos erros e se forjaram muitas asneiras por não se ter tomado esta precaução. Isto é apenas um caso particular do velho pecado dos maus raciocinadores — não começar por definir as palavras essenciais com que se vai raciocinar. [TRAD.]

É minha opinião — minha reflectida opinião, como dizem os juristas ingleses — que não se deve estudar a psicologia essencial de um povo senão com base no seu tipo verdadeiramente médio. Como a vida humana oscila entre o consciente e o inconsciente, deverá naturalmente ir buscar--se esse tipo médio nas classes ou ◊ sociais onde não se é nem demasiado inconsciente nem demasiado consciente. O camponês é do tipo inconsciente; não sendo nunca, em parte alguma, mais do que uma criança, não poderia servir-nos de guia nem de exemplo. Quando muito poderá revelar-nos — e isso melhor do que qualquer outro exemplar — as características físicas do seu povo. É inútil, igualmente, procurar o exemplar típico nas elites, seja de que género forem. Elas são demasiado conscientes; são, em todo o lado, como os homens já maduros, cuja personalidade original se tornou de algum modo escrava das influências demasiado prolongadas do meio. Excepto no físico e nos hábitos, os camponeses de todos os países parecem-se como as crianças de todas as paragens. As elites de todos os países, submetidas ao mesmo ambiente civilizacional e extranacional, igualmente se parecem. O nacional típico é o homem da classe média, ele é bem o médio. O burguês é o homem.

Le Portugais, foncièrement, quoique confusément, individualiste, est, de par ce fait, non seulement indiscipliné, mais indisciplinable. Il l'est en parlant, en écrivant, en agissant. Il cause ordinairement sans suite, en ouvrant constamment des paragraphes dans sa narrative. Il écrit — même quand il est écrivain — sans se douter

111b
[1935]

qu'il y a une chose qu'on appelle la distribution des matières, ou, moins solennellement, l'ordre dans le discours. Son action, parfois énergique, est rarement synergique.

Comme il est bon garçon, doux et parleur, il est grégaire, mais il est trop individualiste pour l'être coordonnément. Il n'a aucun esprit de corps. Il n'est pas homme à clubs, excepté de ceux dont on n'est pas membre et où l'on ne va que pour y perdre de l'argent d'une façon quelconque. Il lui [manque] par complet le sens du collectif et de la collectivité. Impossible de faire des mouvements d'ensemble au Portugal. Les associations, les organisations collectives, y sont impossibles. Non seulement un fascisme ou un nazisme y seraient impensables, mais les simples organisations sans chemise n'y aboutiraient à rien. Il peut appartenir à un syndicat ouvrier ou professionnel, mais — à moins qu'il n'en soit pas[1] par malheur ou exception tempéramentale, un des éléments directeurs, il n'y va jamais, il ne se soucie guère de ce qui s'y passe, tout au [plus][2] aura--t-il une vague action dans la rue ou le quartier où le syndicat a son[3] siège. Même des organisations comme les Boy Scouts n'y ont qu'une existence de demi-morts[4]; les affiliés ne les prennent presque jamais à cœur, et le public ne les prend jamais au sérieux.

L'action conjointe lui est impossible, j'allais dire inconnue. Un officier de la marine marchande portugaise me donnait tout ça un jour dans une illustration[5] assez heureuse. "Le Portugais est énergique", me disait-t-il, "mais les Portugais ne le sont pas. Mettez l'un devant l'autre un Portugais et un Anglais de force physique égale, et, à moins que la science du box n'en décide, ce n'est pas le Portugais qui en sortira avec la figure cassée. Mettez vingt Portugais devant vingt anglais dans d'égales constitutions physiques et il y aura vingt gueules portugaises de cassées. Les Anglais feront, par instinct, une attaque d'ensemble; nous ne saurions le faire".

Ne concluez pas de cela que le Portugais fera un mauvais soldat: vous vous tromperez carrément. C'est, au contraire, un excellent soldat, non seulement par son vrai courage et ses extraordinaires qualités de ◊ et de dévouement — qui n'ont rien à voir à l'affaire présente[6] — mais parce qu'étant doux et à volonté assez faible (son individualisme tient de l'émotion[7], et non, comme l'anglais, de la volonté), il se soumet aisément à des chefs.

Vous me direz donc: mais ce n'est pas là ce qu'on appelle un indiscipliné! Vous vous trompez à nouveau. Comme il est doux et faible de volonté, le Portugais se soumet aisément à des *chefs*; comme il est déréglément individualiste, il ne [se] soumet guère à des *règles*. Or toute armée est bien un système de chefs, et, s'il y a aussi des règles, on ne sent les règles qu'à travers les chefs.

C'est la règle qu'il haït; c'est la "doctrine" qu'il déteste. Aucun portugais, quelle que soit sa culture, n'a jamais appartenu à un parti politique pour des vraies raisons de doctrine; il le fait toujours par des raisons sentimentales — l'admiration pour un chef ou des chefs, des amitiés personnelles ou des sentiments traditionnels[8], comme pour les catholiques et les royalistes. Malheur partant au chef politique portugais qui affiche nettement une doctrine nette! Quoiqu'il en soit pour la doctrine, comme chef il est perdu. Les chefs vraiment aimés, au Portugal, ont été toujours des hommes à personnalité énergique et criarde, et sans plus de doctrine que des mots très vagues, faits pour parler à ce que le cerveau a de cœur, et dont partant personne ne se soucie d'analyser le sens. Les deux chefs récents les plus aimés et les plus aveuglement suivis au Portugal ont été Afonso Costa, depuis longtemps en exil à Paris[9], et Sidónio Pais, assassiné en 1918. Ils ont eu — et Costa a encore, malgré sa longue absence — des dévouements fanatiques[10]. Le premier n'a jamais eu de doctrine sauf la vague doctrine républicaine, libérale et démocratique, qui est plutôt une atmosphère qu'un système. Le second n'a eu pour doctrine que deux mots, "République Nouvelle", auxquels lui-même n'aurait su donner un sens quelconque. Et c'est bien typique du Portugais ce simple mot que m'a dit un jour un membre illustre du "parti démocratique", auquel appartient Costa: "Vous vous trompez, je ne suis pas démocratique, je suis *afonsiste*". "Afonsiste", notez--le bien. Car ces partisans d'Afonso Costa ne l'appellent que tout simplement, tout tendrement, par son prénom — "l'Alphonse" ("o Afonso"), selon la tournure portugaise. Et de même pour Sidónio Pais, dont plus d'une dame de ma connaissance garde toujours le portrait[11] dans son oratoire, parmi des images de saints. C'est toujours "o Sidónio"; et, dès qu'il est devenu célèbre, ce n'a jamais été autrement. L'actuel Dictateur, avec son extraordinaire aptitude à[12] ne pas comprendre le peuple portugais, n'a trouvé rien de mieux que de lui jeter à la figure une doctrine politique complète, développée à travers force détails, et, pour ne pas perdre [l']occasion de renforcer son incompréhension, il a affiché comme cul-de-lampe de ses sermons imprimés, cette trouvaille à l'envers "Nous avons une doctrine et nous sommes une force". On proclame qu'on a une doctrine à un peuple qui haït les doctrines; on proclame qu'on est une force à un peuple qui déteste les gouvernements de force. Le lecteur ne s'étonnera pas quand je lui rapporte ce mot que m'a dit, ahuri et candide, un sectaire[13] du Dictateur: "Je suis le seul partisan de Salazar qui ne dit pas que du mal de lui!" Et vous remarquez bien qu'ici c'est "Salazar". Toutefois, lui aussi, quoique si peu humain, a un prénom — António.

Si je n'ai pas, par maladresse, trahi ma pensée, le lecteur se fera sans doute déjà une idée assez nette de l'espèce d'homme qu'est le Portugais. Individualiste par l'émotion et non par la volonté; doux parce qu'il est émotif plutôt que passionné (comme l'est l'Espagnol); indiscipliné devant les règles, discipliné devant les chefs — le voilà tel qu'on a besoin de le connaître pour le comprendre politiquement.

O português, profundamente, ainda que confusamente, individualista, [TRAD.]
é, por esse facto, não apenas indisciplinado, mas indisciplinável. É-o
quando fala, quando escreve, quando age. Geralmente conversa sem
sequência, abrindo constantemente parágrafos na sua narrativa. Escreve
— mesmo quando é escritor — sem suspeitar que há uma coisa chamada
distribuição das matérias ou, menos solenemente, ordem do discurso.
A sua acção, por vezes enérgica, é raramente sinérgica.

Como é bom rapaz, dócil e falador, é gregário, mas é demasiado
individualista para o ser coordenadamente. Não tem qualquer espírito de corpo. Não é homem de clubes, excepto daqueles de que não se é
membro e aonde só se vai para se perder dinheiro de uma maneira qualquer. Falta-lhe por completo o sentido do colectivo e da colectividade.
É impossível fazer movimentos conjuntos em Portugal. As associações,
as organizações colectivas são ali impossíveis. Não só um fascismo ou
um nazismo seriam ali impensáveis, mas simples organizações sem
camisa também não conduziriam a nada. Pode pertencer a um sindicato operário ou profissional, mas — a menos que, por infelicidade ou
excepção temperamental, seja um dos seus dirigentes — nunca lá vai,
não se preocupa nada com o que lá se passa e tem, quando muito, uma
vaga acção na rua ou no bairro onde o sindicato tem a sua sede. Mesmo
organizações como os Boy Scouts têm em Portugal uma existência de
semimortos; os filiados não se lhes devotam e o público nunca as leva
a sério.

A acção conjunta é-lhe impossível, para não dizer desconhecida. Um
oficial da marinha mercante portuguesa resumiu-me bem isto, um dia,
usando uma imagem bastante feliz. "O português é enérgico", dizia-me
ele, "mas os portugueses não o são. Ponha um português diante um inglês
de igual força física e, se não for a ciência do box a decidir, não será o
português que ficará com a cara partida. Ponha vinte portugueses diante
de vinte ingleses de igual constituição física e haverá vinte caras de portugueses partidas. Os ingleses farão, por instinto, um ataque conjunto;
nós não conseguiríamos fazê-lo."

Não se conclua disto, erradamente, que o português é um mau soldado. Pelo contrário, é um excelente soldado, não só pela sua verdadeira coragem e as suas extraordinárias qualidades de ◊ e de dedicação — que nada têm a ver com o assunto presente — mas porque, sendo dócil e de vontade bastante fraca (o seu individualismo decorre da emoção e não, como no inglês, da vontade), se submete facilmente aos seus chefes.

Dir-me-ão, então: mas não é isso que se chama um indisciplinado! Novo engano. Como é dócil e de fraca vontade, o português submete-se facilmente aos seus chefes; como é desreguladamente individualista, não se submete a regras. Ora, todo o exército é um sistema de chefes e, se há também regras, estas não se sentem senão através dos chefes.

É a regra que ele odeia; é a "doutrina" que ele detesta. Nenhum português, seja qual for a sua cultura, pertenceu jamais a um partido político por verdadeiras razões de doutrina; mas unicamente por razões sentimentais — a admiração por um chefe ou chefes, amizades pessoais ou sentimentos tradicionais, como no caso dos católicos e dos monárquicos. Pobre, pois, do chefe político português que proclamar claramente uma doutrina clara! Independentemente da doutrina, como chefe estará perdido. Os chefes verdadeiramente amados em Portugal foram sempre homens de personalidade enérgica e incisiva, e sem outra doutrina além de palavras muito vagas, feitas para falar ao que o cérebro tem de coração e cujo sentido ninguém, portanto, se preocupa em analisar. Os dois chefes recentes mais amados e mais cegamente seguidos em Portugal foram Afonso Costa, há muito exilado em Paris, e Sidónio Pais, assassinado em 1918. Ambos tiveram — e Costa ainda tem, apesar da sua longa ausência — dedicações fanáticas. O primeiro nunca teve doutrina, excepto a vaga doutrina republicana, liberal e democrática, que é mais uma atmosfera do que um sistema. O segundo teve por doutrina apenas duas palavras, "República Nova", às quais ele mesmo não saberia dar um sentido qualquer. E é bem típica do português esta simples afirmação que me fez um dia um membro ilustre do "partido democrático" a que pertence Costa: "Você está enganado, eu não sou democrático, eu sou afonsista." "Afonsista", note-se bem. Porque estes partidários de Afonso Costa só lhe chamam simplesmente, carinhosamente — "o Afonso", ao jeito português. E o mesmo acontece com Sidónio Pais, de quem mais de uma senhora minha conhecida conserva o retrato no seu oratório, entre as imagens de santos. É sempre "o Sidónio"; desde que se tornou célebre, nunca o trataram de outro modo. O actual Ditador, com a sua extraordinária habilidade para não compreender o povo português, não achou nada de melhor do que lhe atirar à cara uma doutrina política completa, desenvolvida em todos os seus pormenores, e, para não perder a ocasião de reforçar a sua incompreensão, afixou como ornamento dos seus sermões impressos esta descoberta ao contrário: "Temos uma doutrina e somos uma força". Proclama-se que se tem uma doutrina a um povo que odeia as doutrinas; proclama-se que se é uma força a um povo que detesta os governos de força. O leitor decerto não se admirará se eu lhe citar as palavras que um sectário do Ditador me confidenciou, num tom desconcertado e cândido: "Eu sou o único apoiante de Salazar que não diz só mal dele." E repare que aqui é "Salazar". Todavia, até ele, embora tão pouco humano, tem um nome próprio — António.

Se, por imperícia, não traí o meu pensamento, o leitor ficará já, sem dúvida, com uma ideia bastante clara da espécie de homem que é o português. Individualista por emoção e não pela vontade; dócil, por ser mais emotivo do que apaixonado (como o é o espanhol); indisciplinado perante as regras, disciplinado perante os chefes — e aí o temos, tal como é necessário conhecê-lo para o compreender politicamente.

Un peuple avec ce tempérament social ne saurait être gouverné que par un système politique à base de liberté et où l'autorité d'un chef, ou de plus d'un, acceptable de par le prestige, ne laisse pas l'individualisme dégénérer en anarchie.

Ainsi ce peuple s'est très bien accommodé de la monarchie pure, mais jamais tyrannique, des deux premières dynasties portugaises,

111c
[1935]

une monarchie presque toujours dure pour les nobles, souvent en conflit avec l'Église, et ainsi implicitement défenseur des libertés du peuple. Vers la fin de la seconde dynastie, à partir du règne de D. Manuel I, cette monarchie absolue et populaire a pris lentement un tour vers la monarchie absolue telle que la France l'a connue dans l'Ancien Régime. Le petit royaume de l'Occident, jadis paisiblement agricole et incliné, dans ses beaux esprits, vers la poésie lyrique et le roman chevaleresque, était, par la suite inévitable de ses découvertes maritimes, devenu un empire. Le roi devenait empereur, quoiqu'il n'en eut[1] jamais le titre. L'agriculteur devenait navigateur et soldat de guerre de conquête: il ne l'avait été jusque-là que dans des guerres défensives ou de reconquête, aux maures par exemple, de son propre territoire. Un pays qui ne comptait pas un million d'habitants se trouvait engagé dans une expansion, qu'aujourd'hui on appellerait coloniale, que ne saurait physiquement comporter sa maigre population. Il a toutefois accompli cette tache inévitable et supérieure à ses forces. Il en est resté glorieux et affaibli, malade — il l'est encore. Ses meilleurs éléments se perdaient dans les contrées lointaines.

L'empire conduisait à l'esclavage; d'une façon ou d'autre, il est ainsi partout et toujours. Quand on réduit les autres en[2] soumission, on devient lentement aussi soumis qu'eux. Parfois on devient encore plus soumis. L'Empire Romain a créé une tyrannie plus lourde dans Rome que dans les contrées qu'il a conquises. La justice immanente, qui se trompe si souvent, ne s'est jamais trompée (en matière impériale) avec les vrais empires.

[TRAD.] *Um povo com este temperamento não poderá ser governado senão por um sistema político à base de liberdade, em que a autoridade de um chefe, ou de mais que um, que seja aceitável pelo seu prestígio, não deixe o individualismo degenerar em anarquia.*

Assim, este povo acomodou-se muito à monarquia pura, mas jamais tirânica das duas primeiras dinastias portuguesas, uma monarquia quase sempre dura para os nobres, frequentemente em conflito com a Igreja, e assim implicitamente defensora das liberdades do povo. No período final da segunda dinastia, a partir do reinado de D. Manuel I, esta monarquia absoluta e popular iniciou lentamente uma viragem para a monarquia absoluta tal como a França a conheceu no Antigo Regime. O pequeno reino do Ocidente, outrora pacificamente agrícola e inclinado, nas suas belas mentes, para a poesia lírica e cavaleiresca, tornava-se, na sequência inevitável das suas descobertas marítimas, um império. O rei tornava-se imperador, embora nunca tivesse tido tal título. O agricultor tornava-se navegador e soldado de guerra de conquista: só o fora, até então, em guerras defensivas ou de reconquista do seu próprio território, aos mouros, por exemplo. Um país que não contava um milhão de habitantes achava-se assim empenhado numa expansão, que hoje se diria colonial, que a sua magra população não poderia fisicamente comportar. Cumpriu, porém, esta tarefa inevitável e superior às suas forças, que lhe granjeou glória, mas o debilitou e o tornou enfermo — ainda o é. Os seus melhores elementos perdiam-se em paragens longínquas.

O império conduzia à escravatura; de um modo ou de outro, assim acontece sempre e por todo o lado. Quando reduzimos os outros à submissão, tornamo-nos lentamente tão submissos quanto eles. Por vezes, ainda mais submissos. O Império Romano criou uma tirania mais pesada em Roma do que nas terras que conquistou. A justiça imanente, que frequentemente se engana, nunca se enganou (em matéria imperial) com os verdadeiros impérios.

[...]

111d
[1935]

La lutte entre libéraux et miguélistes n'a été que la lutte entre l'individualisme foncier des portugais, réveillé à la fin d'un si long sommeil, et les abrutis, les assoupis, qu'avait créés cette longue période de morphinisation religieuse et politique. Sans s'en douter, les libéraux portugais défendaient la vieille tradition du pays, l'âme véritable de son peuple. Ils cherchaient [à] donner[1] au pays, de par[2] des institutions étrangères dont ils croyaient à l'applicabilité universelle, un système politique digne d'une nation civilisée; ils se trompaient. Le système lui-même — la monarchie constitutionnelle — n'a jamais eu d'application au Portugal, et il en était de même dans d'autres pays. La monarchie constitutionnelle ne sert qu'à des peuples qui ont un sens égal de la tradition et du progrès, comme le peuple anglais. Le Portugais est trop individualiste pour qu'il ait aucun sens de la tradition; il a un sens très vif du progrès, c'est le peuple le moins misonéiste du monde.

[TRAD.] *[...]*

A luta entre liberais e miguelistas não foi mais do que a luta entre o individualismo intrínseco dos portugueses, despertado no fim de um longo sono, e os embrutecidos, os inertes criados por um longo período de morfinização religiosa e política. Sem se darem conta, os liberais portugueses defendiam a velha tradição do país, a alma verdadeira do seu povo. Procuravam dar ao país, por meio de instituições estrangeiras que julgavam de aplicabilidade universal, um sistema político digno de uma nação civilizada; estavam enganados. O sistema em si — a monarquia constitucional — nunca teve aplicação em Portugal, de modo aliás semelhante a outros países. A monarquia constitucional só serve a povos que têm um sentido igual da tradição e do progresso, como o povo inglês. O português é demasiado individualista para ter qualquer sentido da tradição; tem um sentido muito vivo do progresso, é o povo menos misoneísta do mundo.

112
[Set. 1935]

Dizem que vão apresentar
Na Sociedade das Nações
Um livro feito pra provar
(Não sei se em forma clara ou escura)
Que os abexins não têm razões
Pois na Abissínia há escravatura.[a]

Se isto é feito a favor da Itália,
É argumento que não dura
O tempo que uma criatura
Leva a desfolhar ◊ a dália:
Na Itália fasce a escravatura.
Na Itália tudo é escravatura.

[PROJECTO DE PUBLICAÇÕES][b]

113
[Out. 1935]

O Caso é muito simples.	(R.[c] ou DL.[d])
O Nacionalismo Liberal.	(DL. ou Fr.[e])
A Religião e os Meninos.	(DL. ou ?)
Fátima.	(DL. ou ?)
Marcha sobre Roma	(DL.ou ? ou folheto).

O Culto do Inacabado   (Fr.)

---

a   A 4 de Setembro de 1935, um mês antes do início da invasão da Etiópia pela Itália fascista, a representação deste país na Sociedade das Nações apresentou um longo memorando, intitulado "Situation in Ethiopia", para tentar provar que a Etiópia não merecia ser membro daquela organização, principalmente por ainda não ter abolido o esclavagismo.
b   Este é, muito provavelmente, o último projecto de publicações que Pessoa elaborou. Os dois primeiros itens ("O Caso é muito simples" e "O Nacionalismo Liberal") são escritos políticos e os três seguintes, de cunho anticatólico. Nenhuma das publicações a que se destinariam — a *República*, o *Diário de Lisboa* e o semanário *Fradique* — era afecta ao regime de Salazar.
c   *República*.
d   *Diário de Lisboa*.
e   *Fradique*.

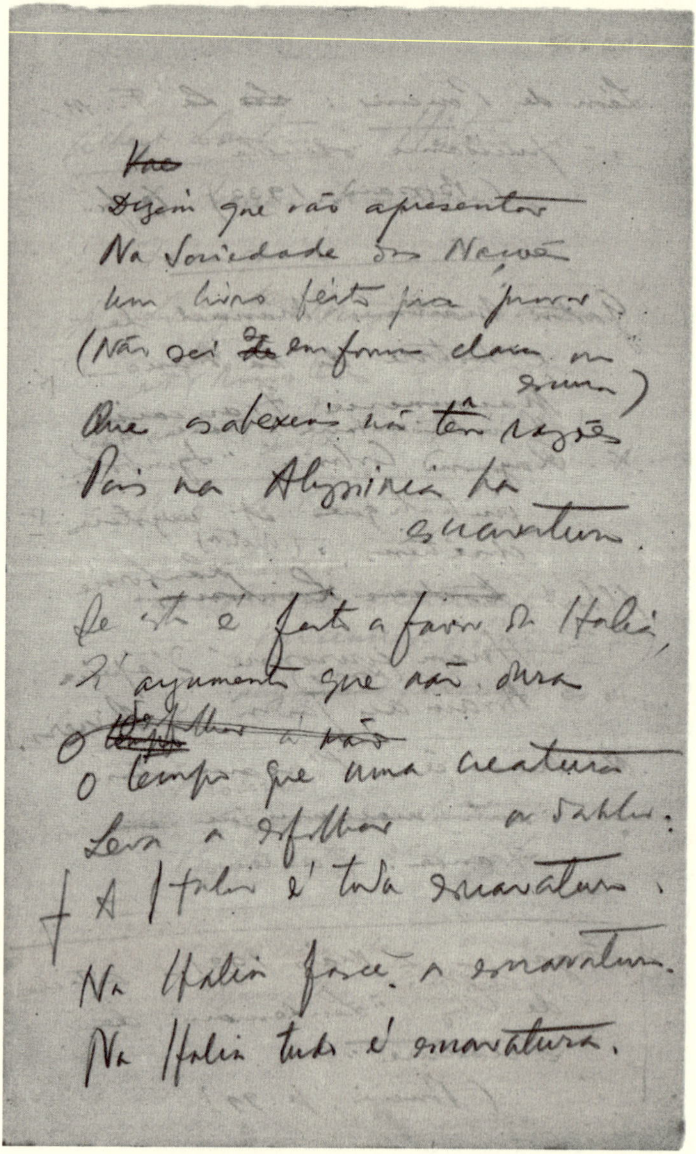
~~Vão~~
~~Dizem que vão apresentar~~
Na Sociedade das Nações
Um livro feito pra provar
(Não sei ~~se~~ de forma clara ou escura)
Que os abexins não têm razões
Pois na Abyssinia ha escravatura.

Se isto é feito a favor da Italia,
É argumento que não dura
~~O desfolhar a vão~~
O tempo que uma creatura
Leva a desfolhar a dahlia:
A Italia é toda escravatura.
Na Italia força a escravatura.
Na Italia tudo é escravatura.

"DIZEM QUE VÃO APRESENTAR..." (TEXTO N.º 112)

(Charlatanismo) (Fr. DL. ou R.)

Praça da Figueira   ......
Intervalo, ou Esquecimento (quadras)
Intimidade............................

Poemas em inglês (avulso)......
Artigos em inglês (avulso)......

[ARTIGO "O CASO É MUITO SIMPLES"   114
E RASCUNHOS DO MESMO]

[*O Caso é muito simples*][a]   **114a**
[Post. 7-10-1935]

Quando foi posto em vigor, no xadrez das ruas de Lisboa, a presente regulamentação do trânsito de peões[b], as regras de marcha e contramarcha pareceram a princípio, a muitos, de uma complicação extrema. O caso, porém, é muito simples: andar sempre pelo passeio a atravessar as ruas em linha recta. Nisto, que não é complicado, se resume toda a complicação.

A Sociedade das Nações, fundada louvavelmente para evitar quanto possível as guerras e as desinteligências entre povos, que possam levar à guerra, adoptou desde o início o mesmo critério para os países que o Município lisbonense adoptou para os peões: devem os países andar sempre pelo passeio e atravessar as suas dificuldades em linha recta.

Vêm estas considerações a propósito do conflito entre a Itália e a Abissínia, ou seja, em linguagem mais justa, o conflito que a

---

a   Título proposto pelo organizador, com base no projecto editorial de Outubro de 1935 (ver texto n.º 113), e na frase que abre o segundo período do primeiro parágrafo deste texto.
b   A 1 de Outubro de 1935 entrou em vigor em Lisboa um novo regulamento de trânsito.

O Caso é muito simples.   (R. ou DL.)
O Nacionalismo Liberal.   (DL. ou Fr.)
A Religião e os Meninos.   (DL. ou ?)
Fátima.   ....   (DL. ou ?)
Marcha sobre Roma ......   (DL. ou ? ou folheto).

O Culto do Inacabado   (Fr.)
(Charlatanismo)   (Fr. DL. ou R.)

Praça da Figueira   .....
Intervallo, ou Esquecimento (quadras)
Intimidade ....

Poemas em inglez (avulso) .....
Artigos em inglez (avulso) ....

PROJECTO DE PUBLICAÇÕES DATÁVEL DE OUTUBRO DE 1935 (TEXTO N.º 113)

Abissínia é obrigada a ter com a Itália. Ora o problema suscitado por esse conflito divide-se em três problemas: a atitude da Itália, e se essa atitude é justificável; a atitude da Sociedade das Nações, e, particularmente, da Inglaterra ante essa atitude da Itália; a atitude que cada nação deve tomar perante o conflito e a situação em que está posto. Para nós, portugueses, este terceiro problema vem a ser: qual a atitude que Portugal deve tomar.

Consideremos, pela ordem exposta, estes três modos[1] do problema. Mas, antes de mais nada, vejamos a que luz os temos de considerar. Tudo quanto envolve a política das nações entre si cai necessariamente sob três critérios distintos. O primeiro é o internacional, isto é, o da entre-relação das nações e do resultado, em qualquer lance, dessa entre-relação. Esse problema escapa às previsões e aos projectos: a sua solução não pode ser dada senão pelos factos, e não há homem, a não ser que pretenda ser profeta ou deus, que possa contar o número de forças que entram ou poderão entrar em jogo, calcular as maneiras como agirão essas forças, deduzir o que resultará desse entrechoque de coisas que não sabe quantas são nem o que são.

O segundo critério é o critério nacional, isto é, o de que cada nação tem de considerar os seus interesses e agir de acordo com eles. Como, porém, os interesses de uma nação são sempre, por um lado, obscuros a ela mesma, podendo ser prejudicados, involuntariamente, pelos seus próprios governantes, e como são frequentemente, por outro lado, opostos aos interesses de outras nações, quando não ao conjunto das outras nações todas, o critério nacional resulta inútil e fora de caso na consideração de um problema que, por sua natureza, tem de ser considerado extranacionalmente, pois que afecta outras nações além da de que se trate.

O terceiro critério é o critério moral, que necessariamente antecede, na ordem humana, todo critério político, seja nacional, seja internacional. Os progressos da nossa civilização, por estorvados que tenham sido e constantemente o estejam sendo, levaram-nos todavia a não aceitar por bons, na ordem nacional ou na internacional, critérios que antigamente seriam, quando não aceitáveis, pelo menos admissíveis. Se na ordem prática muitas vezes se faz o que se não admitiria em teoria, continua a estar de pé a teoria, ainda que violada ou postergada. É na vida nacional[2] como na individual: podemos achar compreensível, e por compreensível desculpável, que um homem mate outro em certas circunstâncias; não erigimos todavia em doutrina aceitável o homicídio voluntário.

Somos forçados, pois, em último mas natural recurso, a examinar estes problemas nacionais e internacionais à luz do critério moral. A essa luz os vê instintivamente qualquer homem que o interesse não cegue ou a paixão não turve; a esse critério os vê, ou procura ver, a Sociedade das Nações.

Fixemos bem o resultado[3] de tudo isto. Resulta que não temos que considerar os interesses de Itália, ou de qualquer outra nação, senão à luz de saber se eles estão ou não de acordo com a moral e com o direito, e isso vem a dar em se estão de acordo com os superiores interesses da humanidade.

Posto isto, podemos entrar na consideração dos três problemas particulares em que o problema geral se divide. Começaremos, segundo a ordem exposta, que é a natural, pela atitude da Itália.

Trata-se de um conflito armado entre um povo presumido fraco, e com certeza materialmente quase desapetrechado[4], e um povo que se presume forte, quer porque de facto o seja, quer porque hipnoticamente se o suponha, quer porque funde em seus recursos e produtos de ciência aplicada uma superioridade que talvez organicamente não possua.

Tal conflito viola desde logo o mais rudimentar instinto moral humano[5] — o que impele cada homem, independentemente de saber de causas ou razões, [a] estar pelo fraco contra o forte num conflito que entre os dois se dê.

Passado, porém, este movimento primitivo do coração, há que examinar as causas que motivaram o conflito; pois, se o forte não tem direito de abusar da sua força, tampouco tem o fraco o direito de abusar da sua fraqueza — isto é, das simpatias que como tal cria, e os apoios práticos que dela se derivem — para vexar ou provocar o forte. Temos[6] pois de saber se neste caso ítalo-abexim, se deu tal vexame ou tal provocação; e a resposta, como todos sabemos, é negativa. Todos vimos, desde o princípio, que a Itália era a agressora; e a investigação da Sociedade das Nações confirmou o que desde o princípio todos vimos.[a]

Condenada assim a Itália, desde o princípio e a essência do problema, por todos os sistemas morais humanamente aceitáveis, resta saber se essa nação apresenta qualquer argumento, moralmente aceitável, para justificar a inegável agressão que a privou do argumento fundamental. Até agora apareceram dois desses argumentos, e o chamar-lhes argumento é favor que lhes fazemos. O primeiro é de que a Itália, sobrepopulada, tem de expandir-se. O segundo é que a Itália, país civilizado, tem todo o direito a tomar conta de um país como a Etiópia, que é selvagem ou semi-selvagem. Melhor do que isto não se[7] pôde arranjar. Infelizmente, o melhor é do pior que há.

Quanto ao primeiro argumento, a todos será evidente que os outros países[8], selvagens ou não, não têm culpa da sobrepopulação da Itália — e há que notar que a sobrepopulação é um indício de baixo nível civilizacional, pois que os povos altamente civilizados tendem para a baixa da natalidade, quer por motivos orgânicos, quer por motivos morais e intelectuais, que se reflectem em práticas artificiais. O que um país sobrepopulado tem que fazer,

---

[a] Este período permite situar o escrito depois de 7 de Outubro de 1935. Na sequência da agressão italiana à Abissínia (3 de Outubro), o "comité dos Seis", nomeado pela Sociedade das Nações e presidido pelo ministro português Armindo Monteiro, aprovou a 7 de Outubro um relatório sobre o conflito, a tal "investigação" de que Pessoa fala aqui. Ver Barreto (2009a).

na ordem moral, isto é, para resolver adentro da moral[9] esse problema, é tratar de baixar a sua natalidade. A Itália está mais precisada de que lhe preguem doutrinas neomalthusianas do que lhe preguem fascismo.

Se, porém, a situação[10] presente exige de facto essa "expansão" — o que não sei se será rigorosamente exacto, pois não tenho sobre o assunto outra informação que não seja a de Mussolini e dos fascistas, de cuja veracidade e imparcialidade não é ilícito duvidar —, ponha a Itália o problema, devidamente fundamentado, perante a Sociedade das Nações. Ou essa encontra uma solução satisfatória, ou não a encontra. Se a encontra, está o caso arrumado, e, ainda que a solução desagrade a este ou àquele país, não pode a Itália ser culpada de tal situação. Se a não encontra[11], ou procede justa ou injustamente. Se procede justamente, é que o problema é insolúvel: a Itália que o não arranjasse. Se procede injustamente, tem a Itália o direito de proceder, bem ou mal, como entender, pois, do ponto de vista moral e da salvaguarda da paz, começou por proceder como devia[12].

Quanto ao segundo argumento, sucede-lhe o [que] os ingleses chamam cair entre dois bancos, como alguém que se sentasse no ar, entre os dois. Em primeiro lugar, não há argumento inteiramente plausível em favor de qualquer nação dever civilizar outra. Em segundo lugar, ninguém entregou à Itália o encargo de civilizar a Etiópia. Acresce que ninguém sabe ao certo o que quer dizer a palavra "civilização", que, como a maioria dos termos correntes, significa para cada qual o que ele quer ou lhe convém. Os etíopes são incivilizados, ao que parece, porque têm lá[13] a escravatura e porque não têm um alto nível de higiene e de cultura. Ora a escravatura é imoral, para nós hoje[14], porque considera o homem como uma coisa, porque considera a alma humana como subordinável a uma potência material — o dinheiro com que compre esse corpo —, ou seja, em ultima análise, porque despreza a dignidade e a liberdade humanas. Ora a Itália fascista considera o homem como uma coisa, pois o considera subordinado ao Estado, a Itália fascista despreza todas as liberdades individuais ◊ª

Aqui há três pontos a considerar: a agressão a um fraco por um forte; a tentativa de ocupação de um território que legitimamente pertence a outro, independentemente de forças e de fraquezas; e o caso particular da agressão da Itália à Abissínia, nas circunstâncias presentes do mundo.

114b
[Post. 7-10-1935]

O conflito entre a Itália e a Abissínia, ou seja, em linguagem mais lógica, o conflito[1] que a Abissínia é obrigada a ter com a Itália, apresenta para nós portugueses, como diversamente para todos os povos que não sejam aqueles dois, cinco aspectos distintos.

O primeiro, não na ordem política mas na humana[2], que necessariamente antecede a política, é o aspecto moral. Trata-se[3] da agressão de um povo presumido fraco por um povo que se presume, a si mesmo, forte, quer porque de facto o seja, quer porque hipnoticamente[4] se o suponha, quer porque funde em seus recursos e produtos de ciência aplicada uma superioridade que organicamente não possui. Neste ponto a Itália está condenada por todos os sistemas morais humanamente aceitáveis: em nenhum código moral, escrito ou intuitivo, se considera a força como fundamento[5], embora se possa considerar como garantia, do direito. Em nenhum se considera a força como direito.

114c
[Post. 7-10-1935]

---

a   O artigo não foi acabado. Pessoa não cumpriu o plano elaborado no terceiro parágrafo do texto, tendo tratado apenas do primeiro dos "três problemas" que pretendia abordar.

114d
[Post. 7-10-1935]

... Une-nos a eles, num[1] mais largo e mais irónico conceito[,] uma vasta e larga fraternidade[2] humana. Nós todos, homens, que neste mundo vivemos opressos pelos vários desprezos dos felizes[3] e pelas diversas insolências dos poderosos — que somos todos nós neste mundo, senão abexins?

———

Se com isto se pretende dizer que não há relação entre o imperialismo agressivo dos italianos e o fascismo, a resposta é que isso é falso, e, o que é mais, que é estupidamente falso.

114e
[Post. 7-10-1935]

É a fatalidade de todos os povos imperialistas[1] que, ao fazer os outros escravos, a si mesmo se fazem escravos.

114f
[Post. 7-10-1935]

Não nos deixemos levar por esses argumentos. O problema ítalo--abexim é o que está diante de nós: é esse que temos que examinar.
Não se discute para antes de ontem.
Nem o ter a Inglaterra procedido mal com a Irlanda no passado serve de justificação à Itália para que proceda mal no presente. *Dois males não formam um bem*, diz o provérbio inglês[1].
Quando se dá uma série de crimes, torna-se, a certa altura, necessário pôr-lhes cobro. Não se põe cobro aos que já foram feitos, ◊
Conservemos o juízo, leitor, como homens simples que somos.

114g
[Post. 7-10-1935]

O mundo está já um pouco cansado dos que, porque têm as mãos frias, as metem nas algibeiras... dos outros[1].
A grande natalidade — ◊

O mundo está já um pouco cansado das
que, por terem as mãos frias, as
mettem nas algibeiras... das outras.

... as que querem aquecer mettendo-as
nas algibeiras das outras.

a grande natalidade —
É ovvio um phenomeno puramente
animal, em que as fêmeas dos
bichos facilmente superam, sem
nacionalidade alguma, as dos
humanos, [...] ceptí-
cos toda espécie de offensas aos
direitos, á justiça e á humanidade.

Estão, selvagens ou não, socegados em suas
casas, e deixe sobre elles civilizarão
de crear bichos.

Ha hora para tudo, e a hora da oppressão,
naturalmente, passou.

"O MUNDO ESTÁ JÁ UM POUCO CANSADO..." (TEXTO N.º 114G)

E assim um fenómeno puramente animal, em que as senhoras[2] dos coelhos facilmente superam, sem nacionalidade alguma, as dos homens, serve de justificação (em falso) para[3] toda espécie de ofensas ao direito, à justiça e à humanidade.

Estão, selvagens ou não, sossegados em suas casas, e desaba[4] sobre eles civilização de criar bicho.

Há horas para tudo, e a hora da opressão, moralmente, passou.

115
[Post. 23-10-1935]

PROFECIA ITALIANA

A existência do dom de profecia é afirmada por muitos e negada por muitos. Na maioria dos casos, ou a linguagem profética é tão obscura que dela se pode fazer aplicação a qualquer facto, ou a abundância é tão grande que dificilmente se encontrará um facto a que um ou outro dos pormenores se não possa ajustar. De sorte que o problema fundamental fica na mesma. Os que afirmam a existência do dom profético apontam o facto justificativo; os que lhe negam a existência apontam que qualquer facto, ainda que fosse o contrário do que se deu, serviria igualmente, e portanto com igual inutilidade, de justificação.

Há contudo profecias que são simples e claras, como a da célebre quadra das *Centúrias* de Nostradamo, em que, com mais de dois séculos de antecedência, o advento de Napoleão se indica e o seu carácter se define. É a quadra que começa: "Um Imperador nascerá ao pé de Itália" — *Un Empereur naistra près d'Italie...*

Estas poucas profecias que são claras versam em geral factos: são como pequenos artigos de pequena enciclopédia, resumindo a história às avessas, isto é, antes de ela existir.

Há, porém, um caso curioso de profecia clara, que contém, com vinte e dois anos de antecipação, não a indicação de factos futuros, mas o comentário justo e preciso deles, como se os supusesse

PROFECIA ITALIANA

A existência do dom de profecia é afirmada por muitos e negada por muitos. Na maioria dos casos, ou a linguagem profética é tam obscura que dela se pôde fazer aplicação a qualquer facto, ou a abundância de pormenores é tam grande que dificilmente se encontrará um facto a que um ou outro dos pormenores se não possa ajustar. De sorte que o problema fundamental fica na mesma. Os que afirmam a existência do dom profético apontam o facto justificativo; os que lhe negam a existência apontam que qualquer facto, ainda que fôsse o contrário do que se deu, serviria igualmente, e portanto com igual inutilidade, de justificação.

Ha contudo profecias que são simples e claras, como a da célebre quadra das Centúrias de Nostradamo, em que, com mais de dois séculos de antecedência, o advento de Napoleão se indica e o seu carácter se define. É a quadra que começa: "Um Imperador nascerá ao pé de Italia" — Un Empereur naistra près d'Italie...

Estas poucas profecias que são claras versam em geral factos; são como pequenos artigos de pequena enciclopédia, resumindo a história às avessas, isto é, antes de ela existir.

Há, porém, um caso curioso de profecia clara, que contém, com vinte e dois anos de antecipação, não a indicação de factos futuros, mas o comentário justo e preciso dêles, como se os supuzesse conhecidos. E esse vaticinio tem ainda de mais curioso o não ser, suponho, de um profissional da profecia.

No jornal italiano Avanti, de 21 de Janeiro de 1913, vem inserto um artigo em que se lê o seguinte, que peço ao leitor que, palavra a palavra, acompanhe e medite:

"Estamos na presença de uma Italia nacionalista, conservadora, clerical, que se propõe fazer da espada a sua lei, e do exercito a escola da nação.
"Previmos esta perversão moral: não nos surpreende.

conhecidos. E esse vaticínio tem ainda de mais curioso o não ser, suponho, de um profissional da profecia.

No jornal italiano *Avanti*, de 21 de Janeiro de 1913, vem inserto um artigo em que se lê o seguinte, que peço ao leitor que, palavra a palavra, acompanhe e medite:

> "Estamos na presença de uma Itália nacionalista, conservadora, clerical, que se propõe fazer da espada a sua lei, e do exército a escola da nação.
> "Previmos esta perversão moral: não nos surpreende.
> "Erram porém os que pensam que esta preponderância do militarismo é sinal de força. As nações fortes não têm que descer à espécie de carnaval estúpido a que os italianos hoje estão entregues: as nações fortes têm o sentido das proporções. A Itália nacionalista e militarista mostra que não tem esse sentido.
> "E assim sucede que uma reles guerra de conquista é celebrada como se fosse um triunfo romano."

Ignoro a que propósito imediato se escreveram essas linhas. Ignoro e não importa. São elas o mais justo, o mais claro e o mais cruel comentário de quanto hoje, vinte e dois anos depois, se está passando na Itália, ou, melhor, com a Itália. Ao jornalista casual coube um lampejo de verdadeiro espírito profético.

Felizmente o artigo é assinado, de sorte que não falta o nome, nem portanto a honra, ao iluminado dessa súbita inspiração.

O autor do artigo do *Avanti* é o sr. Benito Mussolini.[a]

Não ter ele fixado residência em profeta!...

FERNANDO PESSOA[b]

---

a   Mussolini era em 1913 o director do diário socialista *Avanti!*.
b   Este artigo, deixado assinado e pronto a publicar, foi certamente rejeitado pela censura. Foi escrito em fins de Outubro de 1935, pois se baseou num recorte do jornal *Daily Express* de 19, a que

2.

"Erram porém os que pensam que esta preponderância do militarismo é sinal de fôrça. As nações fortes não têm que descer à espécie de carnaval estúpido a que os italianos hoje estão entregues: as nações fortes têm o sentido das proporções. A Italia nacionalista e militarista mostra que não tem êsse sentido.

"E assim sucede que uma rêles guerra de conquista é celebrada como se fôsse um triunfo romano."

Ignoro a que propósito imediato se escreveram essas linhas. Ignoro e não importa. São elas o mais justo, o mais claro e o mais cruel comentario de quanto hoje, vinte e dois anos depois, se está passando na Italia, ou, melhor, com a Italia. Ao jornalista casual coube um lampejo de verdadeiro espírito profético.

Felizmente o artigo é assinado, de sorte que não falta o nome, nem portanto a honra, ao iluminado dessa súbita inspiração.

O autor do artigo do Avanti é o sr. Benito Mussolini.

Não ter êle fixado residência em profeta!...

FERNANDO PESSOA

"PROFECIA ITALIANA" (TEXTO N.º 115)

[NOTAS PARA "O NACIONALISMO LIBERAL"] [a]

116a
[c. Out.-Nov. 1935]

Em muitas matérias, e particularmente naquelas, entre as quais figura a política, que têm contacto com o amplo público, as palavras costumam servir para significar outra coisa. Quer isto dizer que as palavras passam a ter ordinariamente um sentido, ou até mais do que um, que ninguém poderia desprevenidamente deduzir da etimologia, ou sequer da significação corrente, dessas palavras.

Uma dessas palavras é *nacionalismo; liberalismo* é outra. A tal ponto se desviaram, no uso e significação corrente, do uso e significação que legitimamente lhes caberia, que passaram a ser tidas como por[1] significando coisas opostas, quando, visto que se reportam a coisas inteiramente díspares, não pode haver entre elas, ou o que significam, qualquer coisa que se pareça com oposição.

Por *nacionalismo* legitimamente se entende um patriotismo que, excedendo o simples patriotismo instintivo e natural de amar a terra onde se nasceu, e a defender por manifestações externas como a palavra e o combate, a procura defender intelectualmente contra a invasão de estrangeirismos que lhe pervertam a índole ou de internacionalismos que lhe diminuam a personalidade[2].

Por *liberalismo* legitimamente se entende aquele critério das relações sociais pelo qual cada homem é considerado como livre para pensar o que quiser e para o exprimir como quiser ou pôr em acção como entender, com o único limite de que essa acção não tolha directamente os iguais direitos dos outros à mesma liberdade.

Pessoa só teve acesso a partir de 23 (Barreto, 2009a, pp. 703-704). No dia 30, escrevendo a Adolfo Casais Monteiro, Pessoa queixava-se de algo sucedido minutos antes (possivelmente a rejeição deste artigo ou do poema "Liberdade" pela censura), que o reforçara na sua decisão de deixar de publicar em Portugal (Martines, 1998, p. 282).

a   O projecto de publicações de Outubro de 1935, acima transcrito (texto n.º 113), inclui o título "O Nacionalismo Liberal", um artigo que Pessoa destinava ao *Diário de Lisboa* ou ao semanário *Fradique*. Boa parte dos textos aqui reunidos será datável de Outubro-Novembro de 1935.

Como é de ver, estes dois conceitos — nacionalismo e liberalismo — em nada se opõem, em nada se podem opor, um ao outro. O primeiro gira em torno do conceito de Nação - não, note-se bem, de Estado —; o segundo gira em torno do conceito de indivíduo — não, note-se bem, de cidadão. E assim é que o nacionalismo pode ser liberal ou antiliberal, o liberalismo nacionalista ou antinacionalista.

Conquanto, porém, nada haja entre estes dois conceitos, pelo qual eles entre si intrinsecamente[3] se possam relacionar, sucede todavia que têm extrinsecamente dois pontos comuns. Em ambos casos se trata da valorização de qualquer coisa; em ambos casos se trata da defesa de qualquer coisa. Os dois conceitos têm pois, ainda que em campos diferentes, o mesmo ritmo ou tipo de vibração. O nacionalismo procura a valorização da Nação; o liberalismo procura a valorização do Indivíduo. O nacionalismo busca defender a Nação das influências que a podem desintegrar; o liberalismo busca defender o Indivíduo das influências que o podem diminuir. E assim como o nacionalismo se opõe ao separatismo (ou regionalismo separatista), ao estrangeirismo e ao internacionalismo, assim também o liberalismo se opõe às incursões que sobre o indivíduo podem exercer as influências anti-individuais — a família, a classe, o Estado.

Esta comunidade do que chamámos ritmo de vibração pode ligar, e efectivamente liga, extrinsecamente os dois conceitos. Uma nação é composta de indivíduos, pois que o indivíduo é a única entidade fisicamente real que humanamente existe, visto que nem a família, nem a classe, nem o estado, têm cabeça, nem sequer pés. De sorte que a valorização do indivíduo envolve necessariamente a valorização da nação; e a valorização da nação, por seus reflexos dinâmicos sobre o indivíduo, paralela e semelhantemente implica a valorização deste.

Cumpre, chegados aqui, que façamos uma distinção clara e escrupulosa entre Nação e Estado. Se o pensar claramente fosse uma natural disposição humana, não haveria sequer que pensar em estabelecer tal distinção. Infelizmente a clareza do pensamento, assim como a perspicuidade na expressão dele, são, ao que parece, produtos de espécie aristocrática, embora, felizmente, não intransmissíveis ao amplo público.

A Nação é uma entidade natural, com raízes no passado, e, poder-se-ia acrescentar, em linguagem paradoxa mas justa, com raízes também no futuro. O Estado é fenómeno puramente do presente, tanto que se projecta em, e se consubstancia com, o Governo que esteja, de momento, de posse da actividade desse Estado. De posse da Nação ninguém pode estar, pois não há redes, ministeriais ou outras, com as quais se pesque o impalpável.

A valorização do Estado, longe de se reflectir em o indivíduo ou a nação, valorizando-os, reflecte-se neles somente para os diminuir.

116b
[c. Out.-Nov. 1935]

O N[acionalismo] L[iberal] não combate qualquer internacionalismo, desde que este tenha *uma forma nacional*. Não combate, por exemplo, a Maçonaria, porque, embora internacional como instituição, existe todavia uma Maçonaria *portuguesa*, potência nacional autónoma, sem subordinação a qualquer sobrepotência, central ou não, do estrangeiro.

116c
[c. Out.-Nov. 1935]

O Nacionalismo Liberal não é um partido político, mas uma corrente de opinião. Como não é um partido político, não tem constituição alguma — nem filiação, nem quadros, nem chefes ou directores, nem sede, nem organização. É uma simples corrente de opinião em que concordam, livre e independentemente, os indivíduos que concordarem, e que, desde que concordam, tomam, não para com terceiros mas para consigo mesmo e suas próprias consciência(s) e inteligência(s) o compromisso de defender os princípios aqui consignados, que constituem a essência do Nacionalismo Liberal.

A essência do Nacionalismo Liberal encontra-se resumida nas seguintes frases: tudo pelo Indivíduo, nada contra a Sociedade; tudo pela Humanidade, nada contra a Nação; tudo pela Igualdade, nada contra a Liberdade.

O Nacionalismo Liberal reconhece duas, e só duas, realidades sociais — o Indivíduo, realidade vital, e a Nação, realidade medial, pois que é, em síntese espiritual, o *meio* em que o Indivíduo vive. Não reconhece outras realidades sociais — nem família, nem classe, nem partido. Todas essas pseudo-entidades sociais tendem a diminuir o indivíduo e a dividir a nação.

O Nacionalismo Liberal considera que uma nação vale o que vale a soma dos seus indivíduos. Combate por isso tudo quanto diminui, ou tende a diminuir, a valia do indivíduo.

O Nacionalismo Liberal parte do princípio que há, sociologicamente, científica, isto é, biologicamente[1], somente duas realidades sociais[2] — o Indivíduo, que é um organismo físico e psíquico, e a Humanidade[3], que é uma espécie animal. É isto, e só isto, que, na esfera social, é certo, real e concreto.

O indivíduo, porém, vive num *meio*, ou ambiente ◊

A Nação é a maneira que o indivíduo tem de ser social — a sua maneira social de pertencer à humanidade. O sentimento de solidariedade humana adquire-se através da solidariedade nacional, firma-se pela solidariedade cultural, completa-se pela solidariedade religiosa — ou porque nos consideremos irmãos em Deus ou em Cristo, ou porque nos tenhamos (e isso é ainda religião) por igualmente filhos da Natureza.

NACIONALISMO

Um nacionalista é um indivíduo que sustenta a doutrina que toda acção humana, que não seja de natureza puramente individual, deve obedecer ao critério de com ela se servir e engrandecer a nação a que esse indivíduo[1] pertence. O nacionalismo é, pois, simplesmente um patriotismo espiritual[2]. É oposto, por isso, aos dois tipos de patriotismo material[3] — o que ama a pátria sem nisso pensar, instintivamente, como um filho ama à mãe e a mãe ao filho[4], e o que ama a pátria e a serve só quando[5] circunstâncias acidentais, como a guerra, o induzem a pensar em fazê-lo[6]. Em outras e mais breves palavras[7]: um nacionalista é um homem para quem a pátria constitui o centro[8] do ideal.[9]

É desde logo evidente que, quanto mais profundo e intenso for o conceito em que o nacionalista tenha a sua pátria, tanto mais profundo e intenso será o seu nacionalismo.[10]

O alto conceito[11], o conceito intenso e profundo, em que um homem tenha a nação a que pertence, pode derivar de uma de três coisas:

Pode derivar da noção de que ou em território, ou em população, ou em força militar ou industrial, essa pátria tem relevo no mundo: de aí deriva, em paralelo[12] com o amor instintivo da pátria, o que podemos chamar o nacionalismo animal — o nacionalismo de um Hitler ou de um Mussolini. Este nacionalismo, como é baseado, não em um conceito intelectual, nem em um ideal, mas em um simples instinto, é não só[13] imbecil como fenómeno nacional, mas perigoso como fenómeno internacional, pois traz consigo os instintos de conservação e de agressão...... É este nacionalismo materialista que se orgulha[14] de, no seu amor à matéria, ter dado à nação uma estrada[15] nova entre uma vila e uma aldeia[16], sem pensar que suprimiu a estrada velha entre a inteligência e a expressão dela.[a]

---

[a] O tema da estrada nova e a alusão à censura evocam o poema satírico "Sim, é o Estado Novo", de Julho de 1935 (texto n.º 104).

116e
[Post. 5-4-1935]

Um nacionalista é um indivíduo que não só é patriota, no sentido de amar a sua pátria, mas também a ama ao ponto de a querer ela mesma, sem que em seu ser se infiltrem, para o perturbar ou decompor, ou influências separatistas, de dentro, ou, de fora, influências internacionalistas.

No que diz respeito a Portugal, não há, felizmente, separatismos. Quanto a internacionalismos, contra os quais tenhamos que precaver-nos, e os nacionalistas que apontar que devemos assim nos precaver, há três: a finança internacional, elemento ocasional e inorgânico, só uma ou outra vez perigoso; o comunismo, inimigo permanente e activo; e a Igreja de Roma, elemento permanente, mas mais latentemente que permanentemente activo. A Maçonaria, frequentemente citada pelos ignorantes a este respeito, não é internacional no sentido que os nacionalistas entendem. Não há finança internacional portuguesa, por isso mesmo que é internacional. Não há comunismo português. Não há Igreja de Roma portuguesa, pois em seu mesmo nome está dizendo que é de Roma.

A finança internacional, quando opere em Portugal, opera em obediência a forças estrangeiras. O comunismo, quando opere em Portugal, opera em obediência a ordens ou directrizes de Moscovo. A Igreja de Roma, quando opera em Portugal, opera, evidentemente, em obediência a ordens do Vaticano. A Maçonaria Portuguesa — hoje infelizmente extinta — não operava às ordens de nenhuma potência maçónica estrangeira. Poderia colaborar com ela, como nós com a Inglaterra, ou qualquer país com outro, com maior ou menor influência de parte a parte; mas a Obediência portuguesa era independente, como uma nação o é de outra, por ligada que lhe esteja, tradicional ou ocasionalmente, por motivos de política.

116f
[c. Out.-Nov. 1935]

Quando entre nós, e fora de entre nós, se diz que um indivíduo é nacionalista, subentende-se que é tradicionalista, antiliberal, antidemocrata, e, em geral, católico e monárquico. Ora em nenhum sentido, que legitimamente possa inerir à palavra nacionalismo, qualquer dessas ideias está implícita; há até uma delas, de que adiante se falará, que lhe é logicamente oposta.

Também quando entre nós, e fora de entre nós, se diz que um indivíduo é liberal, subentende-se que é democrata, parlamentarista e anticlerical (quando não anti-religioso). Ora liberalismo nada tem que ver com democracia, nem com parlamentarismo nem com anticlericalismo, supondo que esta última expressão tenha qualquer espécie de sentido.

Toda essa confusão se dissipará se[1], em vez de entendermos essas duas palavras com os ouvidos, nos dermos ao trabalho de as entender com o entendimento.

Não sofre dúvida, contudo, que as ideias, que geralmente se supõem contidas na de liberalismo, têm com ele muito mais parentesco de que têm com o nacionalismo as que a ele se supõem inerentes, por isso mesmo que estas com este não têm parentesco algum. Liberalismo, democratismo e anti-religiosismo (este porque remotamente se deriva do chamado livre-exame) têm, ao menos, embora desconjugáveis, o individualismo por origem comum[2].

116g
[c. Out.-Nov. 1935]

Não está na mão de nenhum governo, qualquer que seja a sua forma ou o seu tipo de acção, o transformar a mentalidade de um país ou das suas classes melhores. A mentalidade de um país transforma-se em virtude de reacções obscuras do subconsciente nacional, que nenhuma medida de governo pode atingir[1]. O mais que um governo pode fazer é criar condições propícias a essa transformação mental[2]. E essas condições são afinal uma só — a plena liberdade.

Derivando essa transformação da operação de forças naturais, cuja natureza desconhecemos, é evidente que a operação dessas forças não pode ser favorecida senão por um processo — o tornar livre essa operação. Desde que se torne impossível o embate livre das ideias tornam-se impossíveis as mesmas ideias.

Há três realidades sociais — o Indivíduo, a Nação, a Humanidade. Tudo mais é factício ou fictício.

116h
[1935]

São ficções a Família, a Região, a classe. É ficção o Estado. É ficção a Civilização.

O Indivíduo, a Nação, a Humanidade são realidades porque são perfeitamente definidos. Têm contorno e forma. O Indivíduo é a realidade suprema porque tem um contorno material e mental — é um corpo vivo e uma alma viva.

A Nação é também uma realidade pois a definem o território, ou o idioma, ou a continuidade histórica — um desses elementos, ou todos. O contorno da nação é contudo mais esbatido, mais contingente[1], quer geograficamente, porque nem sempre as fronteiras são as que deveriam ser; quer linguisticamente, porque largas distâncias no espaço separam países de igual idioma e que naturalmente deveriam formar uma só nação; quer historicamente, porque, por uma parte, critérios diferentes do passado nacional quebram, ou tendem a quebrar, o vínculo nacional, e, por outra, a continuidade histórica opera diferentemente sobre camadas da população diferentes por índole, costumes ou cultura.[2]

A Humanidade é outra realidade social, tão forte como o indivíduo, mais forte ainda que a Nação, porque mais definida do que ela. O Indivíduo é, no fundo, um conceito biológico; a Humanidade é, no fundo, um conceito zoológico — nem mais nem menos do que a espécie animal, formada de todos os indivíduos da forma humana.

Uma e outra são realidades com raiz. A Nação, sendo uma realidade social, não o é material: é mais um tronco que uma raiz. O Indivíduo e a Humanidade são *lugares*, a Nação o *caminho* entre eles. É através da fraternidade patriótica, fácil de sentir a quem não seja degenerado, que gradualmente nos sublimamos, ou sublimaremos, até à fraternidade com todos os homens.[3]

Segue de aqui que, quanto mais intensamente formos patriotas — desde que saibamos ser patriotas, mais intensamente nos estaremos preparando, e connosco aos que estão connosco, para um conseguimento humano futuro, que, nem que Deus o faça impossível, deveremos deixar de ter por desejável. A Nação é a escola presente para a super-Nação[4] futura. Cumpre, porém, não esquecer que estamos ainda, e durante séculos estaremos, na escola e só na escola.[5]

Ser intensamente patriota é três coisas. É, primeiro, valorizar em nós o indivíduo que somos, e fazer o possível por que se valorizem os nossos compatriotas, para que assim a Nação — que é a soma viva dos indivíduos que a compõem, e não o amontoado bruto de pedras e areia que compõem o seu território, ou a colecção de palavras separadas ou ligadas de que se forma o seu léxico ou a sua gramática — possa orgulhar-se de nós que, porque ela nos criou, somos seus filhos, e seus pais, porque a vamos criando[6].[7]

É, segundo, ◊[8]

116i
[c. Out.-Nov. 1935]

Há três forças realmente internacionais, e, como tais, deveras tendentes a desintegrar as nações. Uma é ocasional e inorgânica; duas são permanentes e orgânicas, porque cada uma tem uma doutrina, além de ser uma força. A primeira é a chamada "finança internacional"; como todo organizado não existe: opera por combinações de elementos cada vez novos, muitas vezes ocasionais, embrulha-se em trajes incidentais de diplomacia e política; em si mesma não existe. As duas outras são o comunismo e o catolicismo. Apoiam-se ambas em doutrinas integrais, ou, como se hoje diz, totalitárias. Uma é antinacional, a outra extra-, ou, em seu conceito, supernacional. O resultado — com antis, extras ou supers — vem a ser o mesmo: são ambas internacionais, e no pior sentido da palavra.

Sucede, porém, esta coisa notável: as forças dissolventes da nação, quer as intranacionais, quer as extranacionais, são, ao mesmo tempo, inimigas do liberalismo. A família, subtraindo o indivíduo ao seu pleno interesse pela nação, ao mesmo tempo o diminui em si mesmo[1]. A classe, que não é mais que um partido político económico, e, como tal, virtualmente oposto aos interesses nacionais, também tendencialmente enclausura o indivíduo na vileza da técnica, que limita, e na mesquinhez do interesse, que degrada. Com a região sucede o que sucede com a família, pois a região é uma família geográfica; e é tão antinacional[2] equilibrar orçamentos à moda da Beira como é anti-individual querer vestir sonetos[3] à moda do Minho.

A finança internacional, quando existe, ao mesmo tempo que introduz, por destituída de pátria, um elemento estranho na vida da nação, introduz, por destituída de moral, um elemento corruptor na vida do indivíduo. O comunismo é declaradamente — na teoria como na prática — antinacional e antiliberal. O catolicismo, que pela sua estrutura extranacional, pelos seus fins extra-sociais (porque místicos[4]) é contrário às nações, é, pela estreiteza do seu dogma e a intolerância da sua acção, contrário à liberdade do pensamento e à liberdade da expressão dele.

É porventura acidental, aqui ou ali, esta coincidência entre os elementos antinacionais e os antiliberais. Ela existe porém, e persiste. E o resultado é que todo nacionalista que deveras o seja, tem que ser, teórica e praticamente, liberal, e que todo liberal, que deveras o queira ser, tem que ser, pelo menos praticamente, nacionalista.

Aqui queria chegar. Aqui tinha que chegar. Aqui cheguei. Resta que dizer em *post scriptum*, e a título de curiosidade inútil, mais para a literatura de acabar do que para qualquer fim lógico, as razões por que alinhei estas razões[5].

116j
[c. Out.-Nov. 1935]

Se a demonstração de que o liberalismo conduz naturalmente ao nacionalismo[1] magoa de algum modo aqueles nossos liberais que simpatizam com o comunismo, confesso que não tenho pena. Tenho pena, tão-somente, de que qualquer indivíduo que simpatiza com o comunismo — está, é claro, em seu direito de o fazer — venha insultar o liberalismo com o declarar-se liberal. Como são, afinal, os analfabetos do liberalismo, não os poderei magoar, visto que não me poderão ler.

Se, por outra parte, a demonstração de que o nacionalismo conduz naturalmente ao liberalismo magoa de algum modo os reaccionários portugueses, também não tenho pena. São os lacaios do nacionalismo estrangeiro, e, como não sou estrangeiro, não creio que a minha demonstração, mil vezes melhor que fosse, os pudesse estorvar na sua ocupação predilecta — a de dizer asneiras. Confio na pétrea solidez das suas cabeças e na fé firme e totalitária que dividem, em três partes iguais, entre Charles Maurras, Nossa Senhora de Fátima e o senhor D. Duarte Nuno de Bragança.[a]

116k
[1935]

Fui sempre, e através de quantas flutuações houvesse, por hesitação de inteligência crítica, em meu espírito, nacionalista e liberal;

[a] Cf. os dois últimos períodos com os períodos correspondentes de "A verdadeira origem deste artigo" (texto n.º 82), também de 1935. O fragmento presente parece posterior à redacção daquele, com acrescento da referência a Charles Maurras.

e nacionalista — quer dizer, crente no País como alma e não como simples nação; e liberal — quer dizer, crente na existência, de origem divina, da alma humana, e da inviolabilidade da sua consciência, em si mesma e em suas manifestações.[a]

Por isso me foram sempre origem de repugnância e asco todas as formas do internacionalismo, que são três: a Igreja de Roma, a finança internacional e o comunismo.

NACIONALISMO LIBERAL

116|
[c. Out.-Nov. 1935]

O liberalismo é a doutrina que mantém que o indivíduo tem o direito de pensar o que quiser, de exprimir o que pensa como quiser, e de pôr em prática o que pensa como quiser, desde que essa expressão ou essa prática não infrinja directamente a igual liberdade de qualquer outro indivíduo.

Nesta definição há que reparar numa palavra que nela é de capital importância — o advérbio "directamente". O jogo corrente da vida social faz que constantemente estejamos coarctando a liberdade alheia; fazemo-lo porém indirectamente. O comerciante que vende um produto mais barato do que outro comerciante está indirectamente coarctando a liberdade de vender a que o outro tem direito. Ninguém dirá, porém, que com isso infringe os princípios liberais, pois a restrição de liberdade, que o prejudicado sofre, resulta, não da acção do prejudicador, mas da acção das leis económicas.

Outro exemplo, já da esfera intelectual, tornará isto absolutamente claro. Certo poeta publica um livro, dois livros, três livros,

---

a   Cf. este parágrafo com uma passagem de "Explicação de um livro" (texto n.º 85), de 1935: "[...] fui sempre fiel, por índole, reforçada por educação — a minha educação é toda inglesa —, aos princípios essenciais do liberalismo, que são o respeito pela dignidade do Homem e pela liberdade do Espírito, ou, em outras palavras, o individualismo e a tolerância, ou, ainda, em uma só palavra, o individualismo fraternitário."

e, por qualquer motivo, que no caso não importa, cria certa fama e proveito. Leio os livros desse poeta e verifico para mim, com razão ou sem ela, que os livros são maus, e que, portanto, é injusta a fama e a venda que têm. Nesse sentido escrevo um artigo, justo ou injusto, em que demonstro, de modo que impressiono o público, que esse poeta é sem mérito e os seus livros sem valia. O público, impressionado, concorda; deixa de comprar os livros do poeta. O poeta só perde a fama e a venda, mas, em virtude de as perder, fica sem editor que lhe publique os livros. Resulta do meu artigo que amordacei esse homem, que evitei que ele pudesse exprimir publicamente o que pensa; fi-lo com a mesma segurança com o que a faria uma proibição de publicar de uma Comissão de Censura ou de um ministro qualquer, e com a agravante que ele não pode chorar-se mártir ou lamentar-se vítima.

Violei com isto os princípios liberais? Não violei. Não lhe estorvei directamente a liberdade de exprimir o que pensa, como o teria feito a hipotética Censura ou o hipotético ministro. Estorvei-a indirectamente. Quem a estorvou directamente foi o público, ou, antes, através do público, uma lei intelectual exactamente análoga à lei económica que limitou a liberdade de vender do comerciante mais careiro.

Até aqui o caso vai claro. Começam agora a surgir complicações. Pergunta-se — e a Sociedade em abstracto, e a Nação em geral? Não poderá a acção de um indivíduo, ou a expressão do pensamento de um indivíduo, sem directamente afectar a liberdade de outro, afectar todavia a segurança, e portanto em certo modo a liberdade, da Sociedade ou da Nação? Não resultará de aí, reflexamente, qualquer circunstância que diminua o indivíduo em si mesmo?

Ponhamos de parte, desde já, o segundo caso. Se de qualquer acção minha, ou expressão de pensamento meu, resulta, através de prejuízo para a sociedade ou o país, um prejuízo reflexo para o indivíduo, esse prejuízo reflexo é, por isso mesmo, indirecto quanto a mim, que fui a fonte e origem dele. Por o que diz respeito a todos esses indivíduos afectados em sua liberdade, ou diminuídos em sua personalidade, o mal que causei foi indirecto. Não violei portanto, quanto a eles, os princípios liberais. Resta saber se os violei quanto à Sociedade ou à Nação.

A dificuldade começa em que, ao passo que todos sabemos o que é um indivíduo, que é um produto natural, vivo e visível, ninguém poderá dizer ao certo o que seja Sociedade nem o que seja Nação. Não compliquemos, porém, o problema: suponhamos que sabemos todos o que é Sociedade, que sabemos todos o que é Nação. Para que haja da parte do "culpado" violação dos princípios liberais, é preciso demonstrar que ele violou a *liberdade* da Sociedade ou a *liberdade* da Nação, ou, por extensão, que pôs em risco uma ou outra dessas liberdades. Que vem a ser, porém, a liberdade de uma Sociedade ou a liberdade de uma Nação, quaisquer que sejam os sentidos que essas duas palavras comportem?

Como, seja cada qual o que for, nem a Sociedade nem a Nação é um indivíduo, não se trata de afectar, ou poder afectar, a sua capacidade de exprimir como quiser o que pensa ou, até, de agir como quiser, pois nem a Sociedade nem a Nação têm cérebro, com que pensem, ou corpo com que, depois de pensar, executem o que pensaram. A liberdade, porém, tem uma condição — a segurança. De nada serve que me concedam a liberdade de publicar um livro qualquer, se, depois de publicado, mo apreendem ou, de qualquer modo, me coarctam a liberdade de o vender ou distribuir. Ora, se o conceito de liberdade não é aplicável à Sociedade nem à Nação, é-lhes todavia aplicável o conceito da segurança, condição da liberdade. Temos pois que, à luz dos mesmos princípios liberais, o indivíduo não tem o direito de afectar, por actos ou expressões de pensamentos, a segurança da Sociedade ou a segurança da Nação.

Continuando ainda sem definir, pois no caso não é necessário, o que seja Sociedade ou Nação, o certo é que não é difícil ter uma ideia clara do que sejam as seguranças de uma e de outra. Para qualquer actividade que tenha ou possa ter, a Sociedade precisa de uma segurança, a Ordem, pois sem esta nenhuma actividade se pode desenvolver, ou se pode desenvolver útil ou coordenadamente. Para qualquer actividade que tenha ou possa ter, a Nação precisa de uma segurança, o Prestígio, e por esta palavra deve entender-se tanto o prestígio perante si mesma, e os indivíduos que a compõem, como o prestígio perante as outras nações e os indivíduos que as formam.

Não é portanto lícito, ante os mesmos princípios liberais, praticar qualquer acto, ou exprimir qualquer pensamento, com que possam sofrer a Ordem interna do país, como sociedade, ou o prestígio interno ou externo do país, como nação. Os mesmos princípios liberais estabelecem, porém, uma reserva em um caso e outro. Para que essa ordem interna haja que ser respeitada, tem que ser estabelecida e mantida sem violação das liberdades individuais. Para que esse prestígio da nação possa ser respeitado, tem que ser estabelecido e mantido sem que com ele sofra limitação o legítimo prestígio que possa ter cada indivíduo. Uma tirania pode manter a ordem, mas não pode exigir do indivíduo que respeite uma ordem tiranicamente mantida. Uma nação pode prestigiar-se interna e externamente por meio de guerras, mas não pode exigir do indivíduo que respeite um prestígio assente necessariamente na violação do mais fundamental dos seus direitos, que é o direito à vida, na mais fundamental das suas liberdades, que é a de viver. O liberalismo, pois, assim como condena e não respeita a ordem que se apoia na restrição dos direitos individuais, condena e não respeita o prestígio nacional que assenta na guerra agressiva.

Se se alegar que essa tirania pode ser tornada necessária pelas circunstâncias, ou — aqui a alegação será mais difícil de sustentar — que essas guerras podem ser forçosas pela mesma razão, responde-se que isso é argumentar com excepções, promovendo-as abusivamente a regras. O ser necessário, imprescindível até, o uso da morfina num caso de doença não implica a defesa da morfinomania como modo de vida. As mais liberais das constituições permitem, em casos excepcionais que enumeram ou resumem, a suspensão das chamadas garantias constitucionais, que essas mesmas constituições estabelecem e promulgam[1]. Mas de o facto de essas suspensões de garantias terem sido de onde em quando necessárias, e de onde em quando úteis e proveitosas, não há que concluir que a sua existência permanente seja necessária, ou que a sua duração indefinida seja proveitosa. Todas as regras têm excepções, mas, se uma regra se disser composta só de excepções, diremos, e é mais simples dizer, que não há regra.

Cumpre ainda que nos acautelemos com uma outra, e indispensável, reserva. Dissemos nós que não é lícito, ante os mesmos princípios liberais, praticar qualquer acto, ou exprimir qualquer pensamento, com que possam sofrer a ordem interna do país, como sociedade, ou o prestígio interno e externo do país, como nação. Não esqueçamos, porém, aquele advérbio "directamente", que desde o começo salientámos. Para que esse acto, ou expressão de pensamento, seja ilícito, é mister que afecte *directamente* os dois elementos que se mencionaram. É mister que haja, no primeiro caso, incitamento *directo* à desordem; que haja, no segundo caso, desprestígio *directo* da nação. Pode dizer-se, com certa razão, que a Revolução Francesa (não em suas causas profundas, é certo, mas em sua causa superficial) procedeu do *Contrato Social* de Rousseau; o *Contrato Social*, porém, não é um incitamento à desordem, nem teria contribuído para a produzir, em qualquer grau, se não fosse a tirania do Antigo Regime e dos grandes senhores, causa verdadeira da Revolução. Tanto é este o critério lógico e sensato que em Inglaterra nenhum orador de comício sofre por dizer que deve ser abolida a monarquia; se, porém, se lembrar de dizer aos seus ouvintes que venham com ele dali aboli-la, ou assaltar o palácio real, vai, apesar de estar cantando música celestial, completar o seu discurso para a esquadra mais próxima.

Do mesmo modo, se, por exemplo, um italiano emigrado algures atacar, perante estrangeiros, Mussolini como tirano da Itália, nada faz de ilícito, em nada ataca a sua pátria, antes, a seu modo, a defende; se, por qualquer aproveitamento indirecto do que disse, o ataque a Mussolini atinge também a Itália, não é sua a culpa, nem ilícito o acto que praticou. Se porém, esse ataque a Mussolini envolve directamente um ataque à Itália, ou porque ela presumivelmente o apoie, ou porque ela cobardemente o aceite, deixa a expressão de opinião de estar dentro de seus justos limites, extravasa para um ataque antiliberal à nação, porque o é contra o seu prestígio, que corresponde ao que no indivíduo seria a liberdade.

As objecções, que até aqui tenho previsto, e a que tenho respondido, são as que podem ser postas ao lado antiliberal. Mas do campo liberal podem também partir objecções ao que tenho exposto. Pode alegar-me um liberal estreme que saí fora do campo do liberalismo ao entrar em conta com a Sociedade e a Nação, pois que, não sendo nenhuma delas um indivíduo, e não tendo o liberalismo que ver senão com indivíduos, nenhuns deveres tem o indivíduo para com a Sociedade nem para com a Nação. Pode alegar-me que, não havendo realidade viva, social, senão o indivíduo, os males que podem advir da desordem social ou do desprestígio nacional não são sensíveis senão pelo indivíduo; e que, portanto, e segundo meu próprio argumento, quem os produz os produz *indirectamente*, pois é da sociedade e da nação que se reflectem sobre os indivíduos que as compõem; de onde o não haver acto antiliberal no incitamento à desordem, ainda que directo, nem no desprestígio da nação, ainda que consciente e propositado. Pode alegar-me que, onde quer que os direitos do indivíduo sejam postergados ou violados, é legítimo atacar os que os violam ou postergam; que, portanto, onde a desordem possa trazer qualquer coisa de mais liberdade que a ordem factícia, se não deve hesitar ante a promoção da desordem; que onde a nação, por meio de uma guerra agressiva, viola os direitos dos indivíduos de outras nações, não falando já nos dos de ela mesma, merece ser atacada sem piedade, acima de todo sentimento de patriotismo, pelo crime que comete contra os direitos do indivíduo que, como tal, não pertence a nação alguma, mas a uma espécie animal a que se chama a humanidade.

Estes argumentos são, no campo abstracto e filosófico, irrespondíveis. Não o são, porém, no campo concreto e científico. Esse animal chamado homem, ou indivíduo, é, como todos os outros animais, produto da hereditariedade e do meio. Ora a nação é duplamente parte do meio de que o indivíduo é parcialmente produto: é (a não ser que ele nascesse no estrangeiro e ali fosse inteiramente criado e educado, e nesse caso continua a ser a mesma influência, salvo que a nação é outra, a estrangeira, e o indivíduo em parte estrangeiro adentro de si mesmo) o meio directo em que nasceu, se criou e foi educado; é parte da sua hereditariedade, pois seus antepassados sofreram a mesma influência nacional, e através do seu sangue a transmitiram ao descendente. Pode, pois, dizer-se que, salvo as raras excepções de educação inteiramente estrangeira e no estrangeiro, o indivíduo é composto de um terço de animal (a parte que organicamente lhe vem dos pais) e de dois terços de nacional (as duas partes que espiritualmente lhe vêm da nação a que pertence).

Ora o elemento hereditariedade, não contendo em si propriamente duas partes, manifesta-se contudo de dois modos:[2] a hereditariedade, propriamente dita, pelo qual o indivíduo se parece com seus pais ou ascendentes, e o que [se] chama a variação, pelo qual ele se não parece com eles e é, como é, um ente novo. À medida que se sobe na escala animal, vai o elemento variação tendo maior importância: um homem difere dos seus antecedentes muito mais do que um cão. Quando a variação assume, o que é anormal, uma nítida preponderância sobre a hereditariedade, dá-se um de três casos:

ou o indivíduo é um doente, físico ou mental, dado que a doença não seja herdada; ou o indivíduo é um criminoso, sem que haja tendências criminosas nos seus antepassados; ou o indivíduo é um homem de génio, pois o génio se não herda, mas tão-somente a grande inteligência[3]. No indivíduo normal, no nosso estádio evolutivo, pode dizer-se que estão em equilíbrio os dois modos da hereditariedade, como se pode dizer que estão em equilíbrio as influências da hereditariedade e do meio.

Para que um indivíduo sinta que pode legitimamente afectar, ou tentar afectar, a segurança, isto é, o prestígio, da nação a que pertence, há pois mister que a dupla influência do meio seja superada pela da hereditariedade — ou pela hereditariedade propriamente dita, ou pela da variação[4]. Assim o sentimento do indivíduo não sentirá em si mesmo estorvo ou dúvida em proceder contra os que são, ou deveriam ser, os seus naturais instintos sociais. Segue, pois, que esse género de indivíduo ou é um inferior, análogo aos animais, em que a hereditariedade prepondera sobre o meio (aqui é a hereditariedade a superar o meio), ou é um louco, um criminoso ou um génio (aqui é a variação a superar o meio).

Ora dada a escassez de homens de génio, os que, sob qualquer pretexto — quase invariavelmente estúpido — que seja, procedem de modo que afectem, ou possam afectar, o prestígio interno ou externo da sua pátria, ou são tipos inferiores e animais do homem, arrastados — pois a sua personalidade, que é nula, espontaneamente os[5] pode conduzir a isso — por pseudo-ideias ou pseudo-ideais que tenham um apelo directo à sua animalidade; ou são degenerados[6] mentais (loucos e semiloucos) ou morais (criminosos ou quase).

[RASCUNHO DE CARTA
A ADOLFO CASAIS MONTEIRO][a]

[30-10-1935]

Caixa Postal 147,
Lisboa, 30 de Outubro de 1935.

Meu caro Casais Monteiro:
Muito obrigado pelo seu postal de 25, relembrando o interesse que vocês têm pela minha colaboração na *Presença*. Já tinha prometido, pessoalmente, aqui há dias, ao Gaspar Simões, dar essa colaboração, de sorte que, não indo já a tempo para o número que está a sair, pudesse todavia aparecer no que deve sair pelo Natal.

Sucede, porém, uma coisa — sucedeu há cinco minutos — que me confirma em uma decisão que estava incerta, e que me inibe de dar colaboração para a *Presença*, ou para qualquer outra publicação aqui do país, ou de publicar qualquer livro.[b]

Desde o discurso que o Salazar fez em 21 de Fevereiro deste ano, na distribuição de prémios no Secretariado de Propaganda Nacional, ficámos sabendo, todos nós que escrevemos, que estava substituída a regra restritiva da Censura, "não se pode dizer isto ou aquilo", pela regra soviética do Poder, "tem que se dizer aquilo ou isto". Em palavras mais claras, tudo quanto escrevermos, não só não tem que contrariar os princípios (cuja natureza ignoro) do Estado Novo (cuja definição desconheço), mas tem que ser subordinado às directrizes traçadas pelos orientadores do citado Estado Novo. Isto quer dizer, suponho, que não poderá haver legitimamente manifestação literária em Portugal que não inclua qualquer referência ao equilíbrio orçamental, à composição corporativa

---

a   Carta não enviada nem concluída.
b   Alusão possível à recusa pela censura do seu artigo "Profecia Italiana", que foi escrito na última semana de Outubro de 1935, ou do poema "Liberdade", que a *Seara Nova* pretendeu publicar num dos seus números do último trimestre de 1935.

(também não sei o que seja) da sociedade portuguesa e a outras engrenagens da mesma espécie.

118
[c. Out. 1935]

Não é que não publique porque não quero: não publico porque não posso[1]. Não se entendam estas palavras como dirigidas contra a Comissão de Censura: ninguém tem menos razão de queixa do que eu dessa Comissão. A Censura obedece, porém, a directrizes que lhe são superiormente impostas; todos nós sabemos quais são[2], mais ou menos, essas directrizes.

Ora sucede que a maioria das coisas que eu pudesse escrever não poderia ser passada pela Censura. Posso não poder coibir o impulso de escrevê-las; domino facilmente, porque não o tenho, o impulso de as publicar nem vou importunar os Censores com matéria cuja publicação eles teriam forçosamente que proibir.[3]

Sendo assim para quê publicar?[4] Privado de poder publicar o que deveras interessaria o público, que empenho tenho eu em levar a um jornal qualquer o que, por ilegível, lhe não serve, ou o que, ◊

Posso, é certo, dissertar livremente (e, ainda assim, só até certo ponto e em certos meios[5]) sobre a filosofia de Kant ◊

119
[1935]

[RASCUNHO DE CARTA A MARQUES MATIAS[a]]

Meu prezado camarada:
Só agora, tantos meses depois de mo enviar, venho agradecer-lhe o seu livro *Poemas de Narciso*, felicitá-lo por ele e testemunhar-lhe, através de o felicitar, o meu alto e verdadeiro apreço.

---

a   António Marques Matias, autor de *Poemas de Narciso* (1935) e co-director da revista *Momento*, em que Pessoa publicou o poema "Intervalo" (2.ª série, n.º 8, Abril de 1935).

Ignoro a sua idade, mas suponho que tem a virtude de não ser muita.

◊

Nunca se admire de eu tardar em escrever-lhe, nem com esse tardar se ofenda. À parte o andar eu sempre embrenhado em complicadíssimas crises mentais, acresce que certas circunstâncias externas, a que não consigo ser insensível, me abatem e me perturbam. Tenho estado velho por causa do Estado Novo. Todas estas coisas, se não privam de tempo material em que se possa escrever, todavia me reduzem o tempo mental, em que se possa pensar em escrever.

120
8-11-1935

Meu pobre Portugal,
Dóis-me no coração.
Teu mal é o meu mal
Por imaginação.

Tão fraco, tão doente,
E com a boa cor
Que a tísica põe quente
Na cara, o exterior.

Meu pobre e magro povo
A quem deram, às peças,
Um fato em estado novo
Para que o não pareças!

Tens a cara lavada,
Um fato de se ver
Mas não te deram nada,
Coitado, que comer.

E aí, nessa cadeira,
Jazes, apresentável.
◊
O transeunte amável.

121
[1935]

◊ a militarização dos pensamentos e das emoções...De oravante, presumo ou concluo, ninguém poderá amar, gozar ou sofrer senão corporativamente. Se o leitor me perguntar como é que tal se faz, terei que responder que não sei. É a lei.[1]

Que o rapaz que vai passear para o campo com a sua rapariga se não esqueça nunca que o que fizer deverá ser tudo pela Nação, e nada contra a Nação. Se um louvável esforço para contribuir para o aumento da população está ou não dentro deste critério, é coisa que me não compete decidir.

122
[1935]

Vai para o seminário
Vai ◊
O vento é contrário
Vai des-can-sar.

Já fizeste contas
Até que as tresleste.
Vê lá se me encontras
Do lado do leste.[a]

---

a A referência ao Leste pode ser uma alusão à tentativa do regime de Salazar de conotar a Maçonaria com o comunismo, que fez com que Pessoa apusesse a assinatura "*o demo-liberalismo maçónico-comunista*" ao "Poema de Amor em Estado Novo" (ver o texto n.º 123).

POEMA DE AMOR EM ESTADO NOVO

8/9-11-1935

Tens o olhar misterioso
Com um jeito nevoento,
Indeciso, duvidoso,
Minha Maria Francisca,
Meu amor, meu orçamento!

A tua face de rosa
Tem o colorido esquivo
De uma nota oficiosa.
Quem dera ter-te em meus braços,
Ó meu saldo positivo!

E o teu cabelo — não choro
Seu regresso ao natural —
Abandona o estalão-ouro,
Amor, pomba, estrada, porto,
Sindicato nacional!

Não sei porque me desprezas.
Fita-me mais um instante,
Lindo corte nas despesas,
Adorada abolição
Da dívida flutuante!

Com que madrigais mostrar-te
Este amor que é chama viva?
Ouve, escuta: vou chamar-te
Assembleia Nacional,
Câmara Corporativa.

Como te amo, como, como,
Meu Acto Colonial!
De amor já quase não como,
Meu Estatuto do Trabalho,
Meu Banco de Portugal!

Meu crédito no estrangeiro!
Meu encaixe-oiro adorado!
Serei sempre o teu romeiro...
Pousa a cabeça em meu ombro,
Ó meu Conselho de Estado!

Ó minha corporativa,
Minha lei de Estado Novo,
Não me sejas mais esquiva!
Meu coração quer guarida
Ó linda Casa do Povo!

União Nacional querida,
Teus olhos enchem de mágoa
A sombra da minha vida
Que passa como uma esquadra
Sobre a energia da água.

Que aristocrático ri
O teu cabelo em cifrões —
Finanças em *mise-en-plis*!
Meu altivo plebiscito,
Nunca desceste a eleições!

Por isso nunca me escolhes
E a minha esperança é vã.

Nem sequer por dó me acolhes,
Minha imperialmente linda
Civilização cristã!

....

Bem sei, por estes meus modos
Nunca me podes amar.
Olha, desculpa-mos todos.
Estou seguindo as directrizes
Do Professor Salazar.

o demo-liberalismo
maçónico-comunista

NOTAS

Registam-se aqui as variações de cada texto a partir dos originais do espólio de Fernando Pessoa (Biblioteca Nacional de Portugal/Espólio n.o 3; BNP/E3). Nas notas podem ocorrer os símbolos seguintes, também utilizados na edição crítica das obras do autor:

    ◊   espaço deixado em branco pelo autor
    *   leitura conjecturada
    †   palavra ilegível
    //   passagem dubitada pelo autor
    <>   segmento autógrafo riscado
    <>/\   substituição por superposição
    <>[↑]   substituição por riscado e acrescento
    [↑]   acrescento na entrelinha superior
    [↓]   acrescento na entrelinha inferior
    [→]   acrescento na margem direita
    [←]   acrescento na margem esquerda

Nesta secção, as palavras do editor figuram em tipo itálico.

1

[921-76]
Dactiloscrito de uma página, acrescido, na margem esquerda do rosto e no verso da folha, de uma parte manuscrita a tinta. Datável de 1923 ou anos seguintes. Publicado parcialmente em anexo a Barreto (2009b). Parcialmente inédito. Cf. o primeiro parágrafo com este outro trecho de Pessoa: "Outra cousa que ofusca a visão possível dos factos fundamentais é o desenvolvimento da parte científica e material da civilização. O que esse desenvolvimento vale, já, porém, o explicou e condenou Matthew Arnold em uma frase de sabor eterno: 'De que te serve um comboio que te transporta em um quarto de hora de Camberwell para Islington, se te transporta de uma vida reles e mesquinha em Camberwell para uma vida reles e mesquinha em Islington?' Frase esta, afinal, que não faz senão traduzir a velha sentença, que não trazemos de Roma senão o que para Roma levamos; ou seja, que quem é parvo o é com a própria cabeça e não com a paisagem que o rodeia" (133F-75ʳ; publicado pela primeira vez em Pessoa, 1991, p. 244).

NOTAS
1. os] *no original*.
2. <transporta> [↑ leva]
3. <transporta> leva
4. artisticos, <e> scientificos
5. <benevolas> benevolas
6. aquellas] *no original*.
7. <Deus> Os deuses
8. não da arte, mas do <artificio> existir

2

[55G-98ʳ]
Uma página dactilografada. Datável de 1923 ou anos seguintes. Inédito.

NOTAS
1. Maffia] *no original*.
2. <humaind> <humindade.>
3. distingir] *no original*.

3

[26-61]
Manuscrito a tinta no rosto e verso de um pedaço de papel. Datável de 1923 ou anos seguintes. Inédito.

NOTAS
1. e só na proporção em que [↑ promove ou] promoveu
2. "verdadeiro"; [↑ pois provavelmente o não é] mas é

4

[26-20ʳ e 53B-57ʳ, 66ʳ e 67ʳ]
Excertos de textos sob a epígrafe "300", escritos após a instauração do fascismo em Itália e a morte de Walter Rathenau, factos ocorridos em 1922. À excepção de 26-20ʳ, que é inédito, os excertos aqui transcritos foram publicados em Pessoa (1988, pp. 25-42). Além desses, outros textos referentes aos "300" existem no espólio pessoano: 27^8C^2-7ʳ, 26-20ʳ a 21ʳ e 55J-85ʳ a 89ʳ (informação de Jerónimo Pizarro). Datáveis de 1923-1925.

5

[133E-12ʳ]
Uma página manuscrita a tinta. Datável de 1923 ou anos seguintes. Publicado em Barreto (2013c).

NOTAS
1. e <p> organização
2. agora [↑ andam bem e] chegam
3. <e> [↑ mas]

6

[92M-35ʳ]
Uma página manuscrita a tinta. Datável de Janeiro-Fevereiro de 1925, dada a provável alusão ao governo de José Domingues dos Santos. Inédito.

7

[92A - 4ʳ]

Cópia a químico de uma página dactilografada, no verso de meia folha do panfleto "Sobre Um Manifesto de Estudantes" (Lisboa, 1923). Publicado pela primeira vez em Pessoa (1979b, pp. 357-358). Datável de 1925, pós-26 de Junho.

8

[92E - 59ʳ]

Uma página manuscrita a lápis no verso de um fragmento do panfleto "Sobre Um Manifesto de Estudantes" (Lisboa, 1923). Datável de c. 1925. Inédito.

NOTA

1   <excepto> logo

9

[92A - 3ʳ]

Cópia de químico de uma página dactilografada, com correcções manuscritas a tinta. Publicado pela primeira vez em Pessoa (1979b, pp. 356-357). Datável de 1925, dada a similaridade material com textos desse ano.

NOTAS

1   estpido] *no original.*
2   <idiotas> [↑ parvos]
3   <dirigem> [↑ arreatam]
4   <os> [↑ esses] pseudhomens
5   — [↑ que] para elles
6   cerebro [↓ — até o cerebro d'elles —] *na margem inferior.*
7   <nega> [↑ repugna]

10

[92E - 62ʳ a 63ʳ]

Duas páginas manuscritas a lápis no verso de fragmentos do panfleto "Sobre Um Manifesto de Estudantes" (Lisboa, 1923), numerada a segunda. Datável de c. 1925. Inédito.

NOTAS

1   cada vez [↑ mais]
2   mesmo. [↓ <Cada vez mais> A unidade do fascismo e da politica fascista é cada vez mais a unidade de o sr. M[ussolini] ser um.]
3   <a> [↑ uma] revolução
4   fascismo [↑ tornando accessivel a desoccupação desse regimen].
5   bala. [↓ Assim bastou para Sidonio.]
6   revolução <.>/,\ [→ ou uma pedra na bexiga. ↓ Assim bastou para Cromwell.]
7   porque se o [↑ taes se] tornaram.
8   <é>/era\
9   [↑ Em] Qual d'ellas leria [↑ aprenderia]
10 De resto <não nos dá prazer> dá-nos tão pouco prazer

11

[92E - 64ʳ]

Uma página manuscrita a lápis no verso de um fragmento de "Sobre Um Manifesto de Estudantes". A referência ao "tio Mussolini" evoca o escrito de Pessoa "O tio Mussolini, como qualquer inglês..." (92A-4ʳ), de 1925, de que será coevo. Inédito.

12

[92M - 70ʳ]

Uma página dactilografada, com os três parágrafos finais destacados a lápis na margem. Datável da década de 1920. Inédito.

NOTAS

1   <uma> trez
2   *Este parágrafo inacabado é aparentemente rejeitado e, de seguida, reformulado.*
3   <N>/n\ação
4   <nenhuma> alguma

13

[114¹ - 78ʳ]

Uma página dactilografada. Datável de Junho de 1926. Inédito.

NOTAS
1. homem de <acção> [↑ guerra]
2. homem de <acção> [↑ factos]

14

[92I - 15' a 16']
Duas páginas dactilografadas, com alterações a lápis da mão de Fernando Pessoa. Apresenta-se como um manifesto do Núcleo de Acção Nacional e é datado de 8 de Julho de 1926. Ignora-se quando foram introduzidas as alterações a lápis, que podem ter sido feitas só em 1927, dadas as semelhanças resultantes com trechos do primeiro capítulo d'O Interregno. Por essa razão, transcreveu-se aqui apenas o texto inicialmente dactilografado, que estava datado e assinado. Trata-se de uma peça importante na génese d'O Interregno, cuja edição original (em panfleto) tinha como título principal o mesmo que este manifesto. Publicado pela primeira vez em Barreto (2013a), incluindo a transcrição do texto a lápis.

15

[55 - 68' a 76']
Conjunto de nove páginas dactilografadas no verso de papel timbrado da firma M. AVILA LIMA — IMPORTAÇÃO E EXPORTAÇÃO. Datável de 1926, dadas as afinidades parciais com o texto anterior. Não se trata de um texto com unidade temática, mas de um conjunto de notas sobre vários tópicos políticos e sociológicos. Em 55-71', o autor diz que o texto é um manifesto de autoria colectiva, certamente uma alusão ao Núcleo de Acção Nacional. Publicado parte em Pessoa (1979b, pp. 297--301) e parte em Pessoa (1980, pp. 260-262).
NOTAS
1. m<ai>/in\oria
2. <geral ou particular> geralmente
3. <a grande> aquella metade
4. de estagnação <e>, de resistência
5. <não> nem pode
6. <e entre nós> e por isso entre nós também
7. <é>, desde que

16

[92A - 1]
Uma folha de bloco picotado dactilografada na frente e verso. Datável dos anos 1920. Inédito.
NOTAS
1. O último período foi acrescentado na margem superior.
2. <hesitação>/aspiração\
3. e <deixa os mortos morrer com>

17

[Diário Sol, n.º 22, 20 - 11 - 1926]
Entrevista com um alegado exilado antifascista italiano, Giovanni B. Angioletti, publicada anonimamente no diário lisboeta Sol, n.º 22, Lisboa, 20 de Novembro de 1926, pp. 1-2, sob o título "O 'Duce' Mussolini é um louco...". A entrevista, inteiramente forjada por Fernando Pessoa, foi publicada pela primeira vez com a indicação da autoria de Pessoa em Barreto (2012a).
NOTA
1. pensa-se] no original.

18

[Diário Sol, n.º 24, 22 - 11 - 1926]
Artigo publicado na primeira página do diário Sol, n.º 24, Lisboa, 22 de Novembro de 1926, sob o título "Fascistas italianos em Lisboa". A carta de G. B. Angioletti que é transcrita em francês e em português no jornal é da autoria de Fernando Pessoa. Uma cópia a químico do original da carta encontra-se no espólio do escritor (114¹-4 e 5). A parte inicial do artigo, até ao intertítulo "Uma Carta do dr. Angioletti", pode ser ou não da autoria de Fernando Pessoa. Publicado pela primeira vez com a indicação da autoria de Pessoa em Barreto (2012a).

19
[46 - 26ʳ]
Uma página dactilografada, datável de 1927. Publicado pela primeira vez em Pessoa (2006b, pp. 470-471).

20
[92B - 93ᵛ]
Uma página dactilografada. De datação difícil, propõe-se condicionalmente 1927, por ser um momento em que algumas das questões abordadas no texto o são também em O Interregno. Publicado pela primeira vez em Pessoa (1979b, pp. 377-379).
NOTA
1 <O que há a faze> Dá-se também

21
[92L - 80ʳ]
Uma página dactilografada. Sobre a sua datação, vale o que se disse para o texto anterior. Inédito.
NOTA
1 são, <isto é,> e as coisas

22
[111 - 49ʳ]
Uma página dactilografada. Datável de c. 1927. Publicado pela primeira vez em Pessoa (1979b, p. 380).

23
[111 - 47ʳ]
Uma página dactilografada. Datável de c. 1927. Publicado pela primeira vez em Pessoa (1979b, pp. 379-380).
NOTAS
1 qualquer. (e não de onde não está nada.)
2 social <ou ideal>.

24
[111 - 50ʳ]
Uma página dactilografada. Datável de c. 1927. Publicado pela primeira vez em Pessoa (1979b, pp. 380-381).

25
[111 - 52ʳ]
Uma página dactilografada. Datável de c. 1927. Publicado pela primeira vez em Pessoa (1979b, pp. 383-384).

26
[111 - 51ʳ]
Uma página dactilografada. Datável de c. 1927. Publicado pela primeira vez em Pessoa (1979b, p. 282).

27
[92M - 48ʳ]
Uma página dactilografada. Datável de c. 1927. Inédito.
NOTA
1 Esta frase foi escrita na margem superior da página, sem indicação de localização.

28
[O Interregno]
Trata-se do testemunho impresso no exemplar do folheto Defesa e Justificação da Ditadura Militar em Portugal, Lisboa: Núcleo de Acção Nacional, 1928, pertencente à biblioteca particular do escritor (Casa Fernando Pessoa), que tem uma divergência em relação ao exemplar do folheto consultado na Biblioteca Nacional, a saber, a numeração do último capítulo (v), omissa neste último, o que indicia que houve duas tiragens do folheto. No panfleto original, o capítulo v intitulava-se "Chegada à Ponte". A edição em folheto difere em vários aspectos importantes (título geral, conteúdo do capítulo 1) da edição original em panfleto (não brochado), de que se conhece apenas o exemplar também

existente na biblioteca particular do escritor. Sobre estas questões e outras, ver Barreto (2012b).

29
[92I - 37¹]
Uma página dactilografada. Trata-se de um trecho para ser intercalado na p. 8 do folheto O Interregno, após o parágrafo que termina: "o problema institucional é hoje irresolúvel em Portugal". Datável, talvez, de 1928, pós--publicação do folheto. Publicado pela primeira vez em Barreto (2012a, p. 203).

NOTAS
1 <numerica> quanto á quantidade
2 mioria] no original.
3 nestes [↓ para todos os effeitos practicos] se comprehendem

30
[92I - 36¹]
Uma página dactilografada. Datável de c. 1928. Inédito.

31
[92M - 64¹]
Fragmento de folha dactilografada de um só lado, contendo o rascunho ou um projecto de alteração do texto publicado do quarto parágrafo do capítulo IV, intitulado "Terceira justificação da Ditadura Militar", de O Interregno, com diferenças substanciais em relação ao texto do folheto e do panfleto. Publicado pela primeira vez em Barreto (2012a, p. 192).

NOTAS
1 <A> Europa
2 governo [↑ absoluto] da nação pela <maioria dos seus> [↑ opinião da maioria]
3 <a> [↑ uma] democracia

32
[92M - 69¹]
Uma página dactilografada. Datável de 1928, uma vez que o autor afirma que a República tinha 18 anos. Refere-se elogiosamente ao ministro das Finanças, sem o nomear. Salazar tinha tomado posse em 26 de Abril de 1928. Inédito.

33
[92L - 58¹]
Uma página dactilografada. Datável, talvez, de 1928. Inédito.

34
[sem cota]
Excerto de cópia de carta dactilografada dirigida ao meio-irmão Luís Miguel Nogueira Rosa e datada de 7 de Janeiro de 1929.

35
[92 - 57]
Duas páginas manuscritas a lápis numa folha arrancada a um caderno de papel azul pautado. Datável de c. 1929-1930. Inédito.

36
[92 - 59¹]
Duas páginas manuscritas a lápis numa folha arrancada a um caderno de papel azul pautado. Datável de c. 1929-1930. Inédito.

NOTA
1 ella [↑ a dictadura]

37
[92 - 87]
Duas páginas manuscritas a lápis numa folha arrancada a um caderno de papel azul pautado. Datável de c. 1929-1930. Inédito.

NOTAS
1 conserve [↑ preserve]
2 <He wh> The
3 He <will> has

4 *Uma linha curva fechada cerca a palavra e o ponto de interrogação.*
5 *Em português no original.*
6 action [↑ nor reaction]

38
[92-90]
Duas páginas manuscritas a lápis numa folha arrancada a um caderno de papel azul pautado. Datável de c. 1929-1930. Publicado pela primeira vez em Pessoa (2012).

NOTAS

1 revolutionary [↑ as a breaker of [↑ any] temples <and>/or\ images]<.>, <The> but
2 *Palavras ilegíveis.*
3 bloodstained, <before> [↑ in its †††] castor oil <had> [↑ never] be<en>/came\ <the>/a\ sociological factor (argument)
4 and [↑ or] assassination
5 element [↑ item ↓ form]
6 [↑ from] Fascism
7 <was or f> and
8 by the [← highly] accepted [↑ absurdly traditional]
9 <unstable> insoluble

39a
[48H - 3ʳ e 4ʳ]
Manuscrito de duas páginas datável do período de 24 de Junho de 1929 (título de barão de Passfield concedido a Sidney Webb) a 16 de Março de 1930 (morte de Primo de Rivera). Parcialmente publicado em Pessoa (2012).

NOTAS

1 *Segunda versão da pergunta, escrita na margem superior de 48H-4ʳ, que substitui a primitiva em 48H-3ʳ.*
2 *Por cima de* progress *o autor escreveu:* what sort of progress

39b
[55E - 17ʳ e 14ʳ]
Dactiloscrito de duas páginas, datável do mesmo período do que o anterior texto. Inédito.

NOTAS

1 <and> [← or]
2 [↑ For example,] <D>/d\oes
3 a step time[↓ on]ward

40
[97 - 46ʳ a 49ʳ]
Quatro páginas dactilografadas, numeradas. Datável de 1930 (ano da queda da ditadura de Primo de Rivera), como se depreende do próprio texto. Publicado pela primeira vez em Pessoa (1979b, pp. 366-375).

NOTAS

1 for] *no original, mas é uma gralha de Fernando Pessoa, conforme foi esclarecido por Albano Nogueira em "Uma gralha de Fernando Pessoa?", Colóquio/Letras n.º 107, p. 70.*
2 *Este período dubitado por uma cercadura a lápis.*
3 therefore [← implicitly] royalist
4 <socially> politically
5 *Na parte inferior desta página, Pessoa escreveu a lápis:* French and Spanish Basques.

41
[111 - 55ʳ, 53ʳ e 58ʳ]
Três páginas dactilografadas, de um conjunto de rascunhos, de que também fazem parte 111-54,ʳ 56ʳ e 57ʳ, datáveis do fim de Julho ou princípios de Agosto de 1930. Publicado pela primeira vez, só parcialmente, em Pessoa (1979b, pp 375-377).

NOTAS

1 de quem <governa> manda
2 dos <integralistas> chamados integralistas
3 dizer [← embora melhor] senão

4   releve o <não dizer o que já está dito> incommodo
5   impor <atravez> como
6   o] no original

42
[92M - 49']
Uma página dactilografada. Datável de 1931. Inédito.
NOTA
1   statemanship] no original.

43
[92M - 68']
Uma página dactilografada. Datável de 1931. Inédito.
NOTA
1   of the other people's dictatorship. (of the other party's dictatorship)

44
[92M - 50']
Uma página dactilografada. Datável de 1931. Inédito.
NOTA
1   booshevists] no original, mas pelo contexto depreende-se que o autor pretendia dizer "royalists".

45
[92M - 51']
Uma página dactilografada, com acrescento manuscrito. Datável de 1931. Inédito.
NOTA
1   "they cannot see anyone with a clean shirt." [↓ they can't see a clean shirt on anyone.]

46
[92M - 53']
Uma página dactilografada. Datável de 1931. Inédito.

47
[Cartas de Fernando Pessoa a João Gaspar Simões]
Trecho de carta de Fernando Pessoa a João Gaspar Simões de 11 de Dezembro de 1931. Publicado pela primeira vez em Pessoa (1957).

48
[20 - 60' a 61']
Quatro páginas dactilografadas em duas folhas de papel timbrado de FERNANDO PESSOA | RUA DE S. JULIÃO, 52. 1.º | LISBOA, com marca-d'água ORIGINAL STERNEN POST. Publicado pela primeira vez, com diferenças, em Pessoa (1966, pp. 74-79). Datável de c. 1932, por analogia com 2-22 (pertencente ao Livro do Desassossego), dactilografado na mesma máquina em idêntico papel timbrado, com igual marca-d'água, datado de 28 de Novembro de 1932 (cf. Pessoa, 2010, p. 936).
NOTAS
1   <bem e mal> mal e bem
2   prescrutador] no original.
3   <uma servidão> monotona
4   <os macacos e> os peixes
5   <homem> typo

49a
[92M - 60]
Duas páginas dactilografadas, com acrescentos manuscritos. A primeira página contém no topo um trecho de cópia química, o restante texto é dactiloscrito original. Trata-se de um rascunho do artigo "O caso mental português", publicado em Fama, n.º 1, Lisboa, 30 de Novembro de 1932. Transcreveu-se apenas a parte que é dactiloscrito original. Datável de 1932. Inédito.
NOTAS
1   um<a> verdadeir<a>/o\ <mentalidade> philosoph<ica>/o\
2   comicio [→ a muitos juntos, que não a varios separados]
3   <perturbará com> [↑ soterrará em] confusão

4 estivesse <fallando e não escrevendo.> dizendo nos acasos <de uma conversa> [↓ da palavra fallada], e não expondo na <meditação> [↓ divisão] d<o>/a\ palavra escripta
5 <estabelecida> [↑ organica]
6 fosse, <conscientemente ou inconscientemente> [↑ ou inconscientemente ← contivesse]
7 venceram, <como o fascismo> pelo menos temporariamente, como o fascismo
8 *Os últimos três períodos reordenados no texto por traços a lápis.*

49b
[55I - 20]
Duas páginas dactilografadas, com acrescentos manuscritos, numa folha de papel timbrado de FERNANDO PESSOA | RUA DE S. JULIÃO, 52, 1.º. *Trata-se de um rascunho do artigo "O caso mental português", publicado em* Fama, *n.º 1, Lisboa, 30 de Novembro de 1932. Datável de 1932. Publicado pela primeira vez em* Pessoa *(1980, pp. 148-150).*
NOTAS
1 que <(com uma leve reserva> o provincianismo
2 cuj<o>/a\ <exforço> [↑ iniciativa]
3 <o mimetismo> a originalidade
4 a velha <historia de attri> these imbecil<,> de atribuir

49c
[55I - 24ʳ]
Uma página dactilografada. Trata-se de um rascunho do artigo "O caso mental português", publicado em Fama, *n.º 1, Lisboa, 30 de Novembro de 1932. Datável de 1932. Publicado pela primeira vez em* Pessoa *(1979a, pp. 85-86).*
NOTAS
1 *Ponto final omisso no original.*
2 *Ponto final omisso no original.*

50
[92L - 83ʳ e 85ʲ]
Duas páginas dactilografadas de um conjunto de três, não numeradas, escritas no mesmo tipo de papel e com a mesma máquina, aparentemente coevas. 84ʳ aparenta ser um excurso erudito do tema tratado em 83ʳ e 85ʳ. Cf. as referências a Cunha Leal e Tamagnini com este passo do texto inédito 111-57ʳ, datável de 1930: "Quanto aos ficticios do passado, os sub-productos de Affonso Costa — Sás-Cardosos, Cunhas Leaes, Tamagninis e o resto — são coisas mortas porque já foram digeridas, e existem no exterior apenas como existem as coisas vomitadas." Datável de 1932 ou ano posterior. Publicado apenas parcialmente (85ʳ) e com um título errado ("Entrevista à Seara Nova sobre Salazar") por Lopes (1993, pp. 367-368).
NOTAS
1 movimentos <subtis> mais subtis
2 que os <reforça e> não corrige

51
[92M - 74ʳ a 76ʲ]
Três páginas manuscritas a tinta preta e numeradas, datáveis de 1932-1933. Publicado pela primeira vez em Lopes (1993, p. 366).
NOTAS
1 da ordem [↑ das ordens]
2 e, <não> entre
3 <Não o é> É-o
4 de guarda-livros <e uma attença> em ferias, que sente que preferiria [↓ afinal]
5 Quando <o paiz> vê
6 porém, <uma> profissão

52
[92M - 77ʲ]
Uma página manuscrita a tinta preta. Datável de 1932-1933, tal como o texto anterior. Publicado pela primeira vez em Lopes (1993, p. 365).

53

[111 - 48¹]

Uma página dactilografada a azul, com correcções manuscritas. Texto relacionável, pela temática (prestígio, qualidades de Salazar), com o texto "As qualidades mentais e morais necessárias..." (ver aqui texto n.º 71), datável de 1933-1934, embora sem a epígrafe "Interregno" do presente texto. Publicado pela primeira vez em Pessoa (1979b, pp. 384-385), com erros.

NOTAS

1. resulta <que> o contraste
2. *Os três últimos períodos, situados na margem inferior, são intercalados aqui por uma seta.*
3. nasceu [↑ começou] vagamente da [↑ pela] sugestão
4. firmou-se <com> junto
5. não ha <phrase> [↑ texto]
6. romantizar a <expressão verbal> phrase
7. a obra <justifica> completa

54

[92 - 38' a 40']

Três páginas manuscritas numeradas. A referência a Hitler permite datar o texto de 1932--1933. É temática e cronologicamente muito próximo dos textos n.ᵒˢ 58 e 59. Inédito.

NOTAS

1. absoluto[,] [↑ isto é, sem entrave practico excepto a revolta armada. A monarchia absoluta, por exemplo, é uma dictadura hereditaria.]
2. como [↑ por exemplo] a Hitler
3. que acolheu [↑ deu guarida aos] <os jesuítas expulsos> — elle, protestante official e maçon, os jesuítas expulsos
4. será liberal [↓ pois o liberalismo consiste na tolerância de todas as opiniões e da expressão d'ellas]
5. uma dictadura [↑ /porque em todo governo tem forçosamente que residir o poder que, por sua natureza, não é divisivel, sendo pois absoluto/]

55

[92L - 81¹]

Uma página dactilografada. Datável dos anos 1930. Inédito.

56

[92 - 84¹]

Uma página dactilografada a azul. Dificilmente datável, propõe-se, condicionalmente, o ano de 1933. A citação de David Hume aqui em falta aparece no texto n.º 75. Inédito.

NOTAS

1. <a strong> the strongest
2. the <law at all> principle at all
3. *Ponto final omisso no original.*

57

[92A - 61¹]

Uma página manuscrita, em meia folha de papel, a tinta preta. Pela sua proximidade temática e doutrinária com outros textos, poderá datar-se condicionalmente de 1933. Inédito.

NOTAS

1. of the [↑ parliamentary] majority
2. is that, [↑ willing] directly or indirectly, his will be law

58

[92 - 64' a 67¹]

Quatro páginas dactilografadas, numerada apenas a segunda. Datável de 1933, pois alude ao governo "anti-liberal" do Reich alemão, considerando-o "eleitoralmente" democrático (o partido nazi tornou-se o mais votado em Julho de 1932 e Hitler foi nomeado chanceler da Alemanha em Janeiro de 1933). O autor ainda não faz referência à Constituição portuguesa plebiscitada a 19 de Março de 1933. facto que viria naturalmente a talho de foice. Inédito.

NOTAS

1 Should <there be, for some reason> there be
2 elections, <will> howsoever <clean> decently conducted
3 organization, <the best of electoral> electoral results <is> [← at their best are] necessarily
4 <is it> [↑ are they] in the majority <of nations, where> of supposedly democratic nations
5 <invariably> variously
6 observation <— not easy>. This is not easy
7 it has to <impartial> be both <intimate and impartial> accurate and impartial
8 I am <a Royalist>, in a manner
9 as <doomed> both harmful and doomed
10 *Trecho acrescentado na margem superior desde "and especially" até "with them".*
11 dubious interruptions in <1918> 1915 and 1918
12 the <signifi> part
13 more cohesive <and politically bet> minority
14 represent a<small> minority in respect of the [← politically] living part
15 represents <from the point of public opinion, a more democratically sound> a greater
16 Republicans <ever did> not only do but ever did
17 *Trecho acrescentado na margem superior desde "which the polls" até "organic too".*

59
[92 - 69' a 70']
Duas páginas dactilografadas. Datável do período de Julho de 1932 a Julho de 1934. Inédito.

NOTA

1 it is a really <ex>/a\ crisis that crisis] *no original.*

2 *Dada a continuidade temática, colocaram-se aqui os três últimos parágrafos, que, no original, se encontram mais adiante.*
3 *Dada a continuidade temática, colocou--se aqui este parágrafo, que, no original, se encontra no fim.*

60
[111 - 34' e 35']
Duas páginas dactilografadas com emendas a lápis. A epígrafe Interregno remete, neste caso, para uma série de textos em português e inglês destinados a uma revisão da sua obra O Interregno. Defesa e Justificação da Ditadura Militar em Portugal *(1928), alguns dos quais reunidos em Pessoa (1979b, pp. 349-387). Datável de Abril de 1933 ou data posterior. No verso de 111-35' acha--se dactilografada perpendicularmente a seguinte lista de textos a escrever: "Dictatorships (this article) | Democracy and Parliament | The Censorship of the Press (or Liberty of Speech) | The Crisis in Democracy | The Parliamentary Crisis". Inédito.*

NOTAS

1 <There> [↑ It] is
2 *Este período acrescentado na margem superior da página com indicação da localização.*
3 to elect [→ (say)] one man
4 governing [← or choosing to govern] without
5 that man will [→ or easy] be
6 and within <such limits as the> certain <and>/or\ logical limits
7 <mix> [↓ fuse]
8 It is [↑ in fact] between
9 opposition <normally> [← /really/] arises
10 conditions <which> differ[↑ ing] from
11 and [↑ differing] widely
12 would land any <English> British <paper> [↑ editor] in a prosecution

13 When [→ a century ago] scurrility was [→ still] current
14 everyone's ap<plause>[→ proval]
15 À margem deste parágrafo inteiro está uma anotação manuscrita: "out".
16 are <Constitution> Democrats
17 to be his political opponents [↓ politically of the "old style"]

61

[92A - 26ʳ]

Uma página dactilografada. Datável de c. 1933. Publicado pela primeira vez em Pessoa (1979b), pp. 361-362). Trata-se de um texto (inacabado) para servir de prefácio a uma obra projectada, um folheto intitulado O Interregno, *com o declarado propósito de "substituir" o folheto homónimo de 1928, que aqui diz ter sido escrito em fins de 1927. A referência ao plebiscito da Constituição, ocorrido a 19 de Março de 1933, situa este texto com alguma probabilidade nesse ano. A referência ao "Estado Corporativo" pode significar que o texto é posterior à aprovação da legislação corporativa de Setembro de 1933.*

NOTAS

1 Escrevi [↑ Publiquei], em principios [↑ Janeiro] de 1928
2 escreve] *no original; optou-se aqui por "escrevo", como é proposto em Pessoa (1979b), e não por "escrevi", que também seria teoricamente possível.*
3 propriamente, <um interregno.> uma dictadura de interregno
4 Adresce] *no original*

62

[92 - 42ʳ e 43ʳ]

Duas páginas manuscritas a tinta preta, numerada a segunda. A alusão às eleições "que, ultimamente, aprovaram o Estado Novo" pode referir-se ao plebiscito sobre a Constituição (19 de Março de 1933) ou às eleições de deputados à Assembleia Nacional de Outubro de 1934. Inédito.

NOTAS

1 A <razão> dictadura
2 <ou, melhor> foi, em verdade
3 Lisboa <e alguns c> e seu districto
4 pois <, como se não> a Republica
5 resultados das <monarchicas> todas as eleições
6 *Esta frase, desde "são falsos", destacada na margem esquerda com sinal de dubitação.*

63

[55 - 40ʳ]

Uma página dactilografada, datável de c. 1933-1934 pela referência aos "nazis". Inédito.

64

[92A - 62ʳ a 64ʳ]

Três páginas manuscritas a tinta, a segunda numerada, em folhas arrancadas do mesmo caderno, sobre idêntico tema. Datável de 1933-1935, dadas as referências aos ditadores M, H e S (Mussolini, Hitler e Salazar). Preferiu-se o desdobramento da abreviatura S em Salazar, dada a descrição do carácter do ditador, mas Staline também é hipótese a considerar. Inédito.

NOTAS

1 a <strength [↓ mission ↑ an end]> [↑ duty]
2 as <means to an end.> [↑ a] ◊
3 <an> [↑ all]
4 a nation [↑ really] needs
5 if [↑ (at the best)] he
6 two <on the> [↑ of] what
7 mildest. <Theres is still some>

65

[92E - 55ʳ]

Uma página manuscrita a lápis, datável de 1933-1935. Inédito. Relacionável, pelo tema, com o texto anterior e os dois seguintes. Inédito.

66
[92E - 56ʳ]
Uma página manuscrita a lápis, datável de 1933-1935. Inédito.

67
[92E - 57ʳ]
Uma página manuscrita a lápis, datável de 1933-1935. Inédito.

68
[92I - 51ʳ]
Uma página manuscrita a tinta, datável de 1932-1935. Publicado pela primeira vez em Pizarro (2007, p. 216).

69
[92E - 58ʳ]
Uma página manuscrita a lápis, datável de 1933-1935. Directamente relacionável com os textos n.ᵒˢ 65, 66 e 67. Parcialmente publicado em Barreto (2013b).

NOTAS
1 intellectuals] palavra com sinal de dubitação.
2 <favourably> [↑ even favourably]
3 <the same class as> [↑ have]
4 is [↑ lives] now with [↑ now in the shade of the]

70
[55B - 5ʳ]
Uma página dactilografada com acrescento final manuscrito a lápis. Datável de 1932--1935. Inédito.

NOTAS
1 <da especie> particular
2 escepto] no original.
3 <biologia.> zoologia

71
[92 - 6ʳ a 9ʳ]
Dactiloscrito de quatro páginas numeradas sem título. Datável de 1933-1934, pois é posterior à aprovação da Constituição (plebiscitada em Março de 1933) e da legislação sobre organização corporativa (Setembro de 1933). Publicado pela primeira vez em Pessoa (1979b, pp. 351-356).

NOTAS
1 que por <analogas> sequer analogas
2 <No primeiro caso> Em ambos os casos
3 paiz a que <o regimen liberal havia já> noventa annos de liberalismo
4 a cuja sombra haviam <conquistado o poder> pregado
5 contra, a <plena anarchia> quasi plena anarchia
6 <do Exercito> da Força Armada
7 <comç> razão ou sem ella
8 ao contrario <de todos os portug> dos portuguezes vulgares

72
[55 - 55ʳ]
Uma folha dactilografada, datável de 1933--1935. Relacionável, pela temática (prestígio, firmeza de vontade, clareza de inteligência do "chefe") com os textos n.ᵒˢ 51, 53, 71, e 81. Inédito.

NOTAS
1 da vontade, <a paixão do trabalho, a precisão> a aptidão
2 de um grande <politico> artista
3 se <instinc> naturalmente

73
[92L - 97ʳ e 98ʳ]
Duas páginas manuscritas a tinta preta, não numeradas, de suporte idêntico e tema muito semelhante. Datável de 1931-1934. Inédito.

NOTAS
1 regimens <de> chamados de autoridade
2 <ap> sympathizar
3 quando não <o appoial-o> [↑ para effectivamente o appoiar]

4 <Em certo modo> Provém isto, em certo modo
5 <dis> veja
6 esquerdismo corrupto [↑ de carteiristas]
7 materialidade] *palavra com sinal de dubitação.*

74

[114³ - 65ʳ e 66ʳ]
Cópia a químico de uma carta de duas páginas dactilografadas, numerada a segunda, com um acrescento manuscrito, datada de 28 de Janeiro de 1934. Esta carta, que não foi então publicada pelo jornal A Voz, *foi revelada em Lopes (1993, pp. 327-328).*

NOTA
1 Maçonaria [← regular]

75

[92V - 41ʳ a 50ʳ]
Dez páginas numeradas, manuscritas a tinta preta de um só lado da folha em papel com marca-d'água GRAHAMS BANK POST. *Datável de 1934-1935. Inédito.*

NOTAS
1 <Nenhum> [↑ Não quer]
2 pois <não ha> [↑ a]
3 pois, à parte o a maioria] *no original.*
4 "opinião". Deriva] *no original.*
5 desde ha muito [↑ historicamente]
6 <opin> [↑ e]
7 <dos> da
8 <não existe> ao contrario
9 a <grande> maioria
10 vezes<,>/—\ <soffre> quasi sempre
11 <chega bastante> [↑ vae soffrendo]
12 E] *no original.*
13 <grandeza> justeza
14 <isto> pois
15 <para> salvo para
16 simples <[↑ e vaga]>
17 <simples> [↑ sua perfeita]
18 *Período escrito na margem superior com sinal de intercalação aqui.*
19 sociaes] *sinal de dubitação nesta palavra.*
20 *Sinal de redacção provisória abrangendo a última linha.*
21 palavras <[↑ como]><Liberdade> [↑ dos liberaes]
22 simples [↑ familiar]
23 tambem] *dubitação através de parênteses.*
24 <l>/L\iberdade
25 <essa> [↑ esta]
26 <A idea> [↑ E, ainda assim,]
27 reaccionarios] *sinal de dubitação nesta palavra.*
28 <democ> liberal
29 <Que> [↑ De que]
30 <qualquer principio reli> [↑ o anti-] christianismo
31 economica<, quando, é claro, essa é de facto má> [↑ de inferioridade]
32 do povo] *sinal de dubitação nesta expressão.*
33 liberdade [↑ (individual)]
34 humilde homem do povo] *sinal de dubitação nesta expressão.*
35 será <argumento que> [↑ coisa]

76a

[92 - 44ʳ]
Uma página manuscrita, pós-17 de Julho de 1934. Publicado pela primeira vez em Lopes (1993).

NOTAS
1 resposta [↑ aliás] admiravel <mas demasiado professorial>
2 limpidez <professorial do costume> [↑ didactica que é seu habito e maneira]
3 sobre o [↑ que chama o] o espirito partidario

76b

[92A - 6ʳ]
Uma página dactilografada. Pós-17 de Julho de 1934. Publicado pela primeira vez em Pessoa (1979b, pp. 358-359).

NOTA
1 <não é o paiz> sendo o paiz

76c

[92I - 53ʳ e 114¹ - 114ʳ]
Duas páginas manuscritas a tinta preta de um só lado em folhas de papel com a marca-d'água GRAHAMS BANK POST, *numerada a segunda. As duas páginas estão desemparelhadas no espólio. Aparenta tratar-se de um comentário à nota oficiosa de Salazar "Duas escolas políticas", de 16 de Julho de 1934. Inédito.*

NOTAS
1 <precisa> [↑ abstracta]
2 <pelos> por o [↑ a] que
3 fortuna", [↑ e que assim] exija
4 logica. </Ha ahi divinização a mais[, e até mau thomismo.]/> Comprehende-se
5 <Presi> Dictador
6 discutam [↑ na generalidade] as

76d

[92 - 48ʳ]
Uma página manuscrita, pós-17 de Julho de 1934. Publicado pela primeira vez em Lopes (1993).

NOTAS
1 <do typo scientifico> [↑ do typo] <philosophico e> scientifico
2 <especulativa nem> sceptica

76e

[92 - 27ʳ a 28ʳ]
Manuscrito de duas páginas, datável de 1934, pois se refere à nota oficiosa de Salazar publicada nos jornais de 17 de Julho desse ano. Publicado pela primeira vez em Barreto (2009c).

NOTAS
1 é um bem [↑ para, e] perante
2 <preciso> [↑ necessario]
3 tem, <que abdicar,> para que
4 por vezes [↑ até] de
5 de [↑ sendo liberal,] concordar
6 por onde [↑ julgue que] o liberalismo
7 *Parênteses rectos no original desde Fiel a certos*
8 <um> [↑ o] signal [↑ /de/] *menos*
9 um <partido> [↑ corrente organizada]
10 <que abdi> se não quer abdicar

76f

[92 - 50]
Manuscrito de duas páginas. Pós-17 de Julho de 1934, pois se refere à nota oficiosa de Salazar dessa data. Inédito.

NOTAS
1 <malefico> [↑ inferior]
2 <a sua ac> o seu influxo
3 pratico] *sinal de dubitação nesta palavra.*
4 que combate <não por> por uma idéa
5 um chefe, <com> [↑ de] cujas idéas <cujas> em principio
6 *Parágrafo escrito à margem da primeira página, sem indicação da sua localização no texto, presumindo-se que será aqui.*
7 da] *no original.*
8 da] *no original.*

76g

[92 - 47ʳ]
Manuscrito de uma página. Presume-se que se trata de um texto sobre o "espírito partidário" a propósito da nota oficiosa de Salazar de 17 de Julho de 1934. No texto 1, Pessoa diz ir ocupar-se do que vem a ser um "partido". Inédito.

NOTAS
1 <Um partido> [↑ Chama-se] partido <— politico, literario ou o que quer que seja —> a um

2 opinião <e se destina> para fins
3 com [↑ por]
4 Pode haver, [↑ e ha,]
5 <espalhal-a> [↑ converter]
6 desde que sejam [↑ um agrupamento] e idéas
7 <Os partidos politicos> Quando
8 mental <ou practico>, [↑ theorico ou practico,]

76h

[92 - 45ʳ a 46ʳ]

Quatro páginas manuscritas a tinta preta, não numeradas. Suporte, tinta e tema análogos aos do texto anterior. Datável de 1934. Presume-se inédito.

NOTAS

1 governo] *palavra dubitada*.
2 que <o da> [↑ a] propria
3 §[↑ Como, porém] Os partidos<, porém, não se> [↑ se não] formam
4 Esses [↑ se não effectuam, ou não effectuam depressa, o seu intento,] <abrem> [↓ tendem a abrir] scisões, arrastando <gente> outros
5 o [↑ um] partido
6 militam] *palavra dubitada*.
7 Estes são <os peores de> [↑ peores que] todos [↑ os outros]
8 via] *palavra dubitada*.
9 <vão> [↑ levam]

77

[66 - 51ʳ]

Manuscrito a lápis num quarto de folha com marca-d'água GRAHAMS BANK POST. *Datável de 1934-1935. Cf. o texto seguinte. Inédito.*

78

[92I - 52ʳ]

Uma página manuscrita a tinta preta em papel com marca-d'água GRAHAMS BANK POST. *Datável de 1934-1935. Publicado pela primeira vez em Lopes (1993, p. 367).*

NOTAS

1 <verdadeirame> deveras
2 Uma doutrina pode ter uma força] *frase dubitada*.

79a

[92 - 4ʳ e 5ʳ]

Duas páginas dactilografadas, numerada a segunda, em papel com marca-d'água GRAHAMS BANK POST, *muito usado por Fernando Pessoa em 1934 e 1935. Inédito.*

NOTAS

1 <que soffre de> que padece de
2 <mesmo> um
3 primeira] *palavra dubitada*.
4 <iniciámos os nossos descobri> fizemos
5 <Hoje não é assim> Uma missão
6 incluente (incluindo)
7 <a varias> onde existe
8 <dividida> (não fallando já na Egreja Grega)
9 <aos Quakers> às extremas esquerdas
10 <ou prop> e menos
11 <a metaphysica da> o occultismo
12 <em antiguidade> em genero
13 <actuaes da pre> da Maçonaria
14 <suas super> super-maçonicas
15 <justo quant> historicamente justo

79b

[92A - 9ʳ a 10ʳ]

Duas páginas dactilografadas com correcções e acrescentos manuscritos a tinta e a lápis. Datável de 1933-1935. Publicado pela primeira vez em Pessoa (1979b, pp. 359-361), com erros. Em discursos de 1933 (1 de Junho) e 1934 (28 de Abril e 26 de Maio), Salazar usou repetidamente a expressão "civilização cristã".

NOTAS

1 <sobretudo> não só
2 <é mister> se nos faz mister
3 <actual civil> civilização

4 nenhuma [↑ e ainda que em grande parte se deriva de nações, como Grecia e Roma, que precederam o christianismo] optou-se por intercalar aqui este acrescento dactilografado no topo da página sem sinal de localização.
5 e <a temos> muito mais como a temos
6 continente <de> [← em que teve] origem
7 <Se, assim entendido, o termo> [↑ O termo "civilização moderna", se] se applica
8 <do tempo> [↑ que] presente [↑ mente temos]
9 deixa [→ contudo
10 <reportar> [← transferil-o]
11 mundo [↑ porisso mesmo que a que espalhámos não era ainda esta]
12 <que conti> continuar
13 se entende [↑ se entende um phenomeno religioso] a civilização
14 <emanada> [↑ distinctiva]
15 como <simples h> seus simples hospedes
16 *Começava aqui novo parágrafo, que foi riscado*: Qualquer das attribuições, salvo a terceira, porque, sendo um disfarce, não tem validade logica, ◊

80

[*Diário de Lisboa*, n.° 4388, 4-2-1935]
Transcrição do artigo "Associações Secretas", de Fernando Pessoa, publicado no Diário de Lisboa, de 4 de Fevereiro de 1935, pp. 1 e centrais, expurgado de erros tipográficos, após cotejo com o original dactilografado do espólio, intitulado "Um projecto de lei" (106--1ʳ a 10'). Nas notas numéricas assinalam-se as divergências quer em relação ao original dactilografado, quer em relação à versão divulgada no opúsculo clandestino A Maçonaria vista por Fernando Pessoa, *o poeta da Mensagem, obra nacionalista, premiada pelo Secretariado da Propaganda Nacional [1935], de que existe um exemplar no espólio (sem cota, envelope 129), que é uma versão truncada e com variantes do original dactilografado, mas, como este, intitulada "Um projecto de lei". Ver Pessoa (2011), com a edição crítica do texto e de escritos com ele relacionados, bem como o historial do caso.*

NOTAS

1 O título usado pelo *Diário de Lisboa* (adiante *DL*), "Associações Secretas", figura no jornal entre aspas, tal como a expressão aparece nos primeiros parágrafos do artigo.
2 No original e no opúsculo: "tanto em sua natureza como em seu conteúdo".
3 A palavra "há" falta no *DL*, mas consta do original e do opúsculo.
4 No *DL*, erradamente: "consideração".
5 No original e no opúsculo: "um agrupamento mais ou menos permanente de homens".
6 No *DL*, erradamente: "Kiuss".
7 No original: "dos primitivos cristãos".
8 No original, a redacção dos dois últimos períodos é diferente e fundida num só período: "Pondo de parte a Rússia — onde nem eu nem os Srs. deputados sabemos o que verdadeiramente se passa, e onde, aliás, quase não havia Maçonaria —, poderemos considerar os casos da Itália, da Espanha e da Alemanha." O texto do *DL*, com a plausível intenção de conferir à Maçonaria uma aura de perseguida pelo comunismo, salienta o violento antimaçonismo do regime soviético. Publicado posteriormente, o opúsculo não aderiu à versão do *DL*, continuando aqui a seguir o texto do original.
9 Tanto o original como o opúsculo inserem neste ponto o parêntese "(excepto em Cascais)". No original pode ler-se, rasurada por Pessoa, a

redacção primitiva: "(de Caminha a Cascais)". Pretende este aparte aludir ao então Presidente da República, general Óscar Carmona, que no Verão residia na Cidadela de Cascais e que, como era do domínio público, tinha sido maçon. A alusão a Caminha da primeira redacção refere-se a Sidónio Pais, outro militar, maçon e Presidente da República, natural dessa vila.
10 No original e no opúsculo, em vez de "até" está: "quase".
11 No original e no opúsculo, em vez de "britânicas", está: "do Império Britânico".
12 No *DL*: "suspensão". O opúsculo coincide com o original: "supressão".
13 No *DL*, erradamente: "do".
14 No *DL*, erradamente: "divertidíssimas".
15 No original: "Roderigo Borgia".

81

[92L-94' e 92L-89' e 90']

Dois fragmentos dactilografados, de uma e duas páginas, com correcções e acrescentos manuscritos a lápis. Os dois trechos, sobre cuja conexão não há dúvidas, são posteriores a 4 de Fevereiro de 1935 e anteriores a 21 do mesmo mês, pois Pessoa dificilmente se diria "situacionista" depois dessa segunda data, quando subiu repentinamente o seu tom crítico sobre o regime e o próprio Salazar. O segundo trecho foi isoladamente publicado, com diferenças de leitura, em Lopes (1993, pp. 362-363), sendo-lhe erradamente atribuída a data de 1928. O primeiro parágrafo do primeiro fragmento contém várias incongruências em relação à ortografia habitual de Pessoa.

NOTAS

1 Seguia-se um segundo parágrafo, que foi riscado: (2) — Sou, de facto, situacionista. Ha, porém, que examinar bem em que consiste esta coisa de se ser situacionista.
2 houve <individuos, desculpaveis pela escassez da sua intelligencia ou da frequencia do uso della, que sentiram nervos> [↑ quem se extranhasse a si mesmo] porque
3 <Sou um raciocinador> Aparte ser poeta, sou <um> raciocinador
4 <Sahir-me-hia> [↓ Se me sahir] mais barato<?> [→, digo]
5 *Seguia-se um novo parágrafo, que foi riscado*: Querem que eu mande fazer bilhetes de visita com "situacionista" por baixo do meu nome? Se isso fosse moda, quanta gente haveria que poderia mandar fazer cartões aos milhares, e levar annos e situações a fazer uso delles.
6 indeferença] *no original.*
7 apoiou <o General Vicente de Feitas> a acção
8 *Na margem superior, Pessoa escreveu uma frase, que depois riscou*: Os grandes estadistas, como os homens de genio, teem em geral a distinguil-os as qualidades que faltam ao povo em que nascem.
9 jornais, <susceptiveis, em dialectica sem argumentos, de> susceptiveis
10 digo <que não>, com egual fundamento, que não sei.
11 <Desconfio.> Confio.
12 <Além> [↑ <Aquem> ↑Além]
13 <exemplo> [↓ preceito]
14 <E por isto e mais> E neste critério

82

[21-145']

Uma página manuscrita a tinta em papel com marca-d'água GRAHAMS BANK POST. *Datável de 1935. Publicado pela primeira vez em Pessoa (1966, pp. 437-438).*

NOTAS
1. muitos <que são> ↑ para quem conhece] poucos
2. o que [↑ <pensa> diz e pensa] um poeta obscuro e [↑ ou] o defensor
3. mas [↑ alguma coisa e] a todost
4. se <veja claro> [↑ distinga] <no> [↑ que] <era confuso> [↑ estava confundido, se approxime o que por erro estava separado]
5. um pouco] *expressão dubitada*.
6. eu <pratique> contribua
7. para <privar> [↑ estorvar] os reaccionarios portuguezes <do> [↑ em]
8. eguaes, <pelo †> [↑ entre]

83
[129 - 51ʳ]
Manuscrito a lápis de uma página. A frase inicial indica que o autor destinaria o presente texto, que deixou inacabado, a publicação no Diário de Lisboa. *Publicado pela primeira vez em Pessoa (2011), p. 66.*
NOTAS
1. <É inutil recordar o que é esse pro>; era dirigido
2. indirecta<mente> <,>/e\ realmente
3. <muito> [↑ bastante]
4. <é> [↑ se tornou]
5. <visar> [↑ atacar]
6. <Homem> [↑ Espirito]
7. de ha muito [↑ desde sempre]
8. <atacar> [↓ contrariar]

84
[129 - 22]
Duas páginas manuscritas a tinta preta sobre papel quadriculado, datável de 1935. Publicado pela primeira vez em Pessoa (1979b, p. 411).
NOTA
1. ou <systema de pensamento> [↑ doutrina], excepto se com essa religião ou doutrina <está> nas condições indicadas

85
[21 - 136ʳ a 139ʳ]
Quatro páginas manuscritas a tinta preta, numeradas. Datável de pós-5 de Abril de 1935, data da aprovação pela Assembleia Nacional da lei sobre associações secretas. Publicado pela primeira vez em Pessoa (1966, p. 433), erradamente acoplado a outro fragmento.
NOTAS
1. <Publiqu<em>[↑ ei]
2. Esse livro foi] *com um sinal de troca de posição.*
3. <Para os> [↑ A <aquelles> ↑ <varios> ↓ muitos] que <o> leram com apreço [↑ o *Mensagem*]
4. como <para varios> [↑ a muitos] que
5. nacionalista<,>/—\ ordinariamente <conjugado,> [↑ collado] , onde entre nós appareça, <com as doutrinas> [a] o espirito e ás doutrinas da Egreja de Roma<,>/—\
6. *Segue-se uma frase riscada:* Foi sobretudo este terceiro elemento que causou perplexidade.
7. <a publicação> o meu artigo
8. <Subsistia o nacionalista mystico do *Mensagem*> [↑ Esse artigo é um ataque <ao> ↑ a um projecto de lei<cuja>]
9. a lei hoje se <pre procura dirigir-se> [→ se] dirige
10. e [↑ (porque foi e se sente espontaneo)] de quem tem <evidentemente> para
11. formasse do[↑s] merito[↑s] [↑ da valia] do livro
12. constan<temente emergente>te
13. instruído [↑ no entendimento, ou] ao menos
14. pensado] *palavra com sinal de dubitação.*
15. /iniciação/ [↑ derivação]
16. <fui> fui sempre <†> fiel, <não só> por indole

17 e ainda [↑ , reforçada] por educação
18 <pelo> o individualismo

86

[53B - 1 e 3']

Três páginas manuscritas a lápis, duas numeradas e uma não numerada. Datáveis de Fevereiro de 1935. Referindo-se o autor a si próprio na terceira pessoa ("O sr. FP"), foi esta a sua reacção a uma ordem para o silenciar. Uma circular dos Serviços de Censura de 8 de Fevereiro de 1935, reproduzida em Zenith (2009, p. 164), deu instruções expressas para cortar referências ao artigo "Associações Secretas" de Fernando Pessoa. O semanário O Diabo de 10 de Fevereiro do mesmo ano viu cortado um elogio a Fernando Pessoa na secção "Coisas de O Diabo", ao lado da sua fotografia (Zenith, idem). Publicado pela primeira vez em Lopes (1993), sem a decifração da rubrica "FP". A decifração desta devemo-la a Jerónimo Pizarro, que identificou rubricas idênticas no espólio do escritor. Reproduz-se abaixo a utilizada neste escrito e duas outras provenientes do espólio.

"o Sr. FP" (53B-1') (Texto n.º 86)

Rubrica de Fernando Pessoa em carta de Maio de 1914 a João de Lebre e Lima (114²-69)

Idêntica rubrica de Fernando Pessoa, mas de linha contínua (133B-32')

NOTAS

1 se] palavra dubitada.
2 <do que> [↑ de um acto que]
3 <ins [↑ pessoas]> instituições
4 e [↑ ou]
5 ordens <para> [↑ a uma Censura de] que
6 <simp> puramente
7 E [↑ Mas]

87

[144F - 4']

Manuscrito a lápis numa folha de agenda de argolas usada por Fernando Pessoa em 1935. Publicado em Pessoa (1993, pp. 371-372).

88

[92V - 69' a 72']

Quatro páginas manuscritas a tinta em folhas com marca-d'água GRAHAMS BANK POST. Pelo suporte utilizado, poderia datar-se de 1935, mas pelo teor do escrito nada se pode concluir. Os comentários que o texto tece tanto poderão aplicar-se à promulgação da lei das associações secretas (em Maio de 1935) como a outra lei ou leis da Ditadura. Publicado pela primeira vez em Lopes (1993, pp. 372-373), que alvitra, sem fundamento, que se possa tratar de um trecho da carta de Fernando Pessoa ao Presidente da República (ver texto n.º 94).

NOTAS

1 se <o governo, ou> [↑ a dictadura]
2 ter augmentado [↑ augmentar]
3 apenas] palavra dubitada.
4 <naturalmente> [↑ tendencialmente]

89

[113P - 62ʳ]
Uma página manuscrita a tinta em folha com marca-d'água GRAHAMS BANK POST. Datável de Março de 1935 ou data posterior, pois contém excertos manuscritos por Fernando Pessoa do discurso de Salazar de 21 de Fevereiro, extraídos do livro em que esse discurso foi publicado, em Março (Salazar, 1935). Inédito.

90

[133H - 13ʳ]
Uma página manuscrita a tinta preta, sem maiúsculas no início dos dois períodos nem pontos finais. Datável de Março de 1935 ou data posterior. Inédito.

NOTA
1   como escrevia quem <escrevia por ordem alheia> [↑ mandava os outros deixar de escrever]

91

[133A - 14ʳ]
Uma página manuscrita. Datável de 1930--1935. Inédito.

92

[*Seara Nova*, n.º 526, 11 - 9 - 1937]
Poema publicado na revista Seara Nova, n.º 526 de 11 de Setembro de 1937, após ter sido cortado pela censura na mesma revista em Outubro-Novembro de 1935 (Prista, 2003). O texto publicado pela Seara Nova em 1937, ao invés do que sucedeu com edições posteriores, coincide inteiramente com a cópia do original, datada de 16 de Março de 1935 e assinada, existente no espólio do escritor (118-55ʳ). Ver também Pessoa (2000).

93

[92X - 80ʳ]
Uma página manuscrita a tinta preta em papel com marca-d'água GRAHAMS BANK POST, muito usado por Fernando Pessoa em 1934-1935. A frase "maleabilidade dentro da dignidade" aparece em outros textos de 1935 referentes ao general Carmona.

NOTAS
1   seu] *palavra dubitada.*
2   <cedencia> rendição
3   <É que a União Nacional é o enxurro> [↑ Manteve o aprumo]

94a

[92M - 28ʳ a 33ʳ]
Seis páginas numeradas de [1] a 6, manuscritas a tinta preta sobre papel sem timbre. Datável de Julho de 1935 ou data posterior. Trata-se apenas da primeira parte desta carta (ver adiante os trechos 94b a 94h), que não foi concluída pelo autor. Publicado pela primeira vez em Cunha (1987), pp. 125-126. Este texto e os seis seguintes foram pela primeira vez publicados conjuntamente em Barreto (2008, pp. 205-211).

NOTAS
1   indefinido<, complexo> e abstracto
2   <A> [↑ Perante] V. Ex.ª pois <me dirijo> [↑ formulo]
3   inuteis [↑ extranhos]
4   escreveu [↑ porque escreveu] o livro [↑ nacionalista]
5   Maiores] *palavra dubitada.*
6   <Na terceira> Essa acção
7   exteriormente [↑ ostensivamente]
8   principal executor <— o /actual/ Presidente do Conselho.>.
9   um <compressor nato> [↑ <†> ↑ arithmetico [↑ †]]
10 D<a>/o\ <arithmetica> [↑ methodo]
11 com <a arithmetica> o methodo
12 <distingue-se,> Senhor Presidente
13 nos ultimos <discursos> [↑ arrancos]

14 teem [↑ elles]
15 toda [↑ verdadeira] politica
16 a] *palavra dubitada*.
17 <com a douta animalidade da Câmara Corporativa> livremente como lhe mandam

94b

[92M - 81ʳ]
Uma página manuscrita a tinta preta no verso de papel timbrado de F. A. PESSOA | R. DO OURO, 87, 2.º, *não numerada, coeva do texto precedente. Publicado pela primeira vez, junto com os cinco textos seguintes, em Lopes (1993, pp. 374-376).*

NOTAS

1 <na sua> muitos d'elles
2 não comprehender quaes [↑ nem elle saber dizer o que] sejam

94c

[92M - 80ʳ]
Uma página manuscrita a tinta preta no verso de papel timbrado de F. A. PESSOA | R. DO OURO, 87, 2.º, *não numerada, coeva dos dois textos precedentes. Publicado pela primeira vez em Lopes (1993, pp. 374-376).*

94d

[92M - 42ʳ]
Uma página manuscrita a tinta preta no verso de papel timbrado de F. A. PESSOA | R. DO OURO, 87, 2.º, *não numerada, aparentemente coeva dos três textos precedentes. Publicado pela primeira vez em Lopes (1993, pp. 374-376).*

NOTAS

1 da [↑ de] Presidencia[↑te] do Conselho
2 nunca [↑ /antes/] se viu

94e

[92M - 43]
Duas páginas manuscritas a tinta preta no verso e na frente de papel timbrado de F. A. PESSOA | R. DO OURO, 87, 2.º, *não numerada, coeva dos quatro textos precedentes. Publicado pela primeira vez em Lopes (1993, pp. 374-376).*

94f

[92M - 82ʳ]
Uma página manuscrita a tinta preta no verso de papel timbrado de F. A. PESSOA | R. DO OURO, 87, 2.º, *não numerada, coeva dos cinco textos precedentes. Publicado pela primeira vez em Lopes (1993, pp. 374-376).*

94g

[92M - 41ʳ]
Uma página manuscrita a tinta preta no verso de papel timbrado de F. A. PESSOA | R. DO OURO, 87, 2.º, *não numerada, aparentemente coeva dos seis textos precedentes. Publicado pela primeira vez em Lopes (1993, pp. 374-376).*

NOTAS

1 mal [↑ não]
2 Olympo [↑ céu]
3 pareçam [↑ possam parecer]

94h

[92E - 53ʳ a 54ʳ]
Duas páginas manuscritas a tinta preta no verso de folhas de papel timbrado de F. A. PESSOA | R. DO OURO, 87, 2.º, *não numeradas, coevas dos sete textos precedentes. Inédito.*

NOTAS

1 <O gov> // Com
2 lhe não> nem
3 <o dinh> eu <a f> se roubo
4 *Ponto de interrogação omisso no original.*

95

[66C - 81ʳ]
Uma página manuscrita a tinta preta em meia folha de bloco. Publicado pela primeira vez em Pessoa (1997a, p. 168), com data de Março de 1935 atribuída pelo editor.

96

[144F - 9ʳ]

Manuscrito a lápis numa página de um caderno de argolas usado por Fernando Pessoa em 1935. Na mesma página do caderno encontra-se imediatamente antes, separada apenas por um traço, esta frase: "Ó mãe, afinal o chefe não é senão um cozinheiro..." Publicado pela primeira vez em Pessoa (2000, p. 244; e aparato crítico, p. 497). Ver também Barreto (2013d).

97

[92U - 32ʳ]

Cópia a químico do dactiloscrito contendo o "tríptico" de poemas satíricos sobre Salazar. Destes três poemas, os originais manuscritos do espólio estão em 63-7ʳ, datado de 29 de Março de 1935, contendo os dois primeiros, e em 66-47ʳ, não datado, que poderá ser posterior a 29 de Março, contendo o terceiro e, no topo da página, estas duas linhas: "Quem quer ser pastor de gado | Tem que ter gado de que ser pastor." O tríptico foi pela primeira vez publicado por Jorge de Sena em O Estado de São Paulo de 20 de Agosto de 1960, e republicado em Portugal no Diário Popular a 6 de Junho de 1974. Em Pessoa (2000, pp. 195-197 e 442-443), Luís Prista fixou o texto do tríptico a partir do testemunho aqui utilizado.

98

[sem cota, col. Fernando Távora]

Dactiloscrito (fotocópia) de duas páginas, datado de 30 de Março de 1935 e com assinatura autógrafa de Fernando Pessoa, existente no arquivo particular do Arq.ᵗᵒ Fernando Távora. Deste dactiloscrito existe cópia, não assinada pelo autor, no espólio da família do escritor. Publicado parcialmente, com graves amputações motivadas por razões políticas, em jeito de prefácio a Pessoa (1940). Foi pela primeira vez publicado integralmente em Lourenço et al. (1985, pp. 17-22), em cuja nota de apresentação se afirma enigmaticamente que o "texto completo" só em 1971 teria sido "conhecido" (p. 16).

99

[129 - 52aʳ]

Manuscrito a lápis, no fundo de uma página manuscrita a tinta, datado de 4 de Abril de 1935. Publicado pela primeira vez em Pessoa (2000, p, 197).

100

[66 - 58ʳ a 60ʳ]

Três páginas manuscritas a tinta, com emendas a lápis. Datável de 5 de Abril de 1935 ou data posterior. Publicado pela primeira vez em Pessoa (2000, p. 199; e aparato crítico, pp. 449-450).

NOTAS

POST. 15] entre a primeira e a segunda estrofes, foi cancelada a seguinte: Não faz mal. / Não dá resultado. / Aquilo tinha que ser / [→ Já se sabia] / Porque ha um cano / De aqui para o Vaticano / Se bem que se não possa ver / Se não que quem saiba ler / Sem ser profano. / Está tudo arrumado, / Tudo aprovado / E tudo entornado…

19 A Egreja Catholica [↑ de Roma]

101

[92A - 30ʳ]

Dactiloscrito de uma página. Datável de 1935 (posterior a 21 de Fevereiro). Publicado pela primeira vez em Pessoa (1979b, pp. 365-366), erradamente acoplado a 92A-28-29ʳ (aqui texto n.º 116). O presente texto está tematicamente relacionado com "Tudo pelo indivíduo, nada contra a nação..." (aqui texto n.º 102).

NOTAS

1 da terra (do solo)

2 <que não impõem directrizes, porque as> que são

102

[55 - 59ʳ]

Uma página dactilografada. O tema está intimamente relacionado com o de "A frase, ou bordão, de Mussolini..." (aqui texto n.º 101), de que pode ser coevo. Inédito.

103

[92L - 96ʳ]

Uma página manuscrita a tinta preta, completada nas margens esquerda e superior. Datável de pós-21 de Fevereiro de 1935. Publicado pela primeira vez em Barreto (2011a, p. 34).

NOTAS

1 alguem] *palavra dubitada por parênteses.*
2 modernos [↓ hodiernos]
3 a] *palavra dubitada por parênteses.*

104

[92U - 30]

Uma folha dactilografada dos dois lados, aparentando conter a versão final do poema. Na versão original manuscrita (63-32 e 33), o poema está datado de 29 de Julho de 1935. Publicado pela primeira vez por Jorge de Sena no Diário Popular de 30 de Maio de 1974. Ver Prista (2003, pp. 225-226, nota 14).

NOTAS

20 <Que tem calado d> Pois tem calado de mais
44 Fraude (Asneira)

105a

[63 - 32ʳ]

Uma página manuscrita a tinta preta na frente de papel timbrado de F. A. PESSOA | R. DO OURO, 87, 2.º. *Como os itens seguintes deste conjunto, trata-se de estrofes ou versos destinados ao poema "Sim, é o Estado Novo...", datado de 29 de Julho de 1935, que o poeta abandonou na redacção final e de que se apresenta aqui uma selecção. Publicados pela primeira vez no aparato genético de Pessoa (2000), pp. 467-471.*

NOTAS

1 <Acreditei> [↑ E os que acreditámos]
3 comeram-me [↑ comeram-nos]

105b

[63 - 33ʳ]

Uma página manuscrita a tinta preta no verso de papel timbrado de F. A. PESSOA | R. DO OURO, 87, 2.º.

105c

[66 - 52ʳ]

Uma página manuscrita a tinta preta em papel Almasso azul pautado.

105d

[66 - 53ʳ]

Uma página manuscrita a tinta preta em papel Almasso azul pautado.

105e

[66 - 54ʳ]

Uma página manuscrita a tinta preta.

NOTAS

1 <silencio> [↑ segredo]
10 somente [↑ apenas]

105f

[66 - 54ʳ]

Uma página manuscrita a tinta preta.

105g

[66 - 56ʳ]

Uma página manuscrita a tinta preta.

106

[66 - 55]

Duas páginas manuscritas a lápis na frente e no verso de uma folha. Datável de Agosto de 1935. Publicado pela primeira vez em Pessoa (2000), pp. 198 e 448). A Emissora Nacional foi oficialmente inaugurada a 1 de Agosto de

1935 e visitada pelo presidente Carmona a 4 do mesmo mês, embora houvesse emissões experimentais, inclusive com transmissões de discursos de Salazar, desde 1934. A datação proposta toma também em conta o facto, sublinhado por Luís Prista, de o tópico Salazar ser mais esperável num poema satírico de Pessoa a partir da Primavera de 1935.

NOTAS

3 Queiram <transmittir> [↑ dar-nos o prazer]
4 De [↑ umas vezes] nos dizer
6 Transmittem <todos os dias> [↑ a toda a hora]
8 "Salazar disse" (<isto agora> [↑ Emissora])
9 <Por ahi fora> [↑ E ahi vem essa senhora]
10 <O>/A\ Estad<o>/a\ Nov<o>/a\ <e as finanças> com tranças.
14 E então <do teor> [↑ quando] são do teor
15 Do Salazar [↓ estadista ↓ chatazar].

107

[63-37¹]
Uma página manuscrita a tinta, datada de 18 de Agosto de 1935, com dois poemas, o segundo dos quais é "Dizem que o Jardim Zoológico...". Publicado pela primeira vez em Pessoa (2000, p. 228).

108a

[187]
Sete páginas manuscritas a tinta sobre papel timbrado de F. A. PESSOA | R. DO OURO, 87, 2.º, numeradas separadamente as duas primeiras, reiniciando a numeração nas duas seguintes, e sem numeração as três restantes, embora se verifique a continuidade do texto. Datável de 18 de Agosto de 1935 ou dias seguintes, pois é a reacção de Pessoa ao discurso do ministro da Justiça, Manuel Rodrigues Júnior, "A ética política do Estado Novo", pronunciado em Viana do Castelo, a 17 de Agosto de 1935, e publicado no Diário da Manhã do dia seguinte. Estas sete páginas foram incorporadas no espólio da BNP, em 2008, com a cota E3/187. Inédito.

NOTAS

1 <Pronunciou-se> | O sr. Ministro da Justiça
2 Sub-Secretario [↑ de Estado] da Argumentação <no Estado Novo,>
3 na fórma [↑ officialmente] impressa <nos jornaes,> <nos jornaes,>
4 abundantemente [↑ arithmeticamente]
5 não o ficaram sabendo depois; [↑ o que lhes deve ter acontecido é ficar definitivamente sem saber o que é ethica, o que é politica, e o que é Estado Novo, *esse] [→ ultimo dos quaes *ignorávamos, mas, os extra--viennenses, os acompanham todos.]
esta última frase escrita na vertical, na margem direita, não teve nenhuma leitura satisfatória.
6 <o que> [↓ Isso,] aliás
7 propenso, como [↑ mystico que] sou, <a divertir-me com a comedia ligeira> <com> [↑ a gostar de] musica celestial
8 seguimento <da opera> [↑ da musica]
9 <A abertura> Á parte
10 coisa que [↑ diria] qualquer politico <de qualquer tempo e politica diria> [↑ ou qualquer ajuntadeiro]
11 a abertura <corporativa é assim:> [↑ é corporativamente assim:]
12 <Vejam> Começa
13 equação diferencial] *expressão dubitada.*
14 mau politico <no sentido alto do termo /; embora no baixo sentido pode sel-o bom./>
15 curando] *palavra dubitada.*
16 aos termos <poesia> [↑ arte]
17 <introduz> [↑ deduz] subrepticia-

mente <no> [↑ do] termo
18 Maria <Antónia introduza> [↑ Francisca faça entrar na carruagem]
19 ahi pelas alturas [↑ pelo entroncamento] do primeiro terceto
20 se ter que <fallar no> [↑ collocar] directrizmente, <no> [↑ o capacho do] Estado Novo?
21 não <mede> [↑ indica]
22 <sociaes> [↑ politicas]
23 lê, mas] *palavras dubitadas.*
24 não no feminino — [← /lê, mas/] não ajuda a ver
25 a litteratura [↑ as lettras]
26 communista [↑ anti-patriota] ou <obsceno> [↑ immoral]
27 <mal> [↑ relesmente]
28 em <favor> louvor de Aljubarrota <e [ou] da instituição da família /, que aliás não sei o que seja./>
29 uma a belleza [↑ neste mundo feio,] outra a verdade [↑ neste mundo falso]

108b

[Sem cota]

Uma página solta, manuscrita a tinta preta no verso de papel timbrado de F. A. PESSOA | R. DO OURO, 87, 2.º *não numerada, proveniente do espólio familiar, mas pertencente ao mesmo conjunto que o texto n.º 108a, que foi adquirido pela BNP. Datável de 18 de Agosto de 1935 ou dias seguintes. Inédito.*

NOTAS

1 Já conhecemos isso: é [↑ Je te connais, vil masque: és]
2 os] *palavra dubitada.*
3 <Não> Isto

109

[63 - 31ʳ]

Uma página dactilografada contendo uma lista de publicações projectadas. No verso acha-se um poema manuscrito a lápis datado de 28 de Julho de 1935 ("Através da radiofonia..."). Publicado pela primeira vez em Pessoa (1997a), segunda página do extra-texto situado entre as pp. 76 e 77.

110a

[92V - 97ʳ e 92M - 37ʳ a 40ʳ]

Cinco páginas manuscritas a tinta preta sobre papel com marca-d'água GRAHAMS BANK POST, *sobre Salazar, numeradas da segunda à quinta. A razão de ter sido escrito em francês poderá ter a ver com o projecto de Pessoa de colaborar no semanário parisiense* Les Nouvelles littéraires *(ver texto n.º 109). Datável de Junho-Agosto de 1935. Publicado pela primeira vez em Lopes (1993, pp. 368-371).*

NOTAS

1 comptes publics] *expressão dubitada.*
2 pourtant] *palavra dubitada.*
3 fauteuil] *palavra dubitada.*
4 besoin] *palavra dubitada.*
5 agencements] *palavra dubitada.*
6 ruses politiques [↑ de politique vulgaire]?
7 de basse politique [↑ de politique vulgaire]
8 surtout] *palavra dubitada.*
9 c'est quelque [↑ un] peu
10 naître] *palavra dubitada.*
11 où il était comme chez lui [↑ qu'il maniait en expert]

110b

[92V - 98ʳ]

Uma página manuscrita a tinta preta sobre papel com marca-d'água GRAHAMS BANK POST. *A razão de ter sido escrito em francês poderá ter a ver com o projecto de Pessoa de colaborar no semanário parisiense* Les Nouvelles littéraires *(ver texto n.º 109). Datável de Junho-Agosto de 1935. Publicado pela primeira vez em Lopes (1993).*

NOTAS

1 cultivé] *palavra dubitada.*
2 bancs] *palavra dubitada.*

110c

[92V-73' a 96']

Seis trechos sobre Salazar em francês, num total de vinte e quatro páginas manuscritas em papel com marca-d'água GRAHAMS BANK POST, *parcialmente numeradas, datáveis de Setembro de 1935. Conservou-se, na ordenação dos trechos deste conjunto, a sequência das cotas, solução que não é isenta de problemas. O presente conjunto foi publicado pela primeira vez, com esta ordenação, em Cunha (1987, pp. 127-131). A razão de ter sido escrito em francês poderá ter a ver com o projecto de Pessoa de colaborar no semanário parisiense* Les Nouvelles littéraires *(ver texto n.º 109).*

Em princípios de Agosto de 1935, Salazar deu uma longa entrevista a Les Nouvelles littéraires, *publicada nos seus números de 24 e 31 de Agosto, cuja tradução da primeira parte o* Diário da Manhã *publicou, a 3 de Setembro, mas já não a segunda, uma semana depois, como se esperaria. Pessoa refere-se num destes trechos a declarações de Salazar na primeira parte dessa entrevista. O conjunto tem afinidades com os textos n.ºˢ 110a e 110b, embora com uma abordagem dos temas algo diferente.*

NOTAS

1. à moins <qu'on n'entende> [↑ que] par jésuite
2. mais <je ne crois pas qu'il le soit bien plus que beaucoup d'hommes politiques, y inclus qui n'ont affinité aucune avec la Société de Jésus> [↑ ce n'est pas certes le trait saillant ou distinctif de son caractère]
3. a] *palavra dubitada.*
4. la] *palavra dubitada.*
5. aspect] *palavra dubitada.*
6. lui a gagné <cet épithète>, en tant que
7. physiognomonique] *palavra dubitada.*
8. cet épithète <mal placé> fréquent
9. <définit> [↑ est]
10. photographie] *palavra dubitada.*
11. parfaite [↑ exacte]
12. <n'a pas que gagné> [↑ ne s'est qu'élargie] en petitesse par son [↑ l'] éducation
13. *Frase dubitada desde:* Il ne sait donc pas
14. à son fils <poète> [↑ romancier ou] inventeur
15. crêpe georgette] *expressão dubitada.*
16. davantage] *palavra dubitada.*
17. L'ascète prêche le réalisme absolu. [↑ Salazar ici se révèle Zola.]
18. *Frase dubitada desde:* ne tienne par
19. en] *palavra dubitada.*
20. bravoure] *palavra dubitada.*
21. toujours <l'expert> le petit comptable
22. jeunes filles <blondes>, [↑ surtout les brunes,]
23. des langues [↑ mœurs] étrangères
24. cellule] *palavra dubitada.*
25. ce que veulent les autres [↑ les autres me laissent faire]
26. quitte de ne rien publier [↑ à moins que je ne publie rien]
27. dorénavant] *palavra dubitada.*
28. /sonnettée/] *no original, com dubitação da palavra.*
29. quatre-vingt-dix] *expressão dubitada.*
30. nouvelles] *palavra dubitada.*
31. inconnu [↑ inexistant]
32. car il ne peut être autrement [↑ (bien qu'il n'ait pas eu de crime)]
33. se] *palavra dubitada.*
34. <Le> Est défendu] *no original.*
35. favoriser] *palavra dubitada.*
36. <Pour renverser Salazar> [↑ Le renversement] ou ◊ de Salazar ne pourrait [↑ saurait] venir
37. prît] *palavra dubitada.*
38. au peuple] *segmento dubitado.*
39. remplaçant] *palavra dubitada.*
40. d'/indulgence/ (boisson)] *no original.*
41. et personne sinon Salazar] *segmento dubitado.*

42 force de <volonté> caractère
43 toujours <compter> s'attendre
44 l'inattendu est par nature indéfinissable] *frase dubitada.*
45 donnent] *palavra dubitada.*
46 camp] *palavra dubitada.*
47 en] *palavra dubitada.*
48 camp] *palavra dubitada.*
49 l'alcoolisme <chronique> sociologique

111a

[92M - 36' e 55 - 99']

Duas páginas manuscritas a tinta preta sobre papel com marca-d'água GRAHAMS BANK POST. *As páginas estavam desencontradas no espólio, arrumadas sob diversas cotas. Datável, com grande probabilidade, de 1935. Inédito.*

NOTAS

1 prend-on] *palavra dubitada.*
2 avocats (légistes)] *no original.*
3 les <aristocrates, les> élites
4 [↑ Excepté au physique et aux habitudes] Les paysans [↑ de tous pays] se ressemblent

111b

[92V - 51' a 59']

Nove páginas manuscritas a tinta preta, em papel com marca-d'água GRAHAMS BANK POST, *não numeradas. Datável, com grande probabilidade, de 1935. Inédito.*

NOTAS

1 pas] *palavra dubitada.*
2 tout au moins] *no original.*
3 son] *palavra dubitada.*
4 demi-morts] *palavra dubitada.*
5 illustration] *palavra dubitada.*
6 présente] *palavra dubitada.*
7 (son individualisme < étant émotif et non /volontaire/>) tient de l'émotion
8 /sentiments/ traditionnaires] *no original.*
9 Costa [↑ <maintenant> [↑ depuis longtemps] en exil à Paris]

10 <délirants> fanatiques
11 portrait] *palavra dubitada.*
12 <habileté> aptitude pour] *no original.*
13 <partisan> [↑ sectaire]
14 (comme l'est l'Espagnol)] *frase em parênteses dubitada.*

111c

[92V - 60', 61' e 64']

Três páginas manuscritas a tinta preta, numeradas, em papel com marca-d'água GRAHAMS BANK POST. *Datável, com grande probabilidade, de 1935. Inédito.*

NOTAS

1 quoiqu'il n'en eut] *segmento dubitado.*
2 en] *palavra dubitada.*

111d

[92V - 62' a 63']

Duas páginas manuscritas a tinta preta, numerada a segunda, sobre papel com marca-d'água GRAHAMS BANK POST. *Datável, com grande probabilidade, de 1935. Inédito.*

NOTAS

1 croyaient [↑ cherchaient] donner
2 de par] *expressão dubitada.*

112

[66D - 25a']

Uma página manuscrita a lápis, no verso de uma lista manuscrita de livros franceses dos anos 30 de temática maçónica ou antimaçónica. Datável de Setembro de 1935. Publicado pela primeira vez em Pessoa (2006b, pp. 543-544). Agradece-se a Luís Prista a ajuda na fixação do texto aqui apresentado.

NOTAS

1 <Vae> [↓ Dizem]
4 se <de> [↑ em] forma
9 <O tempo [↑ desfolhar á mão]>
   O tempo que uma creatura
11 /A Italia é toda escravatura./ [↓ Na Italia fasce a escravatura.]

113

[48B - 90']

Uma página dactilografada contendo uma lista de publicações projectadas. Datável de Outubro de 1935. Publicado pela primeira vez integralmente em Pessoa (2000, p. 456).

114a

[92X - 74' a 76']

Dactiloscrito de três páginas numeradas, sem indicação de título, com uma correcção do punho do autor. Datável de pós-7 de Outubro de 1935. O título aqui proposto baseia-se no item homónimo do projecto de publicações de Outubro de 1935 (texto n.º 113) e na frase com que abre o segundo período do texto: "O caso, porém, é muito simples." Publicado pela primeira vez em Barreto (2009a).

NOTAS

1. <aspectos> modos
2. <social> nacional
3. resulta] no original.
4. com certeza <quasi desaptrechado> materialmente quasi desapetrechado
5. instincto <moral de uma civilização, <como> como a nossa, baseada longinquamente na moral christã, apoiada de perto no liberalismo, que <é> não é mais que <a> o prolongamento laico dessa moral> moral humano
6. <Resta saber> Temos
7. de] no original.
8. <ninguem tem culpa da sobre--população da Italia> os outros paizes
9. <moralmente> a dentro da moral
10. <o problema> [↑ a situação]
11. Se a <Italia> a não encontra
12. <procedeu como devia> começou por proceder como devia
13. lê] no original.
14. <porque consiste>, para nós hoje

114b

[92W - 5']

Uma página manuscrita a tinta preta sobre papel com marca-d'água GRAHAMS BANK POST, muito plausivelmente rascunho do artigo "O Caso é muito simples". Datável de pós-7 de Outubro de 1935. Publicado pela primeira vez em Barreto (2009a).

114c

[92X - 72']

Uma página manuscrita a tinta preta sobre papel com marca-d'água GRAHAMS BANK POST, muito plausivelmente rascunho do artigo "O Caso é muito simples". Datável de pós-7 de Outubro de 1935. Publicado pela primeira vez em Barreto (2009a).

NOTAS

1. <a aggressão da Italia à Abyssinia> o conflicto
2. O primeiro <é o aspecto moral>, não <nessa> [↑ na] ordem [↑ politica] mas na humana
3. <é o de se tratar > [↑ é o aspecto moral. Trata-se]
4. artificialmente [↑ hypnoticamente]
5. como <um direito> fundamento

114d

[92X - 73']

Uma página manuscrita a tinta preta sobre papel com marca-d'água GRAHAMS BANK POST, muito plausivelmente rascunho do artigo "O Caso é muito simples". Datável de pós-7 de Outubro de 1935. Publicado pela primeira vez em Barreto (2009a).

NOTAS

1. ... [↑ Une-nos a elles,] /n\um
2. conceito[,] <de> [↑ uma vasta e larga] fraternidade
3. pelas [↑ pelos] varias violencias [↑desprezos] do <Destino> felizes

114e

[92W-6ʳ]
Uma página manuscrita a tinta preta sobre papel com marca-d'água GRAHAMS BANK POST, *muito plausivelmente rascunho do artigo* "O Caso é muito simples". *Datável de pós-7 de Outubro de 1935. Publicado pela primeira vez em Barreto (2009a).*

NOTA

1 todos os [↑ povos] imperialis<mos>tas

114f

[92W-8ʳ]
Uma página manuscrita a tinta preta sobre papel com marca-d'água GRAHAMS BANK POST, *muito plausivelmente rascunho do artigo* "O Caso é muito simples". *Datável de pós-7 de Outubro de 1935. Publicado pela primeira vez em Barreto (2009a).*

NOTA

1 *Dois males não fazem* [↑ *formam*] *um bem*, <dizem os ingl> diz o proverbio inglez

114g

[92W-9ʳ]
Uma página manuscrita a tinta preta sobre papel com marca-d'água GRAHAMS BANK POST, *muito plausivelmente rascunho do artigo* "O Caso é muito simples". *Datável de pós-7 de Outubro de 1935. Publicado pela primeira vez em Barreto (2009a).*

NOTAS

1 as mettem nas algibeiras... dos outros. [↓ ... as querem aquecer mettendo-as nas algibeiras dos outros.]
2 femeas [↑ senhoras]
3 para explicar [↑ de justificação (em falso)]
4 desce [↑ cahe [↑desaba]]

115

[92X-78r e 79r]
Duas páginas dactilografadas, numerada a segunda. Este artigo, que se apresenta sem rasuras ou emendas e assinado, não foi publicado, muito plausivelmente por ter sido proibido pela censura. Foi escrito na última semana de Outubro de 1935, pois se baseou num artigo do Daily Express *de 19 desse mês, a que Pessoa só teve acesso depois do dia 23, data de uma carta de Amsinck Allen, enviada de Lisboa e juntando o recorte do jornal, que se encontra no espólio de Pessoa (115¹-2). Foi publicado pela primeira vez em Cunha e Sousa (1985, pp. 121-122).*

116a

[92A-28r e 29r]
Duas páginas dactilografadas. Datável de c. Outubro-Novembro de 1935, porque directamente relacionável com os outros escritos sobre nacionalismo liberal. Publicado pela primeira vez, indevidamente acoplado a "A frase, ou bordão, de Mussolini..." (ver texto n.º 101), em Pessoa (1979b, pp. 362-365).

NOTAS

1 por] *palavra dubitada.*
2 extrangeirismos que <a pervertam ou de internacionalismos que a dissolvam> lhe pervertam a indole ou de internacionalismos que <lh'a diminu> lhe diminuam a personalidade
3 entre si <se opponham ou se possam oppôr, succede todavia que> intrinsecamente

116b

[53B-2ʳ]
Uma página manuscrita a tinta preta no verso de papel timbrado de A. XAVIER PINTO & C.ᴬ | CAMPO DA CEBOLAS, 43. *Datável, pelo tema do Nacionalismo Liberal, de c. Outubro-Novembro de 1935. Inédito.*

116c

[55-87ʳ e 87ᵛ]
Manuscrito de duas páginas, a tinta, dos dois lados de uma folha de papel quadriculado. Datável, pelo tema, de 1935. Inédito.

NOTAS
1. sociologicamente [↑ <biologicamente> scientifica, isto é, biologicamente]
2. vitaes [↑ sociaes]
3. Humanidade, <ou género humano,>

116d

[92M-62ʳ e 63ʳ]
Duas páginas manuscritas a tinta preta, numerada a segunda. Datável, com bastante probabilidade, de 1935. Inédito.

NOTAS
1. a nação a que [↑ esse individuo [↑ elle]] pertence
2. <dynamico> espiritual
3. <estatico> material
4. ama a patria, sem <a servir> [↓ nisso pensar,] [↑ instinctivamente, como um filho ama à mãe e a mãe ao filho]
5. o que <† [↑ †]> [↓ ama] a patria [↓ e a serve] só quando
6. o induzem <ou /compellem/ a isso> [↑ a pensar em fazel-o]
7. outras [↑ e mais breves] palavras
8. o centro [↑ caminho]
9. *Todo este período dubitado por sinal na margem esquerda.*
10. *O período seguinte foi riscado:* <A / profundeza/ ou intensidade de tal conceito são função do conceito que se tenha da importancia ou valia que essa patria tenha para o mundo, para a civilização [↑ no mundo e perante o mundo] e para a humanidade.>
11. O [↑ alto] conceito
12. paralello] *palavra dubitada.*
13. é <extremamente> não só
14. que <mais> se orgulha
15. se orgulha de[,] [↑ no seu amor á materia, ter dado] á nação <ter> uma estrada
16. entre uma villa e <uma villa> [↑ uma] <villa> [↑ aldeia]

116e

[55-5ʳ]
Uma página dactilografada. Fala da Maçonaria em Portugal como "hoje infelizmente extinta", o que data o texto de 1935, pós-5 de Abril. Inédito.

116f

[55-53]
Duas páginas manuscritas a tinta preta, não numeradas, em duas folhas de papel com marca-d'água GRAHAMS BANK POST. Datável, pelo suporte e pelo tema, de 1935. Inédito.

NOTAS
1. Tudo <isto ficará claro> [↑ essa confusão se dissipará] se
2. teem, <sem duvida irmãos dispares, o mesmo pae — o individualismo por origem commum.> <[↓ ao menos] ↑embora]> [↑ ao menos,] embora desconjugaveis, <(desconjunctaveis),> o individualismo por origem commum

116g

[55-54ʳ]
Uma página manuscrita a tinta preta, em papel com marca-d'água GRAHAMS BANK POST. Datável, pelo suporte e pelo tema, de 1935. Inédito.

NOTA
1. de governo pode atingir] *segmento dubitado.*
2. de mentalidade [↑ mental]

116h

[21-140ʳ a 143ʳ]
Quatro páginas manuscritas a tinta preta, numeradas a segunda e a terceira. 21-141ʳ é

uma página numerada com 2, mas só contém trechos riscados, pelo que 21-142ʳ repete a numeração da página com 2. Datável de 1935. Publicado pela primeira vez, erradamente acoplado a "Explicação de um livro" (texto n.º 85), de que é aparentemente coevo (idênticos suporte, tinta e caligrafia), em Pessoa (1966, pp. 435-437).

NOTAS

1 realidade [← pois a definem o territorio, ou o idioma, ou a continuidade historica — um d'esses elementos, ou todos.] <,porque embora o seu contorno seja mais esbatido> [↑ O contorno da nação é contudo mais esbatido, mais contingente]
2 racialmente, porque a única nação que é <††> uma raça, e é por isso nação — os judeus — se encontra dispersa no espaço, interpenetrada por outras e mentalmente dividida. [→ A fronteira, a lingua, a historia.] [↓ Definem-a <††> o territorio, <a lin> o idioma, a historia<.>/—\ <A chamada "raça" é um conceito falso> <uma d'> um d'estes elementos, dois ou todos.] *este trecho encontra-se riscado por linha ondulada no topo e no fundo da página 21-141ʳ.*
3 A Humanidade é, tambem, perfeitamente definida. É o conjuncto de todos os <homens> [↑ entes humanos,] quaesquer que sejam o sexo, a côr, a condição. Tem tanta realidade como o individuo, porque é simplesmente a especie animal a que elle pertence, e uma especie animal somaticamente inconfundivel.] *este parágrafo encontra-se riscado por linha oblíqua em 21-141ʳ, tendo sido substituído pelo presente parágrafo em 21-142ʳ.*
4 ultra[↑ super]-Nação
5 *Localização conjecturada dos dois últimos períodos, que o autor acrescentou na margem superior de 21-143ʳ.*

6 de nós, <e nós <por elle> nos orgulharmos d'ella> [↑ que, porque <d'ella nascemos> ↑ ella nos creou, somos seus filhos, e <que> <porque> seus ↓ paes, porque a <formâmos> vamos creando]
7 egoismo] *palavra sublinhada na margem esquerda deste período.*
8 vaidade] *palavra sublinhada escrita na margem deste período apenas começado.*

116i

[92V - 65ʳ a 67ʳ]

Três páginas manuscritas a tinta sobre papel com marca-d'água GRAHAMS BANK POST. *As páginas 65ʳ e 66ʳ não são numeradas, mas a página 67ʳ é-o com o número 2. Publicado pela primeira vez em Barreto (2009c, pp. 261--263). Datável de Outubro-Novembro de 1935. Pelo seu assunto, este texto relaciona--se directamente com o trecho seguinte ("Se a demonstração de que o liberalismo…").*

NOTAS

1 ao mesmo tempo o diminui em si--mesmo] *segmento dubitado.*
2 <fruste> antinacional
3 comprehender Kant [↑ querer vestir sonetos]
4 mysticos] *palavra dubitada.*
5 por que <escrevi este artigo> alinhei estas razões

116j

[92X - 77ʳ]

Uma página dactilografada. Datável de Outubro-Novembro de 1935. Os dois últimos períodos são idênticos aos períodos correspondentes de "A verdadeira origem deste artigo" (texto n.º 82), do mesmo ano. Publicado pela primeira vez em Barreto (2009c).

NOTA

1 naturalmente [↑ ao nacionalismo] *escrito na margem superior, para inserção no local assinalado por barra.*

116k

[138A - 57ʳ]

Uma página manuscrita a tinta preta. Datável de 1935. Publicado pela primeira vez, com pequena diferença de leitura, em Lopes (1993, p. 88).

116l

[92B - 87ʳ a 92ʳ]

Seis páginas dactilografadas. Datável de 1935. Publicado pela primeira vez, com diferenças, em Pessoa (1980, pp. 343-351).

NOTAS

1 promulgam] *palavra dubitada por um ponto de interrogação entre parênteses.*
2 contém em si dois elementos — [↑ não contendo em si propriamente duas partes, manifesta-se contudo de dois modos:]
3 *Linha dubitada à margem por meio de um x a vermelho.*
4 pela da hereditariedade [← — ou pela hereditariedade propriamente dita,] propriamente dita ou pela da variação
5 o nos] *no original.*
6 degenrados] *no original.*

117

[114¹ - 36ʳ]

Uma página dactilografada em papel com marca-d'água GRAHAMS BANK POST, *datada de 30 de Outubro de 1935. Carta inacabada e não enviada ao destinatário. Publicada pela primeira vez em Cunha e Sousa (1985, pp. 123), e em Monteiro (1985, pp. 250-252).*

118

[20 - 64]

Duas páginas manuscritas a lápis, na frente e verso de uma folha. Datável, com alguma probabilidade, de Outubro de 1935. Publicado pela primeira vez em Pessoa (1966, p. 83).

NOTAS

1 Não é que não <escreva> [↑ publique] porque não quero: não <escrevo> [↑ publico] porque não posso
2 <sei> [↑ todos nós sabemos] quaes são
3 materia <que> [↑ cuja publicação] elles [↑ teriam] forçosamente que <*negar> prohibir
4 para quê <escrever> publicar?
5 meios] *palavra dubitada.*

119

[114¹ - 113ʳ]

Uma página manuscrita a tinta. Datável de 1935. Publicado pela primeira vez em Cunha e Sousa (1985, pp. 124-125).

120

[63 - 50ʳ]

Uma página manuscrita a tinta preta em papel com marca-d'água GRAHAMS BANK POST. *Datado de 8 de Novembro de 1935. Publicado pela primeira vez em Lopes (1993, p. 379).*

NOTAS

5 tam <doente> fraco
9 pobre <inspirante> [↑ e magro povo]
16 <Meu> Coitado
17-19 <Jazes bem na cadeira> | <Em que tens> [↑ <Que tem>] | <Fazes bonita vista> [→ E ahi, nessa cadeira | Jazes, apresentavel | ◊]
20 [→ O transeunte amavel]
21 <Matam-te e dão-te fato,>

121

[129 - 31ʳ]

Manuscrito de uma página, em meia folha de papel com marca-d'água GRAHAMS BANK POST. *Datável de 1935. Inédito.*

NOTA

1 É a lei.] *período dubitado.*

122

[129 - 51ʳ]
Manuscrito a lápis no verso de "Publiquei neste jornal..." (texto n.º 83). Datável de 1935. Publicado pela primeira vez em Pessoa (2000, p. 197).

NOTA

6 <E tres leste> [↓ Até que as tresleste]

123

[63 - 51ʳ a 53ʳ]
Três páginas manuscritas a tinta em papel com marca-d'água GRAHAMS BANK POST, datadas de "8/9-XI-1935", assinadas no final, a lápis, por "o demo-liberalismo maçónico-comunista". Publicado pela primeira vez, com diferenças de leitura, em Cunha e Sousa (1985, pp. 134-139). Republicado em Pessoa (2000, pp. 246-248), com uma diferença de leitura ("porta" em vez de "porto" no verso "Amor, pomba, estrada, porto" da terceira quintilha).

NOTA

POST. 40] *cancelada a estrofe:* Ó vocação apostolica, | Tua elegancia é de corça, | Formosa moral catholica, | Attrahes--me e depois repelles-me... | Doutrininha, és de uma força!

ORDEM TOPOGRÁFICA DAS COTAS

[20-60^r a 61^v] 48
[20-64] 118
[21-136^r a 139^r] 85
[21-140^r a 143^r] 116h
[21-145^r] 82
[26-20^v] 4a
[26-61] 3
[46-26^r] 19
[48B-90^r] 113
[48H-3^r e 4^r] 39a
[53B-1 e 3^r] 86
[53B-2^r] 116b
[53B-57^r] 4b
[53B-66^r] 4c
[53B-67^r] 4d
[55-5^r] 116e
[55-40^r] 63
[55-53] 116f
[55-54^r] 116g
[55-55^r] 72
[55-59^r] 102
[55-68^r a 76^r] 15
[55-87^r e 87^v] 116c
[55B-5^r] 70
[55E-17^r e 14^r] 39b
[55G-98^r] 2
[55I-20] 49b
[55I-24^r] 49c
[63-31^r] 109
[63-32^v] 105a
[63-33^r] 105b
[63-37^r] 107
[63-50^r] 120
[63-51^r a 53^r] 123
[66-51^r] 77
[66-52^r] 105c
[66-53^v] 105d

[66-54^r] 105e
[66-54^v] 105f
[66-55] 106
[66-56^r] 105g
[66-58^r a 60^r] 100
[66C-81^r] 95
[66D-25a^v] 112
[92-4^r e 5^r] 79a
[92-6^r a 9^r] 71
[92-27^r a 28^r] 76e
[92-38^r a 40^r] 54
[92-42^r e 43^r] 62
[92-44^r] 76a
[92-45^r a 46^v] 76h
[92-47^r] 76g
[92-48^r] 76d
[92-50] 76f
[92-57] 35
[92-59^r] 36
[92-64^r a 67^r] 58
[92-69^r a 70^r] 59
[92-84^r] 56
[92-87] 37
[92-90] 38
[92A-1] 16
[92A-3^r] 9
[92A-4^r] 7
[92A-6^r] 76b
[92A-9^r e 10^r] 79b
[92A-26^r] 61
[92A-28^r a 29^r] 116a
[92A-30^r] 101
[92A-61^r] 57
[92A-62^r a 64^r] 64
[92B-87^r a 92^r] 116l
[92B-93^r] 20
[92E-53^r a 54^r] 94h

[92E-55^r] 65
[92E-56^r] 66
[92E-57^r] 67
[92E-58^r] 69
[92E-59^r] 8
[92E-62^r e 63^r] 10
[92E-64^r] 11
[92I-15^r a 16^r] 14
[92I-36^r] 30
[92I-37^r] 29
[92I-51^r] 68
[92I-52^r] 78
[92I-53^r e 114^1-114^r] 76c
[92I-76] 1
[92L-58^r] 33
[92L-80^r] 21
[92L-81^r] 55
[92L-83^r e 85^r] 50
[92L-94^r e 92L-89^r e 90^r] 81
[92L-96^r] 103
[92L-97^r e 98^r] 73
[92M-28^r a 33^r] 94a
[92M-35^r] 6
[92M-36^r e 55-99^r] 111a
[92M-41^r] 94g
[92M-42^r] 94d
[92M-43] 94e
[92M-48^r] 27
[92M-49^r] 42
[92M-50^r] 44
[92M-51^r] 45
[92M-53^r] 46
[92M-60] 49a
[92M-62^r e 63^r] 116d
[92M-64^r] 31
[92M-68^r] 43
[92M-69^r] 32

[92M-70ʳ] 12
[92M-74ʳ a 76ʳ] 51
[92M-77ʳ] 52
[92M-80ʳ] 94c
[92M-81ʳ] 94b
[92M-82ʳ] 94f
[92U-30] 104
[92U-32ʳ] 97
[92V-41ʳ a 50ʳ] 75
[92V-51ʳ a 59ʳ] 111b
[92V-60ʳ a 61ʳ e 64ʳ] 111c
[92V-62ʳ a 63ʳ] 111d
[92V-65ʳ a 67ʳ] 116i
[92V-69ʳ a 72ʳ] 88
[92V-73ʳ a 96ʳ] 110c
[92V-97ʳ e 92M-37ʳ a 40ʳ] 110a
[92V-98ʳ] 110b
[92W-5ʳ] 114b
[92W-6ʳ] 114e
[92W-8ʳ] 114f
[92W-9ʳ] 114g
[92X-72ʳ] 114c
[92X-73ʳ] 114d

[92X-74ʳ a 76ʳ] 114a
[92X-77ʳ] 116j
[92X-78ʳ e 79ʳ] 115
[92X-80ʳ] 93
[97-46ʳ a 49ʳ] 40
[111-34ʳ e 35ʳ] 60
[111-47ʳ] 23
[111-48ʳ] 53
[111-49ʳ] 22
[111-50ʳ] 24
[111-51ʳ] 26
[111-52ʳ] 25
[111-55ʳ, 53ʳ e 58ʳ] 41
[113P¹-62ʳ] 89
[114¹-36ʳ] 117
[114¹-78ʳ] 13
[114¹-113ʳ] 119
[114³-65ʳ e 66ʳ] 74
[129-22] 84
[129-31ʳ] 121
[129-51ʳ] 83
[129-51ᵛ] 122
[129-52aʳ] 99

[133A-14ʳ] 91
[133E-12ʳ] 5
[133H-13ʳ] 90
[138A-57ʳ] 116k
[144F-4ᵛ] 87
[144F-9ᵛ] 96
[187] 108a
[*Diário de Lisboa*, n.º 4388, 4-2-
    -1935] 80
[Diário *Sol*, n.º 22, 20-11-
    -1926] 17
[Diário *Sol*, n.º 24, 22-11-
    -1926] 18
[*O Interregno*] 28
[*Seara Nova*, n.º 526, 11-9-
    -1937] 92
[Sem cota — Excerto de carta] 34
[Sem cota — Excerto de carta] 47
[Sem cota, col. Fernando
    Távora] 98
[Sem cota — Reacção a um
    discurso] 108b

ÍNDICE SEQUENCIAL

Matthew Arnold **1**
À civilização material **2**
Alto de Santa Catarina **3**
É preciso destruir a Igreja Católica **3**
[Trechos sobre Os Trezentos] **4**
    Nesta conjuntura **4a**
    O difícil, em nossa vida moderna **4b**
    O fascismo não apresenta aos Trezentos **4c**
    300 | Uns minam o nacionalismo **4d**
A obra principal do fascismo **5**
Não, nós os liberais, não aceitamos. **6**
O tio Mussolini, como qualquer inglês **7**
Mussolini – Nota 1. **8**
Quaisquer que sejam os defeitos **9**
Está o fascismo seguindo uma evolução **10**
Seguimos o princípio contrário ao do tio Mussolini **11**
Uma nação inclui três elementos **12**
Dirijo-me, em V. Exa., ao chefe **13**
O Núcleo de Acção Nacional **14**
Podem os elementos militares **15**
Transmudaram-se as certezas **16**
Um "camisa branca" | *O "Duce" Mussolini é um louco...* **17**
A loucura do "Duce" | *Fascistas italianos em Lisboa* **18**
Cantiga do "Bristol" | *Fado da Censura* **19**
1. Manutenção da forma republicana de governo **20**
Quando uma nação está naturalmente unida **21**
Interregno | Ora, considerando que esta situação **22**
Interregno | O problema que nos confronta **23**
Interregno | A população de Portugal **24**
Interregno | Todo o grande partido político **25**
Interregno | O facto fundamental **26**
1. Os períodos de força, de autoridade e de opinião **27**

O Interregno. Defesa e Justificação da Ditadura Militar em Portugal **28**
Interr[egno] | [...] Mas não é só em monárquicos **29**
Interr[egno] | A ideia ditatorial **30**
Europa, e nós com ela, **31**
The fundamental dilemma... **32**
Apelo em favor do voto para todos os vertebrados **33**
[Excerto de carta ao meio-irmão] **34**
O problema é organizar este lixo. **35**
A ditadura militar portuguesa **36**
It is a wish for impossible things **37**
It is impossible to conceive Primo de Rivera **38**
[Inquérito a personalidades internacionais] **39**
    For a book **39a**
    1. What, in your opinion **39b**
The very confused political situation in Spain **40**
Desejo, pelo presente escrito, **41**
Mrs. Harris, or Democracy in Southern Europe **42**
Mrs. Harris, or Democracy (in Southern Europe) **43**
Absolute monarchy is the only system **44**
All that is decadent, sterile and verbal **45**
O povo não pode existir **46**
[Excerto de carta a João Gaspar Simões] **47**
Nota | Sucede que tenho precisamente **48**
[Rascunhos de "O caso mental português"] **49**
    Percorramos, olhando sem óculos **49a**
    Se percorrermos, olhando sem óculos **49b**
    Que ideias gerais temos? **49c**
A ausência de ideias gerais... **50**
O Prof. Salazar tem, em altíssimo grau, **51**
Salazar | *Um cadáver emotivo,* **52**
Interregno | O prestígio de Salazar **53**
Um dos grandes males do pensamento **54**
O homem de acção guia-se **55**
In every age and in every system **56**
A dictator is simply an absolute king **57**

Political Conditions in Present-Day Portugal 58
Democracy and Parliament 59
Interregno | It is a common idea 60
Publiquei, em Janeiro de 1928, um folheto 61
A ditadura do Governo Provisório 62
O que há de mais curioso na célebre divisa 63
Characteristics of the Dictator 64
Dictatorship | Study of Staline (or Lenine) 65
D[itadu]ras | The hatred of the individual 66
Dictatorships | They are naturally inhibited 67
Hitler — His very moustache 68
Russia... 69
Dispamos de seus trajes particulares 70
As qualidades mentais e morais necessárias 71
A clareza da inteligência 72
A Traição dos Democratas | De há tempos 73
[Carta ao director de *A Voz*] 74
Dizia Hume, cujas simpatias pela democracia 75
[Sobre a polémica de Salazar com Afonso Costa] 76
    Na sua resposta, aliás admirável, 76a
    É, a meu ver, um erro de Salazar 76b
    Ninguém exige ao Presidente do Conselho 76c
    O Prof. Salazar é muito mais 76d
    A inteligência e a política 76e
    A disciplina partidária é anti-intelectual 76f
    Chama-se partido a um agrupamento 76g
    Há partidos que, por força numérica ou coesiva 76h
Salazar é Deus. 77
Mais valia publicar um decreto-lei 78
[Sobre o conceito de civilização cristã] 79
    Nem o Sr. Presidente do Conselho 79a
    Entre as frases que figuram 79b
"*Associações Secretas*" 80
(1) — Não sei por que razão se supôs 81
A verdadeira origem deste artigo 82
Publiquei neste jornal 83
A Maçonaria nada, pois, tem que ver 84
Explicação de um livro | Publiquei em Outubro 85
Quando o sr. FP soube do caso 86
[Álvaro de Campos] | Saudação a todos quantos 87
O argumento essencial contra uma ditadura 88
[Citações do discurso de Salazar] | "Os princípios morais 89
esse narcisismo provinciano 90

A Vinda dos Provincianos 91
Liberdade | Ai que prazer 92
O General Carmona é 93
[Carta ao General Óscar Carmona] 94
    É V. Ex.ª a única entidade 94a
    Um homem que, tendo de presidir 94b
    Chegámos a isto, Sr, Presidente 94c
    Isto não é ser mestre, nem ser chefe 94d
    Com uma de duas qualidades 94e
    Quer isto dizer, Senhor Presidente 94f
    Destinado assim naturalmente 94g
    Com que governa? Com a força 94h
Salazar é mealheiro 95
Eu falei no "mar salgado" 96
[Tríptico sobre Salazar] 97
Fernando Pessoa | Nome completo: 98
Mata os piolhos maiores 99
Solenemente 100
A frase, ou bordão, de Mussolini 101
Tudo pelo indivíduo, nada contra a nação 102
Parece que o oprimir alguém 103
Sim, é o Estado Novo 104
[Versos e estrofes de "Sim, é o Estado Novo"] 105
    E os que acreditámos nessa 105a
    Que isto de "totalitária" 105b
    em vez | Da balança da Justiça 105c
    A alma gasta quanto pensa 105d
    O Rei reside em segredo 105e
    Senhor General Carmona 105f
    E o Salazar, artefacto 105g
À Emissora Nacional | Para a gente se entreter 106
Dizem que o jardim Zoológico 107
[Sobre um discurso do Ministro Manuel Rodrigues] 108
    O sr. Ministro da Justiça, que acumula 108a
    Estado Novo... 108b
[Projecto de publicações] | Tradução "Ciúme" 109
[Textos em francês sobre Salazar] 110
    Il a apporté au gouvernement 110a
    Mussolini et Hitler s'en tiennent 110b
    On l'appelle parfois jésuite 110c
[Textos em francês sobre o povo português] 111
    Je vais parler du peuple portugais. 111a
    Le Portugais, foncièrement, 111b
    Un peuple avec ce tempérament 111c

[...] La lutte entre libéraux et miguélistes **111d**
Dizem que vão apresentar **112**
[Projecto de publicações] | O Caso é muito simples **113**
[Rascunhos de "O Caso é muito simples"] **114**
   Quando foi posto em vigor **114a**
   Aqui há três pontos a considerar **114b**
   O conflito entre a Itália e a Abissínia **114c**
   ... Une-nos a eles, num mais largo **114d**
   É a fatalidade de todos os povos **114e**
   Não nos deixemos levar por **114f**
   O mundo está já um pouco cansado **114g**
Profecia Italiana **115**
[Notas para "O Nacionalismo Liberal"] **116**
   Em muitas matérias **116a**
   O N[acionalismo] L[iberal] não combate **116b**
   O Nacionalismo Liberal não é um partido político **116c**
   Nacionalismo | Um nacionalista é um indivíduo **116d**
   Um nacionalista é um indivíduo que não só é patriota **116e**
   Quando entre nós, e fora de entre nós **116f**
   Não está nas mãos de nenhum governo **116g**
   Há três realidades sociais **116h**
   Há três forças realmente internacionais **116i**
   Se a demonstração de que o liberalismo **116j**
   Fui sempre, e através de quantas flutuações **116k**
   Nacionalismo Liberal | O liberalismo é a doutrina **116l**
[Rascunho de carta a Adolfo Casais Monteiro] **117**
Não é que não publique porque não quero **118**
[Rascunho de carta a Marques Matias] **119**
Meu pobre Portugal **120**
A militarização dos pensamentos e das emoções **121**
Vai para o seminário **122**
Poema de amor em Estado Novo **123**

ÍNDICE ONOMÁSTICO

A
Afonso XIII 157
Almeida, António José de 35, 217, 280
Angioletti, Giovanni B. 82, 90, 92-93, 385
Anselmo, Manuel 314, 322
Arnold, Matthew 51, 383
Azaña, Manuel 223

B
Baldwin, Stanley 146
Barbosa, J. Tamagnini 177
Barruel, Augustin 247
Beethoven, Ludwig van 53, 175-176
Blücher, G. L. von 261
Blum, Léon 175
Bombarda, Miguel 152, 156
Bórgia, Rodrigo 93, 260
Bourget, Paul 175
Bragança, Duarte Nuno de 251, 265, 364
Bragança, Miguel de 195
Briand, Aristide 61
Büchner, Ludwig 80-81

C
Cabral, José 36-37, 245-251, 257-258, 260-261, 265, 294
Camacho, Manuel de Brito 217
Camões, Luís de 62, 126
Campos, Álvaro de 94, 269
Carlile, Richard 203, 205
Carlos I 153, 157
Carmona, Óscar Fragoso 15, 27, 40, 43-44, 68, 218, 262, 276, 282, 301, 399, 402, 406
Cecil, Hugh 115
Chamberlain, Austen 146
Charles I 136
Connaught (Duque de) 258
Costa, Afonso 31-32, 43, 61, 143, 161, 180, 217, 231, 264, 320, 331-332, 334-335
Costa, Gomes da 27, 67-68
Coutinho, João de Azevedo 251
Croce, Benedetto 146
Cromwell, Oliver 64, 170, 384

D
Dante 85
Dickens, Charles 162
Dollfuss, Engelbert 37, 198, 200

E
Eckert, Eduard Emil 247
Eduardo VII 261
Espronceda, José de 307

F
Fátima (Nossa Senhora de) 261, 265, 364
Ferro, António 13, 32-34, 62, 278-279, 324
Filho, Francisco Homem Cristo 16, 88-89
Findel, Joseph Gabriel 247
Ford, Henry 53
France, Anatole 62
Franco, João 163-164, 261
Frederico II 13, 23, 182, 196, 260
Freitas, José Vicente de 263

G
Gales (Príncipe de) 225, 258
Gama, Vasco da 126
George, Lloyd 61, 146
Goering, Hermann 250
Goethe, Johann Wolfgang 53, 261
Gould, Robert Freke 247
Gray, Ezio Maria 82, 84, 90
Gruber, Hermann 247
Guerra, José Sánchez 144-145

H

Haeckel, Ernst 80-81
Harewood (Conde de) 258
Heraclito 126
Herodes 261
Herriot, Édouard 175-176
Hitler, Adolf 7, 10-11, 19-20, 22, 38, 173, 203, 205, 211, 213, 229, 250, 312, 358, 391, 393
Hobbes, Thomas 72
Hume, David 112, 185, 226, 391

I

Isabel I (de Inglaterra) 170

J

João (São) 242
Juliano (Imperador) 80

K

Kant, Immanuel 53, 55, 374, 413
Kent (Duque de) 258
Kloss, Georg 247

L

Leal, Francisco da Cunha 16, 177, 390
Lenine, Vladimir Illitch 22, 64, 211
Locke, John 70, 113
Luís I 195

M

MacDonald, Ramsay 146
Maine, Sumner 241
Manuel I 277, 336-337
Manuel II 152, 156, 190, 195, 251, 278, 309, 311
Matias, António Marques 374
Matos, Norton de 176-177
Maurras, Charles 27, 42, 55, 72, 81, 105, 173, 175, 265, 364
Molay, Jacques de 81, 291
Monteiro, Adolfo Casais 323, 354, 373
Monteiro, Armindo 43, 239, 263, 345

Mussolini, Benito 7, 9, 10-11, 15, 17, 19-20, 22, 25, 27, 38-39, 42, 55, 60-61, 64, 66, 72, 82, 84, 86, 88-90, 93, 143-146, 154, 157-158, 161-162, 173, 175, 203, 205, 211, 229, 249, 295, 309, 311-312, 315, 322, 346, 352, 358, 370, 384-385, 393, 405, 411

N

Napoleão I 350
Nemo (ver Sousa, Fernando de)
Nogueira, Luís António 289
Nogueira, Maria Madalena Pinheiro 289
Nostradamo 350

O

Oliveira, Correia de 283
Ortega y Gasset, José 147

P

Pais, Sidónio 18, 68, 97, 136-137, 208, 280, 331-332, 334-335, 399
Paulo (São) 242
Pessoa, Fernando 7-47, 53-54, 61-62, 68, 80, 82, 86, 89, 92-93, 103-105, 115, 135, 137-138, 145-146, 162, 167, 171, 175, 178, 211, 213, 226, 245, 247, 250-251, 256, 261, 264-265, 268, 275, 278-280, 289, 293, 304, 306-307, 321, 323, 325, 339, 345, 347, 354, 374, 376, 382-386, 388-394, 396-415
Pessoa, Joaquim António de Araújo 289
Pessoa, Joaquim de Seabra 289
Pilatos 261
Pinheiro, Madalena Xavier 289
Pio XI 223
Poe, Edgar Allan 307
Prince, Albert 256

R

Rathenau, Walther 53, 54, 383
Rivera, Miguel Primo de 7, 28, 39, 40, 144-146, 154, 158, 250, 256, 309, 311, 388
Robertson, John Mackinnon 147
Robinson, John 247
Rodrigues, Manuel 39-40, 303-307, 406
Rosa, João Miguel 291

Rosa, Luís Miguel Nogueira 139, 387
Rousseau, Jean-Jacques 227, 369

S

Salazar, António de Oliveira 7-14, 29-32, 34-44, 55, 137, 141, 154, 157-160, 177-181, 190, 195, 198, 200, 203, 206, 211, 213, 215, 218-220, 231-233, 235, 238-239, 262-264, 268, 271, 273, 275, 277-279, 281-284, 293-296, 301-302, 305, 308-322, 324-327, 332, 335, 339, 373, 376, 379, 387, 390-391, 393, 396-397, 399, 402, 404, 406-408
Santos, José Domingues dos 57, 160, 178, 383
Seabra, Dionísia 289
Sebastião (D.) 62, 265, 275
Séneca 40, 275
Sérgio, António 62
Silva, Alfredo da 173
Silva, António Maria da 28, 143
Simões, João Gaspar 22, 167, 373, 389
Sousa, Fernando de (Nemo) 62, 256
Spencer, Herbert 21, 55
Staline, Iosif Vissarionovitch 211, 393
Stavisky, Alexandre 256

T

Tavares, Silva 62
Tennyson, Alfred 201
Teresinha (Santa) 251

U

Unamuno, Miguel de 147

V

Valois, Georges 27, 42, 72
Voltaire 227

W

Waite, Arthur Edward 259
Webb, Sidney 147, 388
Wellington (Duque de) 261
Wells, H. G. 147
Wirth, Oswald 259

Y

York (Duque de) 258

BIBLIOGRAFIA

BARRETO, José (2013a). "O Núcleo de Acção Nacional em dois escritos desconhecidos de Fernando Pessoa", *Pessoa Plural — A Journal of Fernando Pessoa Studies*, n.º 3, Primavera, pp. 97-112.

___ (2013b). "O fascismo e o salazarismo vistos por Fernando Pessoa", *Estudos Italianos em Portugal*, n.º 8 (nova série), pp. 99-123.

___ (2013c). "O Nacionalismo Liberal de Fernando Pessoa", III Congresso Internacional Fernando Pessoa, Lisboa, 30 de Novembro, acessível em: http://www.congressointernacionalfernandopessoa.com/comunicacoes/jose_barreto.pdf

___ (2013d). "Mar Salgado: Fernando Pessoa perante uma acusação de plágio", *Pessoa Plural — A Journal of Fernando Pessoa Studies*, n.º 3, Primavera, pp. 46-55.

___ (2012a). "Mussolini é um louco: uma entrevista desconhecida de Fernando Pessoa com um antifascista italiano", *Pessoa Plural — A Journal of Fernando Pessoa Studies*, n.º 1, Primavera, pp. 225-252.

___ (2012b). "A publicação de O Interregno no contexto político de 1927-1928", *Pessoa Plural — A Journal of Fernando Pessoa Studies*, n.º 2, Outono, pp. 174-207.

___ (2011a). "Fernando Pessoa e Salazar", *Pessoa — Revista de Ideias*, n.º 3. Lisboa, Junho, pp. 17-34.

___ (2011b). "António Ferro: Modernism and Politics", in *Portuguese Modernisms: Multiple Perspectives on Literature and the Visual Arts*. Steffen DIX e Jerónimo PIZARRO (ed.). London: Legenda, pp. 135-154.

___ (2009a). "Fernando Pessoa e a invasão da Abissínia pela Itália fascista", *Análise Social*, vol. 44, n.º 193, pp. 693-718.

___ (2009b). "Fernando Pessoa: o preço a pagar por comboios à tabela", jornal *i*, Lisboa, n.º 163, 12 de Novembro, p. 42.

___ (2009c). "Pessoa e Fátima: A propósito dos escritos pessoanos sobre catolicismo e política", in *Fernando Pessoa: o guardador de papéis*. Jerónimo Pizarro (ed.). Alfragide: Texto Editores, pp. 219-281.

___ (2008). "Salazar and the New State in the Writings of Fernando Pessoa", *Portuguese Studies*, vol. 24, n.º 2, pp. 168-214.

___ (2007). "Fernando Pessoa racionalista, livre-pensador e individualista: a influência liberal inglesa", in *A Arca de Pessoa: novos ensaios*. Steffen DIX e Jerónimo PIZARRO (org.). Lisboa: Imprensa de Ciências Sociais, pp. 109--127.

BLANCO, José (2007). "A Verdade sobre a Mensagem", in *A Arca de Pessoa: novos ensaios*. Steffen DIX e Jerónimo PIZARRO (org.). Lisboa: Imprensa de Ciências Sociais, pp. 147-158.

BOTHE, Pauly Ellen (2014). *Apreciações Literárias de Fernando Pessoa*. Lisboa: Imprensa Nacional-Casa da Moeda.

CABRAL, Manuel Villaverde (2000). "A estética do nacionalismo: modernismo literário e autoritarismo político em Portugal no início do século XX", in N. Severiano Teixeira e A. Costa Pinto, *A Primeira República Portuguesa: entre o liberalismo e o autoritarismo*. Lisboa: Colibri.

___ (1983). "O pensamento político de Fernando Pessoa", *Revista de Livros* do *Diário de Notícias*, 2 de Março, pp. i, vi--vii e x.

Cunha, Teresa Sobral (1987). "Fernando Pessoa em 1935. Da ditadura e do ditador em dois documentos inéditos", *Colóquio/Letras*, n.º 100, Novembro, pp. 123-131.

Cunha, Teresa Sobral e Sousa, João Rui de (1985). *Fernando Pessoa: o último ano*. Lisboa: Biblioteca Nacional.

De Cusatis, Brunello (2005). *Esoterismo, Mitogenia e Realismo Político em Fernando Pessoa*. Porto: Caixotim.

Gentile, Emilio (2006). *Politics as Religion*. Princeton e Oxford: Princeton University Press.

___ (2001). *Il culto del littorio*. Roma: Laterza.

Griffin, Roger (2005) (ed.). *Fascism, Totalitarianism and Political Religion*. Oxford e New York: Routledge.

___ (2003). "The palingenetic core of generic fascist ideology", in *Che cos'è il fascismo? Interpretazionie prospettive di ricerche*. Alessandro Campi (ed.). Roma: Ideazione editrice, pp. 97-122.

Jobim, José (1934). *A Verdade sobre Salazar*. Rio de Janeiro: Calvino Filho Editor.

___ (s.d.). *Entrevista Complementar com o Doutor Afonso Costa com a Resposta a Salazar*. Rio de Janeiro: Portugal Republicano.

Leal, Francisco da Cunha (1932). "O Fascismo", *Nova Renascença ou Nova Idade Média?*, n.º 1 de *Os Meus Cadernos*. Corunha, Julho, pp. 54-60.

Lopes, Teresa Rita (1993) (coord.). *Pessoa Inédito*. Lisboa: Livros Horizonte.

___ (1990) (ed.). *Pessoa por Conhecer*, vol. ii, *Textos para Um Novo Mapa*. Lisboa: Estampa.

Lourenço, Eduardo *et al.* (1985). *Fernando Pessoa no Seu Tempo*, catálogo da exposição. Lisboa: Biblioteca Nacional.

Margarido, Alfredo (1986). "Introdução", em Fernando Pessoa, *Santo António, São João, São Pedro*. Alfredo Margarido (org.). Lisboa: A Regra do Jogo, pp. 9-90.

___ (1985). "Pessoa: na 'situação' ou na 'oposição'?", *JL — Jornal de Letras, Artes e Ideias*, n.º 177, 26 de Novembro, p. 17.

___ (1984). "Nota curta para lembrar que Pessoa admirou Mussolini", *JL — Jornal de Letras, Artes e Ideias*, n.º 85, 21 de Fevereiro, p. 11.

___ (1983). "Futuristas e nacional--socialistas", *JL — Jornal de Letras, Artes e Ideias*, n.º 68, 27 de Setembro, p. 21.

___ (1983). "Pessoa, ídolo dos nacional--sindicalistas", *JL — Jornal de Letras, Artes e Ideias*, n.º 73, 29 de Novembro, pp. 4-5.

___ (1981). "A carta de Júlio Dantas a Fernando Pessoa", *Persona*, n.º 5, Abril, pp. 85-86.

___ (1975). "Sobre as posições políticas de Fernando Pessoa", *Colóquio-Letras*, n.º 23, Janeiro, pp. 66-68.

___ (1971). "La pensée politique de Fernando Pessoa", *Bulletin des Études Portugaises*, t. 32, pp. 141-184.

Marques, A. H. de Oliveira (1990). *A Literatura Clandestina em Portugal 1926-1932*, t. ii. Lisboa: Editorial Fragmentos.

Martines, Enrico (1998) (ed.). *Cartas entre Fernando Pessoa e os Editores da Presença*. Lisboa: Imprensa Nacional--Casa da Moeda.

Monteiro, Adolfo Casais (1985). *A Poesia de Fernando Pessoa*. José Blanco (org.). Lisboa: Imprensa Nacional-Casa da Moeda.

Morodo, Raúl (1997). *Fernando Pessoa e as "Revoluções Nacionais" Europeias*. Lisboa: Caminho.

Nogueira, Albano (1989). "Uma gralha de Fernando Pessoa?", *Colóquio/Letras*, n.º 107, Janeiro.

Pessoa, Fernando (2013). *Eu Sou Uma Antologia — 136 Autores Fictícios*. Jerónimo Pizarro e Patrício Ferrari (ed.). Lisboa: Tinta-da-china.

___ (2012). *Ibéria — Introdução a Um Imperialismo Futuro*. Jerónimo Pizarro e Pablo Pérez López (ed.). Lisboa: Ática.

___ (2011). *Associações Secretas e Outros Escritos*. Edição e posfácio de José Barreto. Lisboa: Ática.

___ (2010). *Livro do Desasocego*. Edição de Jerónimo Pizarro, tomo II. Lisboa: Imprensa Nacional-Casa da Moeda.

___ (2006a). *Escritos sobre Génio e Loucura*. Edição de Jerónimo Pizarro. Lisboa: Imprensa Nacional-Casa da Moeda.

___ (2006b). *Poesia 1931-1935 e não datada*. Edição de M. Parreira da Silva, A. M. Freitas, M. Dine. Lisboa: Assírio & Alvim.

___ (2000). *Poemas de Fernando Pessoa 1934-1935*. Edição de Luís Prista. Lisboa: Imprensa Nacional-Casa da Moeda.

___ (1997a). *Poemas de Fernando Pessoa. Quadras*. Edição de Luís Prista. Lisboa: Imprensa Nacional-Casa da Moeda.

___ (1997b). *A Língua Portuguesa*. Edição de Luísa Medeiros. Lisboa: Assírio & Alvim.

___ (1993) *Álvaro de Campos: Livro de Versos*. Edição de Teresa Rita Lopes. Lisboa: Estampa.

___ (1991). *Livro do Desassossego*. Organização de Teresa Sobral Cunha. Lisboa: Presença.

___ (1988). "Os trezentos", apresentação de Yvette Centeno, *Revista da Biblioteca Nacional*, série 2, vol. 3, n.º 3, pp. 25-42.

___ (1986). *Santo António São João São Pedro*. Introdução e notas de Alfredo Margarido. Lisboa: Regra do Jogo.

___ (1980). *Ultimatum e Páginas de Sociologia Política*. Organização de Joel Serrão. Lisboa: Ática.

___ (1979a). *Sobre Portugal*. Organização de Joel Serrão. Lisboa: Ática.

___ (1979b). *Da República*. Organização de Joel Serrão. Lisboa: Ática.

___ (1974). *Obra em Prosa*. Organização de Cleonice Berardinelli. Rio de Janeiro: Aguilar.

___ (1966). *Páginas Íntimas e de Auto-Interpretação*. Edição de Georg Rudolf Lind e Jacinto do Prado Coelho. Lisboa: Ática.

___ (1957). *Cartas de Fernando Pessoa a João Gaspar Simões*. Introdução, apêndice e notas do destinatário. Lisboa: Europa-América. (2.ª ed. Lisboa: Imprensa Nacional-Casa da Moeda, 1982).

___ (1940). *À Memória do Presidente-Rei Sidónio Pais*. Lisboa: Editorial Império.

___ (1928a). *O Interregno. Defesa e Justificação da Ditadura Militar em Portugal*. Lisboa: Núcleo de Acção Nacional.

___ (1928b). "Tábua Bibliográfica", *Presença*, Coimbra, n.º 17, Dezembro.

Pinto, António Costa (1996). "Modernity versus Democracy? The Mystical Nationalism of Fernando Pessoa", in Zeev Sternhell, *The Intellectual Revolt Against Liberal Democracy 1870-1945*. Jerusalem: The Israel Academy of Sciences, pp. 343-355.

___ (1992). *Os Camisas Azuis: Ideologia, Elites e Movimentos Fascistas em Portugal 1914-1945*. Lisboa: Estampa.

Pizarro, Jerónimo (2007). *Fernando Pessoa: entre génio e loucura*. Lisboa: Imprensa Nacional-Casa da Moeda.

Prista, Luís (2003). "O melhor do mundo não são as crianças", in Vvaa, *Razões e Emoção: Miscelânea de Estudos em Homenagem a Maria Helena Mira Mateus*. Lisboa: Imprensa Nacional-Casa da Moeda, pp. 217-238.

Proença, Raul (1926). *O Fascismo*, separata de "O Fascismo e as Suas Repercussões em Portugal", *Seara Nova*, n.º 77, 6 de Março.

Salazar, António de Oliveira (1935). *Discursos 1928-1934*. Coimbra: Coimbra Editora.

—— (1934). *Duas Escolas Políticas. Nota Oficiosa da Presidência do Conselho de Ministros de 16 de Julho de 1934*. Lisboa: Edições SPN.

Seabra, José Augusto (1977). "Poética e Política em Fernando Pessoa", *Persona*, Porto, n.º 1, pp. 11-20.

Serrão, Joel (1981). *Fernando Pessoa, Cidadão do Imaginário*. Lisboa: Livros Horizonte.

—— (1979). "Introdução" a Fernando Pessoa, *Da República*. Joel Serrão (org.). Lisboa: Ática.

Silveira, Pedro da (1974). "Nota adicional" a Jorge de Sena, "Quatro poemas anti-salazaristas de Fernando Pessoa", *Seara Nova*, n.º 1545, Julho, p. 20.

Simões, João Gaspar (1957) (ed., introd., apêndice e notas). *Cartas de Fernando Pessoa a João Gaspar Simões*. Lisboa: Publicações Europa-América.

Zenith, Richard (2009). *Fotobiografias do Século XX — Fernando Pessoa*. Joaquim Vieira (coord.). Lisboa: Círculo de Leitores.

NOTAS BIOGRÁFICAS

O AUTOR

Fernando Pessoa (1888-1935) é hoje o principal elo literário de Portugal com o mundo. A sua obra em verso e em prosa é a mais plural que se possa imaginar, pois tem múltiplas facetas, materializa inúmeros interesses e representa um autêntico patrimônio coletivo: do autor, das diversas figuras autorais inventadas por ele e dos leitores. Algumas dessas personagens, Alberto Caeiro, Ricardo Reis e Álvaro de Campos, Pessoa denominou "heterônimos", reservando a designação de "ortônimo" para si próprio. Diretor e colaborador de várias revistas literárias, autor do *Livro do Desassossego* e, no dia-a-dia, "correspondente estrangeiro em casas comerciais", Pessoa deixou uma obra universal em três línguas que continua sendo editada e estudada desde que escreveu, antes de morrer, em Lisboa, "I know not what to-morrow will bring" ["Não sei o que o amanhã trará"].

O EDITOR

Sociólogo e historiador, José Barreto desenvolve desde 1982 a sua atividade de investigação no Instituto de Ciências Sociais da Universidade de Lisboa. Na última década dedicou boa parte do seu trabalho de pesquisa e edição aos escritos políticos e sociológicos de Fernando Pessoa e à história do pensamento político português no século xx. Publicou recentemente o ensaio *Misoginia e Antifeminismo em Fernando Pessoa* e organizou o volume *Associações Secretas e Outros Escritos*, de Fernando Pessoa. Tem publicado numerosos artigos e participado em conferências sobre temas pessoanos em publicações nacionais e estrangeiras. É colaborador regular da revista *Pessoa Plural* desde 2012.

FERNANDO PESSOA
SOBRE O FASCISMO, A DITADURA PORTUGUESA E SALAZAR

FOI COMPOSTO EM CARACTERES FILOSOFIA
E IMPRESSO NA GEOGRÁFICA EDITORA,
SOBRE PAPEL POLEN SOFT DE 80 G/M^2,
NO MÊS DE SETEMBRO DE 2018.